南方各省鲁迅研究编写会议一九八一年四月摄于扬州

◆ 为纪念鲁迅诞生一百周年，中国社会科学院分片召开组稿会议。这是南方片会议与会人员合影。第二排：右四为中国社会科学院文学研究所鲁迅研究室主任林非，右五为鲁迅门弟子、作家、翻译家黄源，右六为著名学者、翻译家赵瑞蕻教授，左四为作者（1981年，扬州）

◆ 与中国第一部《鲁迅传》作者、北京鲁迅博物馆原馆长王士菁先生合影

◆ 读书随记

◆ 与著名学者、散文家王充闾先生欢聚（2016年，作者书房）

◆ 题字（1987年）

◆ 与著名鉴赏家杨仁恺先生
晤谈

◆ 在美国伊利诺伊州百年小镇纪念活动中与林肯的扮演者握手合影（1998年）

13

安园读书笔记

彭定安文集

彭定安／著

东北大学出版社

·沈 阳·

图书在版编目（CIP）数据

彭定安文集. 13，安园读书笔记 / 彭定安著. —沈
阳：东北大学出版社，2021.8
ISBN 978-7-5517-2361-9

Ⅰ. ①彭… Ⅱ. ①彭… Ⅲ. ①社会科学—文集②读书
笔记—中国—现代 Ⅳ. ①C53②G792

中国版本图书馆 CIP 数据核字（2021）第127555号

出 版 者：东北大学出版社
　　　　　地址：沈阳市和平区文化路三号巷 11 号
　　　　　邮编：110819
　　　　　电话：024-83687331（市场部）　83680267（社务部）
　　　　　传真：024-83680180（市场部）　83687332（社务部）
　　　　　网址：http://www.neupress.com
　　　　　E-mail：neuph@neupress.com
印 刷 者：辽宁一诺广告印务有限公司
发 行 者：东北大学出版社
幅面尺寸：170 mm × 240 mm
插 　 页：4
印 　 张：28.5
字 　 数：466 千字
出版时间：2021 年 8 月第 1 版
印刷时间：2021 年 8 月第 1 次印刷
责任编辑：汪彤彤
责任校对：孙德海
封面设计：潘正一
责任出版：唐敏志

ISBN 978-7-5517-2361-9　　　　　　　　　定 价：128.00 元

出版说明

INTRODUCTORY NOTES OF A BOOK

本书初版由黑龙江人民出版社于2003年出版。这里收入的是增补本。

读者对于这种非正式论著文本的读书笔记，反映尚可，颇多鼓励。一些人认为，关于书的信息比较多，创作摘录，一些内容，无论是一二短句，还是比较长的段落，均可一阅；而笔记作者创作的感发、引申、评议，亦时有可取之处；更由于篇幅短小，故可几分钟浏览一则或两则，引思、启兴、动情，既是阅读，又是休息。在收入本文集时略有删改。

彭定安

2021年6月

前言

PREFACE

　　平日读书，倘有所得益、有所喜爱，或有所思、有所想，每每提笔录记，或抄录或摘记，并于记录中写下感想、体会、阐释。或有类同者，则"彼分我合"，集中起来。有的摘抄多于感想、阐释；有的摘抄少，而阐释和"发挥"多。有的笔记为撰写某一著作而作，带有专业性质。自20世纪80年代至今，积多年所记，竟有数十本之多。大率凌乱分散，不合体统。然而，好像草丛中时有一二小花摇曳，观之略具意味，弃之可惜，乃稍加整理集而用之。因所写都是急就匆草，语句草率、叙议无章，整理时除个别讹误欠通者略作删改外，均保留原貌，以求其真。我之所以喜欢这些随时随机写下的零散笔记，并且把它整理出来，是因为它不仅记录了我的读书生活、思考轨迹及精神生活的状貌，而且反映了我的整个生活和生存状态；同时，它也记录了一些材料，提供了一些线索，对于人们读书、思考问题以至消遣能有一点点作用。

2000年11月27日夜

目 录

CONTENTS

一 关于鲁迅的读书笔记

（1985年4月5日—1991年6月2日）

□ 一个肩住黑暗之门的巨人的形象——鲁迅的艺术世界中永在的形象。

□ 鲁迅为什么中断了他的小说创作？

夏济安在《鲁迅作品的黑暗面》中，梅贝尔·李在《论鲁迅小说创作的中断》中，都作了论述，有一定道理。他们认为，其原因是：

（1）对文学的作用产生了新的看法；

（2）受到厨川白村的影响，"走出象牙之塔"，在40岁左右转变了自己人生的与文学的态度，弃文（创作），而从事社会斗争。

这种解释有一定道理。不过，这是从主观方面来解释的。而主观世界，是作家的思想对客观的反映，它既反映了作家生活于其中的客观社会生活，又反映了如何来反映这客观社会生活的作家的主观世界。两者互为表里，相互促进。于其中，方见鲁迅之为鲁迅。

□ 鲁迅艺术技巧：反语技巧。

反语技巧："幽默地处理悲惨、凄切或激发人愤恨的题材。"（伯特里克·哈南）

□ 1906—1909：鲁迅艺术的（艺术思维的）萌发期（同上）。

那么，少年期：艺术觉醒期；南京求学期：艺术思维酝酿期；仙台学医期：艺术思维成长期。

□ 鲁迅对安特莱夫的评语，反映了他的审美观点和审美趣味，也可以说，形成了他的美学观点并成为他的创作心理的组成部分，指导了他的创作。

□反语：“表面上贬低而实际上提高听者对某一事物的评价，或表面上提高而实际上贬低对某一事物的评价这种技巧。”

——情景反语与叙述反语。

□参考用语：闻一多《唐诗杂论·孟浩然》：

“反正用诗一发泄，任何矛盾都注销了。诗是唐人排解感情纠葛的特效剂……因而那时代的矛盾人格才特别多。自然，反过来说，矛盾愈深愈多，诗的产量也愈大了。”

“许多诗是为给生活的矛盾求统一，求调和而产生的”。

□“诗人鲁迅与他的诗心”——鲁迅的古体诗是中国古体诗的最后的奇葩。此可写文也。

高田淳说：“夏目漱石有一个时期在整个上午从事《明暗》的创作，而下午，则如同洗刷人间味道似的撰写汉诗。鲁迅是否像夏目那样，为医治自己在战斗中的创伤而写作旧体诗呢？”

“高村光太郎是把诗作为抒发自己感情的安全阀，鲁迅的旧体诗是否也是如此呢？”（《鲁迅诗话》）

【对此，可以回答说：两种情况都有。《悼柔石》《无题》等都是抒怀之作，但不是全部。为应友人之邀而作，是经常的。】

□“鲁迅旧体诗的空间性、绘画性和视觉形象性的丰富性，正是他的特点。”（高田淳《鲁迅诗话》第430页）

□“‘他向前，向革命突进了，然而反顾，于是受伤。’反顾与受伤，也是屈原的形象。”

□〔苏〕波兹涅德耶娃《鲁迅的讽刺故事》中的一些观点可用：

（1）引语可用：“马克思：‘这是为了人类能够愉快地和自己的过去诀别。’”

（2）鲁迅把久远古代的故事，与当代有着或多或少的呼应。

（3）生活中的许多旧时代的残余，促使作家从两方面去安排故事：一是使20世纪20—30年代的中国现实，与古代互相呼应；二是用喜剧的方式，“将那无价值的撕破给人看”。

□ 从鲁迅起先欲写杨贵妃与唐明皇的爱情故事，而到西安后，游西原、灞桥、曲江，觉得"天空也是唐朝的天空"，于是废然不写中，可以探测、分析鲁迅的创作心理，以及一般创作心理；又从听陈赓讲红军作战后，先欲写《铁流》式的作品，而后又作罢中，亦可看出鲁迅的创作心理。——一种认真的、严肃的、实事求是的、现实主义的创作态度，一种要求达到创作心理完全舒畅、畅快展开，特别是与"处理对象"（创作题材）达到契合状态。

□ 　　　　历史产生了鲁迅，

　　　　　　人民选择了鲁迅，

　　　　　　时代考验了鲁迅，

　　　　　　民族养育了鲁迅，

　　　　　　世界文化丰富了鲁迅。

□ 信息论解释鲁迅的艺术思维与艺术世界：

鲁迅从外界环境中接受了种种信息，包括社会生活的、自然环境的、文学艺术的（读、看、听），便受到刺激，作出反映/反应，并进行加工处理，然后储存于大脑中，成为思维的素材。而且，这些后来者，与原来思想库中相同于上述诸方面的信息重叠起来，又成为新的信息储存，并同时又是信息源，并对此进行思维。于是，形成他的艺术思维的素质、品性、内容、特征等，也同时成为他的艺术世界的内涵与品性的信息源。（1985年4月12日）

形成鲁迅的艺术风格的信息重叠的信息源及质量和他的反应、加工、处理。其中包括外国作家和外国作品，重要者有：果戈理、陀思妥耶夫斯基、安德烈耶夫、阿尔志跋绥夫、勃洛克、波德莱尔、尼采、厨川白村、有岛武郎、夏目漱石、森鸥外等。

□ 《别诸弟》之作，表现了鲁迅的才情品性，表现了他热爱"家园"而厌恶"故乡人"。也最早地表露了鲁迅的艺术思维与艺术风格的幼苗：凄切，流丽，沉郁，哀婉。（1985年4月12日）

□ "鲁迅的旧体诗大约有三分之一是以《离骚》为典故的。"（山田敬三《鲁迅世界》）

□ 山田敬三对"故乡的构成"的说法：

故乡＝自然环境＋人际关系＋社会风格

□ "与血相连的故乡，与心相连的故乡，与语言相连的故乡。"（岛崎藤村语，山田敬三引用于《鲁迅世界》）

□ 注意《摩罗诗力说》的题词：尼采的文字。这是在复古的延长线上建立新的文化。（《鲁迅世界》）

□ 《破恶声论》反映了从科学到文学的变化的过渡：其中反映了从破除迷信（科学）到重视神话（文学）的观点的变化。（1985年4月15日）

□ 鲁迅由喜欢拜伦、莱蒙托夫等恶魔诗人，到欣赏安特莱夫的虚无、迦尔洵的异常，反映了他的心灵的演变。

□ 从生活到艺术：回忆，酝酿，加工，想象，酶化。于是，产生了故事和人物：

（1）阿贵 → 阿Q；

（2）看坟人 → 祥林嫂；

（3）子京 → 陈士成；

（4）阮久荪 → 狂人；

（5）自己的影子 → 孤独者；

（6）秋瑾 → 夏瑜；等等。

□ 鲁迅的艺术世界：把安特莱夫的象征主义、心理描写吸收过来，加以现实主义的改造。此外，还有：果戈理、陀思妥耶夫斯基、波德莱尔、尼采、契诃夫、爱罗先珂、森鸥外、夏目漱石等。这是一组。另一组，浪漫主义：普希金、雪莱、拜伦、裴多菲、屈原等。

□ 就鲁迅所受安特莱夫、阿尔志跋绥夫、波德莱尔以及尼采的影响来说，有着复杂的因素。作为一种艺术信息，他们同鲁迅内在的、心理的、艺术感受的、审美意识与情趣的积淀、蕴蓄相结合，并经过加工改造，变成了新的艺术要素、新的审美理想与情趣，已非本来面目矣。就它们本身来说，在消极的东西中，有着积极的因素，有着独特的美学

成就，可以被化而用之，化消极为积极。（1985 年 4 月 27 日于人民剧场）

□ 鲁迅从出生（1881）到成长时期（1899—1909）的这一时期，正是欧洲批判现实主义由 20 世纪 30 年代萌发到形成主流的前夕和成为主流的时期；而且，其时，俄国批判现实主义达到高峰，成为佼佼者，走在世界前列。这就是鲁迅所面对的世界文学与文学世界！

这在宏观范围内"规定"和"规范"着鲁迅的文学世界的形成。

□ 鲁迅还处在镭发现的时代：一种新科学和新哲学产生了，一种新物质观和新世界观也产生了。鲁迅迅速地吸收了这些新的思想文化的营养，并将其作为自己世界观的基础（加上进化论）。（1985 年 4 月 28 日）

□ 辛亥革命之后的文学分化现象及鲁迅的反应：

（1）改良派在政治上日趋倒退，但是文学改良运动却是进步的；

（2）而革命派一面在政治上表现进步，但在文学上却是国粹主义居于优势。其思想的逻辑是：反满 → 尊汉 → 国粹。

鲁迅的反应则是各取其优者而去其劣者。（1985 年 5 月 6 日）

□ 鲁迅与高尔基的诞生之比较。

中俄两国相同的情况和不同的情况如下。中国，鲁迅：封建社会的末世、民主革命的初期，出现的封建阶级的逆子贰臣；俄国，高尔基：资本主义发展的上升期的俄国，从流浪汉的工人阶级中产生的"自己的文学巨子"。

□ 在大体相同的历史时期，各国、各民族奉献了自己的文学之子也是文学巨人：

法国：罗曼·罗兰（1866—1944）

爱尔兰：萧伯纳（1856—1950）

美国：德莱塞（1871—1945）

马克·吐温（1835—1910）

俄国：高尔基（1868—1936）

印度：泰戈尔（1861—1941）

日本：川端康成（1899—1972）

中国：鲁迅（1881—1936）

□ 王富仁说对《呐喊》《彷徨》在内容分析上的偏离角，带来了审美上的偏离角。这个说法对。怎么理解和解释呢？

文学作品的美在何处？其内涵特别在于内容与形式的统一、主观意图与客观效果的一致、审美信息储藏与审美欣赏破译的叠合。而侧重从社会政治革命的角度去分析、理解、欣赏，就使人们不能完全得到这个"统一""一致""叠合"。而是从客观向主体（作品）的投射，也是由主体（欣赏者、分析者）向客体（作品）的投射；而缺乏的却是从主体（作品）出发，客观地进行的分析。事实上，鲁迅早就言明他的创作意图以及审美立意是：

（1）写出他眼里的中国的人生；

（2）画出中国人的魂灵。

两者是结合着的：这样的人生乃有这样的魂灵，这样的魂灵便过着这样的人生。而人生，按照中国人向来的理解，按照文学的理解，而不是理论的解释，就是人的一般社会生活，而不是（至少主要不是）政治革命斗争的生活。（1985年6月26日）

□ 鲁迅的著译比例：

创作：5本，35万字；

杂文：16本，135万字；

译文：19本，310万字；

古典文学研究（已出版）：80万字。

□ 不仅注意政治、社会、历史，国际、国内等条件对他的思想形成的影响，而且要写出对他心理上的影响、对他创作心理形成的影响，以及这种影响在作品中的表现——从思想到艺术，从形象到性格，从主旨到技巧，从选材到用材（处理），以及语言、幽默、讽刺等。（1985年8月3日于兴城）

□ 鲁迅与佛教（见《鲁迅世界》的观点）：① 是由文学入佛教。② 是受章太炎的影响，但不是在章氏的延长线上接触。③ 1912年仅购1册佛书。④ 1913年突然增加。但《法林珠苑》48册是类书，是佛经内容的引得；《大藏西域记》是旅行记，故购书之用意非出自对宗教的关心，然而提高了他对佛教原有的关心和对佛典综合鸟瞰的能力。⑤ 第二年（1914）爆炸性开花。

□ 鲁迅的悲剧和心性（心理）还由于这些情况而产生：① 中西文化的矛盾和撞击；② 中国知识分子文化性格的矛盾（传统与现代的矛盾）；③ 道德意识方面的矛盾（新旧道德的冲突）；④ 个性主义与人道主义的矛盾；⑤ 改造世界的愿望与个人能力限制的矛盾；⑥ 寄望于人民和人民麻木不仁的矛盾；⑦ 忧患意识（济世）与独善其身的矛盾。

□ "'鲁迅在国外的接受世界中'——国外鲁迅研究对鲁迅的阐释与接受"：
这应该是一个精彩的章节。
它打开了一扇新的门，开辟了一个认识的和研究的新天地。夏济安、李欧梵、林毓生等都是颇可注意的。乐黛云的提法"鲁迅研究，一个世界性文化现象"很可注意。（1991年2月5日）

□ 用原型、母题、功能单位、结构等概念，来分析鲁迅的叙事学。
母题：复仇、死亡、狂人。
功能单位：反面人物的行动和正面人物的反抗行为。
他是否有复调小说的因素，如狂人、阿Q？

□ 《鲁迅学导论》之《绪论》要点：
（1）鲁迅学已经存在。
（2）一门新学科存在的一个依据：① 对象自身的内涵：丰富，领域宽广；深刻；具有科学性；己见、论著多；划时代性、划阶段性；国际影响。② 三个层次具备：实际材料（实践层次）、理论层次、结构层次——鲁迅研究皆备。
（3）鲁迅如何具有这些条件。
（4）鲁迅学可以考虑的几个方面。
（5）特别是理论结构。（1991年2月6日）

□ 这是两个很有意思、颇有前途的研究领域和研究途径：
（1）鲁迅的作品，包括小说和杂文中的双向语言，即包括他人话语

的双声语、幽默、反讽手法。

（2）鲁迅的翻译与创作的关系：影响研究的和平行研究的，触媒作用，主题学的，艺术设计的，艺术手法的，艺术立意的，等等。

关于（1）项，还可以有多种形态：幽默型、反讽型、论述型等。

【插记：关于作家的作品，当时遭冷漠，以后或死后受重视、显风光：

（1）斯达尔半世纪后才受重视。他自己说：1935！（1991年4月10日）

（2）弗拉迪米尔·纳巴科夫的名著《洛丽塔》，20世纪50年代初在美国被禁止出版，并打笔墨官司。直到1955年才出版，出版后名声大振。（见《读书》1991年第5期）】

□ 乐黛云在《鲁迅研究：一种世界文化现象》中，提到西方马克思主义者弗雷德·詹明信，说到詹明信之论《狂人日记》，有两点颇值得注意：

（1）《狂人日记》是"以民族寓言的形式来投射一种政治"，是这种代表第三世界文学形式的"最佳例子"；这种寓言恐怖的"寓意"所产生的震惊，远远超出了较为局部的西方现实主义或自然主义对残酷无情的资本主义市场经济竞争的描写。

鲁迅用"吃人"寓言来"戏剧化地再现了一个社会梦魇的意义"。

这也超过了老牌现代主义的象征主义。

（2）"遗忘"的寓言＝回到幻觉和遗忘的领域，在特权阶层恢复了自己的席位。

乐文又提到"在世界文化语境中来理解鲁迅"，"并将鲁迅作为'他者'，来重新认识西方"。

【那么，鲁迅研究在中国和世界上的意义：（1）在民族文化与命运中的意义；（2）在世界文化语境中的意义（参照："他者"）；（3）在第三世界、东方文化圈与华人文化语境中的意义——大同中的"中异"与小异，共识与异文。

20世纪人类文化面临的新问题，20世纪知识分子面临的新问题：

前者待议。后者：（1）存在与虚无；（2）自我与他人；（3）个人与社会；（4）传统与未来。这四者彼此相关、互相渗透。那么，存在与虚无、自我与他人、个人与社会，是鲁迅思想世界的基本结构的支柱。那么，死亡与爱、孤独者与大众、寂寞与热闹、超脱与参与等，则是鲁迅作品普遍的主题与构造"模式"。

那么，鲁迅诗学的基本结构应为：

（1）鲁迅作品意义世界的基本结构及普遍结构；

（2）鲁迅作品艺术世界的基本结构及普遍结构；

（3）鲁迅创作心理的构架与内涵及其特质。】

（1991年6月2日，读乐黛云文之后。乐文载于《读书》1990年第9期）

□ 鲁迅在日本留学时，开始写文章，就直奔这一主题，特别是文化现代化主题。这不是偶然的。中国这时已经有了洋务运动、戊戌维新的器物层与制度层的现代化改革，而致失败，正进入制度-文化层革命的转化进程中。（1992年2月26日）

□ 国粹主义、文化保守主义、文化守成主义，有它的文化意义；但是，在当时，它却成为袁世凯等以儒教政治文化统治国家的反动统治者的同盟军和文化支撑。鲁迅所着眼的是这种主义在文化方向上的问题和实际的消极作用。

□ （1）五四精英在五四时期对文化的认识，并不是文化决定论的；而是感受到中国文化现代化进程，已经到了解决文化层问题的时候。

（2）五四精英并不是全面反传统的。

（3）五四并非仅仅限于知识分子和城市贫民阶层，农村生活、思想也被搅乱了。

□ 鲁迅对小市民、"康白度"（买办）和洋场恶少的批判，以及其潜在的文化意识——批判封建文化、买办文化、流氓文化，提倡尊重人民的尊严、人格、人性，人的觉醒、个性、民主、自由等。

□ 鲁迅所批判的是"政治化的儒学和伦理化（封建伦理化）的儒

教"。

鲁迅更因这种政治化的儒教被当时的统治者政治化地利用了，而全力批判之。

□ 此段语录，可为《鲁迅：为创获中国文化的现代性而求索》的题旨和题词：

"凡有改革，最初，总是觉悟的智识者的任务；但这些智识者，却必须有研究，能思索，有决断，而且有毅力。他也用权，却不是骗人；他利导，却并非迎合。他不看轻自己，以为是大家的戏子；也不看轻别人，当作自己的喽啰。他只是大众中的一个人，我想，这才可以做大众的事业。"

□ 解决创造现代性问题的第一课题，就是改变自大的问题，改变以中国为中心、以中国文化为核心的观念，要有心去学别人、去拿来，而不是被推着走。鲁迅对阿Q的批判，就是要扫除这种普遍于国民中的心灵障碍。

□ 鲁迅的文化观念、文化创造、文化建树，均表现在两个方面、两条路线和两个范畴：

（1）从既要吸收、拿来，又批判、重新塑造地对待外来文化的观念出发，对西方文化的拿来。

（2）从重视、尊重中国传统文化的根底、资源出发，挖掘、发现、整理、批判、吸收，然后改造、创造，使中国传统文化从传统向现代转化。

（3）不是主要从理论层面上来阐述、来建设，而是主要从实践上、创作上来建设；与此同时，做实践基础上的理论探讨。

二　创作心理学笔记

（1986年2月6日—10月20日）

　　□ 美国女诗人卡洛琳·凯瑟（被白之教授称为"刚性诗人"）的诗：

> 我不在乎长袍松开，
> 露出一段肚腹和褐色的腿，
> 我可以说这怪那还没来的风。

这诗意，化用自中国乐府《子夜歌》：

> 罗裳易飘扬，
> 小开骂东风。

于此可见两点：

（1）性感，性意识，大胆，坦言，率直，现代人，现代女子心理与性格；然而有节制，然而美。

（2）吸取外国文化的资源化而用之，融汇之，又改变了，注进了现代意识、民族性格。（1986年3月3日夜）

　　□ 陆机《文赋》句：

> 课虚无以责有，
> 叩寂寞以求音。

【可为某自著之题名：《叩寂寞以求音》

叩寂寞（Knock upon Silence）

新的民族艺术再觉醒，首先表现在艺术世界的全方位、整体性

的向新的领域探索，这种探索向着两极的分道追索或融汇合流这样两种途径发展，或既对西方现代派艺术的各种流派大胆地吸收、借取、融纳，或向民族传统艺术追寻、扣求、翻新，或者融二者为一炉。其次，不再是某种技巧、表现手段、表现方法的革新（这种情况也很多），而是在整体性的艺术思维、艺术观念和艺术美、美学理想上的革故鼎新，是在创作立意、创作心理、创作目的上的变革。

这是全民族的"艺心"的变革。

它的发展前途是美好的，令人欣喜的，它的艺术前程灿烂似锦。这成就将远不是只拘于艺术这个世界，而是民族文化、民族文化—心理结构和民族素质的变化、革新和提高。】（1986年3月24日）

□ 中国人对山水的看法和山水诗的产生、发展、写法、意境以及我们应该如何进一步分析山水诗？——从《中国山水诗的发展》（〔英〕H.C.张著，孙乃修译，载《中外文学研究参考》1985年第9期）所得的启发：

1. 中国人对山水的看法：

崇敬山，因为山高耸巍峨，"万民之所瞻仰也，草木生焉，万物植焉，飞鸟集焉，走兽休焉，四方益取与焉；出云道风……国家以宁"，所以山是静的，为德之崇高，仁者乃乐山，德为山，山为德。而水则是动的，水为智，智者动，乐水。而水是依附于山的。

2. 从对山水的认识与思考，进而形成"风景的眼光"，再进入对风景的寄情与描述。

3. 山与水构成一个动静结合、万古长存、千古不变的固体的稳固性与流体的流动性并置在一起的"自然"图画，勾起人们对于暂时性与永久性的思考，产生对于山、对于水的种种情感、寄托、话语。

在魏晋时代，隐士盛行，吃香。他们总是与星、月、农舍、猿、风、松为伍，"这可以显示他们精神上的清脱"。于是，诗也总是同星、月、农舍、猿、风、松结缘，成为题材，而且成为内容、结构的主体。

□ 王羲之（321—379）的《兰亭集序》"是中国人感受力成长史上

的一篇力作"。

艺术往往于无意识中产生和领会。事后的解释与理解，是事后的理性化。"艺术体验的理性化"，这正是文艺批评的一个好命题。艺术体验、欣赏，猜测 → 理性化 → 写成评论。

（1986年4月29日）

□《野草》是爱的产物，然而更是不能爱的产物，是爱而痛苦的产物。因此而苦闷，苦闷而激动，欲一吐为快。"创作总根是爱"，但这是特殊的爱。写出这爱和爱的痛苦，即得舒畅、轻松、愉快。这种爱，推动他（鲁迅）的幻想、想象为之制造形象、场景。

（1986年5月2日）

□ 情感的激烈——它是理性的升华——和用超现实的想象来表现这种情感，用象征手法来表现这情感，这都是《野草》和《狂人日记》的创作方法、手段、构思。

（1986年5月12日）

□ 客观现实 → 反映认识 → 判断评价 → 情感活动

由现实认识——情感的升华过程——程序。

□〔罗马尼亚〕利·卢苏在《论艺术创作》中认为，原始人的艺术创造只是与实践紧紧相关联，但"它不是来自实践活动"，而"仅仅是找到了在那里进行自我表现的机会"。因此，起初，"人类不能完全超乎实际生活的物质需要，因之无法创造完全独立的艺术"，但是通过与日常生活联系的艺术趋向而得到了补偿。到以后，才获得了具有独立性的高级性质的艺术创造。——随着心理活动的发展和表现手段的发展。（文见《世界艺术与美学》第4辑，第90-91页）

【这些见解很新颖，很好；但说"不是来自实践"似乎涵盖太广，不够科学。有些原始艺术"确是不仅与实践紧紧相联，而且是来自实践的"；但确实有些不是来自实践，而是与实践相联系；有些则是既来自实践又与实践相联系。但他的这种补充很好，很重要。尤其是指出这是在日常活动中找到了表现自己的机会，这一点

说得好，指出了人类的"艺术天性"的某种潜能。

借此可以说明后来（即现在）的艺术创作。人都想要有表现自己的机会，其中包括在艺术上表现自己和表现自己的艺术才能（潜能）的需要（这是荣格所说的集体无意识）。日常所见人们的剪纸、摆设家具、衣裳穿戴都如此。有的人由此而发展成为搞艺术创作——在心理活动（创作心理活动）能力的发展和表现技巧的发展的基础之上；而大多数人却是终身只停留在这种初级活动与补偿上。而如马克思所说，到了共产主义，所有的人都可以是艺术家。这说明现在是"生活所迫"，使多数人不能发展艺术才能，成为艺术家。所以，作家从小、从青年时培养自己的艺术才能、创作心理是必要的、重要的。培养亦能使人成才，并非必须是天才。

在我们革命队伍中，有些艺术家是在工作分配的基础上成了艺术家的（李默然）。】（1986年5月14日）

□ 文化可分为科学文化与文学文化。当今世界，可谓科学文化与文学文化合流、互补的时代。科学知识、科学思维、科学成果渗入文学，文学的"同类相"渗入科学。科学对文学的影响更直接、更快、更多、更深入了。应该是科学——文学家，文学——科学家。但又不是古代那种混沌合一，而是在高层次上的合流。（1986年6月15日）

□ 文化问题：

不能静态地来分析中国文化的优缺点，也不能脱离历史的与现实的客观实际来研讨这个问题。传统文化在历史上是进步的、先进的、好的、适应需要的，今天，条件变了，走向了反面，不能用今天来否定过去，立足今天来评价过去，做出固定的好坏优劣的结论，而只能说过去是如何，今天又如何。作为文化积淀如何改造其内容与形态，进行扬弃，取得现代化形态，变成新的东西——现代文化。这是新陈代谢、推陈出新。

（1986年6月14日）

□ 创作心理学的写作设想（1986年7月3日夜）：

绪 论

献上一束金蔷薇

（1）世界文化发展的趋势：向内省、内心的发展。

（2）对创作主体的研究。

（3）文学观念的多维理解。

（4）文艺心理学的发展。

（5）了解、阐释创作的心理机制。

既总结创作经验，又指导创作实践；既提高创作的自觉性，又培养文学创作能力。

（6）谜的初解。

探索其基本内容

（1986年7月30日）

第一章　创作心理的形成与构成

□ 童年的心性及以后的刻痕：

沙特（Jean-Paul Sartre）说："童年仍是在偏见的死巷里摸索；童年有如套上了马勒的小驹，感觉环境之限围，有如缰绳之紧勒，横冲直撞，希图挣脱。今日，唯有精神分析学使我们得以深入了解当孩童在黑暗中摸索，试图有所作为，而每每与其一无所知的成人世界之社会力量相冲突时的辛酸的历程。……无疑地，对我们大多数人而言，我们的偏见、观点、信念皆是'无可奈何的结果'（dead-ends），因为他们早经决定于童年的经验。我们的非理性反应，我们对理性的无理抗拒，至少有一部分得自我们童年的无知，我们当时的无限惶惑。既然如此，这容易造成固置（fixation）的童年，为什么不该令我们深深地关切，力求了解呢？"（弗洛伊德《爱情心理学》第10页）

【（1）童年处于成人的偏见的拘围中：彼此不了解；

（2）童年的经验，其刻痕影响日后的心性；

（3）有幸的儿童，在童年时便进入或接触到文学的世界（艺术的世界），从中得到安慰、发展、艺术熏陶，种下最早的创作心理的种子。】

□ 青春期"随着性激动而来的紧张"——"性紧张"，但可因注意力分散而宣泄、舒张。其中有艺术一项。（《爱心》第88页）

□ 潜抑作用和升华作用（《爱心》第111页）

□ 关于"意象"——《文学理论》第201-202页

意象是"感觉的'遗孀'和'重现'"。

庞德（E. Pound）对意象的界定：

"意象不是一种图象式的重现，而是'一种在瞬间呈现的理智与感情的复杂经验'，是一种'各种根本不同的观念的联合'。"（《文学理论》第202页）

【这种解释，侧重于"意象"之中的"意"。倒可注意、运用。】

（1986年8月13日）

□ 列宁："……感觉的确是意识和外部世界的直接联系，它是外部刺激力向意识事实的转化。"

□ 《当代西方美学》：

融恩（即荣格）的这种理论，有它的有道理的一面，是可以利用的；但总体上说，它是不正确的、非科学的。

1. 他说，无意识是艺术创作的推动力，创造的作品源于无意识的深处。

无意识有时可以是创作的推动力，但只是① 有时；② 一部分人（非固定的）；③ 潜在的、部分的推动力。

它（潜意识）最主要的还是表现为在作家的心理活动过程中，潜意识有时提供一种潜在的"材料"，不知不觉地进入前意识，进入意识。它是一个"原料"（粗糙的、混乱的、原始的，但却是颇有艺术意味的，更具艺术素质的，因为它是初始的、未经意识过滤的、意象的储存）"仓库"。

2. 他说"不是歌德创造了《浮士德》，而是《浮士德》创造了歌德"，是不科学的；但是他说《浮士德》是个符号，这也是夸大的、过分的、不科学的表述。"它所表现的只是早就存在于德国人的灵魂中的一些深奥的东西，歌德只不过是帮助它产生出来而已。"这段话说明了伟大作家的作品的素材以至"诗情"来自人民的心灵，来自民族文化传统，这是对的、有道理的，但是表述又是过分的，因为：① 这不是全部根源，所以不能"只是……早就……"；② "帮助产生出来"，就是一个创作过程，能够帮助，又能使它产生出来，产生出来又能达到艺术

的高度，这就是伟大艺术家的本领、高明之处、伟大之处。能够不朽，就是伟大。（1986年8月13日）

□ "文学家"的这段话，说得多好：

1. "他是一个具有高度感受力的'人'，——他是一个'集体的人'（Collective Man）。人类无意识的灵魂生活的媒介者和塑造者！那就是他的职责，有时这种责任的负担是那样的沉重，以致艺术家是命中注定要牺牲他个人的幸福和常人所享有的那种生活的一切乐趣。"（《当代西方美学》第33页）

2. 关于"镜"与"自然"：

（1）镜之大小：反映范围；

（2）镜之质量：反映表象或内里；

（3）反映之质量，取其神者，取其形者；

（4）镜之质地：铜镜、玻璃镜、照妖镜、魔镜、明镜……

（5）被动之照；

（6）主动之照：觅景、取景、改景。

（读《镜里真容》之感，见《中西比较诗学论文选》）

□ 庄子、严羽、刘勰、苏轼：

"心斋"、神思、顿悟、惮悟、成竹在胸，可作一章或一节。在创作中谈——谈"顿悟力"。与灵感相联。

（1986年8月14日）

□ 对于别氏的黑格尔的创作之阶段论，可以用其形，而加以充实：社会生活，创作心理，灵感，无意识，等等。

（1986年8月14日）

□ 创作中美学的必然性与偶然性问题，可为一节，侧重写必然性——构思、提纲的明确性；偶然性——构思、提纲的模糊性。模糊之处，就是刘勰所说的"闲"，就是余地、空隙、自由发挥处、灵感活动的天地。

（《〈文心雕龙〉创作论》第267页）

□ 细节不能总和主题相联，不能总由主题思想引申而出（公式化

创作，"四人帮"时创作即如此），否则就没有了偶然性。

还可用恩格斯的"必然性通过偶然性来实现；偶然性是必然性的交叉"来申述。（1986年8月14日）

与此对称、相联、相渗透，还有至少两对矛盾、范畴可写：

（1）平日积累——一时突发。

（2）久思——偶发。

（3）苦思竭虑——自然抒发。

（同上书，第283页）

（4）苦——乐。

（5）紧张——松弛（心理）。

刘勰之语，可用：

"率志委和，则理融而情畅；钻砺过分，则神疲而气衰。"

（6）静思——激情。

（7）间接性——直接性。

"秉心养术，无务苦虑，含章司契，不必劳情。"

"积学以储宝，酌理以富才，研阅以照穷，驯致以绎词。"

□ 黑格尔语："许多真理我们深知是由复杂异常间接思索步骤所得的结果，（可是它们）却毫不费力地直接呈现其自身于熟悉此种意识的人的心灵之前。"

□ 威廉·福克纳（William Faulkner）在《喧哗与骚动》中只写了一个好人是黑女佣，他热情地歌颂她。她的原型被一致认为就是他自己家里的黑女佣卡罗琳·巴尔大妈，她晚年仍与福克纳在一起生活，并受到他的照顾。这是生活留下的遗痕，是记忆深入意识以至潜意识的表现。

《喧哗与骚动》写班吉的白痴式的意识活动，时空交错、混淆，联想由外部刺激而引起同类联想……这是班吉的心理活动，也是福克纳的心理活动，或叫"拟人心理活动"，是在他的意识指导下的揣摩心理活动。这活动本身就是混乱的、跳跃的、时空交错的。这正是作家的创作心理活动和这种活动的双重性：既是自己的，又是人物的；既是他自己的创造，又是顺应人物的心理活动的。作家的艺术技巧即寓于此。

（1986年8月16日兴城，辽宁军区干休所）

□ 文艺创作的几重心理活动：

（1）自己的创作心理的本身（本体）活动（注意、记忆、想象、幻想、灵感等）。

（2）悬想、虚拟的小说中人物的心理活动（情绪、感情、思维、思考……）。

（3）对于读者反映心理的预测，在创作时的心理活动中，三要素的活动机制，源泉、作用，互相关系：

思维——情感——想象；

思维、情感——想象；想象——思维、情感。

构思：思维的深入具体、记忆的活跃、储存的调动、意向的指导、想象的活动、灵感的偶现。

□ 构思——接受认识活动指导的意向活动

（1）概略性构思［总立意——总设计——大、中、小安排——人物性格、命运的安排——主要情节部分的设置——开头与结局——情感态势（喜怒哀乐）——主要矛盾——协调形象体系各内在因素的关系（主题、意境、人物情节、结构、风格等）象征——寓意］。

（2）具体构思。

（3）技巧运用。

构思的两种体态：

（1）以一个现实故事（或自传）为基本素材的作品。

（2）拼凑的故事。

□ 作家的心理品质：

（1）排除内外的障碍；

（2）忍耐与自制；

（3）保持热情的时间长短；

（4）不怕失败；

（5）经常平衡与非常平衡以及不平衡的平衡。

□ 动力定型——"动型"即稳固的条件反射系统。（《心理学》第31页）由动型而至思维"自动化"：自控制，自调节。在创作上表现为：

（1）遇一现象，即有联想；

（2）在休息时，干别的时，自动跳出某个想法；

（3）起了头，自动接续。（《新探》第338页）

□ 定型心理学美学中的一些基本命题，可以借用、"变形"、发挥：

（1）"完形"。知觉首先从整体上去把握对象："幼年作家"在人生觉醒之后，以及在以后的成长过程中，总是首先从整体上去把握社会与人生，把握世界，形成自己的"完形心理"。在此种心理观照下，去认识、对待每一具体对象。

（2）"心理—物理场"。作家幼年的心理是一个"场"，环境与自我互相活动和影响的场。

□ 韦特海默是在火车上来灵感，购买影动玩具受启发，创立完形心理学的胚胎。（朱狄《当代西方美学》第11页）

□ 艺术与梦的相似性；创造性想象、幻想与神经官能症之间的联系。（朱狄《当代西方美学》第20页）

【注意这种联系，但掌握其分寸。】

□ 弗洛伊德理论结构的五大支柱：（1）无意识；（2）婴儿性欲；（3）恋母情节；（4）抑制；（5）转移。

（1）、（4）、（5）皆可用。

□ 梦与艺术创造：

（1）梦与艺术创造在性质上有某种程度的相似，在素材上有某种程度的相关，在目的上有一定的相似；梦＝创造或梦≠创造。

（2）梦是艺术创造过程中的一种"自我实现"，是潜意识活动的成果。

（3）梦并不总是与艺术创作有关。

（4）梦是灵感的意外实现。

（1986年8月18日）

□ 精神疾患是"僵化了的幻觉状态"。把幻觉僵化了，人就病了。艺术家却不僵化，第一，不断在发展、变化，并不停留；第二，与现实

分开，而不是僵化在活生生的现实之中，成为一个"幻觉堡垒"。

（1986年8月18日）

□ 想象的自觉性，想象与思想，想象与无意识。（朱狄《当代西方美学》第74-75页）

□ 音乐不过是听众借以重建他的想象中的乐曲的手段而已。（朱狄《当代西方美学》第75页）

□ 符号学美学：恩斯特·卡西勒（Ernst Cassirer）

（1）把神话、艺术都看作符号的形式（和语言一样）。

（2）扩大了符号论的范围。

（3）艺术就是运用符号来表现人类各种不同的经验。

（4）人就是进行符号活动的动物。

【因此，阅读和欣赏就是对艺术这个符号的诠释，对其中的各类信息（社会、人生、美、各种经验）的理解、看法、感情、态度，从而丰富自己的思想感情、精神活动和心理复合体。】

（5）艺术家的眼睛并不只是被动地接受和记录事物的印象，而是一种"构成的"（Construtive）活动。凭借这种活动，才能发现自然中的美。不限于自然美。

【定为"构成的"活动，非常重要。作家的创作活动，正是一种构成的活动！】

（6）符号——语言（具有特殊地位）。

"语言可以通往心灵的所有的领域"。

"人按语言所显示的样子去涉及事物，但又被语言束缚起来，语言划定了一个不可脱逃的魔圈。"（朱狄《当代西方美学》第123页）

（7）艺术是一种符号的形式、内涵：

A. 物质的呈现（生活）

B. 精神的外观（作家内心）

三种形式：表现的、再现的、纯意义的。

（8）艺术家在两个世界中生活：

$$\left\{\begin{array}{l}\text{A. 现实世界、实践经验} \\ \text{B. 个人的内心生活、想象和梦境}\end{array}\right.$$

$$\left\{\begin{array}{l}\text{C. 在形式和构图中} \\ \text{D. 在自己创造的艺术世界中生活}\end{array}\right.$$

【A是"第一个世界",即自在的世界、自然生态、生活的世界;B是"第二个世界"——次生世界,即自为的世界、创造的世界。】

(9) 艺术"它是全人类的天赋"(第126页),艺术不仅是对生活的一种增补、一种装饰,还是生活的一个组成部分、一种条件。

【艺术是一个人精神世界丰富化的条件、营养、手段。人类与生俱来地具有艺术禀赋,即"天赋";而艺术创造出来,就是生活的"增补"、装饰、条件,是人类生活的组成部分、必具内容。】

(10) 一个可用的非常好的艺术特性的界定:
艺术的直观性质和艺术的意义,存在着一种无法克服的矛盾。(第126页)

【欣赏就是解决这个矛盾,是对从"艺术的直觉"到"艺术的意义"进行诠释。然而,或者不能全部掌握作家、艺术家的"寄托",或者超过了他的"寄托"。这矛盾永远是不可克服的。欣赏是一种创造。艺术是"一种直觉的语言"。多阅读这种语言,就是培养直觉能力。】

□ 知觉:
(1) "知觉是心灵窥探外部世界的窗户"。
(2) "人对客观事物的知觉不是单一的感觉器官所引起的,还有着智力加工的痕迹。"
(3) 恩格斯说:"人的眼睛的特殊构造并不是人的认识的绝对界限。除了眼睛,我们不仅还有其他的感官,而且有我们的思维活动。"(《马克思恩格斯全集》第20卷,第5837页)(《西方美学史》第249页)
(4) "知觉包含着意义,感觉则不然。"

（5）"知觉信息的贮存要依赖于个人生活史的变迁。"

（6）"特定的知觉方式为个人所特有"。

（7）"艺术家的知觉异于常人。每个艺术家都有自己独异的知觉。"

（8）五官感觉的次序及其在知觉中的表现：

触觉 → 味觉 → 嗅觉 → 听觉 → 视觉（同上，第256页）

$$\begin{matrix} 审美经验 \\ 审美知觉 \end{matrix} \rightleftharpoons 审美注意力（第258页）$$

□ 从柏拉图开始，就注意到、强调了颠狂、神力与艺术创造的联系，灵感、直觉、天赋才能、无意识的源泉等被提到非常重要的地位，使理论陷入神秘主义。我们后来完全否定这些的作用，使创作活动成为一种僵化的、模式的、范式的、标准化的、定型化的活动。人几乎无能为力。不留给直觉、灵感、癫狂等以任何余地。

现在，就是要承认存在，以科学的态度对待它，放在一定的位置上，承认它的独特性、不可或缺的、决定艺术特质与成败的作用。

基础不可忽视。

但基础不是关键，也不是特质。

（1986年8月16日）

□ 艺术创作的技术，是非常复杂的能力的组合，是人的生物本性和社会文化模式之间的相互渗透和交叉，并经由个体化之后，才取得的一种历史性成果。（《外国文艺思潮》第1集，第382页）

【（1）创造是能力组合；

（2）创造是人的生物本性＋文化模式，应是生物本性 → 文化模式；

（3）创造是个体化的（人类的、民族的、人种的、家族的）体现。】

（1986年8月18日夜）

□ 茵加登之文学作品的四个层次：

（1）语言层。语言中稳定不变的因素和韵律美。

（2）意义单元层（语义层）。词的意义所构成的层次，不是静态而是动态。

（3）被再现事物的客体层——物象的层次。

（4）图式化层次——内在结构建立起来的"另外的世界"。

"客观呈现方面是有限的，它只是一种框架和图式，其中许多不定点需要鉴赏者去加以填补"。（《外国文艺思潮》第1集，第473-474页）

"茵加登强调伟大的艺术作品总会包含有含糊的区域，这些区域一直是由鉴赏者来加以充实的。"（《外国文艺思潮》第1集，第474页）

【关于这4点可以直接引用于第二编：文学艺术熏陶与艺术修养一节中。谈深层次时用之：主体积极参与艺术创造；更多地了解第4层次；进入"另外的世界"中去，于是思想、感情、见解丰富起来。同时，由此还更进一步（比一般人丰富一步）：领受艺术魅力的构成，艺术技巧的运用。】

（1986年8月19日）

□ "他者"——预备作家的主观能动作用

茵加登"这一理论对后来的文学的结构主义理论有很大的影响"。

结构主义者认为，"艺术绝不是在虚空的唯我论的境界中被创造的，而总是在某种社会环境中，总是为了公众，为了社会被创造出来的。这并不就意味着在艺术家和公众之间存在着一种不变的、基本的共时性关系；它只是强调了这样一种事实，即在艺术创造过程中，公众，也就是'他者'，总是以某种方式在那里。这就使我们获得了研究艺术家主观问题的新方法。一件艺术品再不单方面地依赖于它的创作者。"（《外国文艺思潮》第1集，第474-475页）

□ "艺术想象与美学不同，因为它是一种主动的活动，而且以美为自己的指导原则。"

"艺术想象与推理不同……它是表现理性的。"

"艺术想象不是对现实情感的单纯表现，而是对情感的探测和完成。"（罗宾·乔治·科林伍德《艺术原理》第92页）

□ 科林伍德强调想象在欣赏中的创造作用，因而规定了艺术的新的、不同于其他定义的性质。

"表演者制造出来的、观众所听到的那种音响，其本身根本不是音乐，它们只是一种手段。假如观众听时有理解力（否则不行），他们凭

借这音响可以把存在于作曲家头脑中的那个想象的乐曲为自己重新建立起来。"（这说得多好啊！）（《艺术原理》第143页）

"正如我们从讲演中吸取的东西，不是我们从讲演者口里听到的滔滔不绝的音响一样，我们从音乐会所汲取的也不是表演者所发出的音响。在每一种场合下，我们从中吸取某种东西都必须凭借我们自己的努力，在自己头脑中把它们重新建立起来；一个人如果不能或者不愿意作出正确的努力，即使声音响遍了他所在的房间，不管这些声音他听得多么完全，其中包含的东西依然是他永远无法接近的。"（同上，第144页）

"有一类人在音乐会主要是为了从纯粹的音响中获得快感，他们到场可能对于票房有好处，可是对音乐却是有坏处的。"（同上，第145页）

"真正艺术的作品不是看见的，也不是听到的，而是想象中的某种东西。"（同上，第146页）

"我们的想象活动使我们把某种非常不同的东西加入到了对经验的理解之中。"（同上，第146页）

"我们所倾听的音乐并不是听到的声音，而是由听者的想象力用各种方式加以修补过的那种声音，其他艺术也是如此。"（同上，第147页）

□ 莎士比亚剧中语：

"最好的戏剧（作为实际被感官所感知的'艺术作品'）也不过是人生的一个阴影，最坏的戏剧只要用想象修补它们，也就不那么坏了。"（《仲夏夜之梦》）

□ 尼采的例子：父亲之死和钟声。（《读书》1986年第7期第53页）

□ 科林伍德论感觉与"注意"，"注意"的性质，特别是意识与无意识之被"注意"区分开来，非常重要，非常好：

（1）"注意可以划分视野，但它不断进行抽象"。

（2）"另一方面，如果我们从中抽象出红色的性质，一种其他个别色彩能够共有的某种性质，我们这样做所运用的，就不是注意而是思维了。"

（3）"思维活动或理智活动总是以注意活动为前提，然而……不是说思维只能发生于注意之后，而是说思维活动依靠注意就像依靠基础一样。注意活动与理智活动同时进行，一种注意总为理智结合，并且理智以这种结合所要求的方式对注意加以修正。"

（4）"这样，当在感觉（纯感觉——情感经验）的单纯心理经验之外又加上了注意活动时，呈现于心灵的那一块感觉就一分为二了。其中，我们给予注意的那一部分称为'意识'部分（确切地说，进行'意识'的并不是感觉，意识到经验的是我们人），其余则属于无意识部分，被称为'无意识'的东西并不是经验本身的心理等级，而是注意所集中的那个东西的相反的绝对物或边缘。"

（5）"在单纯的心理水平上，意识和无意识的界限是并不存在的。"

【此段论述，发展了弗洛伊德主义的无意识理论，进一步阐明了无意识与意识的关系，关键在于"注意"的作用。

感觉＋注意＝意识

感觉＋0＝无意识

这同时也是对于创作的指导。无意识不是完全的自在物（凝固的自存在，只会自发地进入意识水平），而是可以加以注意，推之入意识的。】

（1986年8月19日）

□ 闲散中使用注意。

注意是一家之主，支配感觉。

不从感觉接受命令，不是对刺激的一种反应。（它是主体的主动活动、能动活动，它可以与刺激一致，也可以不一致，甚至排除强烈刺激的干扰。）

感觉被迫接受意识在注意领域中给予的位置。

一个有意识的人，不能自由地决定感觉，但是可以自由地决定把什么样的感觉置于意识的焦点。

意识的自由！不是两者之间的选择，而是更高程度的自由，只有经验达到理智水平时才会出现。（罗宾·乔治·科林伍德《艺术原理》，第214页）

在心理经验水平上，自我受感觉支配。

在意识水平上，感觉受自我支配。自动的号叫与带有自我意识的号叫，单纯的愤怒和注意到了自己的愤怒，感觉主宰自己和自己主宰感觉。（同上，第215页）

"理论和实际的活动，自我意识和自我肯定，一起构成了单一的不可分割的经验。"（同上，第215页）

做一个我拥有这种感觉的人，而不是"我属于感觉"的人。（同上，第216页）

□ 感觉的驯化：

"这种感觉驯化产生了进一步的结果。我们逐渐能够随意使感觉（包括感受物）长久化。注意一种感觉意味着在心灵中执着于这种感觉，把它从单纯的感觉之流中拯救出来，并且把它保留到必要长的时间，以及我们可以注意到它。"（同上，第216页）

□ 一切观念都派生于印象（休谟）。（同上，第218页）

□ 记忆：

"记忆，就这个词略带含混的意义而言，也许只是对一种尚未完全消逝的感觉——情感经验痕迹——的重新注意。"（罗宾·乔治·科林伍德《艺术原理》，第217页）

以下引文非常好和非常重要，如果把"愤怒"换成"震惊""忧伤""悲哀""欢乐"等，均可适用，它说明刻痕、记忆、追忆等的作用与创作心理直接有关："一阵愤怒过去之后，在我们的实际感觉中留下了愤怒本身的一段消逝的痕迹；随后，在一段难以确定的时间之内（注：这可因人因事而异，因主观努力程度而别），我们的这种愤怒就被掩盖在其他种类的感觉之下了。只要任何这样的痕迹保留下来了，注意就可以把它挑出来，通过一种类似的过程在观念形式中重新构造出原先的感觉。这些痕迹的继续存在比我们易于设想的时间要长久得多，或许我们称为记忆情感的事情，不过就是这样把我们的注意力集中在情感留在我们当前感觉中的种种痕迹。"（同上，第217页）

（1986年8月20日）

□ 意识支配感觉；意识使感觉长久化。（同上，第219页）

$$印象 \quad \rightarrow \quad 观念$$

$$\downarrow \qquad\qquad\qquad \downarrow$$

（真实感觉物）

（未经意识解释） 　（经过思维解释的感受物）

（纯粹感觉） 　　　（经过思维修正的感受物）

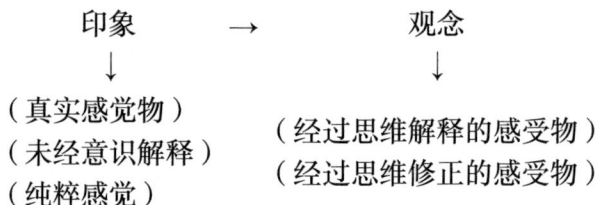

□ 感觉的三阶段：

（1）单纯感觉，处于意识水平之下；

（2）逐渐意识到的一种感觉；

（3）除了意识到已经"意识到的感觉"之外，还把它与别的感觉联系起来。

三者不是时间上的，而是逻辑上的关系。（同上，第220页）

□ "意识活动把印象转变为观念"，即"把未加工的感觉变成了想象"。"想象是感觉被意识活动改造时所采取的新形式。"（同上，第222页）

"想象是介于感觉和理想之间的一种不同水平的经验，是思维世界和纯心理经验世界互相联接的接触点。"（同上，第222页）

□ 意识——思维——理智：

（1）意识就是思维本身；

（2）但意识不是理智水平的思维；

（3）"意识是绝对基本和原始形态的思维"；

（4）"理智的作用就在于把握和建立各种关系"。（同上，第222-223页）

□ 语言是想象性的、表现性的。想象性活动，功能是表现情感，由此决定语言的种种原始特点。（同上，第272页）

□ 关于戏剧：

"只有当作为共鸣者的观众出现在动作面前时，这些动作才能变成一出戏。那么，事情就变得很清楚了，一出戏的审美活动，并不是作者方面加戏班子方面的一种活动，并不是这个创作单元在观众缺席时能够表演的一种活动，它是一种观众在其中充当合作者的活动。"（同上，第329页）

"表演者们已经熟知这一点了，他们知道自己的观众并不是被动地接受他们所给予的东西，而是通过接受它们决定着他们的演出应如何进行。"（同上）

"……艺术家与观众之间的合作，这种合作是一种有活力的现实，在电影院里却不可能有这种合作。"（同上，第330页）

"这一活动是不属于任何个人而属于一个社会的合作性活动"。

"当我们说'影响'时，实际上是说这些人与他进行合作。"（同上，第330页）

"……艺术家……与观众之间的关系问题，在这里需要进行一番改革。……这里所要求的是，观众应当感到自己是（不仅仅感到自己是，而且实际地和有效地成为）艺术创造工作中的一个伙伴。"（同上，第330页）

"需要造就一小批多少稳定的观众……他们和作者及演出者交朋友，熟悉艺术团体的目的和计划……"

"……要办到这一点，只有所有参与者都完全丢掉（尚有争论的）那种认为艺术是一种娱乐的观念，而把它看成是一桩严肃的工作，即真正的艺术。"（同上，第337页）

□《中国古代文学创作论》：

（1）虚静；（2）神思；（3）感兴；（4）物化。（第5页）

这是创作的四种状况、四个方面，也是四个阶段，是四种创作心理状态。这四种情况下，有四种活生生的心理活动机制、活动状况、心理状态。

（1）虚静：脱离尘俗（目的）、脱离尘嚣（环境）、脱离尘念（心境）。

虚于其他一切，集中构思，静以对待对象。（1986年8月20日）

集中"注意"；调动意识；想象；记忆。

（2）神思："想象""奇思妙想""神与物游"。

马克思："想象力，这个十分强烈地促进人类发展的伟大天赋，这时候已经开始创造出了还不是用文字来记载的神话、传奇和传统文学，并且给予了人类以强大的影响。"（《论艺术》）

（3）感兴（灵感）

①"应感之会"（《文赋》）。

沈约《答陆厥书》："天机"（"天机启则律吕自调，六情滞则音律顿舛。"），又称赞谢灵运是"兴会标举"。

颜之推《颜氏家训·文章》："标举兴会，发引性灵"。

"率志委和"。（《文心雕龙》）

感时触物而发：应物斯成。（《文心雕龙》）

② "物以情兴"（《文心雕龙》）。

"气之动物，物之感人，故摇荡性情，形诸舞咏"。（钟嵘《诗品序》）遭际兴会，摅发性灵。（第40页）

"尽日觅不得，有时还自来。"（唐·贯休）"诗有天机，待时而发，触物而成，虽幽寻苦索，不易得也。"（谢榛《四溟诗话》）

怀素："观云随风，顿悟笔意"。（第36页）

③ 艺术通感触击而生。杜甫观公孙大娘弟子舞剑器而成诗，吴道子观舞剑而成画。（第37页）

④ 捕捉。"凡意有所触，妙理乍呈，便当琢以会心，著之楮上，缓之则情移理逸，不可复觌。"（袁守定《占毕从谈》）

"如兔起鹘落，少纵则逝矣。"（苏轼《文与可画筼筜谷偃竹记》）"作诗火急追亡逋，清景一失后难摹。"（苏轼《腊日游孤山访惠勤惠思二僧》）

⑤ 艺术家的才能正表现在不失时机地、确切地捕捉灵感。（第41页）

（4）物化：

① 使构思实现（表现、表达）——物质化、对象化；

② 主体自身对象化（出神入化），拟物，物化之始，庄子言梦蝶。苏轼论文与可画竹，"见竹不见人"。

"真态"，"无人态"（无我态）。（第49页）

第二章　论艺术形象

一、物象、意象

"观物取象"。（《易经》）

"立象以尽意"。（朱熹）

"《易》以言不尽意，而立象以尽意"。（朱熹《答何叔京》）

"易之象也，诗之兴也"。

"易象通于诗之比兴"。（章学诚《文史通义·易教下》）

"象"有"天地自然之象"和"人心营构之象"之别。

二、神用象通

拟容取心。

"意象俱足，始为难得"。

"子建之赋神女也，其妙处在意不在象"。

"意广象圆"。

"夫意象应曰合，意象乖曰离，是故乾坤之卦，体天地之撰，意象尽矣。"

"游魂灵怪，触象而构"。

"神道无方，触象而寄"。

"寄灵心于万象，增恋恋于国都"。

三、隐秀

"心"存于"容"中，"神"藉"象"以显。

"文之英蕤，有秀当隐"。

"隐也者，文外之重旨也。"

"秀也者，篇中之独拔者也。"

"情在词外之隐，状溢目前之秀。"

"……外意欲尽其理……外意欲尽其象。"

□ 想象储存着感觉信息，思维包括想象过程和概念过程。两者交织。符号是一种能够代替客观事物的刺激。

□ "执着"（fixed），弗洛伊德此词似可借用、引发。即总是未能忘怀于过去的某一段时光、事件（弗氏以性解之，认为是在儿时以至吸乳期），"执着于过去生活的某一时期"。（《精神分析引论》第216页）

作家往往把自己心里中"执着"的某个生活时期写成小说，一吐为快。（1986年8月23日）

□ 创伤性神经病（Trau-matic Neuroses）

"一种经验如果在一个很短暂的时期内，使心灵受一种最高度的刺激，以致不能用正常的方法谋求适应，从而使心灵的有效能力的分配受到永久的扰乱，我们便称这种经验为创伤性的。"

"这些病人常在梦中召回其创伤所由产生的情境"。(《精神分析引论》第216页)

【创伤、创痕、刻痕：作家亦有的心理现象，但未进入病态。】

"一个人生活的整个结构，如果因为创伤的经验而根本动摇，确也可以丧失生命，对现在和将来不发生兴趣，而永远沉迷于记忆之中，但是这种不幸的人不一定成为神经病。……不应……把它看成神经病的一个属性。"(《精神分析引论》第217页)

【但可视为永久记忆的一个属性。】

"内心的精神历程进行着"。

"症候不产生于意识的历程，只要潜意识的历程成为意识的，症候必将随之而消灭。"(《精神分析引论》第220页)

□ 朱光潜谈灵感，朱氏美学文集（第529页）。注意：突如其来；不由自主；突如其会。

□ 弗洛伊德："明白了无意识的内心活动，这就开始有可能认识诗人创作活动的实质……"(《弗洛伊德全集》第10卷，转摘自《作家的创作个性和文学的发展》第2页)

□ 赫伯特·李德：艺术家的主要作用"在于能使心理的最深境界的本能活动具体化"。

□〔法〕雅·马里坦："诗人并不意识到这种直觉，但直觉是他的艺术的最珍贵之光和最重要的原则。"

(《现代美学论坛》，莫斯科，1957年版，同上书，第2页)

【这些论点都有道理，有价值，是解释文学创作的重要的、有特色（解决特征问题）的要害。只是他们说过了头（用"最"字），又把它同思想对立起来。】(1986年8月24日)

【艺术创作的非理性是存在的，它的优点、特点即在于此。秘密亦在此。主要是不能过分夸大其功用。】

□ 作家的才能：

"艺术家的才华本身，这是一种比其他人更尖锐更深刻地了解生活过程的才能，是感觉到和看到其他人还没有发觉的事物的才能。对现实生活的印象作出激动而深刻的反应，透过外表深入现象和事件，了解这些现象和事件的直到那时还没有弄清楚的特点——这是真正的艺术才华的固有特性。"(《作家的创作个性和文学的发展》第5页)

"创作天才的力量常常是同伟大的思想力量紧密结合起来的。"(同上书，第12页)

"作家对现实的观察，以及生活现象和社会历史事件，使他产生的印象，往往成为他创作构思的基础。"(同上书，第22页)

"艺术作品的激情的充沛是形象地再现现实的不可分割的特征，是体现创作思想和人物性格发展的不可分割的特征。"(同上书，第28页)

"在诗的作品中，思想是作品的激情。激情是什么？激情就是热烈地沉浸于、热衷于某种思想。"(别林斯基，第28页)

"对生活的创造性看法所具有的独特性……"(同上书，第69页)

"时代的审美要求（作家总是这样或者那样地确定对它的态度），在作家创作个性的形成中所起的作用是不容置疑的。"(同上书，第94页)

"因此，创作个性——这就是包括其十分重要的社会、心理特点的作家个人，就是他对世界的看法和艺术的体现；创作个性——这就是包括其对待社会的审美要求的态度，包括其针对读者大众、针对那些他为之写作文学作品的人们而发的内心呼吁的语言艺术家个人。"(同上书，第94页)

□ 潘菽认为，心理学的体系结构，以二分法（知、意）优于三分法（知、情、意）；但就创作的心理学而言，以有"情"为好。其情为重要部分。(1986年8月25日)

□ 人有六情：喜、怒、哀、乐、爱、恶，有加"欲"而为七情者。

□ "在对立的两极保持必要的张力"——一个认识论与方法论的命题，是科学探索中取得成功的秘诀，因此，也是创造活动中的一个重要手段。——创作心理中，亦如此。比如"逻思"与"形思"、思想与艺术、形象与概念等的张力。(《中国社会科学》1986年第4期)
(1986年8月25日)

□ 爱因斯坦认为，观念世界一点也离不开我们的经验本性而独立。——作家的成长过程中，不断从经验到观念，形成自己的心理。经验有：生活的、学习的、艺术的、直接的、间接的等。

"张力"——在对立的两极冲突中力图达到和谐的互补和微妙的平衡。（《中国社会科学》1986年第4期第145页）

□ 荣格认为，和常人不同，具有创造个性的人，在思想和行为中表现出各种相互对立的特征。这种两极对立的特征在具有极高创造才能的人的身上表现得尤为强烈。（《中国社会科学》1986年第4期第147页）

□ 创作心理的"个体发育"与"系统发育"的联系与区别、统一与矛盾。——一般和个别的关系（差异）、全局和局部的关系、个体和"系统"的关系。

□ 库恩于1959年提出"必要的张力"（The Essential Tension），"必要的张力：科学研究的传统和变革"。

"美国心理学家 M. 纽曼在谈到作为创造性思维的想象力时也认为，想象力所运用的形象的'组合'与'串联'往往是两极化的，想象力系统在张力和稳定之间达到平衡。"（《中国社会科学》1986年第4期第153页）

张力内涵：

（1）在对立的两极保持必要的张力，就是要把对立的两极联系起来，而不是割裂。

（2）两极互补，而非排斥。——两极外观对立和实质上的互补。

（3）在对立的两极，保持微妙的平衡（动态的平衡——摘引者）（和谐、统一），掌握恰到好处的分寸。

【这亦是三个阶段：联系阶段、互补阶段、平衡阶段。（然而是整体）】

"思维的理性的任务就是要善于在复杂的观念世界中找出对立的两极，使差异物变钝了的区别锋利起来，使表象的简单多样性尖锐化，达到本质的区别，达到对立。"（《中国社会科学》1986年第4期第156页）

"研究作家的创作心理，固然要重视他自己所说（创作谈或论

艺术），但同时要注意作品、本文结构、文学潮流与社会生活。【我们还可以补充：要注意读者的回返影响，同代作家、作家文本与友朋的影响。】

韦克勒与沃伦在《文学原理》中提出，要注意"外界各种因素给予的""非自觉的部分"，他们说，往往是作家不愿谈的部分反映了或折射了他的本质。

【这些都很好，很重要，可以写进书去，并且立一节或章。

"主体局限"反映了"主体的个性"，折射了主体的本质，然而也可以说，这是客体（客观世界）的内化、主体化、本质化、人格化，是系统在个体上的体现，表现了客观世界的"培养"，也是展开，同时也是限制。】

（《谈"创作谈"》，《读书》1986年第8期）（1986年8月26日鞍山三冶宾馆）

□ 语言要写一节，运用俄国形式主义理论、符号学与巴甫洛夫学说进行论述。
语言的心理效应；
语言的节奏、韵律；
语言的排列、组合、整合；
语境；语感；
语音、语意、语义；
社会语言、民族语言、国际语言。

□ 契诃夫说，作家的工作和别的工作不同之处就在于他无时无刻不在工作（包括梦里）。（《新华文摘》1986年第6期）

□ 爱因斯坦说："您能不能观察眼前的现象，取决于你运用什么样的理论。理论决定着你到底能观察到什么。"

□ 章节题：
"一个作家的'自我'（内心的人格）（心理复合体）的诞生。"
《白鲸》"穿插"手法：章节中夹入独白、对话。均可用也。比如："月儿沟"静夜独白（×××咏叹调）。

福克纳《喧哗与骚乱》中的象征与哲学。

皮亚杰（Jean Piaget）（1896—1980）《发生认识论原理》；

"认识的成长问题""认识的发生与发展""认识的起源"，这都是很好的命题。

认识的建构过程。

认识是一种继续不断的建构。——心理亦如此。

数法：观察法、询问法、测验法、实验法、临床法、作业法、谈话法。

皮亚杰："心理发生只有在它的机体根源被揭露以后才能为人所理解。"（第二章）

生物内部活动与外部活动的相互作用过程。

拉马克学说"主要缺乏的是关于变异和重新组合的一个内在能力的概念，以及关于自我调节的主动能力的概念"。

（1）内在能力：变异与重新组合；

（2）主动能力：自我调节。

$S \rightarrow R$ 应为 $S \rightleftharpoons R$，"更确切一些，应写作 S（A）R，其中 A 是刺激的某个反应格局的同化，而同化才是引起反应的根源"。（第二章）

（值得注意的是"同化"，只有同化，才能反应。"同化反应"或"同化—反应"是人的反应，是内在能力与主动能力的表现。"同化"可与"内化"相衔接：同化反应 → 内心；又，可与"相似块"结合：

同化反应 → 内化 → 相似块（形成、增加、扩大、丰富、复杂）。

（1986年9月2日）

□ 认识结构的基本概念：

1. 格局（Schema）：

格局同化刺激 → 反应

【格式塔？——注意】

2. 自我调节——可使格局改变或创新——受个体刺激或环境的作用，改变原有格局和创新，以适应外界环境的过程。

3. 适应——包含同化和调节两种机能；通过它们认识结构不断发展，以适应环境。

4. 平衡——通过适应，同化和调节达到平衡。

平衡既是一种状态，又是过程。平衡由较低向较高发展。这就是整个心理智力发展的过程。

它是认识发展中的一个重要过程。

5. "格局"——认识结构的核心和起点。

格局不断丰富发展。

"认识的获得必须用一个将结构主义（Structurism）和建构主义（Constructivism）紧密地联结起来的理论来说明。也就是说，每一个结构都是心理发生的结果，而心理发生就是从一个较初级的结构转化为一个不那么初级的（或较复杂的）结构"。（《发生认识论》英译本序言第15页）

6. 活动——感知的源泉，思维发展的基础。

7. 运演[①]——一种认识活动，四个特点。它是儿童思维发展的标志，划分为四个大的年龄阶段。

（1）感知运动阶段——从出生至两岁，运用原初的格局来对待外部客体，但不能运演，还没有内化。

（2）前运演阶段——两岁左右至六七岁。

（开始以符号为中介来描述世界，大部分依赖表象的心理活动，依靠直觉调整而不是运演。）

（3）具体运演阶段——从六七岁至十一二岁，能进行具体运演，即在同具体事物相联系的情况下，进行逻辑运演。

思维具有了可逆性和守恒，守恒为此阶段的主要标志。此时群集运演有五个特点：

A. 组合性或直接性：$A + A' = B$。

B. 逆向性：如 $A + A' = B$，则 $B - A' = A$。

C. 同一性：$A + A - A = 0$。

D. 重复性：$A + A = A$。

E. 结合性：$(A + A') + B = A + C$。

（4）形式运演阶段（十一二岁至十四五岁）。

8. 他一再强调认识建构是通过主客体的相互作用的。他说："认识既不是起因于一个有自我意识的主体，也不是起因于业已形成的（从主

---

①运演，系认识论上的学术专有名词，意思是"运动演讲"。

体的角度来看），会把自己烙印在主体之上的客体。认识起因于主客体之间的相互作用，这种作用发生在主体和客体之间的中途，因而同时既包含着主体又包含着客体……"（第一章）

"认识既不能看作是在主体内部结构中预先决定了的——它们起因于有效的和不断的建构，也不能看作是在客体的预先存在着的特性中预先决定了的，因为客体只是通过这些内部结构的中介作用才被认识的"。（《发生认识论》引言）

【"内部结构"是认识客体的"中介"！】

"建构构成结构，结构对认识起着中介作用：结构不断地建构，从比较简单的结构到更为复杂的结构，其建构过程则依赖于主体的不断活动。"（第6页）

【"认识的胚胎学"——皮亚杰是作为一个动物学家开始他的工作的，他把自己的研究与一个胚胎学家的研究相比。】

"他认为，正如胚胎学的研究揭示了动物界在结构上的类似一样，儿童的发展研究则可以有助于弄清成人的思维结构。他相信，仔细研究最初级水平的智力活动（儿童的智力活动）可以使我们对成人的思维结构得到更好的了解。"（《发生认识论》英译者序第3页）

儿童最早要建立起一个"概念思维的图景"（即格局）。（《发生认识论》英译者序第4页）

【抓"活动"这个根本，抓住"内化"这个关键，抓住"适应""建构""结构""格局"等关节。】

（1986年9月4日）

潜意识：

"就像利普士所说过的，潜意识是精神生活的一般性基础。潜意识是个较大的圆圈，它包括了'意识'这个小圆圈；每一个意识都具有一个潜意识的原始阶段；而潜意识也许停留在那阶段上，不过却具有完全的精神功能。潜意识乃是真正的'精神实质'。对于它的内在实质，我们和对外在世界的真实一样的不了解。而它经由意识和我们交往，就和我们的感觉器官对外在世界的观察一样的不完备。"（《梦的解析》第512页）

三 创作心理的奥秘（笔记、札记）

（撰写《创作心理学》的预备材料）（1986年2月14日）

（一）术语、名词（概念、范畴）

概念概括 形象概括 创作倾向 审美注意 审美欲望 审美态度 审美经验 情理调和 审美愉快 审美快乐 审美知觉 知觉 感觉 想象 表象 知觉主体 知觉对象 即时心境 "力必多"理解 心理层次 期望模式 自我实现 高峰体验 审美反射 完形情感 差异原理 记忆形象 即时情感 事物的第三性质——感情性质 定式 结构同形说 知觉经验 情感的表现性 写作倾向、写作个性 创作构思 创作冲动 艺术作品的定式 创作过程的特点 艺术形象的审美知觉 艺术逻辑 自觉的社会立场

（二）《创作心理学》绪论（内容）

1. 对于创作主体的忽视

2. 创作的社会学研究与心理学研究"两极分化"

3. 两者的综合和整体化的综合研究

4. 在此宏观、开阔视野下的心理学研究和通过心理学研究的综合研究（从一般到具体与从具体到一般）

创作心理学的整体研究

"创心"的阶段研究

"创心"建构

5. 创作心理学的整体研究与分阶段研究的结合

6. 创作心理学的动态研究

（1986年2月14日）

（三）创作心理研究中的几个课题

——关于作家的心理投影（生活的遗痕、民族的刻痕、历史的遗

迹……）

　　——灵感

　　——关于作家创作时的心理活动

　　——创作的目的性与非目的性、自觉性与非自觉性、明晰性与非明晰性

　　——"尽量抑制不想自己的创作"

（摘旧笔记，发言提纲）

（四）创作心理的几种类型

自发型

自觉型

自发-自觉型

冲动型（郭沫若）

深思型（茅盾）

冲动-深思型（巴金）

冷热结合型（鲁迅）

（1986年2月14日）

（五）创作心理——知、情、意的统一，真、善、美的统一

　　知、情、意，是人的物质生活条件和这种生活本身在人的主观方面的反映，是物质的精神结晶。这是共性。

　　然而，个性则是，有敏感者，在同等、同类、同力度的刺激面前，感应更强、更深、更广、更久，反应也更深广强大；有博学强记的人，记得多、记得深、记得广，留下鲜明生动的形象，形象记忆活跃；有善结晶者，抽象、概括——然而又是"形象地"，所得也多、深、高。——这是艺术家的品质。

　　真、善、美，同样是这个过程，是这个过程的产物；然而类不同。它们是结晶，是意识的结晶，思想、感情、观点的结晶。

　　知情意、真善美双方的统一：形成一个艺术家的心理特质、性格秉性和创作个性。

（1986年2月22日）

（六）李泽厚的观点：

1. 实践（以使用工具为标志）→ 2. 理性的内化—智力（认识结构）→ 3. 理性的凝聚—伦理观念（意志结构）→ 4. 理性的积淀（审

美结构）

（摘自《读书》1985年第9期）

（七）知情意的和谐统一：审美感受

知情意统一的完整的人。（歌德）

"此中有真意，欲辨已忘言。"（陶渊明《饮酒诗二十首》其五）

（八）关于创作心理的有关素材

1.《蕙风词话》（清·况周颐）

"吾苍茫独立于寂寞无人之区，忽有匪夷所思之一念，自沉冥杳霭中来，吾于是乎有词，洎吾词成，则于顷者之一念若相属若不相属也。而此一念，方绵邈引演于吾词之外，而吾词不能殚陈，斯为不尽之妙。"

2.《沧浪诗话》（严羽）

"诗者，吟咏情性也。盛唐诸人惟在兴趣，羚羊挂角，无迹可求。故其妙处透彻玲珑不可凑泊，如空中之音、相中之色、水中之月、镜中之象，言有尽而意无穷。"

3.《原诗》（〔清〕·叶燮）

"诗之至处，妙在含蓄无垠，思致微渺，其寄托在可言不可言之间，其指归在可解不可解之会，言在此而意在彼，泯端倪而离形象，绝议论而穷思维，引人于冥漠恍惚之境，所以为至也。"

4.《扬州画舫录》卷十一（关于吴天绪说书）：

"吴天绪效张翼德据水断桥，先作欲叱咤之状，众倾耳听之，则唯张口努目，以手作势，不出一声，而满室中如雷霆喧于耳矣。谓其人曰：'桓侯之声，讵吾辈所能效，状其意使声不出于吾口，而出于各人之心，斯可肖也。"

5. 马克·吐温的《镀金时代》中的老郝金士苦心为儿女谋幸福这段故事的依据，以马克·吐温的父亲买下十万英亩山地的事实为根据，以赛勒斯——他的堂舅杰姆士·兰普顿——为原型。

关于美国国会的写照，得益于作者七个月的国会活动。——以新闻记者身份。

（见《镀金时代·译后记》）

（1986年2月28日）

6. 詹姆斯·乔伊斯和他的《尤里西斯》："爱尔兰造就了乔伊斯。……爱尔兰生活中有两个方面对乔伊斯影响至深：一是民族独立运

动高涨的年代里那种强烈的民族意识；一是无处不在的天主教的势力。……这些影响哪怕从反面也还是左右了乔伊斯的发展道路。……爱尔兰的生活与现实不可分割地化入乔伊斯的思想与艺术中。

"……欧洲造就了乔伊斯。……从古希腊到福楼拜和易卜生的欧洲文化传统对乔伊斯有深刻的影响……乔伊斯的作品本身几乎成了二十世纪欧洲社会时代精神的一个突出的代表……"

"……像《青年艺术家画像》一样，《尤里西斯》也有强烈的自传色彩，在布鲁姆身上隐约可见乔伊斯自己的影子。"

（《英美文学散论》第214-217页）

7. 海明威

母亲教他音乐，父亲领他垂钓、打猎。后者对他的影响大。他常常（在幼小时）独自一人或结伴而行到森林打猎，坐河边垂钓。"作家从小养成的对渔猎的兴趣，一直保持终身，对他的创作产生了重要的影响。"（如《老人与海》）

（见《外国文学评介丛书·海明威》第1页）

（1986年3月5日）

海明威是美国现代作家中唯一没有上过大学的；但他毕业于第一次世界大战战壕这个社会大学——这形成了他的第二个创作心理的特点：包括他的创作精神，对世界的态度、反应。（格式塔）

海明威：少年：渔猎——战场归来，在休伦湖畔，精神苦闷中，游山玩水，钓鱼狩猎。——整个20世纪30年代前半期，大部分时间与精力用在观看斗牛和从事渔猎上。（主要欣赏斗牛士、渔人、猎手的冒险犯难性格，坚强不屈的意志、耐力等。）→ 1930年，在报道中写过一个在加勒比海上捕鱼的古巴老人，钓到大鱼，大鱼被大鲨鱼吃去一半……

渔——经历，心理，审美情趣。

同上（1986年3月5日）

（九）创作心理学提纲

绪论：探索创作的内在规律和作家诞生的轨迹

（创作的两重性，美的再生性

双重变换过程：刺激 → 形象，形象 → 文学描写）

第一编

创作心理的发生、形成、成型、结构及特征

第二编

从创作心理到艺术思维

第三编

从艺术思维到艺术世界

□ 作家的个性

1. 个性的基础源泉：物质的精神表现，人类、民族的个性体现，生活史：环境、周围人/修养。

2. 个性形成的几个因素：

（1）生理基础：感觉器官的特点，第二信号系统的特点。

（2）个人的才能。

（3）才能的组合。

（4）个人的态度。

（5）个性的需求、兴趣、趣味。

3. 个性的体现：信念、需求、爱好、感情、意志、才能。

4. 逆向追踪（研究方法）：从作品和作品的诞生到作家的个性。

□ 想象：功能——活动机制——工艺学——类型

1. 不可缺少性、重要性（大师们的论述）。

2. 想象是为创造典型而组合生活印象的过程。

3. 想象的"工艺学"：搜索枯肠，翻寻记忆库 → 加工、改造、制作（重新组合）→ 新的形象。

4. 想象——综合的过程，形象活动贯穿全过程，然而，间歇性、穿插性的逻辑思维——整合作用、过度作用。

5. 想象是创作的过程：创造典型，创造故事情节、场面、人物纠葛、命运（人物的命运与作品的命运）。

6. 想象的历史性、客观性、物质性：脑子里的材料。

7. 想象的偶然性、灵感性，在想象中生发新的想象。

8. 想象的三种基本形式：

（1）全面的、完整的想象（布局、结构、发展）。

（2）局部的想象（局部故事、情节、个别人物、个别纠葛）。

（3）偶发想象，灵感式想象，再生想象，在想象过程中发生的想象。

9. 想象创造典型的三种方式：

（1）综合：① 有基础材料（初步原型）→ 综合典型（祥林嫂、孔乙己）；② 各方材料 → 全面综合。

（2）原型综合：原型 → 补充 → 典型。

（3）触发式：① 直接有关的触发 → 想象 → 典型（如巴扎洛夫，《春潮》）；② 无关触发 → 想象 → 典型，如《哈泽·穆拉特》。

（1986年3月15日于沈阳宾馆617房间，当时参加省政协全委会）

□ 作家创作才能的构成因素与结构及其序列、特征：

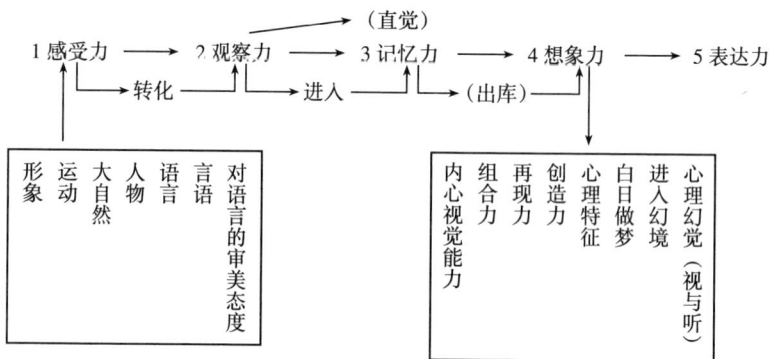

图3-1　作家创作才能构成因素及结构

□ 创作动机：

一个可以单独立节的问题。

谈创作时首先要谈它，但要分类、分层次谈。它不妨分解为创作冲动、创作触发、创作需要、创作目的。这种种因素归结为：动机。

通常所说的创作动机，是创作目的的初始表现或预期目的的动机形态。这可以是政治目的、生活目的、工作目的等。

重要的是心理动机，这是激情的、不吐不快的，有要写的，有要倾诉的，自我倾诉、自我表现、自我心理平衡、自我补偿，这是最佳的创作动机。

但更佳的是后者与前者的统一。因此叫创作动因，也许更确切。

"机"带有目的论色彩。

如果动机做"渊源"讲，那么从个人发生史来说，他的在此以前的

一生经历均是其源；还有社会的种种原因（政治的、经济的、审美的、风尚的……），也是其源。这些个人的与社会的源，都促成作家的某个篇章创作动机的出现。

最值得研究而过去又缺乏研究的是心理动机。这是成败的关键（内因的关键）。

著名例证：

《野草》《呐喊》《女神》《蔡文姬》；

巴尔扎克、托尔斯泰。

□ 创作心理与创作活动的相对应阶段

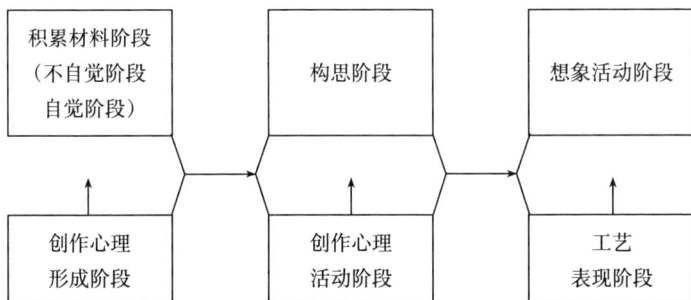

```
┌──────────┐      ┌──────────┐      ┌──────────┐
│ 积累材料阶段 │      │          │      │          │
│ (不自觉阶段 │ ───→ │  构思阶段  │ ───→ │ 想象活动阶段 │
│  自觉阶段) │      │          │      │          │
└──────────┘      └──────────┘      └──────────┘
     ↑                ↑                ↑
┌──────────┐      ┌──────────┐      ┌──────────┐
│ 创作心理   │      │ 创作心理   │      │   工艺    │
│ 形成阶段   │      │ 活动阶段   │      │  表现阶段  │
└──────────┘      └──────────┘      └──────────┘
```

图3-2　作家创作心理与创作活动对应阶段

（1986年3月18日）

□ 形象（客观的）→ 表象（主观的）→ 艺术形象（主客观统一的，形象在主观中的表现）

□ 可否从原始审美与原始艺术的产生和史前史来浓缩描述创作心理，如描写十月怀胎中的胎儿生长过程？

创作过程、审美过程不是动物式的，也不是本能式的，更不是神秘的、无规律可寻的；但也不是一种理性认识过程，一种理性认识能力的体现。

□ 无意识——印象、感情、情绪（意识）→ 记忆库 → 心理定式（参阅《审美心理描述》第397页、第400页"无意识的结构图"）

□ 作家的创作心理功能（能力）的一个方面，就是善于揣摸、分析别人的心理和描摹别人的心理。（《审美心理描述》第16页）

阿尔逊关于想象在审美过程中的作用和发展过程的情况，可用于创作心理分析——心理活动及诸功能。

注意：

（鉴赏对象引起的）简单情绪 → （在想象中形成）某种意象 → （一系列的想象和联想）意象系统 → 情绪系列 → 复杂情绪 → 简单情绪 → 简单愉快 → 复杂愉快 → "快乐"

（完全可用）

□ 美学发展史上的从"审美趣味说"到"审美态度说"的发展史，也反映了人类个体审美心理的发展轨迹：先有审美趣味，而后产生审美态度，即有了审美的内心自由。这是审美心理的自觉化、自觉形态，开始阶段自然也是创作心理的发生阶段；但此时审美心理、欣赏心理、接受心理与创作心理是融汇在一起的，尚未分化出来。

□ 审美态度的形成及其原因与因素。

创作心理的形成过程中，首先是形成这种自觉的审美态度，这时才算走进审美的领域，能为创作心理的形态吸取素材、营养，使它得到发育。

审美态度形成，有人类普通的心理因素，有历史的、文化的、民族的、时代的、地区的因素，还有个人的性格、教育等因素。不同的审美态度吸收不同的东西，形成不同的创作心理。审美态度的两个方面：一是对客观事物的审美的态度（选取审美的态度），非功利的、科学的态度；二是进行审美时的态度（爱好什么、兴趣是什么等）。

（1986年3月22日）

□ 人的各种感觉器官，都是信息的接受器、传递机，它们从大自然，从社会，从各种世间的活动、运动中，接受各种信息。这信息刺激了它们，它们亦作出反应，于是形成信息的传递接受和储存。这种过程产生了好几种结果：

1. 接受了信息，引起了生理的和由生理到心理的反映和反应；

2. 将这些信息储存，成为心理运动的基础、素材，即感觉、想象、情感、理解的基础；

3. 这种反应的运动，不断提高感官的感觉能力。

□ 感觉

1. 生理感应器官的接受刺激与反应；

2. 感觉能力的发生与发展史；

3. 感觉能力中的历史积淀；

4. 感觉中的情感与理解的渗透和参与；

5. 它是外部物理结构、生理感觉结构、社会情感结构三者之间的直接契合；

6. 感觉不自觉地与某些社会行为和情感模式发生同构。

（参阅《审美心理描述》第55–57页）

□ 知觉

1. 知觉与感觉的区别：对各个形象的整体性把握。（《审美心理描述》第57页）

2. 知觉与人心中的某种"图式"有关。

3. "期望"在知觉中发挥重要的作用。

4. 知觉不是被动的复制，而是积极主动的反映。过去的积淀和特定的期望——"图式"和"期望"——自觉不自觉地支配着人的知觉活动，影响其抉择。

5. 知觉是一种主动的探索性活动，也是一种高度选择性活动。

□ 想象

1. 知觉想象——不脱离眼前事物；

2. 创造性想象（艺术家）——脱离眼前事物；

3. 记忆、回忆在想象中的作用；

4. （一般人的想象与艺术家的想象）；

5. 知觉形象的触发；

6. 情感的中介作用；

7. 想象的形式。

□ 情感

1. 情感——知觉对象的"第三性质"（鲍桑葵与桑塔耶那）：情感性质。

（第一性质：知觉对象的大小、数目等；

第二性质：知觉对象的红绿高低等）

2. 知觉情感——表现性即情感的表现形式。

原因：移情说、客观性质说、结构同形论。

各有所执，各有所取。

3. 以大脑力场为中介，把内外两个世界沟通起来。

4. "电路"——人类社会历史实践。

□ 理解

理解的三义：

第一，分开虚实；

第二，对审美对象的象征意义、题材、典故、技法、技巧程式等的理解；

第三，对形式中融合着的意味的直观性把握。

例证：郭沫若写屈原（见《读书》1984年第1期），郭沫若写《女神》《蔡文姬》。

例证：毛姆和他的"逃遁者"形象。

创作的病态、变态心理学动因。

（见赵鑫珊《文学与精神病学》，《文艺评论》1986年第2期）

其中有众多的例证可为资料：歌德、托尔斯泰、李白、白居易、苏东坡、文同等。此外还可找出：李商隐、鲁迅、陀思妥耶夫斯基等。

（1986年3月25日）

□ 创作心理中的病态与变态因素是重要而不可少的酵母。"疯子"！不"疯"写不出好作品。感情激动了才能写出好作品。太理智，就写不出来。

鲁迅、陀思妥耶夫斯基、托尔斯泰、李白、杜甫、萧红的创作心态。

（1986年3月25日）

□ 创作的自觉与不自觉。

1. 创作是一种自觉状态。

2. 自觉状态分两类：① 自觉的自觉状态；② 不自觉的自觉状态。

3. 自觉状态也有不同情况，程度有不同。

（1）完全的清醒的自觉状态，事先的清醒：构思、蓝图、提纲，清清楚楚，明明白白，细细密密，严严谨谨。（茅盾、托尔斯泰、罗曼·罗兰、屠格涅夫等）要写什么、表达什么、写什么样的典型，如何发展，达到什么目的，都是如此。

（2）半自觉状态，有目的、有计划地创作，事先有准备，酝酿构思，但是不够明确，模糊性较大。

4. 不自觉状态有三种：

（1）即兴创作（小型作品、短诗、短篇小说、散文等）。想得不多，差不多没有什么考虑，冲动之下欣然命笔，一挥而就。但冲动本身就是一种自觉状态，冲动背后的感情、兴致、趣味等，都是以前生活、思想的积淀，形成了心理定式、感情模式、美学理想、审美态度，故以直觉之态出之。（一般迸发）

（2）来自自觉的不自觉。（个体迸发）创作是在不自觉状态中，但在内心里，有他长期生活形成的思想、感情，有长期思维的结晶和积淀，它在一个具体的故事、人物、典型中迸发，寄兴、托物。

（3）创作过程中的不自觉因素、成分、心理状态。在自觉的创作过程中，也是让自觉意识潜存着，潜移默化地活动着，或者在一定时候起指导作用。而挥笔书写时，是一种不自觉状态：让形象自己活动，故事自身发展，情节自身延伸。

5. 作家只有自觉才能成功，这是创作前和创作中的潜在力量。

只有不自觉（创作过程中）才能成功。

6. 创作是自觉不自觉的融汇，是不自觉的形式、自觉的内容。

□ 关于迷狂

1. 迷狂状态，这是人类初始阶段进入审美领域时的常态。无论是游戏娱乐式的歌舞，还是祭神的歌舞，都处于此种状态。或迷信，以为神附体；或饮酒；或服迷幻药（植物）；或者由于"心诚"，自以为会如此；或者由于环境和周围人群的影响带动，以及这些原因的综合，于是进入迷狂状态。

迷狂是一种审美态度、审美愉悦：忘掉了一切，享受和沉醉于眼前的活动。迷狂也是一种自我陶醉。

2. 由此，长期陶冶和积淀，迷狂成为一种审美心态。习惯成自然。

3. 然而，以后，由于迷信成分的祛除，愚昧无知的退去，审美活动与宗教迷信、祭祀仪式的脱离，迷狂状态逐渐改变，但一定程度存在。

4. 以后的欣赏与创作中，仍然存在一定程度的迷狂。但：

（1）只是一定程度的迷狂，未失理智。

（2）受到理智的制约、控制、引导。

（3）时醉时醒。

（4）在创作实际进行时，沉醉于其中，有时又醒过来。

（1986年3月30日）

□ 创作是一种感情冲动，也是一种心理需求，又是一种思想追求、审美满足。不写就心不得平静，情不得抒发，心理不得安宁和平衡。

这种冲动不是无缘无故的，是有根有源的。根源是：生活的积累，形象的积累，回忆库的储存，某种目的的推动。此种情况下的创作，是可以有成功预期的。

不是或缺乏这种冲动，在完成任务、私利名誉追求目的的推动下从事创作，无内在动力、心理动力（创作心理动力），势必失败。

（1986年3月30日）

□ 形象概括

1. 概括有二：

（1）概念概括；

（2）形象概括。

2. 形象概括一分为二：

（1）日常形象概括；

（2）创作性的形象概括。① 普通存在的心理过程；② 文艺创作过程的组成部分。

3. 形象概括首先指向为塑造典型形象所必需的那些方面和特点；其次则指向文艺创作过程本身。

4. 形象概括的本质：对同类事物的感性印象的某种系统化。〔此定义尚需：（1）补充；（2）深化〕

5. 形象概括又不同于表象，它比表象更广阔、更复杂，也更深入、更系统，加工更多。

"在同一种形象概括的基础上可以产生多种不同的表象"。

（以上见 О. И. 尼季伏洛娃《文艺创作心理学》）

□ 鲁迅写极简略的日记。

托尔斯泰则写极详的日记（见尼季伏洛娃《文艺创作心理学》），此为其成为伟大作家之一因。可见个性、成长道路之不同。

托尔斯泰很晚才决定从事文学事业。这一点与鲁迅相同。

进行比较研究（作家、作品比较），从中得出规律性的认识。

□ "以己之心，度人之腹"，用自己的心理来推测别人的心理这样一种心理能力——作家和艺术家的特殊本领、"特异功能"，一种沉入幻想境界的状态。例如果戈理、鲁迅写狂人，莎士比亚写李尔王之疯，陀思妥耶夫斯基描写人物心理，托尔斯泰细致入微地描写人物的心理活动，都必须揣摩，在心理上进入自己幻想的规定情境，模拟人物的心理状态和活动。（1986年4月3日）

□ 创作意识的形成——创作心理的成熟阶段。以后会有意识地培养自己的创作心理。

□ 作家的艺术再觉醒：

创作意识、创作倾向、美学情趣、美学理想，都发生了变化。——变法。

□ 关于创作倾向，读尼季伏洛娃《文艺创作心理学》。

□ 人生三大觉醒：人生觉醒、艺术觉醒与性觉醒

性觉醒是生命发展的标志，是各种觉醒的生理基础。人的性觉醒与美相连。性觉醒与艺术觉醒相连。这时，对于文艺作品中有关爱情的描写与表现特别敏感，特别喜爱，吸收力也强。一方面，满足了性觉醒的要求，性意识得到宣泄与寄托；另一方面，从性爱的描写中得到美的享受、审美的愉悦。二者有机地结合在一起，由此而引起和促进了艺术觉醒，增加了艺术知识，提高了艺术欣赏力和鉴别力。

无论是性觉醒还是艺术觉醒，都是人生觉醒的一部分，而且促进了人生觉醒。三种觉醒有机地结合在一起，发展、提高。此后，另两个觉

醒便离开性觉醒而独立发展了。当然，与性意识仍然藕断丝连。

人生与艺术的再觉醒。人的一生中不断地进行这种觉醒的更新。

创作心理形成过程中的不自觉阶段与自觉阶段。

（1986年4月7日人民剧场）

□ 构思的心理学基础，心理机制；构思问题

1. 尼季伏洛娃认为，"构思"仅是提出任务（目的），而不是解决任务（实现目的）。这是不对的。"构思"首先是提出创作任务（目的），同时提出解决任务（实现目的）的一部分，提出如何实现目的的基本蓝图。这个解决任务的部分多少、性质因人而异。有的作家提出很明确的方案和设计，如托尔斯泰、茅盾、屠格涅夫等；有的仅有一个设想（但是明确的），如鲁迅、郭沫若。

尼季伏洛娃书中引用的几个人对"构思"的论述，可化而用之。（见《文艺创作心理学》第149页）

2. 文学构思受到作家所处的社会历史环境的影响，又受到作家个性的影响（即他的创作心理的影响）。文学构思是作家个性和社会现实生活互相积极作用的结果。

构思＝个性⇔现实

3. 创作构思有一个发展过程。在这个过程中，构思逐步在确定，而且中间不断变化，受到客观现实、社会生活，读者（社会）审美心理、作家生活等的影响。

4. 创作构思的阶段性

（1）初、中、最后（各阶段特点）。创作期：① 触发 → ② 构思 → ③ 酝酿（初、中、晚）→ ④ 具体化提纲 → ⑤ 写作。

（2）短、中、长。有的作家（如契诃夫）短，一般限于短篇；有的长（几年），如托尔斯泰的多数作品；有的很长（十几年、几十年），如罗曼·罗兰、歌德。

5. 初期文学构思产生的条件

（托尔斯泰1851—1873年早期构思约50个）

（1）写作倾向——基本的、特定的条件。

（2）补充刺激的强化（或者存在）。

（3）写作活动的定式和思维方向的作用。

（4）读书。① 一般条件：写作倾向和现实对作家所产生的作用——美学影响；② 个别条件：因人而异。

6. 初期文学构思的特点：

（1）直接性、模糊性。刺激的直觉反应。

（2）酝酿决定所写的作品的体裁。

7. 定型构思：

（1）定型构思——足以使创作得以开始。

（2）能产生定型构思——可以以之为基础完成作品。

（同样因人而异，不能明确地划出两种定型构思的界限）

8. 情节的草案是定型构思的重要组合部分；对形象体系和风格的确定，亦为其重要组成部分。

【阅读别人的作品，在托尔斯泰的构思形成中起着特殊重要的作用，如《伊利亚特》之于《哥萨克》，《死魂灵》第二部之于《远离地主庄园的田野》，普希金《别尔金小说集》中的一篇之于《安娜·卡列尼娜》。形象假设（形象核心）→ 形象系列（关于皮罗里夫女管家的悲惨故事，形成了《安娜·卡列尼娜》构思中形象假设的刺激因素。）

定型构思的最后部分：总结构草案和写作顺序。

还有：体裁、形式和具体特点的表象（风格、形象结构和展示形象的方法）】

9. 构思的实现：

有效性与无效性。作家的文学信念对于构思实现起着重要作用。

有效与无效：要从心理角度去求解，才符合创作心理学。

心理定式、美学情趣、题材、主题、性格等与作家心理的投合。形象、情节等出自作家的内心，是他的心理活动的产物。形象记忆、形象库的"厚积"欲发。某些能刺激写作的情况：环境适宜、心理平静（无干扰），别的作品的刺激；鼓励的扬帆和激励（批评）的推动。

写作过程是一个创造性的过程。它要把构思中朦胧的计划实现；要把形象设计、粗具规模与形象假设提高到完美的程度，检验、发展和修改构思。

在这个创造性过程中，作家的想象发挥着重要作用。（尼季伏洛娃

《文艺创作心理学》第183页）

　　艺术创造过程中的心理内涵：感觉、知觉、表象、想象、记忆、思维、意志、感情、个性、活动、技能、熟练。

　　艺术作品：艺术家头脑中以观念形态存在的表象 →（艺术活动过程）艺术家的客体化、艺术形象化。艺术心理学，从心理学的立场来解决问题、解释问题、阐明理论，给艺术作品中的某一段文字以客观的分析，阐明作者的个性、构思、心理。这是逆向分析，由果向源。还可从修改与自白中来追寻。这是创作心理学一书的探索和写作途径。

　　（参阅维戈茨基《艺术心理学》译本前言）

　　（1986年4月11日）

　　□ 什么东西使作品获得艺术性？使之成为艺术创作？

　　——维戈茨基在20世纪20年代提出这个问题，仍然未解决，仍然很有意义。它应该是创作心理学要回答的问题。要始终抓住这个问题。（1986年4月11日）

　　□ "对作品的'解剖学'研究"，这个提法、命题非常好。这是一个指导思想：对作品要生理解剖式地研究。

　　（维戈茨基《艺术心理学》第9页）

　　□ 文艺创作心理学必须纳入心理学和社会心理学的范畴，心理学、社会心理学必须纳入文艺创作和文艺学。这应是文艺创作心理学写作成功的关键。苏联维戈茨基创建的社会文化历史学派很有价值。（1986年4月11日）

　　□ "演员心理学是历史的和阶段的范畴"。这是重要命题，但不完全。同时，更重要的是，它又是家族的，特别是个体（个人）的，是历史的、阶级的、社会的，通过个体来表现，而个体又给这些以形式、特色。同时，个体（个人、个性）又不过是历史的、阶级的、社会的一切个体人格化表现，是一般通过个体来表现，是这一切的宏观的、外在的物质性、精神性在个体上的物化和观念化、意识形态化。（1986年4月11日）

　　□ "从社会生活和作为社会历史存在的人的生活去理解艺术的功

能"。(维戈茨基《艺术心理学》第12页）

□ 美学分自下而上的美学和自上而下的美学，又分艺术心理学和艺术社会学。要把两者沟通起来，结合起来。艺术心理的形成离不开社会——社会自身、社会生活、社会的人、社会的历史等。而艺术社会学又必须与艺术心理学联结起来。社会对艺术的影响，是通过艺术家的心理来发生作用的。社会要形成艺术心理。艺术心理是以"艺术心理"形式反映的社会生活，但又是经过心灵加工过的社会生活。(1986年4月12日）

□ 作家在创作时的想象有两种：一种是所写人物是与自己不同的人物，他没有人物的经历，只能凭借一般心理规律和所知的人物的特定身份所应有的心理，去推测、想象人物的心理，如果戈理、鲁迅写狂人，福楼拜写包法利夫人。也有时，作家以自己身上的缺点、缺陷、弱点"过渡"到人物身上去，这是一点依据。

另一种想象，则是作家与人物基本叠合或完全叠合。他只是用自己的经历、生活、心理去搬用或适当改制即行，如鲁迅写魏连殳，郭沫若写蔡文姬，杨沫写林道静。

□ 入与出是一对很好的范畴。但要分两种情况：一是生活期，一是创作期。生活期出与入，又分自发的与自觉的两种情况。创作期出与入又分一般的与特殊的（特殊的指文学艺术的）。

"情化的自然"（陆一帆《文艺心理学》）。作家、艺术家在自发的创作心理形成过程中，要有大批情化的自然进入心理构成中和记忆库中。这表现了他们的特质，即把自然情化，把情感向自然外射，两者结合后进入心理结构中——一般人没有这样。这种情化的自然积累多了，就会成为日后创作冲动的元素。(1986年4月14日）

□ 人类的情化自然的历史

"情化自然的能力是人类特有的一种创造力，这种能力是人类共有的，不论什么人，只要带有审美的动机，有着审美的需要，他就会创造出情化自然来。"（陆一帆《文艺心理学》第69页）

□ 人类的创作心理的"原始积累"。人类从原始人开始，就有了改

造自然的活动，有了按照自己的愿望、意图、预想来创造新事物的行动，由此产生了创造心理；以后有了原始艺术，其创作心理就得以深入发展了。逐步积累，积几万年、几十万年而成为人类的一种本能、一种天赋、一种先天决定的才能。

以后的人，一生下来就有这种创作心理的原始素质。以后又不断发展，视后天条件的不同而异。

从神话中看人的情化自然，亦可看创作心理的发生、发展和原始积累。从巫术文化中看亦如此。

□ 灵感具有触发性、突发性、偶发性，遽来遽逝，逝而即忘，忘而不复得；形象性亦有，但不仅形象性，有时也是概念的、知性的。（1986年4月16日）

灵感之来，录而为文，气韵生动，无斧凿之痕，顺畅痛快，自然就好。雕琢成之，其味乏矣。

灵感可锻炼而求得。经常锻炼，灵感时来，也就会频繁而至。久不用心，灵感迟钝。（1986年4月16日）

灵感在人进入无意识思维时，在人脑进入休息状态时出现，这是一种情况；有时也在转移状态时出现；有时则在无联系状态（完全在想另一个问题）时，接通信息源，构成意念、想象、表象等。这第三种状态最难说明，神秘，莫名其妙，但的确存在。（参阅陆一帆《文艺心理学》第130页，他只提出"休息状态"）

作家在创作心理形成的过程中，怎样才能形成创作的心理？其特点何在？

形象地掌握对象；整体上把握对象（感性直觉与理性直觉）自觉性；顿悟的锻炼；形象记忆的发达；欣赏力的提高——高级理性直觉的能力；感性直觉中蕴含高级直觉能力、联想能力、幻想能力、条件反射能力、语言领悟力。

直觉思维，作为一节来写。

它与语言概念思维的关系；与表象的关系，与灵感的关系，与形象思维的关系，与理念的关系，与记忆的关系。

在形成创作心理过程中的作用：活跃的直觉思维是特点、特殊能力，发展基础。立志当作家，则可有意识地培养。

□ 创作"三宝"：直觉、想象与灵感。一章三节。

□ 创造学研究的三大或四大途径

对于创造思维的逻辑因素与非逻辑因素统一起来考虑的结构模式。

□ 牛顿观察苹果落地而"想"出万有引力的故事（详见傅世侠著《创造》第44-45页）说明：（1）创造性思维中逻辑思维与非逻辑思维的重叠、交叉；（2）想象的作用；（3）联想的作用；（4）逻辑的推论。

想象、灵感、直觉与经验思维、意象思维、情感思维的关系。核心、精华与辅助力的关系。三者有时分别发生作用，有时则是系统综合地发生作用。（傅世侠《创造》第71-72页）

三个重要的例证：爱因斯坦关于相对论的假设、达尔文关于进化论的偶得和牛顿关于万有引力的思想（苹果落地）。（傅世侠《创造》）

想象、灵感、直觉的几大特点：

（1）其出现，意味着常规思维中的"跳跃"，逻辑程序的"中断"。

（2）三者紧密联系和相互作用。

（3）三者以及与其他非逻辑思维形式之间的交叉渗透，形成一种放射式地进行的思维活动，即一种由点到面、立体多面式的非线性的思维方式。

（4）三者都不同程度地反映出无意识（即下意识或潜意识）的生理-心理活动水平，在创造思维中具有重要作用。无意识具有识别、选择、提取、加工和处理信息的更高效率。

（5）三者具有极大的随机性和不确定性。

它们容易造成虚妄，却又具有极大的自由度，也极富创造性，因此事后需要进行逻辑证明和实践检验。（傅世侠《创造》第72-79页）

□ 可以提出"直觉水平"这个概念。直觉水平决定于他的洞察力、理解力、判断力等，而这一切又决定于他的知识水平、专业水平、生活了解面，也决定于他的思想水平、思想能力、分析力，还决定于他对自己的直觉能力的培养以及记忆、想象、注意等心理能力的锻炼。

文艺家的"直觉水平"则更重形象性，而且这种形象性更重人物、事件、场景，而不一定是图象性的。如果说科学家的好奇心和怀疑精神是科学创造的原动力，那么，对世界、社会、人生，特别是对人生的好

奇心、探究精神和敏感性，就是艺术创作的原动力。当然，还要加上对形象的感受、记忆和加工能力，以及感情的炽烈、浓郁、深沉等。但首先是前述两种能力。（1986年4月24日凤凰饭店311室）

形象思维：从人类思维的发展史来说，是依次发展，即悟性思维——形象思维——逻辑思维，有层次与等级。但是，从现代人的个体来说却是平行的，整体性的三种思维同时或交叉进行活动。按其功用之不同和对象之不同，而能发挥不同的作用，处于不同的高低地位。

形象思维有抽象思维、主体思维、具体思维、灵感思维中的形象思维。作家、艺术家的创作心理：以形象思维为核心，又以形象思维为工具、为表现手段，"团结"、运用、调动、得助于其他思维形式：悟性思维、抽象思维、具体（辩证）思维、主体思维、灵感思维。

创作心理学是认知心理学、思维心理学的一个分支、一个组成部分，遵循其总规律。（1986年4月26日凤凰饭店311室）

□ 按照认知心理学，人的认识，就是人们在环境中获得、加工、贮存、使用信息的过程。

□ 对作品的"静的属性"（见维戈茨基《艺术心理学》译本序及正文）作心理的"解剖学"研究，进行分解、分析，求得对创作心理的了解。这是作品 → 作家生活 → 创造心理的逆向研究途径，然而是现在最有效的实证研究方法。

□ 形相 → 意象 → 形象（见图3-3）。

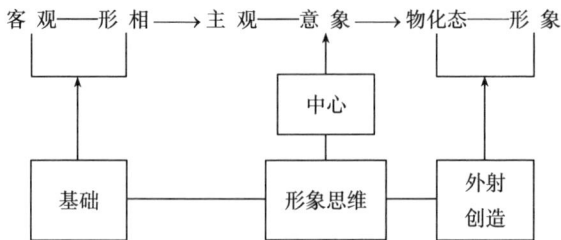

图3-3　形相—意象—形象思维关系示意图

□ 象词——语音的，语义的
单象（形象信息单元） → 群象 → 集群象

公式：

单象：$a + a_1 + a_2 + a_3 + \cdots + a_n$

群象：三种方式，即单象＋单象＋…；群象＋群象＋…

（1）$\sum = A\{a_1 + a_2 + a_3 + \cdots + a_n\} + B\{b_1 + b_2 + b_3 + \cdots + b_n\} + M\{m_1 + m_2 + m_3 + \cdots + m_n\}$

（2）$\sum = \sum_1 + \sum_2 + \sum_3 + \cdots + \sum_n$

（3）$\sum = \sum_1 + A\{a_1 + a_2 + a_3 + \cdots + a_n\} + \sum_2 + B\{b_1 + b_2 + b_3 + \cdots + b_n\} + \cdots$

□ 创作心理学是艺术心理学的一部分、一个分支，它研究后者的一个部分，其中主要的有：创作心理学是研究心理（即"溶液"）自身的，但不是不研究"结晶体"（即意识形态）。只是，又要从"结晶体"逆溯到"溶液"。——指导思想

艺术创造心理学：

1. 艺术创作过程中的心理产生、发展及其规律性；

2. 艺术作品中用形象所表现的、物质化了的心理活动的"静的属性"；

3. 艺术家的才能；

4. 艺术家的个性。

艺术创造过程中的心理：感觉、直觉、表象、想象、记忆、思维、意志、感情、注意、个性、活动、技能、熟练。每一项仍可细分。

注意：社会文化历史对于人的意识、心理形成的决定作用。社会文化历史学派——维戈茨基。此外，还有生理的、心理的，这应是创作心理学的基本指导。

我们的研究既是心理学的，又是社会学的，但是从社会到心理学；或是心理—社会学的，是以社会文化历史的决定作用来阐明心理现象的。（1986年9月27日）

这应是创作心理学的基本指导：

1. 艺术生产，是人类生产劳动的一种特殊形式，即精神生产活动之一。

2. 关于生产劳动的这一基本思想，艺术生产亦适用：

"劳动过程结束时得到的结果，在这个过程开始时就已经在劳动者

的表象中存在着，即已经观念地存在着。"（《马克思恩格斯全集》第23卷第202页）

创作心理学以作品为基本事实与研究对象。作品，是有意识组织起来的，为了引起审美反应的、刺激因素的系统。

□ 20世纪的文学批评，舍去了价值判断，而着重研究作品的创作过程、作品的结构、作品的语言形态、作品在读者中引起的心态反应和意识诠释以及作品本身的意识等，于是泯灭了文学理论与文学批评的界限。因此，创作心理学作为研究作品创作过程的一门学问，属于文学批评的一种，而且是深层的批评，也可以是最中肯的批评；因为深入作家的创作心态了，说到他心里去了，也许还发掘了他本人的无意识区域，说明了他不自觉的地方。另外，从心理语言学的角度看，研究作品的语言形态也是研究创作心理。

□ 屠格涅夫《猎人笔记》写的是俄国农民，但又是他自己的心态。（见《审美心理学》第50页）这是研究作品的新角度，也是科学的角度，即从作品的心态、作品中人物的心态照见作家的心态。当然不是说人物心态等于作家心态（有时可以是如此的），而是说，从人物的心灵中可以照见作家对此人物的看法、评价以及对这个人物所处环境的看法等。如此可以看见作家，亦可看见作品（如阿Q）。

（1986年4月28日，凤凰饭店第四会议室）

□ 托尔斯泰所说的"这一点点"是一个非常重要的思想，是艺术的"眼"。灵感，常常是"这一点点"的产婆。没有灵感，也就没有"一点点"。

□ 无意识的提出，扩大了研究范畴。艺术不能从个人生活的小圈子得到透彻解释，而必须从社会生活大圈子得到解释。

□ 艺术心理学在以下条件下接受心理分析派的积极因素：

1. 把意识和无意识同视为独立积极因素；
2. 艺术形式不是一面"大墙"，而是最重要的机制；
3. 放弃泛性论的幼稚病；
4. 把整个人的生活纳入研究范围；

5. 对艺术的象征意义和艺术的历史发展作出正确的社会学解释。（维戈茨基《艺术心理学》第106-107页）

□ 托翁说，一首交响乐可能不是艺术，而一个农民的一句幽默的话语则是艺术。（见《艺术心理学》第42页）

□ 创造——艺术创造——创作心理

想象——艺术想象——想象的性质、特点、规律——想象的基础——想象的归宿——想象对表象、心象、印象的加工——典型形象的创造——作家的生活经历、社会经验、文化素养、知识多寡与结构对想象的作用——灵感对想象的作用……

两种想象：消极想象（保存印象）、积极想象（组合）——（伏尔泰）

多类想象——一般想象——艺术想象——音乐、绘画、书法、雕塑、文学（诗、小说、报告文学）……

还有一种分法：消极（分解）、积极（组合）

□ 思维的"张力"：收敛式思维与发散式思维，继承传统和反对偶像崇拜，两者之间相向的力的矛盾形成张力。（〔美〕托马斯·S.库恩《必要的张力》）可以引入创作心理学研究：（1）思维的张力——思维领域与方式；（2）形象思维的张力；（3）想象的心理活动的张力。

（1986年5月1日）

□ 感情的层次：生命的感情——感觉的感情——心情的感情——精神的感情——复合感情〔日〕浜田正秀《文艺学概论》第20页）

□ 无意识"精神世界的大部分，却是一个无意识的茫茫大海"。（浜田正秀《文艺学概论》）

"意识，仅仅是由生命之光所照见的一个微微发亮的精神世界"。它易消耗，要由休息与睡眠来补充。意识是小岛，经常受到无意识的波涛拍击；意识是一叶扁舟，飘泊在无意识的汪洋之中。（浜田正秀《文艺学概论》第22-23页）

能够意识到的，未必都能够意识到。（可补充：文化层次越高的人，意识到的意识也更多。）"生活的大部分也总在无意识中度过。"（在作家创作心理形成过程中，这种无意识的贮备很多，存在记忆库中，以后为创作意识所照亮点燃，成为自觉的创作意识，自觉的创作心理内涵。）无意识并非非意识，而只是"没有意识到的意识"，是"被埋没在精神暗处的精神世界"。

记忆是无意识的贮存，从记忆中把无意识取出是"前意识"。

"集合无意识"。

"高度无意识"。

□ 语言（摘自浜田正秀《文艺学概论》）

语言是认识工场不可或缺的材料，也是价值的向导和感情的向导，既客观地反映外界事物，也流露出对事物的主观感情及评价。它半是事物的代名词，半是精神和感情的代名词，它是介于事物同精神之间的媒介体。在文学这个领域中，语言的感情表达作用比它的事物指示作用显得更为重要。

观念：富有感情和热情的观念是一种"能量"，具有像生物一样的繁殖力，具有像传染病那样的感染力。语言里充满了魔性，理应操纵语言的人有时却被语言摆布。语言有多层含义和言外之意。

语言的魅力就在于它的象征性。为通向未来作准备，构成臆想世界。

□ 创作心理学，研究作家意识的内在世界。意识就是被感觉了的自我精神世界。感觉、情感、思考、直观的流动就是意识流。

□ 创作：创作心理——创作准备——创作冲动——创作动机——创作能量（燃烧和消耗和补充和构成）——创作能力（与能量不同）——创作目的……

□ 想象，从形相到形象六工序：（1）形相（外界的形象）→（2）心象、表象（精神的形象）→（3）残象（记忆形象）（形象的保存）→（4）记忆形象的复苏（形象之梦）→（5）记忆形象的浮现（白昼幻觉、梦）→（6）想象→（7）形象（外射）

□ 梦：无意识向意识的闯入（弗洛伊德）。梦产生的三个原因：

1. 体内外的刺激；

2. 感情和情绪的影响（别人的）；

3. 记忆形象的作用。（柏格森Bergson，1859—1941）

（以上见浜田正秀《文艺学概论》）

成梦三因亦可用于"白昼梦"和"创作想象"。其中，1和2是诱因、促进力、推动力；3则是基础，是内驱力和构成力。

（1986年5月2日）

□ 作家与作品：复杂的关系

歌德写成了《浮士德》，而《浮士德》造就了歌德。

从另一角度看，"也许可以说一切作品都是作家的梦幻及意图的反映，是作家躲避风雨的一艘凄凉的破船。"（浜田正秀《文艺学概论》第90页）

注意：视觉后象。知觉 → 视觉后象 → 表象

□ 唐人张璪："外师造化，中得心源"。可为创作心理总原理之一。外内结合、客观与心灵、自然与加工……

表象 形相、心灵、记忆、创作：其关系与序列：

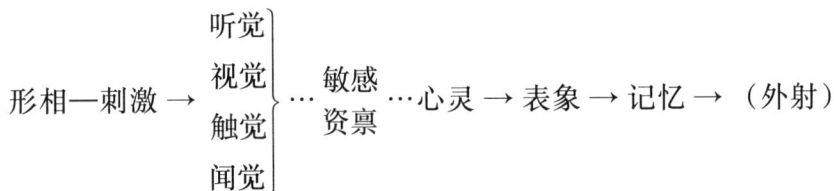

$$形相—刺激 \rightarrow \left.\begin{array}{c} 听觉 \\ 视觉 \\ 触觉 \\ 闻觉 \end{array}\right\} \cdots \begin{array}{c} 敏感 \\ 资禀 \end{array} \cdots 心灵 \rightarrow 表象 \rightarrow 记忆 \rightarrow （外射）$$

形象

（见黑格尔语，《美学》（一）348页，金开诚《文艺心理学论稿》）

□ 意在笔先——重要的创作规律、原则。这与马克思所说的一致。此外还有"胸有成竹""搜尽奇峰"等。

米开朗基罗："画家作画，不是使手而是使脑。"（见金开诚《文艺心理学论稿》）

马克思指出："劳动过程结束时得到的结果，在这个过程开始时就已经在劳动者的表象中存在着，即已经观念地存在着。"（《马克思恩格斯全集》第23卷第202页）

□ 表象 → 艺术表象，总是自觉或不自觉地融进了作者的感情倾

向、美学趣味。总是加工过了，走了样的。

表象可以通过间接的途径（如读书等）获得。——对作家来说，这就是间接的生活经验。

表象的概括是具象的概括。

艺术形象是自觉的表象运动的直接结果，但受概念的指导和调节。

表象会由表象认识向概念认识提高，但不排斥和"忘记"形象。表象与概念并存脑际，两者互相联系制约，彼此补充配合。

两者都在运动，并互相制约、渗透。

□ 想象：再造想象与创造想象

在阅读、欣赏文艺作品和艺术品时，势必根据作品提供的素材进行想象，即再创想象，每个欣赏者都会形成自己心中的林黛玉或哈姆雷特或安娜·卡列尼娜。这是一种想象力的发挥，其发挥过程就是审美的心理活动。因此在欣赏艺术、阅读文艺作品时，人们不断地培养和提高自己的欣赏能力，其中包括想象力（有再创想象力、一般想象力、创造想象力）。一个预备作家在成长过程中阅读文艺作品，是他的创作心理形成、创作能力培养的重要过程和手段。（1986年5月6日）

创作心理活动特点：全面、深入、持久的自觉表象运动，贯穿于创作的全过程。

任何人都不能排斥概念活动。人们在日常生活中，不断产生概念活动。人脑也有此功能。这也是人的心理功能的组成部分。文艺家不可能排斥概念活动。

（金开诚《文艺心理学论稿》第52页）

□ 形象思维、逻辑思维是一个思维的整体，是思维活动的完整过程，可以有侧重，但不可能废除任何一方。（解释科学家的具象概括、想象等现象）（1986年5月8日）

阐释抽象思维在创作中的作用：

1. 人脑的自然的、定型的生理功能；

2. 日常生活中必备、必有的思维功能；

3. 作家的一般认识中，即有大量的抽象思维的成果；

4. 对某个具体事物的掌握也是由平时的概念积累的。

□ 培养语感能力、语言使用能力、接受语言的诱导能力、驾驭语言的能力，掌握语汇……都是创作心理构建过程的内容。

□ 语言：语言的形象感；语言的形象诱导力；表象的分析与综合；语感（力），准确地描写错觉；语言的听觉表象。

□ 一个作家，当具有了自觉的艺术意识（即在艺术觉醒之后又有了进一步的发展）之后，便"不同凡响"了。他总是习惯于用艺术眼光去看，用艺术的耳朵去听，用艺术的思维去"知"。其特点就是见人之所未见、感人之所未感、知人之所未知，重形象感觉，重形象思维——形相的感觉与知觉，形相的掌握与表象的记忆，形象信息的储存。这既是他的创作心理形成、建构过程，又是他的创作准备过程，即"两手准备"：心理的与素材的。（1986年5月6日夜）

□ 注意情感在创作中的动力作用；注意情感的培养在创作心理培养、形成中的地位。

所谓情感的培养，即培养感情丰富、易动情、热烈、执着、冲动性……

情感：情感——感情——情绪——情感与脑，情感与认识。

客观现实 → 反映认识 → 判断评估 → 情感活动。

情感的激烈、活跃和它的作用，用超现实的想象来表现情感。

□ 超现实想象——单独的题目。

□ 沈从文的人生觉醒与文化觉醒。

（参阅《文艺研究》1986年第3期）

□ 文学作品中描写情感的生理表现和对于情感表现的直接描写，以及在这种描写中作家自己的心理与情感。

□ 原型：作家作品中的生活原型（往往有作家自己的因素在内或者就是自传性），其在过去的生活经历中的接触、留下的印象、记忆和形象储备、贮存。在创作心理形成中的、成型中的地位。（1986年5月18日）

心理与行动：

"意识流是人的心理活动，心理是从内部窥视人的肉体活动，也就是从行动的内侧来描写行动。"

"心理是内在的行动，而行动则是外露的心理。人的心理变化大多数表现为声音、表情及行动等外在变化。"

（浜田正秀《文艺学概论》第99页）

□ "作家经常具有作为社会的人和作为作家的人的双重人格。"（浜田正秀《文艺学概论》第103页）

□ 注意，有"有意注意"和"无意注意"。其意义：作家、艺术家的有意注意量大，质高，速度快，频率高，记忆深。无意注意也易转化为有意注意。

专业定向有意注意。

有意注意与第二信号系统：配合。

有内部言语活动的参与。（1986年5月23日）

□ 要在书中以反映论为指导，反映出反映论的基本观点，但又不能表面化、简单化、庸俗化。

要坚持历史唯物主义观点。历史的、唯物的，是"社会历史文化学派"。（1986年5月23日）

□ 对心理作社会的、历史的、阶级的、阶层的、民族的、地区的、经济的、文化的说明，作生理说明。（1986年5月23日）

□ 爱的心理、情感，尤其是爱情的心理与情感，是最好的、优美的、动人的创作心理，因此是文艺作品之产生的最好的土壤、动机、力量。（1986年5月24日）

□ 一般能力与特殊能力：

一般能力：感知能力、记忆能力、想象能力、抽象概括能力；

特殊能力：绘画能力、音乐能力（描绘能力、叙述能力……）。

"特殊能力是在一般能力中获得充分发展的某种特殊的心理活动的系统，而一般智力则是在种种特殊系统基础上发展起来的一般能力。"（曹日昌主编《普通心理学》第149页）

□ 罗丹论"艺术大师"：

"所谓大师，就是这样的人，他们用自己的眼睛去看见别人见过的东西，在别人司空见惯的东西上能够发现出美来。"（《论艺术》）

□ 艺术构思：对客观世界的再认识、认识深化的阶段。
两大项：选择（提炼）与集中（虚构）。
（细分：追忆，逻辑概括、形象概括、抽象提炼主题、想象，分析组合表象……）
构思的一个原则两种表现：

整体性原则——多功能与感觉。大脑活动的多功能性：记忆表象及其运动的功能，运用概念进行思维的功能，刺激皮层下中枢引起情感活动的功能。

□ 灵感：思想领空的彗星，创作心理王国的仙子；创作活动中的"白日梦"。

□ "注意"的培养，可写一节。

□ 一般智能与创作智能。又一节。（1986年5月28日）

□ "我们生活在选择之中，我们在选择之中生活。""思维就是选择，思维的选择机制是思维的根本机制。"（《社会科学战线》1986年第1期第50页）

"创造即是选择"。思维的选择机制贯通于逻辑思维、形象思维和灵感思维的过程中，并且是任何一种思维过程的根本机制。

□ 科学创造的心智过程：

1. 所谓发现或发明无非是一种选择而已……

2. 选择能力决定于数学自觉。（它）正是赖以对无穷无尽的组合中作出有用选择的一种鉴别能力，一个人的直觉力的多寡决定他创造成绩的大小。

3. 数学直觉导致"最佳选择"的心智活动形式为顿悟，顿悟即是观念的最优选择。由无意识活动所以会产生有用的顿悟与文艺的创造性灵感是相通的……无论是逻辑思维、形象思维还是灵感思维，都是思维选择能力的实现过程。

（《社会科学战线》1986年第1期第52页）

□ "思维的选择机制存在于个体完整的心理系统和过程之中，思维的选择作用从本质上说是一个理性创造的过程，是符号、观念的尝试性组合、评价、定向和确认的过程，但它必然受到其他相关心理要素的影响，也必然表现出某种特定的文化特征。……思维的选择过程同时也是一个情感过程和意志过程，它必然受到个人情感、意志特征的影响。"

（《社会科学战线》1986年第1期第52页）

"思维选择机制是符号、观念的择优组合操作"。

直觉在选择中的作用。思维选择的过程往往是非逻辑的。

□ 逻辑表述：

"客观事物被人感觉到了，由人的感觉器官传到人的脑中，被概括而成表象；把表象和感觉加以普遍化的结果，就成为概念。概念形成以后就进入思维活动过程了。"（《社会语言学》第52页）

□ 马克思指出："人们之所以有历史，是因为他们必须生产自己的生活，而且是用一定的方式来进行的。这和人们的意识一样，也是受他们的肉体组织所制约的。"

"语言和意识具有同样长久的历史；语言是一种实践的、既为别人存在（并仅仅因此）也为我自己存在的、现实的意识。语言也和意识一样，只是由于需要，由于和他人交往的迫切需要才产生的。"

"语言是思想的直接现实。"

（以上均见《马克思恩格斯全集》第3卷《德意志意识形态》）

□ 信号 = 信息 + 噪声

信息论（从社会语言学者的观点看来）要解决的是远距离（当然包括近距离）、全天候（不论在什么自然条件下），传递信息做到高保真，同时也能切实保密。

传递信息要解决以下问题：

1. 准确度（技术学问题）；

2. 精确度（语义学问题）；

3. 有效性问题（语用学问题）。

传递信息的简单机制可以用图3-4来表示：

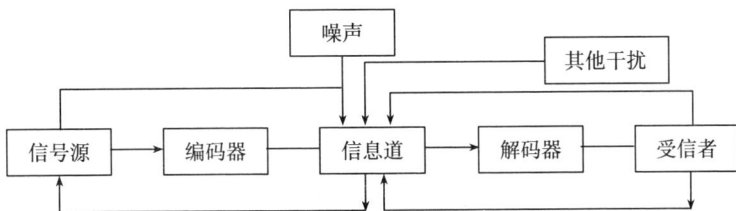

图3-4　信息传播与接受机制示意图

□ "人脑是从感觉器官收取信息的。假如人体外有一个信号源（声音、气味、图像等）向人发出信息。人的五官——视觉、听觉、触觉、味觉、嗅觉器官，得到信息后，进入人脑的临时储存器，在这里停留约6至10秒，然后经过选择，或者要立即反馈，或者进入短期储存器，在这里约莫可以储存20分钟之久；又经过选择，一部分进入永久储存器——记忆。人脑对所有收取的信息，加以选择，作出储存或立即作出反馈的决定，而当作出反馈时，又动用短期的或永久的储存器中的记忆信息来作比较或索性动用。所有这一过程，都是通过神经元进行的，人脑大约有一百亿个神经元，由一百亿个神经元组成的人脑信息收发储存系统以及指令系统，好比一个计算机……"（陈原《社会语言学》第73页）

以上表述还可以简化为下面的模式（图3-5）：

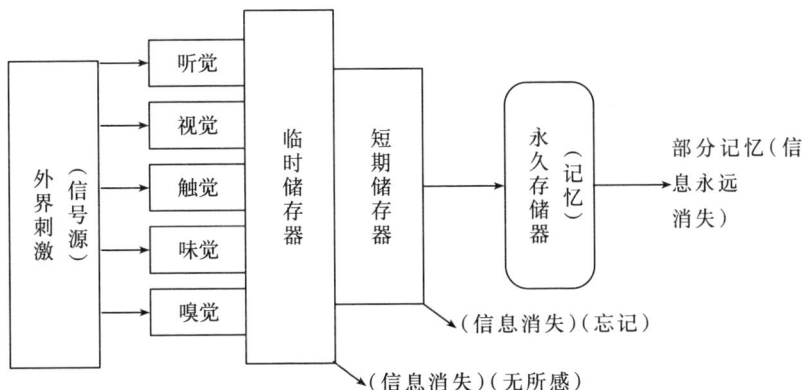

图3-5　人脑对信息接受与消失过程示意图

□ 韦克勒、沃伦所著的《文学理论》提出文学的三大特征：虚构化、想象性、创造性。这三大特征所需的都是想象：虚构是想象的虚构，凭着想象来虚构，虚构出一个想象的世界，想象自然就是想象，创造离开了想象就不可能。此点可发挥，可成一章。（1986年6月7日）

□ 逻辑思维的高级阶段：

思维能力已超出事物的具体内容或感知的事物。思维的特点是"有能力处理假设而不只是单纯地处理客体"，"认识超越于现实本身"，而"无需具体事物作为中介了"（整书第一章）；在结构上则是合并成为命题联合。

建构 → 结构（中介）→ 认识。

□ 一件艺术品，反映着三个世界：客观的现实世界、创作主体的主观世界和作品所表现出来的一个主客观结合的世界，即现实世界、主观世界和艺术世界。（1986年6月18日）

□ 文艺创作的两个方面、三个结合、九大特点：

1. 两个方面：认识活动与意向活动。文艺创作思维：语言性的概念思维与感性直觉思维相结合。

2. 三个结合：思维、情感、想象相结合。具体活动（创作）时，三者是结合着的。

艺术思维——情感所诱发的合逻辑的想象，创造、组织、认识、评价想象内容的思维，包含着情感，体现着情感的思维。

文学创作比其他艺术创作更侧重语言概括思维——（第二信号系统活动）。

3. 九大特点（可由此生发许多特点，将其融汇而综合）（见郭振华《文艺心理学探新》第246–250页）：

（1）社会态度与生活意向直接渗透到作品中去，决定着作品的性质与内容。

（2）作者的灵魂徘徊于作品之中（寄寓），以己之情动人之情。

（3）情感意图、意志在文艺创作中起着推动和某种程度的诱导作用。文艺家要通过查知感情，进而描绘感情。

（4）认识活动与意向活动结合，并将认识活动归结于意向活动。

（5）艺术品体现作者的筋肉的活动和意志力量，产生着艺术感染力。

（6）生活是进行文艺创作的表象与情感来源；文艺创作要求生活的直接经验，因为在文艺创作中，心理和心理对象的联系格外直接、紧密。

（7）审美知觉、审美情感、审美理论在文艺创作心理中对美的形成起着诱发、导引、审核、升华的作用。

（8）思维、情感、想象三者结合与渗透。

（9）语言概括思维与感性直觉思维的结合。感性直觉思维最终要受概念思维的指引、检验、概括。

（1986年6月22日）

□ 意向活动包含：意图、谋略、构思、情感、意志。

创作要处理好认识活动与意向活动。它的基本性质在宏观上、整体上是认识活动（人类的认识），而微观上、个体上（主要）是意向活动；但不是盲目的意向活动，而是受认识活动制约的（自觉或不自觉的）。

艺术构思是受认识活动指引的意向活动。构思分两类：（1）概略性构思；（2）具体性构思。

形象思维的过程（伴随着心理活动）：形象直感 → 意象形成 → 形象表现 → 形象效果。

□ 创作心理的形成过程：

"原始艺术积累"（法捷耶夫），即"现实形象原始积聚"。

1. 形象直感——在对对象深切感动的基础上发生的直觉感受。它不仅是对对象的感觉反映，而且是对对象的感情态度。

2. 意象形成：不自觉阶段——无目的（自发）、自觉阶段——有目的（能动）。

意象是在形象直感基础上形成的。以形象直感所获得的两个主要人物形象、主要生活事件、主要生活情景为中心，在思维中逐步展开，把许多个别的、偶然的形象直感有机地联系起来，成为统一的完整的艺术形象或形象体系的过程。形象直感的意象化即是理性化的过程。

创作和创作心理的原始积累：

创作心理的形成＝创作的原始积累。

形象积累——情感积累——认识积累——表现积累（朦胧）——素材积累。

作家既是艺术的创造者，又是鉴赏者，还是评论者、验收者。三者合一。

（艺术家的艺术品：是生活，是主观，又是第二自然。一、二项之子。）

形象的把握力和形象的记忆力，构成了形象的再现能力。

□《金蔷薇》（这是一本很有水平的书，是理论，又是散文）：

"应该给予你内心世界以自由，应该给它打开一切闸门，你会突然大吃一惊地发现，在你的意识里，关着远远多于你所预料的思想、感情和诗的力量。

"创作过程在它自己的过程中，还要获得新的性质，而变得更加复杂、丰富。

"创作过程和自然界的春天相似。

"……在写作的时候，会引起新思想和新形象、概括和词藻的旋涡，急湍，瀑布。所以时常有人对自己写的东西感到惊异。"（第36页）

"每一个刹那，每一个偶然投来的字眼和流盼，每一个深邃的或者戏谑的思想，人类心灵的每一个细微的跳动，同样，还有白杨的飞絮，或映在静夜水塘中的一点星光——都是金粉的微粒。

"我们，文学工作者，用几十年的时间来寻觅它们——这些无数的细沙，不知不觉地给自己收集着，熔成合金，然后再用这种合金来锻炼成自己的金蔷薇——中篇小说、长篇小说或长诗。"（第11页）

"……初恋……那个奇妙的内心状态……"（第25页）

"构思是闪电。朝朝暮暮在空中聚集着电。当它弥漫于大气中到极限时，一朵朵白色的积云便成为暖暖的阴云，于是在云层中，这浓密的电，就迸发出第一道闪光——闪电。

"闪电之后，几乎立刻倾盆大雨就落到地上。

"构思和闪电一样，产生在一个人的洋溢着思想、感情和记忆的意识里。当这一切还没达到那种要求必然放电的紧张阶段以前，都是逐渐地、徐徐地积累起来的。那个时候，这个被压缩的，还稍微有些混乱的

内心世界就产生闪电——构思。"（第39页）

"灵感是人严肃地工作时的心理状态。"

"普希金关于灵感说得确切而简单：'灵感是一种敏捷地感受印象的情绪，因而是迅速理解概念的情绪，这也有助于概念的解释。'他补充说：'批评家们常常把灵感同狂喜混淆起来。'"

"柴可夫斯基肯定地说，灵感全然不是漂亮地挥着手，而是如犍牛般竭尽全力工作时的心理状态。"

"……灵感——精神昂扬、清新的感觉、敏捷地感受现实、思想丰满和对自身创作力的自觉的心理状态。"

"灵感，恰似初恋，人在那个时候预感到神奇的邂逅、难以言说的迷人的眸子、娇笑和半吞半吐的隐情，心灵强烈地跳动着。"

"屠格涅夫把灵感叫作'神的昵近'……

"恐怕是托尔斯泰关于灵感说得最简单：'灵感是忽然出现了你能做到的事情。灵感越鲜明，就越须细心地工作起来完成它。'"（第41-42页）

"只有当作家正在写作的时候，作品才开始真正地、全力地生活在作家的意识中。所以提纲受到破坏和推翻，没有什么大不了，也没有什么可悲的。"（第48页）

[作品的旋律，作品的神韵]

普希金在写给普列特尼约夫的信中说："秋天来了，这是我喜爱的季节——我的身体一天比一天健壮起来——我的文学创作的时期开始了。"

"秋天，清彻而凉爽，有'飘零的美'（普希金《秋》），远景明晰，气息清新……"

在这样一个秋日，普希金写了几行诗，述说了诗人极其明显的复杂的创作过程：

"我常常忘记世界——在甜蜜的静谧中，/幻想使我酣眠。/这时诗歌开始苏醒；/灵魂洋溢着抒情的激动，/它颤抖，响动，探索，像在梦中，/最终倾泻出自由的表现来——/一群无形的客人向我涌来，/是往日的相识，是我幻想的果实。/于是思想在脑中奔腾，澎湃，轻妙的韵律迎面奔来。/于是手指儿忙着抓笔，笔忙着就纸，/刹那间——诗句就源

源不断地涌出……"（《秋》）（1986年6月29日）

□ 写作习惯

1. "福楼拜在文字的惨淡经营中度过了一生。"

他"描写爱玛·包法利服毒临终之际，他自己也感觉到中毒的种种征候，因而不得不向医生求救"。

他写作通宵达旦。他窗前的灯"好像灯塔"。"在暗夜里，福楼拜的窗户成了塞纳河上渔夫们的灯塔……船长们知道在一段航路上要想不迷失方位，应该'以福楼拜先生的窗户'为目标。"

2. 列夫·托尔斯泰只在早晨工作。陀思妥耶夫斯基在夜间写作。"他总是迫不得已时坐下来写作。""我被迫为金钱而匆忙写作……"

3. "席勒只有喝完半瓶香槟，把脚放到冷水盆里才能写作。"

4. "契诃夫年轻的时候能够在莫斯科拥挤而嘈杂的住宅的窗台上写作。"

5. "莱蒙托夫把自己的诗写在随手抓到的东西上。"

6. 阿历克赛·托尔斯泰"坐下来常常不知道要写什么。在脑子里先有一个生动的细节。他从这个细节开始，而这个细节像一条魔术的线似的逐渐引出全部故事来"。

"写作之际即当新的思想或新的画面突然涌现，从意识的深处像闪光一般冲到表面上来的时候，这种绝妙的心境是每个作家都亲身经历过的。"

7. "法国诗人贝朗瑞能够在低级咖啡馆里写他的歌谣。……爱伦堡也喜欢在咖啡馆里写作。"

8. "安徒生喜欢在森林中构想他的童话。"

"总之，林中的一切——每一根覆满苔藓的残株，每一只褐色的蚂蚁强盗……都可以变成童话。"

"作家在工作时需要安静"。

□ 一个作家内在文明的形成及其在创作心理形成上的价值与意义。社会历史（文化）的积淀，一个人历史文化的积淀。

（参阅《审美心理描述》第199页）

作家审美心理结构的形成史、契机、性质、建构。

审美心理结构的内涵：

1. 培养敏锐的感知能力；

2. 培养丰富的想象力；

3. 培养透彻（直觉的）理解力。

审美心理的培育与成熟：

1. 几个方面：（1）感知能力的培育；（2）想象力的培育；（3）内在情感的培育；（4）审美理解力的培育。

2. 先天能力与后天的培育：培育的方式与特点、过程。

3. 先是一个小点"胚胎"，以后，经过培育（主观的学习和不知不觉间的潜移默化）滚雪球似的越滚越大，"胚胎"发育起来，这个过程是格式塔的同质同构与异质同构的过程。

由于始点与女人怀孕时的胚胎不同，开始注意和吸收的东西就不同，于是形成略带特点的胚胎；以后又成为主体的特性，更吸收与本身结构相同的东西。特点越来越突出，与其他人的分野也就越来越大。

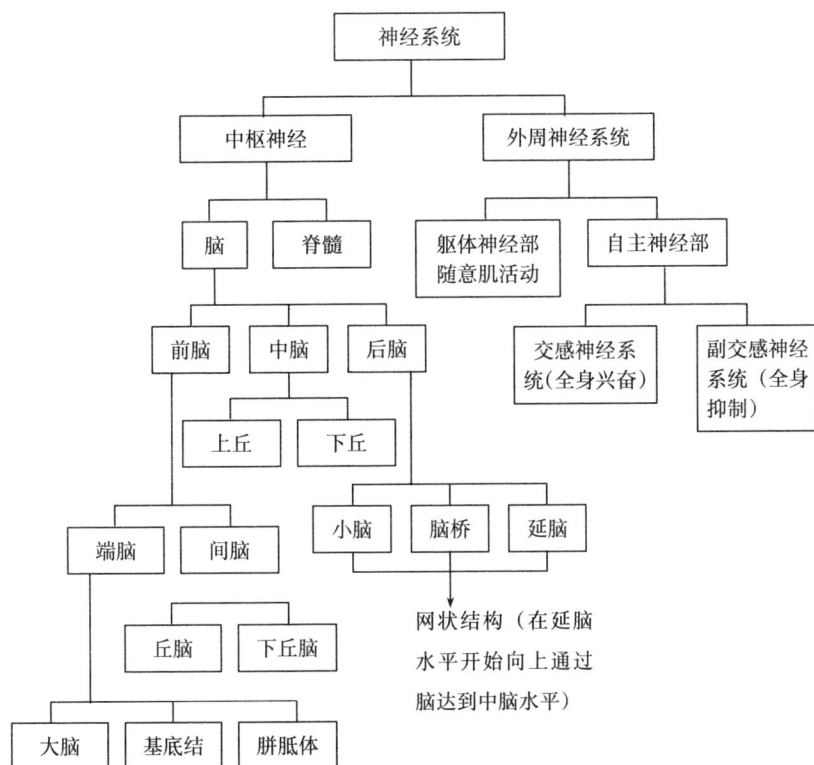

图3-6 神经系统的结构

（来自〔美〕伯恩·埃克斯特兰德《心理学原理和应用》）

□ 关于脑与神经的机制。

（参阅《心理学原理和应用》）

□ 行为特征在一定程度上由遗传因素决定。（《心理学原理和应用》第55页）

"富裕鼠"的大脑似乎有更多的神经化学物质参与神经传递，这就是说，这些大鼠可能具有更有效的神经系统，神经元长得更大。遗传↔环境

知觉——感觉——知觉。由于两者的界线难分而统称知觉。

知觉：

$$\begin{cases} \text{信息的登记（一般为感觉）} \\ \text{信息的解释} \end{cases}$$

□ 作家的黄金储备

对生活的思考和观察

□ 记忆与遗忘

记忆由三阶段组成：储存、保持、检索。

关于记忆的两种理论：

1. 三种记忆类型：感觉记忆、短时记忆、长时记忆。

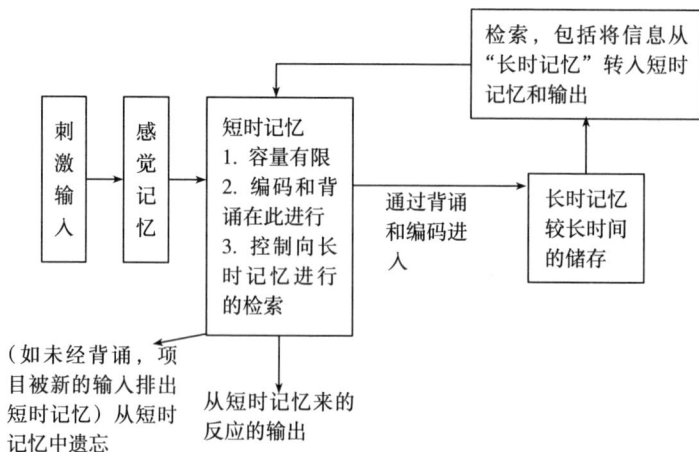

图3-7 记忆与遗忘流程示意图

2. 处理水平理论的一种记忆：以学习者对刺激材料投入多少、信

息处理量为基础。

（1）肤浅处理；（2）背诵活动、较长保持；（3）最深刻一级的处理。

遗忘：（1）痕迹遗忘；（2）线索遗忘。

记忆是一种重建。

"我们并不简单地复印事物，储存复印件，我们复印事物经过抽象后的表象。在试图回忆一事物时，我们将它检索出来，再企图从表象推断（重建）事件原来的样子。……我们记忆中并没有贮存谈话或文章逐词逐句的复印件品，我们记忆中只有关于所说或所写的大意或大体的事实。"（《心理学原理和应用》第172页）

"记忆可能很少以对原来的经验丝毫不差的复印为基础。我们在学习和储存信息时，并不是消极地复印，将完美的复印件存档以备检索……而可能只把这一信息经过抽象后的一般表象存档，以后如有必要，我们检索出一般的意思，重建原来的经验。"（《心理学原理和应用》第173页）

幻想：

"有证据表明，好作空想往往和日常问题的紧张、繁杂有关。陷于矛盾的人更易空想，特别是当他为解决矛盾而作的种种公开尝试失败时，情况更是如此。在严重的情况下，无法解决的矛盾可以导致幻想或幻觉，以作为缓和矛盾和暂时回避矛盾的手段。"（《心理学原理和应用》第183页）

梦：

"此外，数目众多的人报告说，他们往往在睡梦中获得了某个重大问题的解决办法。"（《心理学原理和应用》第183页）

语言·文化和思维：

何尔夫提出：各种语言的结构方式不同，而由于语言和思维关系密切，操不同语言的人的思维方式也就不同。何尔夫认为，我们感知世界和认识世界的方式由我们用以给世界编码的语言来确定。

刺激 → 调动 → 动机 → 驱力 → 激起水平 → 能量。

亨利·默里所鉴定的二十种人类需要：（1）贬抑需要；（2）成就需要；（3）交往需要；（4）攻击需要；（5）自主需要；（6）对抗需要；（7）防御需要；（8）恭敬需要；（9）支配需要；（10）表现需要；（11）

躲避伤害需要；（12）躲避羞辱需要；（13）培育需要；（14）秩序需要；（15）游戏需要；（16）抵制需要；（17）感觉需要；（18）性需要；（19）求援需要；（20）了解需要。

〔美〕伯恩·埃克斯特兰德：《心理学原理和应用》第271页）

马斯洛的需要层次（图3-8）：

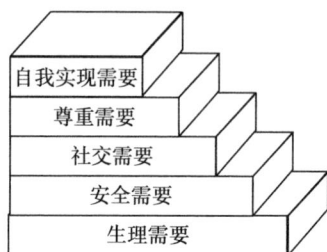

图3-8　马斯洛的需要层次

"婴儿几乎完全不能脱离人，周围有人他就特别高兴，这些人满足他对食物的需要，逗他玩，使他欢乐，等等。由于这类事物不断出现，照顾婴儿的人总是健康愉快乐观，他就变成了二级强化物。因此变成了目标物体……孩子有了某种经验，在他往后的日子里（当环境激发起需要，换句话说，当和需要有关的行为受到环境的促进时），就会倾向于按某种方式行事。当然，不同的孩子有不同的经验和不同的父母，这些父母本身又有不同的需要和不同的价值标准。从这些不同的周围环境中，每个孩子学得了一套不同的先后轻重次序。每个孩子把人的需要发展到各种不同的程度和强度，并带着自己的心理需要层次进入成年。就是这种不同需要和强度差别在很大程度上说明了成人个性上的差别，说明为什么有人是雄心勃勃志在必得的斗士，有人是随和内向的和平主义者。"（《心理学原理和应用》第272-273页）

□ 意识的变异形态：

在意识变异形态下，据说会产生异常的心理现象，例如深刻的洞察力、奇怪的幻象和感知以及难以置信的松弛。（《心理学原理和应用》第364页）

【创作状态也是一种意识的变异状态，但却是在意识控制下的活动。作家必须调动这种变异状态。】

□ 个性：

1. 个人身上的心理物理系统的动态结构。这决定他适应环境的独特方式（阿尔波特）。

2. 个人的性格、气质、智能和体格等比较稳固而持久的结构。这决定其特有的适应环境的方式（埃森克）。（《心理学原理和应用》第413页）

□ 恩斯特·卡西尔说："人的突出的特征，人的与众不同的标志，既不是他的形而上学的本性，也不是他的物理学本性，而是人的劳作（work）。正是这种劳作，正是这种人类活动的体系，规定和划定了'人性'的圆周。语言、神话、宗教、艺术、科学、历史，都是这个圆的组成部分和各个扇面。"（卡西尔《人论》第6页）

卡西尔把艺术作为人的劳动之一种，而这劳作是人性的规定、划定和展开的一种活动。因此，我们由此进一步说，艺术家的艺术创作（劳作之一种）一方面是人类的共同的本性（本质）的展开，同时又是他自己的本性、本质（心性和心态）的展开。他写什么和怎么写，都决定于他的这种人性与本质。（1986年7月18日）

□ 关于艺术（摘自卡西尔《人论》）：

"戏剧艺术从一种新的广度和深度上揭示了生活：它传达了对人类的事业和人类的命运、人类的伟大和人类的痛苦的一种认识，与之相比我们日常的存在显得极为无聊和琐碎。……不是感染力的程度而是强化和照亮的程度才是艺术之优劣的尺度。"（第188页）

"靠着悲剧诗，灵魂获得了一种态度来对待它的情感。灵魂，体验了怜悯和恐惧的情感，但并没有被他们扰乱而产生不安，而是进入一种平静安宁的状态。初看起来这似乎是矛盾的。然而亚里士多德所认为的悲剧效果，乃是两种成分——在现实生活中，在我们的实际生存中互相排斥的两种成分的综合：我们情感生活的最高度强化被看成同时也能给我们一种恬静感。我们在最大的范围和最高度的张力中经受住了我们的强烈感情。但是在通过艺术的门槛时，我们所抛掉的是感情的难以忍受的压力和压制。"（第188–189页）

"从某种程度上可以说，如果不重复和重构一件艺术品借以产生的那种创造过程，我们就不可能理解这件艺术品。"（第189页）

"但是艺术把所有这些痛苦和凌辱、残忍与暴行都转化为一种自我解放的手段，从而给了我们一种用任何其他方式都不可能得到的内在自由。"（190页）

□ 想象："甚至连那些想要把艺术限定为一种纯摹仿功能的严格的写实主义的最极端的捍卫者们，也总是不得不为艺术想象的独特力量留出余地。"（193页）

莎士比亚《仲夏夜之梦》：

疯子、情人和诗人，

全都是想象的奴隶：

疯子眼中尽是鬼魂，多得连天边的地狱都难容纳；

情人也是一样地疯。

竟能在埃及人的黑脸上看到海伦般的美，

诗人的眼睛在微妙的热情中一转，

就能从天上看到地下，从地下看到天上；

想象能使闻所未闻的东西具有形式，

诗人的莲花妙笔赋予它们以形状，从而虚无飘渺之物也有了它们的居所与名字。

"因为艺术的最大特权之一正在于它从未丧失过这种'神的时代'。在这里想象的创造力之源泉没有涸竭，因为它是取之不尽用之不竭的。在每一个时代、每一位大艺术家那里，想象力的作用都以一种新的形式和新的力量再次出现。"（第196页）

"艺术想象的最高最独特的力量表现在这后一种活动中（指给他的感情以外形）。外形化意味着不只是体现在看得见或摸得着的某种特殊的物质媒介如黏土、青铜、大理石中，而是体现在激发美感的形式中：韵律、色调、线条和布局以及具有立体感的造型。"（第196页）

□ 创作心理学中的一些可用的词语，可供阐述的概念、理论范畴、命题：（1）思维定式；（2）心理定式；（3）生活对象信息域；（4）背景信息域；（5）知觉客体信息；（6）经验信息；（7）信息同构过程；（8）本能的意识；（9）显意识的沉淀；（10）真意识推理；（11）潜意识推论；（12）脑神经系统功能（结构）（建构）；（13）"自我意识精神"；

（14）潜思维；（15）显思维；（16）饱和程度。

□ 灵感思维的特点：突发性，偶然性，独创性，模糊性（规律与非规律性互补），（逻辑性与非逻辑性互补）；（潜在势能）。

□ "耗散结构学说又启示我们，右脑的潜意识在孕育灵感的过程与耗散结构理论所昭示的辩证发展观有惊人的相通之处，显意识的'自我'，是被自己意识到了的自我，潜意识的'自我X'，是未被自己意识到的自我，并且有多个'自我X'。右脑中多个自我间相互作用，时而又有左脑的显意识'自我'参与活动。因此，人脑整个思维活动过程是有序——无序——有序、意识到——未意识到——意识到，即逻辑——非逻辑——逻辑的辩证发展过程。在这个过程中，显意识与潜意识间的交互作用……"（刘奎林《灵感发生论新探》第127页）

□ 诱发灵感的机制序列链：境域 → 启迪 → 跃迁 → 顿悟 → 验证（对"跃迁"作出描述与阐释）→ "长期积累，偶然得之"。
诱发灵感的方法：追捕热线法、暗示右脑法、寻求诱因法、搁置问题法、养气虚静法、跟踪记录法。

□ 列宁《哲学笔记》（全集第38卷）："智慧（人的）对待个别事物，对个别事物的摹写（＝概念），不是简单的、直接的、照镜子那样死板的动作，而是复杂的、二重的、曲折的、有可能使幻想脱离生活的活动；不仅如此，它还可能使抽象的概念、观念向幻想（最后＝神）转变（而且是不知不觉的、人们意识不到的转变）。"

□ 创造力激发：条件；环境；主观努力。

□ "我"的意识家族的"魔幻"效应。

□ 献上一朵心中的花——"金蔷薇"
可作为例证列举的作家、艺术家：

托尔斯泰、屠格涅夫、陀思妥耶夫斯基、契诃夫、高尔基、鲁迅、卡夫卡、福克纳、罗曼·罗兰、尼采、波德莱尔、郭沫若、郁达夫、普希金、果戈理、法捷耶夫，以及贝多芬、达·芬奇。

□ 在通向作家之路的入口：人生三觉醒：

1. 睁开眼睛看世界：人生觉醒。

2. 美朦胧、情朦胧、意朦胧：艺术觉醒。

3. 生命力——力比多的生长：性觉醒。

□ 想象：（1）表象的再现；（2）表象的组合；（3）表象的创造。计三节。

想象：写出它的基础、材料、机制、能力、指导（思想、感情、情感）、内涵、规律、方面、手段。

想象与语言的关系，无语想象，语言的作用。

□ 构思：构思的内涵、过程、发展、特性。

构思的两个层次：（1）大构思，战略构思，即模糊构思；（2）战术构思，小构思，具体构思。

构思的发展过程：（1）构思的动态性，其流变；（2）具体构思的模糊性；（3）在写作过程中的构思；（4）构思的最后实现。

□ 作家的创作个性：其形成史，其特征，其变化。

□ 风格：（1）体性——风格的主观因素；体势——风格的客观因素；（2）主观因素：① 空间（区域）；② 时间（历史）；③ 个人。

□ 意象："拟容取心"。表象与概念的综合。
意象＝表象＋概念

□ 感、情、理、思
刘勰的创作三过程（"三准"）：（1）设情——始；（2）酌事——中；（3）摄辞——终。

□ 作家的"生活学"（库普林的生活学：《面向秋野》）
"生活学"：（1）生活的本体（独特性）；（2）主体对生活的感受；（3）生活对主体的侵袭、灌输；（4）生活的积淀与"结晶"；（5）从生活到心理（意识）。

生活 → 心理 → 创作心理。（1986年8月6日夜）

□ 作家的内心生活。
"大自然要求作家在内心里创造大自然的'第二世界'……"（《面

向秋野》第197页）（作家内心的第二世界）（创作心理，实际上就是形成自己内心中的第二世界——一个艺术性的世界）。

（1986年8月7日）

□ 作家的创作心理是发展的。托尔斯泰的前后期，普里什文的两阶段，库普林的两阶段。

幻想与昼梦，这是一个人在儿童时期就具有的天生本能和必须发挥使用的游戏，在此铸就了日后成为艺术家的基础。以后，由于广泛意义的艺术的培养，使之发扬光大提高，逐渐规范化。这是创作能力形成的过程。作家在酝酿作品时，尽作昼梦，沉入幻想和有意的想象。

□ "自我"的意识家族和它的魔幻效应：
意识家族：意识——前意识——无意识；
夜梦与昼梦；
幻想与想象。
"弗洛伊德进一步发现，松弛状态是召回记忆的技术的一个重要方面……"（〔美〕加德纳·墨菲、约瑟夫·柯瓦奇合著《近代心理学历史导引》第376页）

"'移情'是新发展的'心理分析'法的一个基本部分。"（同上，第377页）

"根据这个理论，梦以象征的方式表明已经发生，或正在发生，或将要发生的事情。然而，弗洛伊德相信梦是按照做梦人的愿望描绘世界。认识的生活大部分是按照人的需要所要求的形式塑造的。梦从根本上说发自生理的紧张状态，那是心理上所认识的梦的基础。"（同上，第382页）

"人不只是经历着他个人的生活，像一个个体那样，而且，自觉地或不自觉地也在经历着他的时代以及同时代人的生活。"（托马斯·曼）（同上书，第398页）

□ 构造心理学（冯特和铁钦纳）的命题可用："心理复合体"。
其构成元素、方式、规律。

□ 元素：感觉、情感（感觉是客观经验的内容元素，情感则是经验主体的主观元素）

个别心理的特性，"在极大的程度上绝不是取决于那些元素的特性，而是取决于形成复杂的心理复合体的结合的情况。"（《现代心理学主要派别》第87页）

"联想"和"统觉"组成复杂的心理复合体。

联想：四种形式或过程，即融合、同化、并合、相继性联想。

统觉：把一定的心理内容提升进入注意的焦点之内的那种过程，包括思维、反省、想象、关联、比较、综合、分析、理解、判断、归纳、演绎。

□ 两种诗人（勒内·韦勒克、奥斯汀·沃伦《文学理论》第71-72页）：

作家与生活：自白、自传——梦——逃避（宣泄）——幻想、愿望——面具——反自我——气质。

范畴：一个诗人所读的书，他与文人之间的交往，他的游历，他所观赏过和居住过的风景区和城市，他所受的外界影响，他所吸取的生活素材。

□ 文学和心理学处于四种关系中：

1. 从心理学角度，把作家当作一种类型和个体来研究；

2. 创作过程研究；

3. 作品中所表现的心理学类型和法则的研究；

4. 文学对读者的影响（读者心理学）。

创作心理学以1、2为主，通3、4。

□ 作家的类型学和它与创作心理的关系：

1. 荣格的分法：内向型、外向型。

2.《文学理论》的提法："心神迷乱型"（浪漫主义）、"制造者"型（现实主义）。柯勒律治、雪莱、波德莱尔、爱伦·坡等为浪漫主义类型。

3. 重要的是许多作家是把两者结合起来的（包括弥尔顿、爱伦·坡、亨利·詹姆斯、艾略特、莎士比亚、陀思妥耶夫斯基等）。（《文学理论》第80页）

4. 虽然是结合者，也有偏于某一方面者。（如中国的鲁迅、老舍、

赵树理、茅盾为一类，郭沫若、郁达夫等为另一类，而巴金、沈从文为特别结合型而偏于第1类型。）

5. 这两类作者形成创作心理的历程不同，创作心理的结构即"心理复合体"也不同。（1986年8月16日）

6. 尼采的分法，有对应成分：

阿波罗和狄俄尼索斯——酒神与爱神、梦的心理状态与狂喜陶醉时的心理状态。

7. 法国心理学家李博的分法。（《文学理论》第81页）（注意）

8. 鲁苏（L. Rusu）的分法："交感型""心神混乱型""心神平衡型"。

综合类型——但丁、莎士比亚、巴尔扎克、狄更斯、托尔斯泰、陀思妥耶夫斯基等。（《文学理论》第81页）

□ "创作过程"：

"创作的过程应该包括一部文学作品从潜意识的起因，以至最后修改的全过程……"（《文学理论》第81页）

□ 创作习惯与灵感。注意，"借助联想和习惯去促进全系统的创作活动。"

"任何对创作过程的现代研究方法，主要都是关注于潜意识活动和意识活动所起的相对的作用。"（《文学理论》第84页）

"在爱伦·坡那里，潜意识和意识之间的差别惊人的分明，潜意识提供了排遣不去的谵妄、苦难和死亡的主题，而意识则将之发展成文学。"（《文学理论》第85页）

"文学家是联想（"机智"）、断想（"判断"）和重新组合（以分别体验的因子组成一个新的整体）的专家。"（《文学理论》第85页）

□ 作家与文字：

1."他应用文字作为自己的媒介……"

2."对诗人来说，文字不主要是'符号'或一望而知的筹码，而是一种'象征'；它本身和它的表现力都具有价值；文字甚至可以是一'物'一'事'，贵在有声音和有色彩。"（《文学理论》第85页）

"一个文学家在童年时代就收集文字，而别的儿童不过收集玩具、

邮票和小宠物。"（《文学理论》第85页）

"心理学明显地可以阐述创作的过程。"（《文学理论》第88页）

又是两种作家（作家的类型，亦即创作心理的类型）：

"可以说现实主义作家在创造人物时主要是观察行为或'移情'，而浪漫主义作家则'投射'行为。"

□ 作家与人物：

"有人以为人物创造可能是把传统中固有的人物类型、观察到的人物和作家的自我不同程度地糅合在一起。"（《文学理论》第86页）

"……令人怀疑的是单凭观察能否写出现实生活中逼真的人物来。"

"有一个心理学家说，浮士德、靡菲斯特费里斯、维特和威廉·迈斯特等所有的人物形象，'都是歌德把自己各方面的气质投射到虚构的作品中去而写成的。'"（《文学理论》第87页）

"小说家的各个潜在的自我，包括那些被视为罪恶的自我，都是作品中潜在的人物。'一个人的心境，就是另一个人的性格。'陀思妥耶夫斯基笔下的卡拉马佐夫四兄弟都是陀思妥耶夫斯基本人全部面貌的写照。"

"我们也不要以为一个男小说家笔下的女主人公就必然是观察的产物。福楼拜说：'包法利夫人就是我自己。'只有潜在的'自我'才能化为'活生生的人物'，不是'扁平'的，而是'圆整'的人物。"（《文学理论》第87页）

□ 意识与无意识——人物：

洛斯（J. L. Lowes）说："创作能力在它发挥到极致时，是有意识和无意识兼而有之……麇集于脑海（即无意识的'深渊'）中的意象所经历的形变是无意识的，而对这些意象的控制是有意识的。"

□ 作家与心理学（引自《文学理论》）：

1."……作家能否真正成功地把心理学体现在他的人物和人物的关系之中。"（第89页）

2."哈姆雷特和贾克斯则远远超出那些心理学的类型。"

3."假如我们考察一下那些'意识流'小说，我们很快就会发现在这些小说中，并不是把主观的实际内心变化过程'真实'地重现出来，而这种意识流不过是把意向加以戏剧化的一种表现方法……这种表现方法似乎不能说是科学性的或甚至是'写实性的'。"

4."许多伟大的艺术仍在不断地违反心理学上的准则，不论这些准则与该艺术是属于同时代的，还是后来的。"（第90页）

5."在某些情况下，作家在心理学方面的识见似乎提高了作品的艺术价值，这是可以肯定的。"

6."对一些自觉的艺术家来说，心理学可能加深他们对现实的感受，使他们的观察能力更加敏锐，或让他们得到一种未曾发现的写作方式。但心理学本身只不过是艺术创作活动的一种准备；而从作品本身来说，只有当心理学上的真理增强了作品的连贯性和复杂性时，它才有一种艺术上的价值——简而言之，如果它本身就是艺术的话，它才有艺术的价值。"（第90–91页）

□ 别林斯基关于创作的三阶段论述。
（王元化《文心雕龙创作论》第249页）

□ 黑格尔的三段论（同上，第249页）
别林斯基：概念 → 形象 → 创作
黑格尔：

1. 理念 → 情况 → 情境 → 情节

2. 自在 → 自为 → 自在自为

3. 普遍性 → 特殊性 → 个别性

但是，注意：作家的创作构思是起点，并不一定依此次序行进，而是各不相同的，或自黑格尔上述的1、2、3条开始，然而却必须以开始者为中介，"顺向"或"逆向"去发展。

（《文心雕龙创作论》第259页）

□ 艺术构思的四方面、四阶段：
虚静 → 神思 → 感兴 → 物化（《中国古代文学创作论》第5页）

□ 文艺创作的心理特征：

1. 意向活动决定着文艺创作的方向。

2. 以己之情，动人之情。

3. 察出感情，描绘感情。

4. 认识活动、意向活动结合，将认识活动归向意向活动。

5. 艺术想象产生动觉兴奋……产生艺术感染力。

6. 心理和心理对象的联系格外直接、紧密。

7. 审美知觉、审美情感、审美理论的作用。

8. 想象、情感、思维三者结合与渗透。

9. 语言性概念思维与感情直觉思维结合，后者受前者指引、检验、概括……

□ 感情在创作中的作用：

1. 引起创作冲动。

2. 推进创作进行。

3. 运用感情创作。

4. 以体验的角色感情塑造形象。

5. 对角色进行感情评价。

6. 描绘角色的感情。（第295页）

7. 试论直觉思维及其认识论的意义。（《思维科学》1986年第1期）

8. 我们要展望21世纪。（同上）

9. 《创造与思维——谈创造学与思维科学的关系》（杨春鼎《思维科学》1986第1期）

□ 资料目录：

1. 罗曼·罗兰的童年：音乐，贝多芬，母亲（《书林漫步·续编》第248页）

2. 《科学、艺术和哲学的相通处——关于极值原理的思考》（《新华文摘》1986年第1期）

3. 《简论现代思维空间的拓广》（《新华文摘》1986年第1期）

4. 《文学与精神病学》（《文艺评论》1986年第2期，已剪）

5. 《论灵感》（《社会科学辑刊》1986年第1期，已剪）

6. 《灵感概念的历史演变及其他》（《美学》1986年第1期）

7. 《论审美心理机制》（《当代文艺探索》1986年第1期）

欧阳修文章多由"三上"（马上、厕上、枕上）得之。

马雅可夫斯基梦中得佳句。（《新探》第400页）

巴甫洛夫所分的艺术型、思维型、中间型三种人。（《新探》第385页）

四 艺术心理学笔记

（1986年9月2日—1987年7月10日）

□ 杰生（《喧哗与骚动》）式的小人物。不再是俄罗斯文学中令人同情而又恨其无能的小人物，而是恶而低能的小人物，令人可恨的小人物。小人物不一定都令人怜悯，他们既可怜又可恨，他们是人类的渣滓，但又是白蚁，全人类灵魂的大厦被它们蛀蚀。他们令人战栗，但不是恐怖，而是寒心。但他们终是少数（绝对数未必少）。这是一种另一类型的社会典型。【为什么不创造这样一种典型，试一试？——读李万钧《外国小说名著鉴赏》中福克纳的《喧哗与骚动》之后。】

（1986年9月2日）

□ 构思（摘自《金蔷薇》）：

无定型。

"它的出现永远是由作家的内心状态孕育出来的。"

1. 构思是闪电——朝朝暮暮在天空中积聚着电。触发。倾盆大雨。

【也可以说，构思是"雪崩"：一声大出气，咳嗽，也会使之发生。闪电"产生在一个人的洋溢着思想、感情和记忆的意识里"。】

构思的产生有时需要轻微的刺激。

我们周围世界的一切和我们自身的一切都可以成为刺激。

假如构思是闪电，那么骤雨便是构思的寓形。它就是形象和语言的洪流。

2. 最初的构思常常是模糊朦胧的。

3. 它只是逐渐成熟，"占据作家的理智和心灵，殚思竭虑以至于充实而丰富。"（《金蔷薇》第39页）

4. 构思的形成和它的充实是每小时、每天，随时随地，在每一个偶然的机缘里进行着的。

5. 不断地接触现实，构思便会开花，吸取泥土的浆汁而丰硕。

（1986年9月6日）

"如是者，大千先生在一年多来，都在早晚精神好，兴致来到，一连画上几幅小画之后，就扶杖到他的大画室中的大画桌旁，静静纵目整幅画稿，审视何处何方，安排度量后，再下笔画去。他每每在深宵人静后，由家人、护士在旁侍候着，递水盘、换画笔，或躬身匍匐案上，或坐下，聚精会神地画他的空前巨制《庐山图》。有好几次他都因心脏不适，或头晕，由家人、护士扶持下来，服颗口含心脏病特效药，稍事休息后又再伏案动笔挥毫起来，简直拼着老命。为了艺术，他一腔豪情，不惜付出他的心血，也甘愿献上自己的生命。"

（映竹、章博《大千世界》，载《中国美术报》1986年第35期）

□ 灵感（《金蔷薇》第41页）：

"灵感是人严肃地工作时的心理状态。"

普希金："灵感是一种敏捷地感受印象的情绪，因而是迅速理解概念的情绪，这也有助于概念的解释。"

托尔斯泰："灵感是忽然出现了你能够做到的事情。灵感越鲜明，就越须细心地工作来完成它。"

"灵感，恰似初恋，人在那个时候预感到神奇的邂逅、难以言说的迷人的眸子、娇笑和半吞半吐的隐情，心灵强烈地跳动着。"（《金蔷薇》第42页）

屠格涅夫称灵感为"神的亲昵"。

□ 让·皮亚杰（Jean Piaget，1896—1980）《发生认识论原理》：

"因此，认识的获得必须用一个将结构主义和建构主义紧密地联结起来的理论来说明。也就是说，每一个结构都是心理发生的结果，而心理发生就是从一个较初级的结构过渡到一个不那么初级的（或较复杂的）结构。因此，逻辑数学运演最后就跟行动的一般调节（联合、排顺列序、对应等）联系起来，分析到最后，就跟生物的自我调节系统联系起来；但是生物自我调节系统并不是预先就包含着所有那些建构物，而仅仅是这些建构物的起点。"（《发生认识论原理》英译本序言第15页）

"发生认识论的特有问题是认识的成长问题：从一种不充分的、比较贫乏的认识向在深度、广度上都较为丰富的认识的过渡。"

"广义的发生学问题包括所有科学认识的进展问题，并且具有两个方面：一方面是事实问题（在某一特定阶段上的认识水平问题，和从一个阶段到下一个阶段的过渡问题），另一方面是认识的有效性问题（用进步或退步来评价认识问题、认识的形式结构问题）。"（同上，第18页）

"这种认识论首先是把认识看作是一种继续不断的建构。"（同上，第20页）

知觉和概念是在从主体到客体、从客体到主体之间的中介物。（同上，第21页）

"一开始起中介作用的并不是知觉……而是可塑性要大得多的活动本身。"

"知觉是部分地依赖于整个活动的，一些被认为是与生俱来的或者是很原始的知觉机制（如米肖特的"隧道效应"）也只是在客体建构的某种水平上才形成的。"（同上，第22页）

"发生认识论已能证明，认识的原初形式与高级形式的差别比我们过去所认为的要大得多，因此，高级形式的建构不得不经过一段比人们所想象的更长得多、更困难、更不可预料的过程。"（同上，第106页）

【突出主体的作用，突出主客体之间的关系；突出建构与结构。】

活动 → 刺激 → 接受 → 调节 → 适应 → 内化 → 建构 → 结构。

主体需要客体的信息，以认识自己的活动。

"有机体主动地塑造聪明才智的世界。"（《皮亚杰学说及其发展》第86页）

"皮亚杰理论所描绘的智力成长，表现为一个缓慢的内向演化、发展的过程，而不是一个基本上被动的过程。反之，智力机能被看成生物机能的特殊表现。"（同上，第86-87页）

"思想是内化了的行动。"（同上，第87页）

公式：

$(T + I) \rightarrow AT + E$

T是一个结构；I是吸收进去的物质或能量；E是排除出来的物质或能量；A是大于1的系数，表示增加这个结构的力量。

$$XS \to R$$
$$S \rightleftarrows R \text{ 或 } S \to AT \to R$$

"照这个例子，T是结构，I是刺激，AT是将I同化到T的结果，也即对刺激的反应，E是在刺激情境内被排除在结构之外的东西。"（同上，第24页）

"我们称之为调节作用的，是由它所同化的因素所引起的同化图式或结构的变化而来的。"（同上，第24页）

"因此，认识的适应，就像生物学的对应物，包含了同化作用和调节作用之间的平衡（equilibrium）……没有同化作用就没有调节作用，但我们也必须大大地强调，调节作用如果没有同化作用，也就不可能存在的事实。"（同上，第24–25页）

巴甫洛夫的狗把声音与食物联系起来，引起唾液的反射；但声音如无食物来强化，条件反射或者暂时联系就会消失，因为它没有内在的稳定性。

"实际上，一个'联想'往往伴着以前结构的同化作用，这是一个根本要素，不可忽视。"（同上，第25页）

"皮亚杰理论所描绘的智力成长，表现为一个缓慢的内向演化、发展的过程，而不是一个基本上被动的过程。……智力的活动过程正如消化系统吸收食物的消化活动的方法一样。因此，思维是一种有组织的能动性，是与环境相互作用的一定的特殊方式的表现。这种连续不断的活动，随着有机体自身的生长发育，根据预定的生物学模式带来了智力的发展。"（同上，第87页）

"因此，皮亚杰提出，'思想是内化了的行动'。幼儿的智力机能，包括感觉和运动对于环境事物的适应。事实上，同化过程的经验是通过幼儿的口、眼、耳和皮肤而实现的。……儿童以后种种能力，通过记忆、想象和概念化等，使用符号描述事物，是由早期的感觉、知觉和运动的经验打下基础的。"

"智力的发展来自三种变量的反应：神经系统的成熟、身体的现实性的经验和社会环境的相互作用。三者之中，主要是随着身体的和社会

环境的相互作用被同化到已有的认识结构的范围之内。因此，在这一过程中，组织是有变化的。这样在随后的变化中，便形成了新水平的同化能力。"（同上，第87页）

"由于同化作用与调节作用之间的不平衡所生的张力，为智力的发展和扩充理解或平衡的新水平提供了动力。"（同上，第87页）

"探索和学习的需要，始于有机体内部并成为自我永恒的需要。"（内驱力）（同上，第87页）

"但是成人的思维是建立在较早阶段之上的，每个阶段的发展有赖于其前阶段经验的丰富与机能的发展。"（同上，第88页）

"活的学习"（伊萨克 N. Issacs）——活动性的课程。

"发现试验和操作等过程共同组成发现的学习过程，它是'内在的教育'。一个人有了爱好，产生了真正的内向学习，就能转化为发展或成长。"（同上，第88页）

"伊萨克认为这是幼儿能学习的唯一方法，而成人则使用符号的和语言的操作组织信号，以解决问题。"（同上，第89页）

"学龄儿童具有自我——动力能引导他认识活跃的生活。"（同上，第89页）

"在儿童生活中的种种学习，都有一个最适宜的时期。如果不能很好地利用这个时期，可导致后期学习的困难。儿童早期学得的经验，打下未来逻辑思想的整个基础，对于所有儿童都是重要的关头。"（同上，第92页）

"有许多事物，儿童能够学习，有很多方法，都能发展儿童广阔而丰富的概念，将为尔后的学习开展新的境界和视野。"（同上，第92-93页）

"皮亚杰有一个基本的论点，认为环境不能直接被认识，客观现实存在于人的外部而不存在于人的内部。这就是说，儿童（或其他生物）不能直接反映他们的环境的刺激，却可以反映他们刺激的知觉或结构。"（同上，第111页）

"因此，皮亚杰认为，儿童并不是消极地反映来自外在环境的事物，而是像科学家研究的结果那样，他们积极地构成现实的观点。发展中的儿童，主动作用于客观对象，并且从内部对外部的资源，积极地进行信息加工。"（同上，第111页）

"他认为儿童在任何情况之下，都应该去建造一个理想的环境，从而取得同化作用与调节作用的平衡。"（同上，第111页）

"每个人一经和环境的事物发生相互作用，就各自建造自己的现实，自己特殊的世界观。"（同上，第112页）

"认识的结构是不断变化的。儿童适应了（或再适应了）自己的环境，已经掌握了初步的平衡。如果要求从低级的平衡状态到高级平衡状态，还要重新加以组织。这个概念虽然十分抽象和一般，却代表皮亚杰研究儿童智慧发展的整个成就。"（同上，第112页）

□ 接受美学

1. 名。

2. 与信息论的渊源。

3. 与阐释学的关系。

4. 与现象学的关系。

5. 过去亦有接受理论、接受美学的因素。

6. 与结构主义的关系。

7. 与文艺社会学的关系。

8. 接受美学是一个开放体系、社会体系、综合体系。

9. 与"三论"的关系。

接受美学是反纯文本主义和纯结构主义而提出的，它要求打破这种封闭，而纳入人们的历史经验。这样，接受美学既与诠释学有关，又与它对立。

（1987年3月30日《读书》）

10. 接受美学出现的标志：《提出挑战的文学史》（姚斯，1967），《本文的召唤结构》（沃尔夫冈·伊泽尔，1970）。

11. 发展空间路径：康斯坦茨大学校园 → 联邦德国 → 欧洲 → 世界。

12. 文艺语言学 → 接受美学、效果美学。

□ 总体含义（1987年3月补充）：

1. 德国康斯坦茨学派的"接受美学"。

2. 1958年，法国学者莫尔：《信息论和审美接受》。

3. （20世纪）60年代中期，德国康斯坦茨大学教授姚斯在《文学史作为文学科学的挑战》（1967）一文里，提出抽象历史主义的"接受美学"概念。

4. 波兰哲学家和美学家罗曼·伊加尔顿在《艺术本体论的研究》（1962）和《经验、艺术作品与价值》（1968）中提出现象学的艺术接受概念。

5. 美国学者小E. D. 赫斯的《诠释的效用》（1967）中提出诠释学的艺术接受概念。

6. 法国结构主义者罗兰·巴尔特提出结构主义的艺术接受概念。

7. 苏联梅拉赫教授、赫拉普钦柯院士等和民主德国瑙乌曼教授等提出了马克思主义的"艺术接受""文学接受"。

【题：《艺术的生产力接受》《社会读者：阅读——艺术接受理论》。题：《艺术接受与审美评估——接受美学述评》】

8. 亚里士多德的净化说
歌德的"三种不同读者"说
鲁巴金的《俄国读者散论》

【还有鲁迅的《红楼梦》读者不同评价说】
【插一个好的命题："作为动态过程的创作过程"（苏·梅拉赫）】

9. 三种接受概念：
（1）混同论-重复论；
（2）创造论；
（3）共同创造论；
（4）（苏联）三阶段论：构思——写作——接受。

10. "任何艺术作品一旦成为社会财富之后，便要涉及许多社会过程和许多社会现象。""历史命运并不依赖于作家本人的意志。"

11. "作品与读者有着极为复杂的关系史，越是大作品，'内在创作潜能'就越丰富，与不同时代的读者的联系就越多样。"

12. 作品与读者的互相作用。

【并非公说公有理、婆说婆有理，受到作品的实质、特点、结

构、创作潜能的制约。】

13. "艺术接受心理学"是"艺术创作心理学"的一面镜子。

14. 接受是多方面的：

（1）直接的情绪感受；

（2）对作者构思的发展逻辑的领会；

（3）渗透到一切文化领域的艺术联想的丰富性和多义性。

【对此可以依次列出若干方面，表现为层次性、多面性、跨越性、个性……】

（4）读者把作品"转移"到自己的生活氛围里去。

（5）主人公和接受"自我"的一体化。

15. 艺术的本质和遗传因素也在接受中得到重复。【这就联系到艺术发生学】

16. 鲍列夫提出了艺术接受心理结构的三个层次：

（1）视觉、听觉和其他感觉在艺术接受过程中的相互作用；

（2）艺术接受的寓意性和联想性（同一定艺术文化的对比、非艺术的联系，生活感受的回忆）；

（3）艺术接受同时空联想的联系（包括对某一本文的现在、过去和将来的接受）。

17. 苏联艺术接受理论：

（1）"艺术接受"是一个极其复杂的、概率论的过程；

（2）它取决于许许多多客观的和主观的条件；

（3）读者的水平：文化状况、心理特点、生活环境；

（4）它依赖于接受者的主观特点和艺术本文的客观品格，又依赖于艺术传统、社会环境、语言符号的假定性；

（5）这一切是时代、环境和教育所历史地决定的。

18. 艺术接受理论包括：

（1）艺术接受的实质和规律；

（2）作者构思与读者的相互关系；

（3）作品结构与读者的相互关系；

（4）读者类型与艺术思维类型的相互关系；

（5）艺术创作心理学与艺术接受心理学的相互关系；

（6）古典作品的历史命运和生命力——作品在不同历史时代里同读者的关系。

【德国学者则提出了"水平接受""垂直接受"两种艺术接受。】

19. 必须在多门学科的"交接点"上进行，必须搞综合研究。

【接受，还可以包括：比较文学研究领域里的影响研究部分，即民族文学之间的接受，日本、朝鲜对中国文学的接受；中国对佛教文学的接受；庞德对李白的接受，歌德对《风月好逑传》的接受；凯瑟琳对《子夜歌》的接受；鲁迅对果戈理的《狂人日记》以及对苏联同路人文学等等的接受。这是可以开辟的一个接受美学的新领域：外国接受屏幕和本土文学在文化领域里的被接受，等等。（读美国教授麦纳尔的讲话，见北大《比较文学通讯》1981年第10期】

□ "艺术接受的心理结构"——创作心理学的"前奏"。前作家（预备作家、潜在作家）首先要形成艺术接受心理。

【层次：一般认识心理、接受心理，艺术接受心理及结构，是受体；又是一个接受主体。接受美学使研究方面从纯语言学的视野走向了历史的视野。接受美学是在哲学解释学的理论土地上生长起来的。】

□ 注意：《当代西方美学》中茵加登的论述，第474页前后诸页；科林伍德的论述（薄笔记本）。

□ 拟写《接受美学：艺术接受理论的诞生、发展和探求》

1. 接受美学：研究艺术接受与理论艺术。

2. "接受理论"的理论接受与继续探求。

3. 古代审美理论中的艺术接受理论因素；中国美学界：创立艺术接受理论体系和建立中国学派。

（1986年9月12日）

【接受有"系统接受"、"区域接受"和"民族接受"，或统称"集体接受"和"个体接受"；它是楔入"垂直接受"和"水平接受"之中的。】

【1. 开始可先写关于文学的几种整体结构观、观点：作家——作品——读者——现实。

2. 可以探求和阐发的新课题：

（1）如何在实际研究工作中把接受研究同对作家、作品的研究结合起来——从"接受"的视角来研究文学，从"接受"的视角也看文学作品与作家。

（2）谈以何种方式起作用，起多大作用？

（3）文学的功能问题。

3. 接受美学的理论思维阶段尚未结束，但可辅以"接受实验""'接受实验'之后"调查：历史调查与现实考察。文学研究发展的大体路径：作家（作家——社会）——作品（封闭体系）——读者（接受美学）。（只是一个侧面？一种观照印象？……）

"本意"与"意义"

"存在"与"定在"

可能性与指向性

由"存在"到"定在"，由"艺术创作"到"审美对象"，其中介是审美感觉。这是一个被动的活动，一个受动；同时又是主动的活动，一个能动的作用。

个体审美造成艺术创作的变形，社会审美（系统、集体审美）也造成作品的变形。两种变形的一致与不一致，前者是千差万别的，不受作品的限制；而后者则是有一个总的基本倾向的，它不会远离作品的基本品性。

"接受"的文化背景问题。

异体文化与本土文化的关系。】

作品是全面组织起来的为引起审美反应的、刺激因素的系统。（《笔记》）

"接受"的文化背景问题。

异体文化与本土文化的关系。同化与排斥，归化与吸收，外在接受与内在接受。本土文化作为Chrisma（权威）和支援意识的作用与力量，引起的变形是很大的。（1986年9月14日）

□ 语言行为六因素

① 发送者　② 语境　③ 信息　④ 媒介　⑤ 信码　⑥ 接受者

□ 接受美学的主要理论根源：

1. 历史学——姚斯

2. 结构主义——穆卡洛夫斯基

3. 阐释学——伊塞尔

接受美学首先作为英美"新批评"的代替品而出现，成为"'新'新批评"。

"拉辛存在于对拉辛的阅读中，除了阅读，没有拉辛"（S. 杜布罗夫斯基）——引用。

接受美学产生的社会、文化背景

开展接受美学研究的意义：

1. 对作家：（1）想到读者；（2）使作品隐含义多，"可能性"大。

2. 对接受者：提高接受水平。

3. 社会接受水平。

4. 诠释科学：方法与技巧。

接受美学可以说是：

1. 研究如何正确理解本文的内容、语义、隐喻，掌握作品的内容、作者的本意，这就要把作品返回它的本土和"本时"（当时的历史时代），要懂得作家的全部——这就使接受美学与阐释学（Hermeneutik）相通、相包容，即接受美学＝阐释学。

2. 研究读者是如何接受作品的，即接受者是如何理解、如何诠释，如何把自己化入和把作品据为己有的。

3. 进行比较研究：与本土文学的比较，与自身的支援意识的比较。

4. 阐释是批评家的接受。

5. 接受是一般读者的接受。

【那么有一个范畴：专家接受与大众接受。】

传统阐释学把作者看作上帝，寻求和肯定有一个作者的恒定不变、绝对真理式的"本意"；接受美学则把读者看作上帝，一切以这个上帝的意念为准。而现代是一个"没有上帝的时代"。

德国哲学家海德格尔把阐释学由认识论转移到本体论，阐释是以"三先"为基础的：

1. 先有（Vorhabe）。
2. 先思（Vorsicht）。
3. 先把握（Vorgriff）。

这是"意识的'先结构'"。

【此可引入接受美学，亦可引入创作心理学。】

（1986年9月20日）

□ 茵加登——阅读现象学。
期待领域与期待水平。

【在领域之中，高水平之上】

【"先结构"——这个概念可用：
比一般心理定式更接近文学，文学观念与意识的先结构。
读者对作品可以有不同的完成方式。
但是，当今读者对一个作品一般都有一个基本上共同或类似的理解。其基础是本文提供的。
这一点不可忽视。
它应是接受美学研究的重点。（？）】

□ 姚斯（查斯）主要从文学史角度来看待接受问题。
接受有两方面：
1. 接受的历史或历史的接受。
2. 现实的接受和接受的现实。
接受美学在美国向主观方面的发展：只注意读者的反应。接受美学

受到诠释学、符号学、社会学、文学社会学的影响。

美国批评家斯坦利·费希居然说："本文的客观性只是一个幻想。"（斯坦利·费希《读者心中的文学：感受派文体学》）

迈克尔斯更有过之而无不及！

"创作完全是个人劳动，一个作家跟另一个作家没有相同之处……"

阿尔贝拉·莫拉维亚：与中国作家一席谈。

（《文艺报》1986年10月4日）

"悲剧是创作的顶峰，是表现人的思想感情的顶峰，也是文学的顶峰……"（同上）

法国路易·德·博纳德（Louis de Bonald）：

"社会中的一切都取决于社会，作家的独立性是不可能有的。"

【这句话在一定范围内是真理，前一句是绝对真理，社会中的一切（也包括人）都取决于社会；第二句，要划定范围，因为同在一个社会中的人，都各有不一样，这是个性，在共性（人性的基本共同点上）说来，人性离不开社会，不可能有独立性，但在个性上，则又取决于社会对他个人的影响和他个人由于种种原因而作出的不同反应。】

法国文学史家古斯塔夫·朗松（Gustave Lanson）认为，作家总会被打上社会环境的烙印，没有接受者的文学是不可想象的。

（《文学评论》1986年第5期，袁志英《当代西方文学社会学流派评介》）

□ 创造力问题

（1986年10月15日赴京前）

1. 定义：

（1）强调创造过程的定义；

（2）强调个性的定义；

（3）强调作品的定义。

2. 强调"个性"者，认为"具备优良的个性心理品质和身处较有利的社会环境"是重要的。

3. 其强调的个性品质中有几样可重视：

（1）主动、好奇；（2）敏锐的洞察力；（3）独创性；（4）想象力；（5）其他，主要是自信心与坚持力。

4. 创造力结构——这很重要。

（1）英国心理学家斯皮尔曼（1904）提出智力的"二因素理论"，即 G（一般因素）和 S（特殊因素）。在能力结构中，G 为"个人的心理能力水平"，S 为"个人的特殊能力"。

斯皮尔曼认为，二因素中，G 具有决定性的作用。

1921 年，汤姆森提出"多因素理论"。

又有人提出"层次结构理论"。

卡特尔-雷思理论：将理论分为 4 个层次（如图 4-1 所示）。

一般因素
先天流畅智力
集中能力
学校文化
流畅智力
晶化智力
视觉化能力
一般感知速度
一般记忆能力
20 种基本智力因素

图 4-1　卡特尔-雷思理论的四层次结构

（2）基本心理能力理论。

5. 创造力组成模式

美国女心理学家阿玛拜尔 1983 年在《创造力的社会心理学》中提出了一个颇具说服力的创造力结构模型。

创造力：（1）一般创造力；（2）特殊创造力；（3）创造动机（非智力因素）。

【我以为，创造力结构和模式应为：（1）多因素结构；（2）基本的主观、客观；（3）可称为"创造力生理-社会的心理学"；（4）文艺创作心理结构的层次：①人类一般创造力水平、历史应力与现实（时代）动力；②一般创造能力；③特殊创造能力；④艺术创造能力；⑤动机倾向（创作目的性）。】

□ 思维定式、心理定式问题

创造者要具备两方面的对定式的能力：① 形成和保持心理定式的能力；② 打破既有定式的能力，向新的定式逐渐转化的能力。

1. 一般创造力构成：

（1）认知风格（注意"风格"二字）

① 能打破感觉定式。

② 能打破思维定式。

③ 保持思维灵活，不受已有计划束缚。

④ 思维的广阔性。

运用"广泛"的范畴思考，在似乎无关的事物之间发现联系。

⑤ 记忆的准确性。

以上为创造型人才的本质特征，认知风格属于认识能力，也是认识的品性（风格），包含意志、心性等。

（2）关于创造方法的知识和运用方法的能力（方法论），（纽厄尔）这些方法很特别：

① 若方法失败，可尝试"反直觉"措施；

② 变熟悉的东西为陌生的东西；

③ 通过个例分析、类比、例外情况和研究伴谬来提出假说：对知识和问题进行重新组合。

（3）从事创造性活动的工作风格

① 长时间集中注意力。

② 善于"建设性"遗忘。

③ 坚持到底。

④ 乐于努力工作，精力旺盛。

认知风格、工作风格与心理品质关系极大，要靠长期养成，靠训练很难形成；但方法的运用，却可以靠训练培养。研究表明，创造力训练可提高创造力20%~80%。

2. 特殊创造力构成

——创造力结构的基础

从事特定活动必需的特殊能力和专门技能即素质和训练。

3. 创造动机：

动机状态：内在动机（→ 内驱力），即由活动本身的内在性质而不

是外部因素所激发的动机，能发挥最大的潜能。

内涵：品质因素（兴趣、爱好、对特定活动的基本态度，相对稳定）、状态因素（对特定场合下从事活动的理由的认识，受外部因素影响）。

（1986年10月17日北京天府饭店204）

（1）人的生活产生人的需要（欲望）。

（2）欲望在人的心理活动中的作用。

（3）以"欲望"为一节，写在"个性"之中。"个性的产生"。

（读《美学》V，《论审美需要》）

"艺术本能"，即人性之本，亦即本性、人的潜力。少年时代是对这种"艺术本能"潜力进行开发的时期。"三觉醒"即是开发之途。写一章。（同上）

（4）人的需要与生理的或心理的；事实是"生理⇔心理"的，物质的和精神的。

（5）精神需要有三种：求知（生存）、审美（人性）、思维（社会）。

（6）审美需要产生的几点：

精力剩余说（德谟克里特、孟子、席勒）。

精神分析论——弗洛伊德。

艺术——替代性满足。

"直接说"（？）（同上）

□ 作家的"自我表现"："创作是作家的自我实现"——一种人的需要和审美需要的实现。

在"创作"一章中写。

开头写"创作的性质"。

□ 桑代克认为，存在一种心理方式反应原则（principle of multiple tosponse or varied reaction）——补偿。利斯纳尔（Lissner，1933）则发现了"代替满足"（substitute satisfaction）。阿德勒认为，"补偿作用"是人的活动的基本动力。

弗洛伊德认为，活动是人的防御机制。帕伯（D. H. Porber）则说："想象中的满足。"

□ 补偿有三种：同化（assimilation）补偿、延伸补偿、变态补偿。（心理变态者之需要）

补充：心理变态可以是长久的，也可以是短暂的；可以是这一类（职业、年龄）人的；可以是那一部分人的，只是非常态的意思，而非病态。

艺术的补偿，使得暂时的不足又刺激、提高了要求，产生新的更高的需要，即文中所说："艺术补偿既可使人暂时满足，又可使人长久地不满足。"

艺术的补偿与满足，产生新的需要和饥渴，于是产生新的提高。

艺术的心理卫生作用——转移（三种）："以纾忧愁"、转移或逃避、寄托。

在艺术中，"人更是人"（首先是"人"才是人，生活更显得是生活）。

艺术品——"人将人类社会整合为一种心理模型"。（同上）

□ 拟写论文题：《论新的民族艺术觉醒期的到来》

□ 比较文学系列论文拟题：
（1）比较文学在中国的复兴
（2）把比较研究引进文学批评
（3）中国比较文学的发展与建设
（4）中国当代文学与世界文学背景
（1986年10月18日于京华西部海淀天府饭店204）

□ "弗洛伊德认为，在艺术创作的过程中，心理活动确实是异常复杂的。作家、画家、音乐家、诗人、雕塑家等艺术家们可以在心理的三个层面——意识、前意识和潜意识——进行活动。创作者在三种心理领域中自由翱翔，当然有利于作品的浪漫性和深刻性。"（《弗洛伊德传》，第275页）

《弗洛伊德传》第275-278页，谈意识与创作的关系非常重要。可作为一节来写。引述。

其中说到，弗氏指出，精神分析对文艺所作的就是"找寻艺术家个人生活的印象，他的机遇及其与他们著作之间的相互关系，从而导出该作者在创作时的所有思想和动机"。此段话很重要。可多次用。

首先，在"三觉醒"一章使用：早期的生活印象、经验－创作思想、动机。

（1986年10月24日晚北京辽宁饭店）

□ 茵加登关于文学作品的4个层次：语言层、意义单元层、被再现的事物客体层、图式化层次（见笔记，可以用于接受美学的论述）。

注意：

《艺术原理》中关于欣赏的段落（见笔记簿），可用于接受美学。此语可用于题词：

"真正的艺术作品不是看见的，也不是听到的，而是想象中的某些东西。"（《艺术原理》第146页）

□ 车尔尼雪夫斯基：

"对人的心灵有着真知灼见，而且善于为我们揭示它的奥秘——这是我们评论写出了让我们惊奇作品的那些作家时所说的第一句话。"（《西方文论选》下卷第428页，转抄自《组合论》）【可用于"习得"】

□ 要写社会审美心理和一般思潮对于创作动机的影响：自觉的和不自觉的。（1986年10月26日）

□ 关于托尔斯泰（与鲁迅比较……）：

他的夫人说，她始终未了解他是怎样一个人。许多圣哲与学者，揣测他的生命之谜，屠格涅夫说他是个怪人。而他自己说他思索而痛苦。他难于为人所理解，因为他内心期许甚高，希望很大，与人距离甚大。

注意，他是怎样自我培养的，怎样锻炼性格的。

他为自己"整个身心的全面发展而奋斗"。（《文化译丛》1986年第4期）

□ 诗歌的评价范畴：

韵律，节奏，谐音，隐喻，分行，句式。

"艺术实际上是一种心理活动"。（荣格《分析心理学与诗的艺术》，载《文艺理论研究》1986年第5期）

□ "在儿童身上，'几种能力的竞争'还没有显露出来，艺术、科学和宗教这三种可能性仍旧静静地蛰伏在一起；在原始人那儿，艺术、科学和宗教的倾向也依然毫无区别地共存于一种神奇的心理混乱之中；至于在动物身上，直到现在还看不出有'精神'的痕迹，动物只有天性。"（卡尔·荣格《分析心理学与诗的艺术》，载《文艺理论研究》1986年第5期）

【荣格的这些论点是非常好、非常重要的；但弗氏之理论是偏狭的，"要公正地分析艺术作品，必须先彻底摆脱医学上的偏见"。个人身上的原因与艺术作品或多或少总有点关系，就像植物与土地的关系一样。

但是，真正的艺术品就在于成功地摆脱了个人的局限。（同上）】

□ 语言的魔圈问题

读《写实主义和先进风格》（载《知识分子》1986年秋季号）

1. 从再现性文体 → 表现性文体。

2. 是表现的过程，而不是叙述的过程；是体现感觉、感受、感情、感应的过程，而不是被告知的过程。对读者，是提供素材，使其感觉、感受、感应，而不是单纯地被告知。

3. 因此，作家不是一个万能的智者，讲述告知一切，而是一个感受与感情的主体，把自己的诸感觉、感受、感情表现出来，呈现为信息库。

作家不只用眼睛的观点，而是用心灵的观点。

作家不是站在台上或中间的叙述人；不是中隔物，而是世界Ⅰ、Ⅱ和世界Ⅳ之间的中介、桥梁、导引、诱因、创造基因。

文字是作者经验（内心体验的体现，读者可以通过作家写下的文字，进入他的体验并进入他的心灵世界）。

4. 因此，改变了语言叙述的习惯性的、常规的程序，而是外在（形相）内心（性质、心灵）互相映照、接触、关照。

5. 要求、追求语言的节奏、韵律、暗示、隐喻和意象（总体的和局部的、个别的）以及环境气氛。

6. 因此，又追求词汇的选择，句式的组织，注意语感——它引起什么想象、意志、心态、语境：说话的和听说的环境，注意语风；总体效果：不是描述、解说，而是从字汇、结构、节奏、韵律、韵味、行进速度、句式变化与结构中，形成一种语风，一种语感、语境，使世界Ⅳ里的人们（读者）看到、嗅到、听到、触到，并且想开去，张开自己想象的翅膀。

7. 运用语言，就不只是造句遣词问题，而是选择词汇，安排句式，处理节奏韵律的行走速度、气氛的酝酿、对象想象力的调动、感觉、触觉和视野的营造。

8. 作家的创造，读者的参与，新世界的（世界Ⅳ）的产生。

9. 语言升华、升级，成为创作的主要元素，成为渗透于作品中的弥漫因素，作品风格和气质的基础。

10. 对作品不再是"读"（传统意义上的），而是"感受"。【这一点很重要啊。文字要使读者"感受"而不只是"读"。】

11. 语言诸力：语言的形象感；语言的形象诱导力（表象的分析与综合）；语言的听觉表象；语感；语境；语言；语义（客观）。【这就是令读者"感受"的条件、基础、魅力】

12. 培养语感能力、语言使用能力、接受语言诱导的能力、驾驭语言的能力，掌握语汇，掌握语音、语义。【语感能力、语言的诱导力！】

13. 语言产生了魔力。这魔力是一个"魔圈"。从这儿出发，经历曲折，又不知不觉回到了"这儿"。

□ （《原始艺术的现代魅力》，载《中国美术报》1986年第48期）

1. 以其审美类型，为现代人提供了心理上的需要（满足）：稚拙、简朴（现代人厌倦繁复，趋向简单），单纯、直率（紧张节奏中希望得到轻松享受）。

2. 幻想成分。最深刻的心理根源：人类童年心理潜藏在人类的记忆深处，被唤起（"返祖"，"潜意识"）。

3. 人类对原始社会知识的增加和生活经验的积累。

4. 现代艺术与原始艺术在某些观念上接近。（同非艺术的界限不清，哲学基础）

□ 巴尔扎克《驴皮记》初版序言："在诗人或的确是哲学家的作家

那里，常常发生一种不可解释的、非常的、科学亦难以阐明的精神现象。这是一种第二视力，它使他们在各种可能出现的境况中猜出真相，或者说，这是一种我说不清楚的力量，它把他们带到他们应该去、愿意去的地方。他们通过联想创造真实，看见需要描写的对象，或者是对象走向他们，或者是他们走向对象。"（《读书》1986年第12期第84页）

巴尔扎克在《法西诺·卡纳》中说："在我身上，观察已经变成直觉的了，它深入灵魂却不忽视形体，或更可以说，它一下子抓住外部细节，随即超越之；它赋予我一种能力，使我亲历它所及的个人的生活，使我代替了他，就像《一千零一夜》中的苦行僧，他向那些人说几句话，就得到了他们的灵魂和肉体。"

"听着这些人说话，我可以亲历他们的生活，仿佛自己就穿着他们褴褛的衣衫，脚上就是他们那满是窟窿的鞋子；他们的欲望，他们的需求，都深入了我的心灵，我的心灵与他们的心灵融为一体。这是一个人的白日梦。"（《读书》1986年第12期第84-85页）

后面几处说到了巴尔扎克的创作处，也可作为例证。

【注意"第二视力""白日梦"。

巴尔扎克的创作是不限于社会学的反映生活，不只是"社会资料""政治档案"，而且及于人的心灵，他从细节（衣、鞋）及于心灵。

马斯洛的需要层次论所说的人的基本需要是指心理学意义上的需要，它试图解答的问题是人类行为的动力结构。

因此，文学创作的动机理论亦如此：创作行为的心理动力结构是什么？

——读《光明日报》1986年12月22日许金岚文后】

□ "基本需要"是一种"似本能"的需要。

需要的目的与手段的区别，有些需要是手段——达到一个更基本需要满足的手段。

需要的文化背景。（摘自《思维心理学》第300页）

□ 意象

1. 表象：在某种程度上是事物的概括的反映、映象。

2. 表象是从具体感知到抽象思维的过渡桥梁。

3. 表象是一种内部化的心理过程。

4. 表象是一种微弱刺激，是内隐的反应，是一种记忆的表象（memory image）。

5. 双重缩码（double coding）共同缩码（common coding）

6. 表象——在无刺激下的人对视觉信息、空间信息等内部加工过程。

7. 表象——真实物体的类似物，是这种类似物的再现。

8. 表象——不是脑中存储的原始的、未受加工的图像，并非事物呆板的摹写，而是客观事物能动的反映。

9. 在心理学文献中，表象（presentation）＝意象（image）＝心象（mental image）＝表征（representation）。

10. 遗觉象（eidetie image）大多见于儿童，它与感觉具有同样鲜明的表象。

【作家也许是遗觉象之多者？】

发散性思维与复合性思维在创造性思维中的作用。

（《新华文摘》1986年第11期）

11. 表象在脑中留下的痕迹（信息），会进行加工、编码、分析综合，产生了概括的表象，为思维准备了条件。

12. 概括表象的形成，有两种形式：组合与融合。

组合："表象不断地积累"。

融合："比联想更复杂，表象的创造性改造"。

参加融合的表象都多少改变着自己的品质，融合成新的形象，即创造性表象（想象）的主要特征。（第309-310页）

13. 表象运用语言来由具体表象向抽象思维过渡。语言也可以引起、制约改造表象。

因此，表象是双重编码。既可图像编码，又可语言编码。

图像可以通过编码而以语言的形式储藏起来。语言可以通过破译而恢复图像，如再造想象。

列宁论表象：（1）"从生动的直观到抽象的思维，并从抽象的思维到实践，这就是认识真理、认识客观实在的辩证的途径。"（2）"表象不能把握整个运动，例如它不能把握每秒钟30万公里的运动，而思维则

能够把握而且应当把握。"(《哲学笔记》)

14. 表象与思维的本质差异：始终具有形象性。

□ 爱因斯坦说："我们的内心体验是各种感觉印象的再造和综合……"(《爱因斯坦谈人生》第41页)

"当这个世界不再能满足我们的愿望，当我们以自由人的身份对这个世界进行探索和观察的时候，我们就进入了艺术和科学的领域。如果用逻辑的语言来描绘所见所闻的身心感受，那么我们所从事的就是科学。如果传达给我们的印象所假借的方式不能为理智所接受，而只能为直觉所顿悟，那么我们所从事的便是艺术。这两者有一个共同之处，那就是对于超越个人利害关系和意志的事物的热爱和献身精神。"(同上，第39-40页)

□ "人就是人的世界，就是国家，社会。"(马克思《黑格尔法哲学批判》导言)

□ "人们用以生产自己必需的生活资料的方式，首先取决于他们得到的现成的和需要再生产的生活资料本身的特性。这种生产方式不仅应当从它是个人肉体存在的再生产这方面来加以考察。它在更大程度上是这些个人的一定的活动方式，表现他们生活的一定形式，他们的一定的生活方式。个人怎样表现自己的生活，他们自己也就怎样。因此，他们是什么样的，这同他们的生产是一致的——既和他们生产什么一致，又和他们怎样生产一致。因而，个人是什么样的，这取决于他们进行生产的物质条件。"(《德意志意识形态》，《马克思恩格斯选集》第1卷第25页)

"……一个民族本身的整个内部结构都取决于它的生产以及内部和外部的交往的发展程度。"(同上，第25页)

□ "千万记住，所有那些品质高尚的人都是孤独的——而且必然如此——正因为如此，他们才能享受自身环境中那种一尘不染的纯洁。"(《爱因斯坦谈人生》第100页)

□ "当人刚刚脱离自然界的时候，他也只是一个纯粹的自然物，而不是人。人是人、文化、历史的产物。"(黑格尔《费尔巴哈论》，转引)

□ 关于目的

（1987年正月初二）

"目的这个范畴，就它的前提来说，不仅包含着某种必然性的规定，而且更重要的是包含着某种必要性的规定，因而作为有目的的活动，也应该显示出某种必要性的规定。"

"这里的必要性与需要完全属于使用这种系统的人的个人立法。"

"对生物来说，它们的需要还没有从它们的行为中分化出来成为独立对象，因而它们需要的对象也不是以行为或活动的预定目的的形式出现的。就是说，生物并没有达到对其行为或活动结果（这是需要的对象，因而也是行为或活动的目的）的自觉预见与把握。……在生物那里，需要的对象并没有以自觉的目的的形式加以把握。"

"……只有人的活动才真正是有目的的活动，因为只有人才能自觉地预先设定活动的目的。"

"马克思在谈到人的自觉的活动同动物的本能的活动的区别时……他写道：'……劳动过程结束时得到的结果，在这个过程开始时就已经在劳动者的表象中存在着，即已经观念地存在着。他不仅使自然物发生形式变化，同时还在自然物中实现自己的目的，这个目的是他所知道的，是作为规律决定着它的活动的方式和方法的，他必须使他的意志服从这个目的。'"（《关于目的的哲学》第199-201页）

□ 恩格斯《路德维希·费尔巴哈和德国古典哲学的终结》：

"在社会历史领域里进行活动的，全是具有意识的、经过思考或凭激情活动的、追求某种目的的人；任何事情的发生都不是没有自觉的意图，没有预期目的的。"

□ "目的是人的实践活动的一个必然的内在规定性。人在进行任何一项活动的时候，总要通过他的头脑提出一个问题：为了什么目的？……对人的实践活动来说，目的并不是一种外在的东西，它是在人的实践中产生的，并且成为构成实践活动的一个不可缺少的因素。正因为这样，人的实践才成为一种有目的的活动，成为一种自觉的对象性的活动。"

"一个目的如果不是特殊的目的，就不成其为目的，正如同行动如果没有目的就是无目的、无意识的行动一样。"（《黑格尔法哲学批

判》）"目的所体现的是关于活动或行为的对象性的自觉意识，并表现为活动或行为的自觉对象性。"（同上，第220–221页）

□《开放的自我》（C. W. 莫里斯著）：

"要使我们自己投入创造活动，我们必须认识我们自己。"（第4页）

"环境、体格、社会——这些东西，不就是把人装扮起来的衣裳吗？"（第5页）

"人通过自己的选择来建立各种不同的活动系统类型，而这些活动系统就是各种文化。"（第6页）

"地理、遗传和社会为人类创造活动设置条件，为人类创造活动提供它所必须使用的材料，阻碍或提高这种创造活动。"（第6页）

【此点很重要。三者缺一不可，都在起作用。

环境的作用、地理的作用（北方、南方……）、遗传的作用……

中心的还是社会的作用。】

（1987年1月31日）

□"情绪记忆"

例证：卓别林、狄更斯【重要，可以发挥】

【写一"记忆"家族】

【创作心理的家族群】

情绪记忆：比理解记忆、机械记忆更为复杂的心理活动。

1. 古老的、原始的。

布留尔在《原始思维》一书中说："那些在不文明氏族的思维中占有如此重要地位的不关联、不直觉、不判断根本不要求逻辑活动；它们只不过依靠记忆来实现。""原始人的记忆有非常高度的发展"。

2. 感性的、新鲜的。

3. 无意的、不自禁的。

【应补上：刻痕深。

但这些还都是客观描述，未说明实质。

情绪的实质是什么，情绪记忆的实质就是什么。】

"心理定式结构，主要包含这样几种因素：（1）主体先前的经验，尤其是童年时代的经验；（2）主体的需要和动机；（3）主体的政治信仰和价值观念；（4）主体的情绪和心境；（5）主体的人格、旨趣和文化素养。"（鲁枢元《创作心理研究》第47页）

□ 关于创作，关于自我：

（《世界艺术与美学》第4辑第76-78页）

这里蕴含着很深刻的思想，可以加以发挥：

"在本书中——仍是'特殊源泉'那一章——，我们曾经着重指出：'创作个性的基本条件是肯定自我，不为本能力量所驱使，而是对本能力量加以有力的抵制。'我们还着意说明，自我所经由进行自省、巩固内心世界的这种抵制力，人类总是生而有之的，因为它是创作过程的辩证法的一个构成因素。但与此同时，我们更加强调，这种反省绝不意味着孤立于外部世界，尤其是社会。……自我生来就是一种活跃的潜力，是一切活动的根源，产生形形色色的内心生活。生命的基本材料都蕴藏在自我之中。当然，自我表现为所经历的各种状况。"

1. 创作个性的基本条件是肯定自我；
2. 肯定自我是抵制本能力量的驱使；
3. "反省→巩固内心抵制力"是创作过程的辩证法的构成因素；
4. 这种反省与外部世界、与社会相通；
5. 自我是活跃的潜力，并产生形形色色的内心生活；
6. 生命的基本材料都蕴藏在自我之中；
7. 自我表现为所经历的各种状况；
8. 自我构成人的最深层次；
9. 当人意识到自我，说明他觉察到自己属于生命之流、存在之流；
10. 人通过自身最深的核心扎根于存在的最深层；
11. 这里意味着自我、世界、存在的统一性，矛盾的统一性；
12. 自我通过内在本身通向世界和生命的其余部分；
13. 因此它倾向超越自身；
14. 因此没有绝对的主观性，自我自身就产生群体性。

"自我构成人的最深层次，我们同时必须指出，人与周围现实，实则人与整个自然界是息息相通的。……人之自身也是自然界的一部分。当人终于意识到自我，认识到'我存在'的时候，说明它的头脑里凝聚

成了这样的想法：他自己也是存在的一部分，自然界的一部分，生命的一部分。人觉察到自我，便觉察到自己属于生命之流，属于存在之流。因之他的自我只不过是个体化了的、转入生命之流和存在之流的意识中那个单一核心（noyau unitaire）罢了。……其实人通过自身最深的核心牢牢地扎根于存在的最深层，连接着整个世界……自我直接表现着复杂机体内部的统一……自我通过内在本身而引向世界和生命的其余部分。"

"它的意向性旨在倾向走出自身，超越自身，表现自身，传播自身。它感到不满于自身。正是在这里萌动着群体性这个胚芽。所以说群体性深深植根于自我的存在方式本身。因此，在与客观世界尤其是社会进行顽强对照之下，谈不上什么绝对的主观性。"

【关于自我的深刻的哲学论述。非常重要。可写入、引用于"自然"家族。】

（1987年2月14日）

□ 创作论

"……我们认为自然美和艺术美之间存在差异：自然提供现成之物，艺术提供创作之物。"

"我们指出，创作活动远非本能活动的简单延伸；相反，它建筑在对本能活动的束缚进行抵制的力量基础之上，从而巩固和深化自我世界这个真正的创作源泉。……本能诚为天赐，抵制力和反思也是自然的馈赠。"（《世界艺术与美学》第4辑）

"艺术作品既然是由心灵产生出来的，它就需要一种主体的创造活动，它就是这种创造活动产生的……这种创造活动就是艺术家的想象。"（黑格尔《美学》第一卷第356页）

"没有一种艺术可以不为别人或没有别人参加创造的。"（萨特，1980）（转引自《科学 艺术 哲学断想》第303页）

"我从来就没有想过为名声和荣誉而创作。我心里有话必须说出来，这就是我为什么要创作的原因。"（贝多芬）（转引自《科学 艺术 哲学断想》第304页）

"诗文之厚，得之内养。"（古人语）

"气得其养，无所不周，无所不极也；揽而为文，无所不参，无所不包也。"（转引自《科学 艺术 哲学断想》第303页）

"发自内心才能进入内心!"（贝多芬）（转引自《科学　艺术　哲学断想》第304页）

"艺术的尊严也许在音乐中表现得最显著。"（歌德）（转引自《科学　艺术　哲学断想》第310页）

"人生在世不就是为了化短暂的事物为永恒吗?"（歌德）（转引同上）

"继续努力吧，不要单从事艺术，还要渗透到它的最深的内容中去；它是值得我们去追求的，因为只有艺术同科学才能把人提高到神明的境界。"（贝多芬）（转引同上）

"像美一样，崇高世界是从整个大自然喷射出来的。"（席勒）（转引自《科学　艺术　哲学断想》第304页）

"据说贝多芬自己说，他的许多乐思都是在森林中散步时泉涌出来的。"（转引自《科学　艺术　哲学断想》第308页）

"世界上再也没有一个人像我这样热爱乡村了……我爱一株树甚于爱一个人。"（贝多芬）（转引自《科学　艺术　哲学断想》第308页）

"我们心中的道德律，我们头顶上的星空。康德!"（贝多芬，1822）（转引自《科学　艺术　哲学断想》第307页）

"人没有对象就不存在。"（费尔巴哈）（转引自《科学　艺术　哲学断想》第307页）

"音乐用来作为内容的东西乃是主体的内心生活本身"。

"音乐能引导主体进入单纯的凝神内省状态"。（黑格尔）（转引自《科学　艺术　哲学断想》第303页）

"艺术的美高于自然。艺术的美是由心灵产生的再生的美，心灵和它的产品比自然和它的现象高多少，艺术的美也就比自然高多少。"（黑格尔）（转引自《科学　艺术　哲学断想》第309页）

"空筐"结构 → 想象的余地、空间 → 象征意蕴 → （情节类）情节与情态类 → "清空"（宋·张炎） → 王国维："境界"。（《科学　艺术　哲学断想》第404页）

□ 直觉

摘自《论直觉》（载《学习与批判》1987年第1期）。

1. 直觉是高于知觉、低于思维的相对独立的心理能力。

2. 直觉的两种状态：常态和异常态。

3. 直觉的两个层次：感性直觉和即性直觉。

4. 直觉是智力的一部分（智力＝直觉＋思维）。

5. 直觉能力由整个心灵状态决定。

6. 直觉是创造力的核心，转换中枢，一切初始符号都由直觉译出。

7. 概念理念、直觉理念 → 人类精神、理念。

8. 人类直觉能力的贫乏，是人类精神发展缓慢的重要原因。

9. 直觉是个体的。

10. 异常态直觉："……是一种很强的力、一种场，它使感觉、知觉、思维以至整个心灵都超出正常状态，交融、一体化为无差别境界。"

11. "我们通常所说的灵感就是这种异常态直觉的一种"。（但起了质变，变成另一种质的东西，即灵感。灵感比直觉更丰富，更完整，更活跃，更有创造性和更有创造意义。）

12. 直觉是凝固的智力，是时时生长着的能力。

【"凝固"不准确，至少在"外观"上如此。应以用"过往智力的积淀"为宜。】

（1987年3月13日夜）

13. 直觉判断早于概念思维。

【从科学发展和个体发展史来说，都可以说是如此；但是，就个体的心理运行整体来说，直觉的临场判断，又是在思维之后，在概念思维的基础之上发生的，是思维之花——理性积淀之花。

直觉是一个人的总体心理能力、智力的具体闪现。好比一个神枪手的全部能力在扣动扳机时的一刹那集中体现一样，也像一个常胜的战略家，在头脑中闪现一个战略指导计划时，他的全部意识、经验集中闪现一样。】

（1987年3月14日晨）

14. 智力，是种族进化的结果，是生物质和社会质相互作用的产物，其中有意识的物化部分，即理性积淀。

15. 理性积淀，包括意识的渐渐潜抑部分和思维知觉、感觉以至整个心灵的谐振的痕迹。

16. 原始民族具有惊人的直觉能力。这说明，人最早是有很高的直觉能力的。以后概念、思维的发展抑制了直觉能力的发展，但是又从另一方面促进了人的高级直觉能力的发展。原始人能够凭直觉辨识人的足迹、动物的踪迹以及方向等，但却没有科学家、艺术家的创造能力的直觉。

（1987年3月14日晨）

17. 直觉理念，是人类活动产物极其重要的一部分。

18. 直觉体验。

19. 艺术和科学是人类创造力的表现，是人类塑造自身的方式。科学——思维能力、概念理念；艺术——直觉能力、直觉理念。

【1. 艺术也要有思维能力和概念、理念。但是，其特征是直觉能力和直觉理念，没有它，就不能产生艺术或好的艺术。

2. 艺术家的思维能力和概念、理念，是与直觉能力和理念相融汇的，又是后者的基础羽翼。

3. 并不是在结果上，即在表现阶段才与科学分道（采取不同手段来表现），而是在一开始认识、把握对象的时候就是发挥了直觉能力的，就是运用了直觉理念的。

4. 因此，直觉非常重要，是创作之魔。】

（1987年3月14日晨）

直觉和灵感都是人类心理能力的高峰显现。

20. "直觉是已有动态的神经构型在增加了内外信息之后或由于自我发生的信息的激荡而自身状态的一定重构、调整。"

21. "我们把握的不是直觉活动的过程，而是它的结果，是跃过的瞬间、转化出来的概念、幻象，即一切可以符号化的初始因子……"

22. "直觉能力是由整个心灵状态决定的，因此，直觉与感觉、知觉的发展、思维能力的发展和情感的丰富、意志力的强弱等都有着密切关系。"

23. 直觉分感性直觉、理性直觉或内省直觉。

24. "凡是由意识、思维启动、激荡而产生的直觉活动，即理性直觉"。

25. "一切创造学都承认：直觉是创造过程中真正可贵的东西，是创造活动的核心、转换中枢。它使人类精神在个体中实现跃进，并转换成各种符号体系，即把个体的精神、内心意象、体验变成可以转达的形式，成为社会质。"

26. "道德和美感是两种内在的直觉活动、直觉判断，是直觉理念的自然表现。"

27. 艺术是艺术家已经达到的人类直觉的高度和丰富的确证，是人性的发展。

28. 苏珊·朗格（《艺术问题》第128页）："那些真实的生命感受，那些互相交织和不时地改变其强弱程度的能力，那些一会儿流动、一会儿又凝固的东西，那些时而爆发、时而消失的欲望，那些有节奏的自我连续，都是推论性的符号所无法表达的。"

29. "直觉中含有思维，思维中含有直觉。创造力乃是二者的一种和谐力。"

30. "艺术家进行创作时，不是凭概念的推演，而是凭他的直接感受、体验，凭一种内在的创作冲动，凭自己也不太清楚的要将内心意象形式化的压力来完成自己的作品的。……创作具有现时代精神作品之艺术家，其直觉能力就是现时代的意识、现时代的思维培育起来的。如果他不接受现时代精神，就不可能长出具有时代水平的直觉能力……"

□ 语言的妙用：妙的语言，表现了语言怪圈
叶芝（1865—1939）

"《驶向拜占庭》整首诗是一大象征，然而其中有极为普通的道理，用最实在的普通语言点明：
一个老人是猥琐的东西，
一件挂在竹竿上的破衣。

第一行是很少入诗的陈述句，第二行是来自生活的普通话，但两者合在一起就产生了神奇的效果：前者变成警句，后者变成准确的比喻。"
（王佐良《霍思曼·叶芝·艾略特》，载《读书》1987年第3期）

【主要是：语言的有序结构。】

艾略特的句子："我是用咖啡匙子量走了我的生命，那我怎么能开

始吐出我的生活和习惯的全部烟头?"

□ 作为一种心理因素、要素,孤独感是近代人的产物,是个体性强化之后的产物。它是矛盾的:卓尔不群者想求孤独(孤独自处,以求思索、反思、内省、观照);但他的出发点不是孤独,归宿不是孤独。孤独成了他的习惯、道理、得道的境界。另外,他喜孤独,又怕孤独……(《自我论》第168、169、171页)

□ 托尔斯泰与屠格涅夫交恶(最后),说明:

1. 他们是凡人,有跟凡人一样的情感血性,并还总是那么豁达、不同凡响,无凡人的情感;

2. 他们之变态心理,好的表现方面如此,但一般人以为没有;

3. 他们有凡人之情,一般人却认为无。(《外国著名文学艺术家》)。

(1987年5月26日下午,中国作协"深圳创作之家")

□ 重要的补充观点

1. "事实上,没有一个从事艺术的人能够否认,个人和文化是按照它们自己的'图式'来塑造世界。"(《艺术与视知觉》第6页)

"对于心理学家们来说……对艺术的研究,是对人本身研究的一个必不可少的部分。"(同上,第7页)

2. 贾米森(Dale Jamisen)关于从产品分析创造的观点,可用于逆向分析中。(《当代西方美学》第380页)

五　接受美学笔记（一）

（1987年6月23日夜）（开始一个新的开始）

□《艺术原理》第134-148、155、318、327页

文学的"根源研究" → 文学的接受研究 → 实际是文学的再造研究，是"次生"根源研究。

文学从此进入一个新天地。

□ 作品的主人公五种原型（Nothrop Frye）：神、半神、英雄、我们之中的一个、"反英雄"。

姚斯的五种类型：联想型、崇敬型、同情型、净化型、讽刺型。

（《接受美学系列谈》，载《文艺报》1987年10月10日）

□ 文学作品 → 审美生产 ┤ 1. 本文接受者（读者）
2. 反思性批评家
3. 连续生产性作者（作家）

→ 作品的实现和社会功效

（《接受美学与接受理论》第26-27页）

"艺术作品的动态生成"。（同上，第27页）

□ 艺术作品的接受过程不再是过去所说的欣赏过程，而是一种生成过程，即生产过程的连续，那么，作品就是一种半成品、初级产品了。（1987年11月1日）

"《波西瓦尔》之所以成为一桩文学事件仅仅因为其读者。"（《接受美学与接受理论》第27页）

□ 灵感：1. 问题意识 → 2. 思考韧性 → 3. 思绪扩散 → 4. 意识

潜入 → 5. 分散注意 → 6. 自动思考（思索、检索）→ 7. 偶然触发 →
8. 有意或无意接通 → 9. 火花迸发可以激发，可以培养、酝酿。（1987
年7月10日晨）

预感 → 灵感。

□ "期待视野"的构成单位：$\left\{\begin{array}{l}1.\ 读者 \\ 2.\ 作家 \\ 3.\ 批评家\end{array}\right\}$ （《接受美学与接受理论》第27页）

□ 对作品评价的系列"单位"：

1. 对同一作家以前作品的记忆；

2. 拿他的前期作品与其他作家作品进行比较；

3. （一般文学动态势能）（《接受美学与接受理论》第27页）

【重要命题："审美距离""视野的变化"】

（同上，第31页）

□ 作品对"期待视野"的关系是：满足或超越或失望或反驳。

□ 通俗或娱乐艺术作品的特点：不需要视野的任何变化。（重要）
（《接受美学与接受理论》第32页）

□ 《包法利夫人》与《花妮》的例证（《接受美学与接受理论》第
35页）

□ "文学的历史性在历时性与共时性的交叉点上显示出来。"（《接
受美学与接受理论》第46页）

这构成某一特定历史时刻的"文学视野"。（同上，第46页）

"文学现象的多重性……如同现实的作品，统一于文学期待、记忆
和建立作品意义的预期的共同视野中。"（同上，第47页）

每一共时系统包括其过去与未来。（同上，第47页）

历史某一点的文学生产，其共时性横断面必然暗示着进一步的历时
性以前或以后的横断面。

六　接受美学笔记（二）

（1989年5月2日—1991年5月13日）

【1989年5月2日，中国社科院招待所108房间。今日去王府井书店，购得久盼的《接受美学译文集》。读之，甚好。】

（以下内容摘自《接受美学译文集》，刘小枫选编，生活·读书·新知三联书店1989年1月出版）

1. 接受的渊源：承接的与对抗的

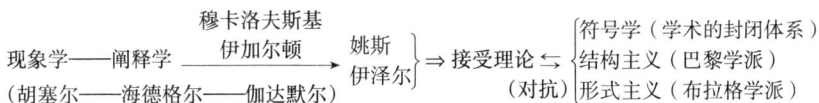

图6-1　接受美学学术渊源示意图

2. 接受美学的理论核心不是一般的读者，在此之前（三四十年代），布拉格语言学派首领穆卡洛夫斯基和现象学美学的宗师伊加尔顿就分别提出了"空白"说和"不定点"说。接受美学重视艺术经验的出发点与哲学解释学是不同的。它重视的是以艺术经验为主的历史的审美经验，它的出发点是人的历史审美经验，特别是从马克思主义来的交换理论和哈贝马斯的交往理论。

3. 重要意义的效果史——接受史，它具有社会、历史的规定性。

4. 但"任何经验离不开语言"。对艺术经验的分析必然以语言为依据，于是，就又回到了艺术作品的本文及其接受理解上来了。

（以上见《接受美学译文集·编者前言》）

5. 角色距离/角色距离审美经验（同上，第4-5页）

6. 例：《呼啸山庄》，在作者活着时，远不如《简·爱》出名，无人赞许，但她死后却获得很高评价，名垂文学史册。【读者的作用；接受的反作用】

7. "审美经验的预先定向功效"/"从读物中获得的期待"/"角色距离"/"潜反射审美观点"/"从读物到习俗的过渡"。

8. 审美经验的结构特征：（1）在接受方面，如何如何；（2）在交往方面，如何如何（白日梦，梦中的现实与梦中的实现）。（第13页）

9. 审美经验的生产能力/心灵净化效果/艺术值/读物的命运/大众艺术和集体艺术接受。

10. 经验转化为诗 → 作家的高兴 → 意绪解脱 → 接受 → 交往 → 解脱 → 净化。（第14页）

11. 人的审美经验的生产能力是创作者所碰到的一种界限的和抵抗的经验。（他的自由以此为限，或者，他的……）

12. 波德莱尔论天才和历史生活的童年时代的艺术经验。（第16-17页）

13. "媒介不是中介"（媒介是媒，使之结合，后果无关、不管、难控；它是"第三者"，是中间物，由此达彼，通过它，它在其中，它尽其用，它存其中……）/"符号优于话语"/刺激催人接受/信息有强大的操纵力/然而，信息又被后者存起来了（也许还可说，被隐藏起来了）……（第19页）

14. 审美经验的当今形势：对美学经验的古典（形式）功绩发生怀疑，于是有了"艺术消亡"的恶咒（第19页）。

（1989年5月3日于国谊宾馆573室）

15. 技术革命开发了人的感性感知所感觉不到的新的经验领域。（第20页）

16. 荧光屏的作用：显现力、再现力、再生力、欺骗力……（第20页）

17. 关于工业文学，关于商业化，降为广告一级，此是审美实践的问题和审美理论的任务。纯消遣功能与纯审美功能的矛盾和转换。……（第21页）

18. 关于接受理论产生的时代、思想、文化背景，它的性质与偏颇。对读者的"规定"：读者不是孤立的、简单的；他不能终止其他方面的存在，"作者的死亡"——不妥……

（特雷·伊格尔顿：《西方文学理论》第4页）

19. 20世纪文学理论的三条主要线索：

（1）俄国形式主义（形式元素 → 陌生化 → 新鲜感） → 结构主义 → 后结构主义（文学的深层规则结构、"语句"、"语法"、"句法"）；

（2）现象学对文学进行纯粹"内在"的阅读 → 诠释学 → 接受美学；

（3）精神分析理论 → ［心理学派］。

20. 可视为关于接受美学的论述。（《西方文艺理论》伍译本，第10页）

（1）文学批评是人文科学中敏感的一支。

（2）20世纪人文科学（含敏感的一支）的巨大转变就是从历史分析到结构分析的转移。

（3）泰纳的批评：种族、环境、时代。

朗松理论："文学史"理论；新批评——以结构批评为中心：关注文本（texte）和"内在机制"。

【还可补：阐释学、符号学、心理分析等等。从外而内，从内而外。】

（托多洛夫《批评的批评》，第196页）

21. 艺术感受是：当我们有了它的时候，就感觉到了形式。

艺术与艺术感 ｛ 形式感和对形式的感受
　　　　　　　 有意味的形式

（托多洛夫《批评的批评》第12页）

22. 艺术："有限与无限的综合"，"抽象在具体形式中的显现"。（同上，第13页）

23. 印象派：

（1）艺术放弃了对事物本质的表现；

（2）只致力于表现印象、感受；

（3）只存在对客体的个人观感，而不存在对客体本身的观感。

（4）观感组成了客体并使它更新。（同上，第13页）

24. 陌生化

艺术的目的是给予事物的感受以幻想，而不是认知：

【艺术＝（幻想）感受≠认知】

艺术的手段是：（1）陌生化的手段；（2）给感受以难度和广度的困难形式的手段。（因此，欣赏要花脑子；想象而后有所得——审美；然后有愉悦。）（同上，第15页）

25. 艺术是一种感受方式（特殊的感受方式）。（同上，第15页）

26. 形式主义：

（1）文学研究的对象是"作品本身"——"本文"，而不是"作品给读者留下的印象"（是"读后感觉"，而不是"读后认知"）。

（2）形式主义把作品研究同创作或接受的研究区别开来。（同上，第17页）

27. 形式主义理论：

（1）诗的不同层面；

（2）叙事作品的结构；

（3）叙事方法。（同上，第18页）

28. 形式主义的特殊性在于对象而不在于理论、方法。（同上，第19页）

29. 文学和批评都不能在自身找到其目的。（同上，第24页）

30. 线索：形式主义 → 布拉格学派 → 结构主义 → 符号学。

更明确的是：俄国形式主义 → 捷克结构主义（布拉格学派） → 苏联符号学。（《20世纪文学理论》第9页）

31. "诗不过是语言的美学运作"。（雅各布森）（同上，第10页）

32. 形式主义拒绝把内容从作品中抽离出来讨论的做法。什克洛夫斯基反对将文学作品简化为作品所表达的内容。（同上，第12页）

托马舍夫斯基："我不同意替普希金做他的作品的内容提要。"（同上，第12页）

33. 文学性：文学的语言和结构原则——"发掘文字产品转化为文学作品的手段"。（同上，第12页）

理性地讨论文学作品的建造原则。（同上，第12页）

文学性：（社会生活的）原始素质——原则——手段——系统——结构。

34. 小说：

巴尔扎克式现实主义 ⎫
雨果式浪漫主义 ⎬——卡夫卡、乔埃斯式现代派小说

35. 人类认识发展的历程标识：认识客观世界 → 认识自己 → 认识生理、身体 → 认识心理 → 认识一般心理 → 认识隐意识、潜意识、无意识。

36. 可用的例证：

（1）卢梭自述《新爱洛伊丝》是热烈幻想的白日梦的产物；

（2）歌德像梦游那样"几乎无意识地写成了《少年维特之烦恼》"；

（3）柯勒律治的名诗《忽必烈汗》完全是一场缥缈梦幻的记录。（张隆溪《二十世纪西方文论述评》第18页）

37. 传统批评（19世纪）：历史的、传记的、实证的、创作的，注意种族、时代、环境，注意社会背景与作家身世，追究作品内容的社会渊源和个人思想感情的本源。文学 → 历史 → 解读。

新批评：把注意力由诗人转向诗（艾略特）；由语言进入作品（理查兹）；科学陈述和情感性陈述；历史的真与艺术的真，艺术陈述是"伪陈述"（pseudo-statement）。

38. 陌生化的基本内容与基本方法及其例证：

（1）强调新鲜的感受 ⎫
（2）强调事物的质感 ⎬——新鲜

陌生 = 新鲜 ≠ 未曾有过

（3）托尔斯泰的《量布人》用马的眼光看私有制的人类社会。

（4）《战争与和平》用一个非军人的眼光看战场。

（5）诗中的古字、冷僻字、外来语、典故等，无一不是变习见为新知，化腐朽为神奇。

（6）普希金以普通人名"塔吉亚娜"入诗——民间语入诗。

（7）"新的艺术形式的产生是由把向来不入流的形式作为正宗来实现的"。

（8）普希金以俗语入诗，与华兹华斯、雨果、施莱格尔等的主张相近。

（9）司空图："知非诗诗，未为奇奇"。

（10）钱钟书："以不文为文，以文为诗"。

（11）描写习见的事物，好像是第一次看见。

（12）陀思妥耶夫斯基的"复调小说"。

（13）什克洛夫斯基的概念："故事"→"情节"。

（当把素材故事变成小说情节时，予以创造性变形，使其新奇、新鲜、陌生化。）

【这里也可以探讨结构性问题：通过特殊的结构，使某个普通事物在与其他事物的关系中显出其陌生性来。】

（1989年5月28日）

（以上均见《二十世纪西方文论述评》"俄国形式主义"段落）

（14）布拉格学派的结构主义：文学语言不是指向符号以外的世界，而是指向作品本身的世界；艺术作品有自主功能和交际功能。（同上，第83页）

（15）结构主义：

① 语言的"突出"（foregrounding）（什克洛夫斯基）：文学语言的最大特点是最大限度地偏离日常语言的指称功能（交际功能），而把表现功能提到首位；语言是自主符号（autonomous sign），不指向符号以外的实际环境，而指向作品本身的世界（例如李白的诗句"燕山雪花大如席"）；用代码的能指性能，而不是所指性能。

② 文学符号与结构。

③ 文学作品有多层结构。

④ 其间有许多未定点。

⑤ 审美价值是作品在接受过程中产生的。（张隆溪《二十世纪西方文论述评》第85页）

⑥ 普罗普开创了结构主义小说研究的先河。

⑦ "形式的提纯问题"是结构主义思想的一个重要的原动力。

⑧ 在戏剧中：狮子与金鱼及"视角"。

现代小说向原始小说回归，以取得原始小说所具有的神奇力量。

（肖尔斯《结构主义与文学》，第89-90页）

39. 原始意象"赋予我们祖先的无数典型经验以形式"。（《二十世纪西方文论述评》第60页）

原型就是"典型的即反复出现的意象"，它"把一首诗同别的诗联系起来，从而有助于我们的文学经验统一成一个整体"。

"文学总的说来是'移位的'神话。"（《二十世纪西方文论述评》第62页）

从神的诞生、历险、胜利、受难、死亡直到神的复活，这是一个完整的循环故事。

"有一个故事而且只有一个故事，真正值得你细细地讲述。"

(There is one story and one story only

That will prove worth your telling.）

神变成文学中的各类人物

神↔人

具有原型性质的：主题、意象、情节。

原型种种：历史的、民族的、文学传统的、古代神话的……

血、火、光、黑暗、水、圆圈、红、绿、黑、白、镜、月光、鲜花、龙、凤、轮子【还可考虑：柳、燕、雷电、鱼、蛇、狐狸……】

洛奇分析《简·爱》中的"火"，Wenner分析契诃夫小说中的神话和文学原型，包括取自《安娜·卡列尼娜》的、《哈姆雷特》的。

40. 阅读理论：既是结构主义，又是接受美学。

《如何阅读?》——托多洛夫的阅读理论。

三种传统的研究方法：

（1）投射：批评家透过文学作品对作者、社会或他感兴趣的问题（包括某个批评对象）进行研究的一种阅读方法。

（2）评论：对投射的补充。评论自始至终在作品内部进行。评论形式有详细解释、准确阅读、释义。

（3）诗学：它寻求特定作品中所体现的一般原则。

（《结构主义与文学》第213页）

【现代马克思主义批评应该是投射＋评论＋诗学。】

41. 托多洛夫强调"阅读"，将之视为一种特殊的活动，指出：评论是一种原子化的阅读，阅读则是一种系统化的评论。（《结构主义与文学》第214页）

42. 中国儒家传统文评的一些论点：

（1）"诗可以兴，可以观，可以群，可以怨"。

（2）《毛诗序》："先王以是经夫妇，成孝敬，厚人伦，美教化，移风俗"。

（3）周敦颐（1017—1073）："文以载道"。

（摘自杨周翰《镜子与七巧板》）

43. 道家文评的言论：

（1）"气"——曹丕（187—226）。

（2）对"兴"的新解："若夫感应之会，通塞之纪，来不可遏，去不可止，藏若景灭，行犹响起。"——陆机（261—303）《文赋》

（3）自然产生灵感——自然"兴"。"遵四时以叹逝，瞻万物而思纷，悲落叶于劲秋，喜柔条于芳春。"——陆机《文赋》

"精骛八极，心游万仞……观古今于须臾，抚四海于一瞬"。（同上）

（4）想象。"故思理为妙，神与物游。神居胸臆，而志气统其关键，物沿耳目，而辞令管其枢机。枢机方通，则物无隐貌；关键将塞，则神有遁心。"——《文心雕龙》

（5）言外之意。"道可道，非常道；名，可名，非常名。"

44. 反映过程：

事物（世界）→ 刺激（接触）→ 接纳 → 直觉（直观 / 直感）

（加工）→ 印象 —（再加工）— 意象 —（表达）→ 迹化：{迹象 / 绘象} → 词控

意象 → 句述意象 → {静态意象 / 动态意象} 主意象 → 谓意象

45. 接受美学的特性：

（1）实证论的批评——〔文献〕历史的、社会的、客观的；

（2）精神分析的批评——〔遗痕〕主观的、心理的、个体的；

（3）接受美学的批评——〔记号〕历史的、社会的、客观的、主观的、心理的、个体的。（《接受美学译文集》第215页）

46. 接受美学的几个提法、命题为：

（1）"每分钟都在产生新的作品"，"每分钟都有新作问世！"

（2）"每代人都必须重新撰写历史"。

（3）接受：发掘文本中的种种意蕴。

47. "文学作品永远不能给出它的全部真理。"（托多洛夫）（《批评的批评·前言》）

48. 关于接受美学是研究"关系"，即研究本文与社会、历史、读者的关系；

关于接受理论与结构主义的关系，甚至以结构主义的"关系"说为基本概念。

关于由于研究关系而使接受理论的核心共时性，同历时性联系起来了。

（《接受美学译文集》第220、222、223页）

49. 文学作品描写的与生活中的情况，是没有联系对应关系的，因为它是虚构的，所以作品具有不确定性。于是，读者就有了活动天地。

（1）用自己的标准衡量作品；（2）修正自己的先入之见。

因此，文学作品是"开放的"。

（《接受美学译文集》第225、226页）

50. 伊泽尔（W. Eser）概念——为姚斯所同意：

（1）不确定性；（2）开放性；（3）"基本上不确定的意义"。

51. 读者的接受有两个角度：

（1）历史——集体的；（2）个别的。

姚斯趋向从前者出发来看待不确定性。

沃迪卡则"毫不含糊地"排除此两者：

（1）读者的暂时态度；（2）个人好恶。

（《接受美学译文集》第226、227页）

52. 对作品接受中的社会、政治因素，不可忽视。（同上，第24页）

53. 对尼采《查拉图斯特拉如是说》的不同时期的不同接受。（同上，第248-249页）

54. 关于接受美学，有这样几点应予确定：

（1）文学作品都有它的不确定性（整体）和不确定性部分（空白点）（包括词语之间）。

（2）对文学的解释是比较自由的，是不确定的，但又不是漫无限制的、随心所欲的。

（3）对文学的解释，是在作品提供的前提条件下来进行的。

（4）任何阅读行为都是一种创造性、自主性行为，都赋予了"我"

和"我的所有"。因此，在阅读过程中，读者从作品中发现的是"我自己"。读者创造作品，作品创造读者。

（5）任何读者都是社会的、历史的，都是"预先给定"的。

马尔克斯："创作的源泉永远是现实"。【因此，阅读和接受也永远是现实的。】

"任何"反应"都与我们作为'社会和历史的个人'的性质深刻交叠在一起"。

55. 作品的产生和命运：

（1）马尔克斯的《枯枝败叶》曾多次遭退稿，一名编审兼评论家附信让他改行。

马尔克斯17岁时读卡夫卡的《变形记》感悟而言："他娘的，原来小说可以这么写呀！这我倒有兴致了。"他十多年一直苦于不能找到适当的方式描写《百年孤独》，一日忽生感触，忆及外祖母冷隽绚丽的、不动声色的局外人叙述方式，即用之。（《读书》1989年第12期第85页）

（2）加拿大女作家露西·莫德·蒙哥马利的名作《绿山墙的安妮》1905年10月完成，一次又一次寄出，却均遭退稿。《绿山墙的安妮》于1908年出版，立即成为畅销书。

（3）福克纳的《喧哗与骚动》出版后，人们认为写得不好；但后来人们认识到它的创造性、它的妙处。（1991年2月3日）

（4）马尔克斯最开始写小说，不成功，多次被退回。见《番石榴飘香》。（1991年2月13日）

（5）左拉的第一部短篇小说集《给妮侬的故事》被三家出版社退回。当交第四家出版社时，他对老板说："此稿被三家出版社退回。""可是我有天才！"（见《娜娜》序）

七 文艺习思录（一）

（1989年5月25日—1991年2月7日）

思绪似流云

来去无踪迹

飘逝

游荡……

随笔录记

以备查追忆

□ 20世纪，欧洲几乎所有国家，人文科学的许多领域都发生了一场巨变，即"从历史分析到结构分析的转移"。（《批评的批评》第190页）

我们过去的文艺批评，多数甚至全部是历史分析（社会的分析与价值判断，先立目标后批评——"卡尺"；动机分析；立意分析；政治的、社会的、政策的标准与判断）。这种转变也很必要：转向结构分析——多重结构分析，但不取消历史分析，而是结合历史分析。

历史分析⇆结构分析。（1989年5月25日上午）

□ 20世纪文论根本上是20世纪社会存在的产物，又是20世纪文学理论的总结。（《二十世纪西方文论述评》）

这个提法很好，也是符合实际的。大概还应该说，它也受到了20世纪哲学和社会科学发展的影响，从中得到理论的基础与思想的灵感。比如阐释学之于现象学等。

这是一个发展的世纪、突变的世纪、突破的世纪、创新的世纪。

（1988年5月27日）

□ 19世纪的文论是实证主义的（作家的社会背景、生平传记，作品的社会效应，等等），是以创作为中心；20世纪则转变为以作品本身（本文）和读者的接受为中心。（《二十世纪西方文论述评》第6页）

那么，可以如此列表：

19世纪文论以创作为中心（即实证主义）→ 20世纪初至50年代末，文论以作品为中心（即形式主义、结构主义、阐释学）→ 20世纪60年代末，文论以读者接受为中心（即接受美学）。

□ 这是泰纳（旧批评、19世纪批评的代表人物）在《英国文学史导论》中的一番话，足以代表该派的基本精神："这贝壳化石下面曾是一个活动物，这文献后面也曾是一个活人。若非为重视那活动物，你何必研究贝壳呢？你研究文献也同样只是为认识那活的人。"

所以，文学作品＝化石＝文献。

从中可见历史、社会、人（社会的人）与作者本身。

我们向来的以及现在的文艺批评，基本上或完全是历史的、社会的批评。社会文献的探讨和历史化石的研究，揭示其义，阐释其意，解其情、揭其思。如此而已。然而，为何有此情此意，如何表现此情此意，用了什么手段、方法，效果又如何，在读者的解读中情形又如何，皆不知或皆不言及也。

倒是中国古典文论中，那些诗话、词话之类似乎说到了，但往往是一种感应、感触、感受，重在感悟，而未做充分的逻辑论证。

由此，似可得出两点启示：

1. 应当吸取20世纪西方文论中的诸种合理的因素；

2. 引入文评：19世纪传统批评＋新批评＋形式主义＋结构主义＋阐释学＋符号学＋解构主义＋后结构主义＋接受理论……

（1989年5月28日纪念日）

□ 偶翻《诗人玉屑》得此句："要使方寸之中，无一字世俗言语意思，则其诗不期于高远，而自高远矣。"

【这不就是形式主义从语言入手评文的"陌生化"吗？

但不尽相同。"不同俗"，此点相同；然"陌生化"不仅是不同于古，而且不同于今，即不同于今人之各种现实语言。

由此念及中国诗话、词话，多从本文入手论文，或与20世纪西方文论同也。此可注意研究者也。】（1989年5月28日）

□ "城堡上的旗帜"，这是一个很有意味的论文或批评的题目。研讨生活怎样变成了艺术、故事怎样变成了情节、旗帜（生活中的）怎样变成了艺术事物（作品），比如画中的旗帜，无论如何是变形了的、非生活的。以小说来说，如何使用语言——选择语言、结构语言，用小说的"语法"来构造，于是而形成艺术。

"艺术总是独立于生活，在它的颜色里永远不会反映出飘扬在城堡上那面旗帜的颜色。"（什克洛夫斯基）

（引文见《二十世纪西方文论述评》第80页）

□ 这是一些关于美的有意思的话语。沈从文说："美丽总是愁人的"。（《从文自传》）波德莱尔说："美是古怪的"，"美是令人惊奇的"。（《波德莱尔美学论文选》第4页）又说："愉快是美的最庸俗的饰物"，而"忧郁才可以说是它的最光辉的伴侣"，没有一种美是"不包含不幸的"。（同上）

【多么有意思的论述，也是深刻的。这不是美学论文，是感想式格言，但点出了美的实质和特征，有实证；又是只可意会，实难言传的。】（1989年5月31日）

□ 波德莱尔已经提出"有意味的形式"的命题（《波德莱尔美学论文选》），又强调了政治不要影响了艺术，道德不得作为目的进入艺术，而是介入其中，与之融汇。他论述的是政治与艺术的关系。可以发挥引用。（1989年5月31日）

□ 一种创作欲望在心中激荡、冲击，难于平息。想写小说，那些人生经历，那些故事，那些人物，在心中浮动，在眼前浮现；那种意绪在心中摇曳，呼之欲出。主要是，要寻找到一种合适的表现形式和一种叙述方式，一种非现行的、非普遍的、非熟悉的然而又是与题材、与自我情愫符合、契合的形式与方式。如何寻找？可能重要的是实验，是实践，在行动中摸索。想写小说、诗、散文、散文诗。诗也是一种非古典的、非现代的，散文也是一种新颖的内容、新颖的形式，但重要的是情感要真实。

　　小说在酝酿中的，材料纯熟的有：

　　1.《比基尼风暴》（编都编不出来的现实的故事，文化的、心态的冲突，用什么形式来体现?）【故事原型：20世纪80年代初期，一个私人艺术团从繁华城市来到某闭塞县的村镇演出。舞蹈，女性一律穿比基尼。一出场，全场哄然，随即鸦雀无声。有人跳上台，一个、两个、三个……，秩序大乱；有人前去抚摸女演员；有人扯乳罩，拽比基尼。群乱中，挠的、抓的、推的、搡的，女演员遍体鳞伤，四散逃奔。一场演出事故……】

　　2.《李匪（!）家的陪客》

　　3.《死的欢欣!》（《主客》）

　　4.《来也匆匆，去也匆匆》（一个研究生的故事）

　　5.《离情别绪》（车，人，……）

　　6.《魂归离恨》（聂××）

　　□ 散文拟题：

　　1. 落叶情（落叶悟）；

　　2. 海搏；

　　3. 尘海人缘；

　　4. 尘海书缘；

　　5. 夕阳之诉；

　　6. 法德抒情；

　　7. 苍穹下两块相同的墓碑；

　　8. 长无绝兮终古；

　　9. 叩寂寞以求音；

　　10. 春草梦；

　　11. 她倒在春水的怀抱；

　　12. 受伤的白莲（或"不肯凋零的白莲"）。

　　□ 某文将读者分为第一、二、三、四类读者，有见地。其四类为：

$$文学作品\begin{cases}第一类读者：作者及亲朋好友\\第二类读者：编辑出版者兼及报刊宣传者\\第三类读者：文学及批评界\\第四类读者：大众读者\end{cases}$$

【事实上，还可分出第五类读者，即"潜在（或隐在）的期待中的读者"。他们是在作家的心目中预期出现的读者，他们是看不见的手，暗中影响、引导、操纵作家写什么和如何写。作家总是在暗中自觉或不自觉地投其所好，他们预定作品的"性格"与"命运"。但另一方面，他们（"第五类读者"）又是作家自己一手创造的，是作家根据自己的接触、了解、理解、解释，建构一个或一群"读者"，是经过作家改造和塑造过的读者。现在的许许多多作家是眼盯着这种"心目中"的读者群，实质即瞄准市场的需求来写作的。这样写有市场，有"看不见的手"在掌控着。

不同的是，这是事先决定作家创造的读者，不是事后（阅读中）的读者。】（1989年6月14日）

□ I. A. 理查兹（新批评派）说，语言有"科学性的"和"情感性的"区别。前者是写实的，指事称物，传达真实的信息，所说之话可以和现实一一对应；后者则是"伪陈述"（pseudo-statement），它不完全和事实对应。前者是科学的真，后者是艺术的真。

【此意很好。一部作品必须有科学的陈述，有科学的真，这是基础；但是，如果仅仅如此，而无"情感性的"语言，没有艺术的真，即没有离事实较远的、不与之一一对应的、抽象的、离题的、情感性的语言，也就浮泛、浅露，没有意境，没有韵味，没有深度。一定要有一些"情感性的"语言，这是关键，是"眼"，是艺术的"风水"所在。

有时是比喻的，有时是抽象的，有时是象征的，有时是非常实在（写实）而又离开当时当地情境的话，它是发自情感的、心灵深处的，又是提炼过的，是生活、思想、感情的提纯、结晶和升华。因此也构成艺术的"空白点"——空筐结构。】

（1989年6月18日）

□ 新批评派的三个命题是很好的，可弥补社会-历史批评之不足。

1. 语言有"科学性的"和"情感性的"区别。

2. 艺术的真实只要求作品自身形成一个一贯的统一性，符合自身的逻辑就可以。作品要形成艺术的真。

它自身形成一个独立自主的世界。

它要求的是在读者心理上的效果。

（寓言、童话、讽刺剧更明显）

3. 批评要求指向诗，而不是指向诗人（艾略特）。把兴趣从诗人转向诗。

【诗不是"化石""文献"，而是诗人创造的一个世界。】

（1989年6月18日）

□ 新批评还有几点可注意：

1. 把本文视为批评的出发点和归宿（美国新批评派）【新批评可以在出发点与归宿的探究中，加上社会、历史、环境、种族等；给以社会现实的基础；同时，又加上作家的心理基因；又加上精神分析；再加上"原型意识"（文学传统），加上语言学批评，再加上结构因素；加上作家自身的期待视野：接受社会接受心理的影响而如此写……】

2. 作品自身形成一个独立的艺术世界。

【如何解释这个世界的历史因缘、周边关系、国际环境等，这是另一个问题。】（1989年6月18日）

□ 词的选择，词义、词的搭配，句的搭配，对应，音节、腔调，语感、语境、反讽、比喻、联想、象征、矛盾语、张力、含混、语调（tone）。

□ 神话原型批评

神话记录了原始人（人类祖先）最早的思维方式（"神话思维"——部分代全体），特别是记录了最早的经验、心理积淀；以后神话消逝而有民间传说、童话、寓言，继承和发展创造了"新神话"（后神话）。在这些意象、类型、人生命题中，取得了总结人类经验的形式和母题："它们是许许多多同类经验在心理上留下的痕迹"（荣格《论心理分析与诗的关系》，转引自《二十世纪西方文论述评》）

艺术的魅力和感染力即来源于此，与心理积淀、痕迹合拍了。"全人类的声音都在我们心中共鸣"，这就是"伟大艺术的秘密，也是艺术感染力的秘密"。（同上，第61页）

因此，以此入文评，十分有用。从本文中找到这种原型——母题、永恒的主题、心理积淀的形式，然后足以解释其引起共鸣广度的内在力量、魅力根源。（1989年6月18日）

□ 荣格的命题：文学不是艺术家个人的凭空创造，而是传统的产物。这很重要。

传统是渊源之一，当然还有现实生活；但现实生活如果没有传统的中介、取值、导向，不会被吸收、获取、使用，即不会"入诗"、入画、入故事、成情节，作家会视而不见、听而不闻、过而不留。

所谓传统，包含民族文化、民族心理积淀、审美习惯、传统母题、传统形象（中国有张飞、李逵、关云长、包公、秦香莲、阿Q、曹操、周瑜、刘备、孙悟空、观音、如来佛、许仙、白蛇、青蛇、法海、董永、七仙女、孟姜女、秦始皇、楚霸王、刘邦、朱元璋、卖油郎、杜十娘、牛皋、岳飞、杨家将、穆桂英……），词语／意象／象征物（月亮、柳、燕、水、草）。

□ 原型批评的基本内涵就是：

文学中反复出现的可交际性"原型"：（1）文体；（2）叙述；（3）表现程式；（4）意象；（5）母题；（6）人物；（7）主题；（8）象征习惯（约定俗成）与事物及体系；（9）词语；（10）风格。

佛克马（D. W. Fokkema）称之为文学研究的"元语言"（metalanquage）。

【我们不妨称之为文学元素，或文学构成的基因、艺术魅力的元力源泉。】（1989年6月18日）

□ 黑格尔在《精神现象学》中说：

对那具有坚实内容的东西最容易的工作是进行判断，比较困难的是对它进行理解，而最困难的，则是结合两者，作出对它的陈述。

文学批评最高明的就是应该成为一种有判断有理解的陈述，是批评者对于作家创造的一个第二自然、一个独立的艺术世界的自我描述。要

是一种动人的、理解人的精彩的描述，既是解人，又是通人，又是诲人。如此，虽难点，却重要。（1989年6月18日）

□ 韦勒克在《文学理论》中提出"思想进入文学的真正方式"问题（第119页），这一问题提得非常好。问题不在于文学有无思想和有什么样的思想，而在于思想如何进入文学。这种进入方式，才是判断艺术价值的核心、关键、"眼"。如果是哲学或科学的方式，那就是论文、学术文章、政论等，而不是文学。那么，什么是"文学"的真正方式呢？可说的就很多了。形象性、典型性、人物形象、语言、结构、叙述方式、心理学等，但核心的核心是什么？

在这一章（第10章）的末尾即第130页，韦勒克指出，哲理诗只是诗的一种，诗不是哲学的替代品，它有它自己的评判标准与宗旨。

这很明显就是说，哲学≠诗，或者说诗≠哲学。因此，它的判断标准和宗旨就不应该是（至少不应该只是）思想的对错、真理性和水平的高低等，而应该是别的东西。作者接着指出：

"哲理诗像其他诗一样，不是由它的材料的价值来评判，而是由它的完整程度与艺术水平的高低来评判的。"

这里的"哲理诗"完全可以只看作"诗"的一个具体例证，因此我们可以把"诗"代入这个"公式"中，即"诗"的评判标准和宗旨，应当是它的"完整程度"和"艺术水平"。什么是"完整程度"，殆可释为"思想与艺术是否构成了一个完整的整体"，亦即融汇混合，浑然一体。至于艺术水平，自然是习见的多方面了。恰好，在此书第129页有这样的话。他说，如果"艺术家采纳的思想太多，因而没有被吸收的话，那就会成为他的羁绊"。他举例说，在陀思妥耶夫斯基的作品中，"我们经常会感到艺术上的成就与思想重负之间的不协调"（这说得很好）。他指出，陀思妥耶夫斯基的代言人佐西玛比起伊万·卡拉玛佐夫来就不够生动。又指出，在较低层次上，托马斯·曼的《魔山》也表现了同样的矛盾，前一部分关于疗养院的描述显然比"充满了哲学假说的后一部分"艺术水平高。接着，作者以文学史为归结，指出：

"但文学史上有时也会出现极其罕见的情形，那就是思想放出了光彩，人物和场景不仅代表了思想，而且真正体现了思想。在这种情形下，哲学与艺术确实在某些方面取得了一致性，形象变成了概念，概念变成了形象。"

看来，从代表到体现和形象与概念的互变，是重要的标志。在同一章，作者还提出了这样的"警策语"：

"但是，这些哲理性的小说和诗歌（例如歌德的《浮士德》或者陀思妥耶夫斯基的《卡拉玛佐夫兄弟》），难道因为它们输入了哲学的内容就可以算是卓越的艺术品吗？（应该看到，在对一些小说的评论中，评论家们是把成功的票投在作品输入了哲学（思想）内容这一点上的。）难道我们不要做出结论说这样的'哲学真理'正如心理学或社会学的真理一样没有任何艺术价值吗？"

接着，他只承认这种"哲学真理"只在"恰当的上下文里"可以提高作品的艺术价值，原因也不是"思想"本身的艺术价值，而是由于有了它，使作品具有了"复杂性与联贯性"。

这些可以说在重要的方面说明、论证了思想与艺术的关系。

这里还可以想起普列汉诺夫有关此一问题的论述。以此论某类作家，颇有用也。（1989年6月24日）

□ 韦勒克在《文学理论》中提出了在创作中无意识的重要意义；又提出了对于小说家评论的两个基本范畴，即人物塑造与情节结构；还提出了联想、断想、组合问题。（《文学理论》第84-85页）

1. 关于无意识：

（1）任何对创作过程的现代研究方法，主要都是关注于潜意识活动和意识活动所起的相对的作用。

（2）喜欢论述自己艺术的作家们，自然总是谈论自己创作活动中那些有意识的、自觉运用某些技巧的部分，而无视那些"外界各种因素给予的"非自觉地进行的部分。他们对自己自觉的创作经验感到荣幸，然而往往正是那些他们不愿谈论的部分反映或折射了他们的本质。

（3）在爱伦·坡那里，潜意识和意识之间的差别惊人地分明；潜意识提供了排遣不去的谵妄、苦难和死亡的主题，而意识则将之发展成文学。

2. 评价的标准问题：

其一是用以考查现代意义下所指的诗人，将着重考查诗人的用词和词的组合，意象和隐喻，语义和语音上的联系（即韵味、半谐音、头韵）；其二是用以考查叙事性的作家（小说家和戏剧家），着重考查其人物塑造和情节结构。

【一项"人物塑造"，重在什么样的人、他用什么样的方法、手段、风格来塑造的，而不重在他塑造了什么样的人物；二项情节结构，一在其情节，即故事如何由情节构成，它本身的构成因素，以及如何来结构、组合这些情节，它们又如何为一项服务等等。】

3. 联想等问题

文学家是联想（"机智"）、断想（"判断"）和重新组合（以分别体验的因子组成一个新的整体）的专家。

【以上可以作为文学评论的圭臬。用好了即可突破。】

（1989年6月24日）

□ 荣格划分出一种"心理小说""心理艺术作品"。他把艺术创作分为两种模式："心理模式"与"幻觉模式"。他认为，前者是理性的，后者是非理性的；前者是明确的，无须心理学家的解释，后者是模糊的，可供心理学家研究。他指出："心理的模式加工的素材来自人的意识领域，例如人生的教训、情感的震惊、激情的体验以及人类普遍命运的危机，这一切便构成了人的意识生活，尤其是他的情感生活。诗人在心理上同化了这一素材，把它从普通地位提高到诗意体验的水平，并使它获得表现，从而通过使读者充分意识到他通常回避忽略了的东西，和仅仅以一种不舒服的方式感觉到的东西，来迫使读者更清晰、更深刻地洞察人的内心。诗人的工作是解释和说明意识的内容，解释和说明人类生活的必然经验及其永恒循环往复的悲哀与欢乐。"（第127–128页）

而幻觉模式，却是处于无意识状态的东西。荣格说："后者的情形与前者的情形恰恰相反，这里为艺术表现提供素材的经验已不再为人们所熟悉。这是来自人类心灵深处的某种陌生的东西，它仿佛来自人类史前时代的深渊，又仿佛来自光明与黑暗对照的超人世界。"（第128页）

这种幻觉模式，荣格指出的样品有：《浮士德》第二部（第一部是心理模式），但丁的作品，尼采的《勃勃生气的狄奥尼索斯》，瓦格纳的《尼伯龙根的指环》，威廉·勃莱克（今译威廉·布莱克）的诗歌《弗朗西斯科·科隆纳修士》，雅柯布·波墨（今译伯麦）的哲学和诗歌呓语

中……

荣格写道："但丁的预感衣被在充斥了全部天堂和地狱的形形色色的意象中；歌德必须在作品中写进伯劳克斯伯格和希腊古迹中的阴森区域；瓦格纳需要全部北欧神话；尼采回到神圣风格，重新创造出史前时期的传奇预言；勃莱克为自己创造出难以描绘的形象；斯皮特勒则为他在想象中创造新的生命借来了古老的名字。"（第136页）

荣格这两种形式的划分是很有意义的。的确存在这样两种创作形态。这里既有创作形态，又有作品形态。

荣格更从此进入无意识的研究深层和现代形式，指出，有一种"穿着现代服装的神话"。又指出，通过文学对这种每个时代的集体无意识的表现，"是对于意识的自觉倾向的补偿"。（第137页）

这一段话讲得非常好："每一历史时期都有它自己的倾向，它的特殊偏见和心理疾患。一个时代就如同一个个人；它有它自己意识观念的局限，因此需要一种补偿和调节。这种补偿和调节通过集体无意识获得实现。在集体无意识中，诗人、先知和领袖听凭自己受他们时代得到表达的欲望的指引，通过言论或行动，给每一个盲目渴求和期待的人，指出一条获得满足的道路，而不管这一满足所带来的究竟是祸是福，是拯救一个时代还是毁灭一个时代。"（第138页）

这里有几个概念：

1. 每个时代有其自己的倾向、意识观念的局限，特殊的偏见和精神疾患；

2. 这些需要调节和补偿；

3. 诗人等以自己的言行（创作），指出一条获得满足的道路。

【我们还可以和应该补充：

4. 文学艺术的表现（升华、宣泄、转移）就是该时代人们的一种调节与补偿，是一种集体无意识的，意识地和无意识地宣泄与满足，一种自我实现。】

（以上引文见荣格《心理学与文学》第126–140页）

□ 启示：

荣格在谈到幻觉模式时，指出创作的幻觉模式有几点可注意：

1. 故事建立在各种微妙的心理假定之上。

2. 是在作者本人并不知道的情形下输入的。

3. 以纯粹的和直接的方式显示出来。

这样，素材以自己的原型模式输入作品，因此具有：

1. 原初形态的生动性；

2. 全体形态的丰富性；

3. 原始状态和面貌的多义性；

4. 可供想象的广阔性；

5. 神秘难解的吸引力；

6. 破译活动本身和破译后所得到的审美愉悦性。

（1989年7月1日）

□ 短篇小说，那些成功的作品，总是前面整个地以一个平淡的故事和平淡的叙述进行。然而这都是铺垫，最后却以一个奇异的、意想不到的但又符合生活常情的结尾结束。于是，像一束尾灯光一下子照亮了全篇，而且让人禁不住思索。思索很多，所得很多，时思时新。比如，莫泊桑的《项链》，最后（那是十年以后？）是"那项链是假的呀！"

（1989年7月6日）

□ "圆"说。

《谈艺录》中有一节"说圆"（之一）讲哲、佛、艺、文，皆讲圆，圆为圆通、圆全、圆满，中云：译佛典者亦定"圆通"、"圆觉"之名，圆之时义大矣哉。推之谈艺，正尔同符。蒂克（Tieck）短篇小说《贫贱夫妻》即谓真学问，大艺术皆可以圆形象之，无起无讫，如蛇自噬其尾。

李浮侬（Vernon Lee）《属词运字论》、《结构篇》（*Literary Construction*）谓谋篇布局佳者，其情事线索，皆作圆形（circle or ellipse）。谢朓语："好诗流美圆转如弹丸。"

文后引证甚多。

此处谈艺思、艺术技巧布局等皆以圆为佳，是真学问、大艺术。

盖吾人亦可解为圆全、圆满，周到细致、思想圆通，技巧圆熟、构思圆到，结构圆全……创作意识与创作追求上，亦可求圆。

引语种种：

"诗篇老渐圆"。

"圆方即寓轩轾之意"。

"作诗不论长篇短韵，须要词理具足，不欠不余。如荷上洒水，散为露珠，大者如豆，小者如粟，细者如尘，一一看之，无不圆成。"

"落笔要面面圆，字字圆。所谓圆者，非专讲格调也。一在理，一在气。理何以圆？文以载道，或大悖于理，或微碍于理，便于理不圆。气何以圆？直起直落可也，旁起旁落可也，千回万折可也，一戛即止亦可也，气贯其中则圆。"

"古今文人下笔造句，总以珠圆玉润为主……"等等，均可参考。总之，为人要在直道，为文要在圆道。（1989年7月17日）

□ 法国象征派诗人保罗·梵乐希（今译瓦莱里）说："兴奋不是作家的境界。"

又说："一个真正诗人底真正条件是和梦境再歧异不过的。我只看见有意的探寻，思想底揉折，灵魂对于美妙的拘束之首肯，和牺牲底不断的胜利。——想描写他底梦境的人，他自己就要格外清醒。如果你想模仿你刚才熟睡时一切奇诡和变幻的状态；想在你底深渊追踪那沉思的灵魂底坠落如一张枯叶穿过记忆底无边境界，别自夸能够不加极端的注意而成功——注意底妙工就在于擒住那单靠它的消耗而存在底事物的。"（梁宗岱《诗与真》）

【这些话是对的，也是深刻的，有作者自己的亲身体验在。——他沉思了二十年，写了《年轻的命运女神》长诗，但他用以概括创作的全过程，则是不妥的。他这里说的主要是前创作阶段和创作前阶段。这是确实需要思考、清醒、哲理、思想的，要注意，要记忆的；但在创作时（正在进行时）则需要兴奋、激情，如醉如痴，如迷如狂，如梦境。在此之前，确有，也需要"探寻""揉折""拘束""牺牲"，然而尔后则需要另一方面的东西。唯有前者，才有后者。相反相成，唯其清醒过，故能由醒入梦。——深入了，渗透了，超越了。】（1989年8月14日）

□ 邓福星《艺术前的艺术》可以参考。

【我在《美的踪迹》中已形成自己成熟的观点。再搜集原始艺术的材料。

有一点可作论述：平衡、对立、统一、均衡等，具有心理效应——看了心里舒服。此心理效应即审美心理的形成基因。】

（1989年8月17日）

□ 陈寅恪说，中国现代学术研究方法有三："一曰取地下之实物与纸上之遗文互相释证"；"二曰取异族之故书与吾国之旧籍互相补证"；"三曰取外来之观念与固有之材料互相参证"。

【此三法非常对，非常好，现亦可用。
（1）地下——纸上
　　实物——符号
（2）外域——本土
　　故书——古籍
（3）思想——材料
　　外国——中国

这是一种研究意识、研究观念，也是一种研究方法，又是一种操作程序与工艺。其于学术研究，功用大矣。但是，运用之妙，在乎一己，存乎一心，因人而异，高下有别焉。】

（1989年8月26日）

□ 叙述方式：这是一切文学艺术形式、活动面临的一个先决问题。它首先提出的问题是：谁来叙述？叙述谁？站在什么立足点上和从什么视角来叙述？用什么言语与风格来叙述？叙述什么事？它的最高要求是在最小的空间、最短的时间内叙述和容纳最丰富的内容。节约是一个基本原则，精练是一个基本指标。上述几个方面，决定着叙述风格与方式。 （1989年9月4日）

□ 形象语言学 → 抽象语言学
形象语言学 → 文学描述学。可列图表如下：
事物（世界I）→ 刺激（信息）→ 接纳（心理、意识、思想、情感的作用）〔加工〕直觉 → 印象（再加工）→ 意象（表达）→ 形象（述象、绘象）→ 词控意象 → 句述意象 → 静态意象、动态意象 → 主

意象 → 谓意象 → 主谓结合意象 → 语言世界（世界Ⅱ）。

（读《思维科学·形象语言学》后）（1989年9月24日）

□ 隐喻问题。

读《读书》1989年第7、8期合刊文后

隐喻可从两个层面上来理解：

1. 语言层面。在语言中暗含一种隐喻，它可以是语言自身蕴含的，也可以是由于文化背景而形成的。比如，善恶有报，是文化（中国的）背景的一个因子。对于中国文学来说，还有由于汉字的象形、形声、示意、转借而形成的隐喻意。

2. 心理层面。即在心理上引起一种联想、一种隐在的喻义。这也与文化背景有关。

另外，隐喻有时是作家主观有意设计的，但有时会自然形成。

（1989年9月30日）

□ 科学方法

马克思在《〈政治经济学批判〉导言》中说，科学的方法有两条道路：第一条，"完整的表象蒸发为抽象的规定"；第二条，"抽象的规定在思维行程中导致具体的再现"。（1989年9月30日）

□ 醉

醉，酒神状态，在尼采那里是一种审美状态、哲学状态、创造境界。他的醉，就是热恋、沉迷、狂悖、积极投入。他列举了几种醉状，有：性冲动（两情沉迷）、强烈欲望、高涨情绪、节庆、竞赛、凯旋、一切激烈活动……

所以，醉是一种创造状态，要创造必得醉。创造中必然是醉的。

李白，以及中国古代诗人亦讲醉。他们所说的醉，初为酒醉（浅层次，表面化），而继之深入即为哲学与审美之醉。李白之醉实是假醉，有真醉，但却是假醉，是骗世人的，是自我解嘲，实际上是他进入了审美与创造的意境。（1989年10月2日）

□ "艺术经验是人的解放的车轮"（《接受美学译文集》序）。

【一个很有意味的提法。第一，艺术是一种经验，可与日常经

验等相合相异；第二，这种经验将人的本质提升，促其解放；第三，这种经验是一种接受，又是一种创造。接受，是吸收、增添；创造是给予、输出。由此而成一种交往。这种交往就促成人的本质的提高；而且，这种交往的过程、"操作"本身，也提高人的本质，并且是人的本质的实现，即人的自我实现。】

（1989年10月15日晨）

□ 伊泽尔说："文学需求的不同必然导致不同的见解"（《接受美学的新发展》，载《文艺报》1988年6月11日）。

【这就是说，需求产生见解，主体阅读作用于作品，产生对作品的不同见解，从而产生的不同解释，因而有不同的接受。需求不仅是个体性的，而且首先是社会性的，因此也就具备历史性、时代性、民族性、地区性、阶级性。这就产生了两方面的现象和结果。一方面是对于作品的共时性的不同理解，几乎可以说每一个读者有每一个人的理解（解读、解释），一千个人就有一千个哈姆雷特；另一方面是，每一个时代有每一个时代的接受，形成一个历时性的有同有异、有接续有变化的接受史、作用史。

这些都与作品有关，但又不完全决定于作品；这些都是作品的作用，但又都是借题发挥、借酒浇愁，借他人块垒抒一己忧愁。作品又只是中介、媒体，这些也都可以说与作品无关，只是读者在作自己的文章而已。】 （1989年10月15日下午）

□ 文学作品本质上都是"现实的"：

1. 总是在本质上为现实主义的，或称现实的，不管其形态如何，因为：

（1）作家是现实的、食人间烟火的、时代的、社会的。

（2）即使写自我、心理、向内，这一切也不过是现实的反映、折射，只有隐显、浅深、浓淡之别而已。

（3）作品的生活（即使少、淡，但总会有）也是现实的。

（4）作品作为一种社会产品是现实的。

2. 作品总是干预生活的。

创作是一种选择、重构、纳入（把现实生活的原结构打破，纳入自己的结构）。这就是干预，选择就是干预，就是重新组合，就是创造。

（1989年10月15日晚）

□ 阿诺德·豪泽尔在《艺术社会学》中提出，艺术是通过集中反映生活的整体的方法来深入对象的内层结构的。（第2页）

这里的关键词是：（1）集中；（2）整体；（3）深层结构。就是说，它是集中地反映的，它反映的是生活的整体，由此而至于深入对象的内层结构。

紧接着他又提出"我们通过艺术去发现世界的本质"——这是接续地提出了艺术的最后目的。而所谓"世界的本质"，包括自然、社会与人。这是三个相互联系、有机结合在一起的"世界"，艺术最后要揭示其内在规律，揭示其本质。（1989年10月19日）

□ 艺术永远是一个谜。

艺术永远在一个过程中，一个接受的、被创造和创造的过程中。

艺术永远是现实，是现实的反映、观照、产物，即使完全出自作者的心灵，也是唯物的、时代的、历史的、社会的。

艺术总是一个未完成品，完成的艺术是没有的。

艺术总是开放性的，它是一个封闭体系，然而"生活"在一个开放的世界体系之中；艺术永远留着不定点、空白。白云苍狗……

（1989年10月19日）

□ 马斯洛说："人的一切感知部分地都是人的产物，在某种程度上也可以说是他的创造。"（马斯洛《自我实现的人》第282页）

这说得很正确，很好。他的用词很谨慎，既说"部分地"，又说"在某种程度上"。这就是说，有一定保留。但事实上，不仅是部分地，也不仅限于在某种程度上，而是在整体上和全体程度上，都蕴含着人的创造，即主观意识。当然，其所加工是部分的、一定程度上的，但这不是性质上的，而是就深刻度而说的。

如果说一般感知尚且如此，那么审美活动、欣赏艺术以至艺术接受，就更是如此了。

【这可以作为接受美学的一个前提性命题。】（1989年10月21日）

□ "从某种程度上来说，我们所谓的'认识'（knowing）实际上就是某一体验纳入一个概念、语词或关系的系统中去，它使得我们不可能进行完全的认知。"（《自我实现的人》第304-305页）这就是说，认知的活动，就是把对象放到一个由词语、关系、概念组成的系统中去，进行对比、选择、定义、确定，从而得出一种结论，形成一种认识，这就要剔除一些东西，同时也进行了创造。这就既有接受、纳入，又有输出、改变。因此，对事物的认知就有不全面的一面。"明净的眼睛""孩童的眼睛"却能全面地去把握，也许我们可以称之为全息把握。

而高峰体验者的认知则不同，他是"感知全体"，"超越局部"，既具历时性，又有共时性，是融合的、整体的。（1989年10月21日）

□ 马斯洛心理学（人本主义心理学）中有一个提法："一个人性丰满的人"。

一个人的人性可以是丰满的，也可能是贫弱的、苍白的、浅显的、恶的。丰满是多面含义，是人可以经过学习、思考、锻炼、修炼而达到的。

一个人性丰满的人就可能是自我实现的人、健康的人。

同时，马斯洛还说，一个人怎样思考同他是什么样的人有密切联系（《人性能达到的境界》序）。什么样的人，就会进行什么样的思考。思考的材料、内容，所要达到的目的，思考的方式、方法，把自己放在什么坐标上，把人与人的关系放在什么位置上，社会利益在何处，等等，都是因人而异的。

什么样的人，进行什么样的思考。有的人的思考，是幸福的、善良的、美的，有的则相反。（1989年10月22日下午）

□ 这一系列命题的主旨都是很有意义的：

1. 人能从外部世界接受的和能给予世界的，"仅仅是他自身的存在"。

2. 镜子反映的是什么，就决定去照的人是什么。

3. 期待和外部世界沟通，随着人格的改善、完整……而得到改善。

因此，社会的改善和人的改善是一致的。

【这应是"走向自我实现之路"的基本内容之一。】

（1989年10月28日）·

□ 托多洛夫的"对话批评"是一个很有意义的命题和批评意识。既不忽视价值判断，又不仅在于此，也不忽视结构批评和内在论。它的重要指导思想就是"批评是对话"，是"两种声音的交汇"，"不是谈论作品，而是面对作品谈，或者说，与作品一起谈"，"它拒绝排除两种对立声音中的任何一个"。（《批评的批评》第191页）（1989年10月28日）

□ 安格尔（著名画家）说得很好：

"请问著名的艺术大师哪个不模仿别人？从虚无中是创造不出新东西来的，只有构思中渗透着别人的东西，才能创造出某些有价值的东西。"（《安格尔论艺术》，辽宁美术出版社，转引自《二十世纪西方美学名著选》）

【这段话表明：

1. 大师也是有模仿人的一面的。本来一般说"继承"，这里说得更直白：模仿。

2. 理由是：大师和名作都不是从虚无中产生的，他（它）总是学习、掌握、继承了许多前人及其作品的。

3. 因此，在创新的作品中，在渊源上，在素材上，在方式上、风格上、"语言"上，等等，都有前人和艺术史上各种作品的影子、"前因"、"素材"等。

4. 公式：

传统 → 学习 → 掌握 → 渗透 → 创造 → 新作品。】

（1989年10月30日）

□ 维特根斯坦把审美活动同特定的文化、习俗和环境联系起来，这是很有意义的。这不仅提出了审美的时代性与社会性的特性，而且提出它的开放性。迪基（G. Dickie，分析美学派美学家）提出了他的"习俗论"或称"惯例论"。他认为，艺术是由一个时代的习俗规定的，而习俗是历史变动的，所以艺术的范畴也会扩大。（见康奈尔大学版《艺术与审美》，转引自《二十世纪西方美学名著选·序》）。同时，迪基还提出"艺术"总概念与"非艺术"相对立，而此总概念之下又有诸种亚

概念，如小说、戏剧、音乐、绘画，以至悲剧、喜剧等。亚概念是变动的、开放的。

这种对于艺术的定义很有价值。艺术有一个相对固定的概念，而此概念又是随大时代、环境、习俗的变化而变化的；内涵、形态都有变化。这一点，是符合辩证唯物论的。（1989年11月2日）

□ 卡西尔对文化与艺术的定义，是富于启发意义的。他认为：

1. 创造和运作符号是人的基本特征。

2. 整个文化都是人类符号活动的结果。

3. 各种文化现象都是运用符号形式表示出来的人类经验。

4. 艺术不是简单的模仿和简化，而是对现实的一种"发现"和"强化"。艺术不是情感本身而是"情感的形象"，所以，实质上，艺术是一种符号的表示，是我们内心生活的真正显现。

【这些观点，对于理解文化、解释艺术都是颇有意义的、深刻的。可以用作一种思想资料。】

□ 结构主义美学对于艺术文学的分析，颇有可取之处。它认为，每一个作家、艺术家的作品均由一种自己的"语言"构成，这"语言"即"神话素"（我们也许可以称之为文学素、作品素），要像语言中的单词一样，按语法构成语言。我们可以从作品所构成的语言系统的结构分析入手，找出作者隐蔽的个人的神话学。而这种神话素中，包含、隐藏着无意识和民族神话原型。（1989年11月2日）

□ 迦达默尔（Hans-Georg Gadamer）的释义学提出的理解的历史过程，能动的过程，理解不是复制对象本文，而是一种"生产性"努力，因此对象的意义是永无穷尽的。

【这意思很好，很深刻。用于解释作品，作为评论的武器（工具）（意识）之一，很有用处。用于解释鲁迅研究及对鲁迅的重新接受，均很有用处。】 （1989年11月2日）

□ 把接受美学的观念观点应用于鲁迅，是最有用武之地的，也是最好的试验，而且此种应用对鲁迅研究也是一种发展与深化。可以考虑的题目有：

1. 鲁迅创作与杂文的召唤结构。

2. 鲁迅创作与杂文中的空白、空缺及否定。

3. 鲁迅接受的视界转换。

（1989年11月28日）

4. "读者反应批评"模式，亦是一很可用的评鲁迅模式。在阅读过程中的心理体验过程——"意义经验"，对读鲁迅的接受来说是很有意思的，鲁迅小说、杂文的魅力即有一个重要部分在此。费希对《文艺复兴》中某一句话的分析（见《接受美学》第320页），很可用于对鲁迅的语言分析，亦可用于（扩大地）鲁迅的小说与杂文"语言"（结构语言与其"词汇""语法"等）的分析，特别着重于他的心理期待——意外——否定——收获这样的模式：

【插入：《接受美学》一书中将接受美学的批评分为六种模式，颇可取。但每一次的评论，并不都仅仅局限于一种模式，而是可以同时用几种模式，而且可以综合应用，即"综合接受美学批评反应模式"。】

5. 作为比较文学家的鲁迅的接受与接受研究。

（1）鲁迅对被压迫民族，对俄、日、苏文学的接受（视界、文学观念等）。

（2）鲁迅对"接受"的论述。

（3）鲁迅在创作实践中对外国文学与作家的接受、改造与重塑、重构（如《狂人日记》、《野草》、杂文等）。（1989年11月28日）

□ "一个民族的文化传统毕竟是可以通过改塑来形成的，并非只是接受既成的模式，或只是修修补补。"（《接受美学译文集·序》第2页）

这里有几个含义及其引申：

1. 文化传统可以改塑。

2 文化传统在改塑中形成。

3. 文化传统在流变与发展中。

4. 改塑文化传统。

【由此可以提出一个研究课题或命题：

"重新接受鲁迅与塑造鲁迅"。

后者需要更多的阐述。所谓重塑，其中含有现代观念、现代意识，但也有传统；也有历史的理解，但也有鲁迅在。是在他的本文内涵的基础上，是在对这个内涵重新理解的基础上来改塑的。】
(1989年12月19日晚)

□ 关于离别是美，引起美感——感伤、哀怨、惆怅之为美：
宋代严羽《沧浪诗话·诗评》：唐人好诗，多是征戍、迁谪、行旅、离别之作，往往能感动和激发人意。
清代袁枚《答祝芷塘太史》：
"山川关塞，离合悲欢，才足以发抒情性，动人观感。"

【此，甚堪研究也。】(1989年12月24日)

□ 杨周翰先生提出"镜子"与"七巧板"之说，颇可取。意谓中国文学批评注意社会生活之反映，道德价值之评议，是为外部研究；而西方文评则侧重评其结构、表达、模式等，是为内部研究。镜子说之发展为儒家学说，写实主义理论（梁启超、王国维），马克思主义文评苏联学派。
二者皆有偏颇。要求整体的、综合的研究。

【我们也许可以说，"镜子"说注重"你说什么？"，包含着"什么"的价值取向与价值，而西方文评则注重"怎么说？""说得如何？"】

赵毅衡则提出，文学作品与非文学作品的分野不在内容而在形式，即在后者。并分出两种阅读：一是消费性阅读，是内容领先的阅读（也许可以说是只顾内容的阅读）；二是批评性阅读，是从形式入手的阅读（它可并不问内容）。（以上均见《中国比较文学》1988年第1期）
这些均可继续研究，一种新的文评意识与研究意识。
(1990年1月6日)

□ 英国人哈特（Henry H. Hart）评论中国诗，说："他们的诗是用最柔软的笔写在最薄的纸上的，但是作为汉民族的生活和文化的记录，这些诗篇比雕刻在石头或青铜的碑上更要永垂不朽。"（见丰华瞻《中西

诗歌比较》）

□ 长篇小说以至一切小说模式的作品，史诗意识、事件意识、故事意识，同文化意识、人物的心态意识，两者不可或缺。而我国主要的是前者。前者是文学的社会性的主要反映。事实上，文化意识也是社会性的反映，然而人们不注意及此。

史诗、历史、事件、故事的价值、意义和它们对于读者兴趣的满足，都随着历史的远去而远去、淡化。《三国演义》的读者，对于魏蜀吴三国兴衰成败的关心，远远不如对于人物命运与性格的关心；对《红楼梦》的兴趣主要在于宝黛爱情及其他人物关系与命运，而根本不问在哪朝哪代；至于《水浒传》，对造反者的行动的总体意义也是关心甚少的。（1990年1月21日）

□ 法国作家乔治·杜亚美说："现在长篇小说就其本质而言，是精神长篇小说"。"使现代小说家感兴趣的，与其说是明显的现实，不如说是深藏的和隐藏的现实。他们已经不再把时间和才能花费在对外表的毫无节制的华丽描写上了。……现代小说家想要了解的主要是心灵，它被看成是基本的最高尚的现实，决定着其余的一切。"（转抄自《文艺报》）（1990年1月3日）

【心态小说，文化小说，精神小说】

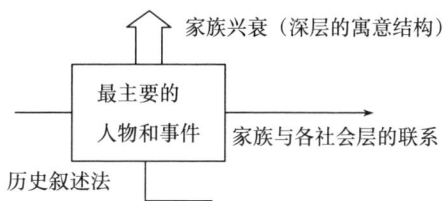

图7-1 一般小说叙述模式示意图

一般小说叙述模式：角度、方式、时空、速率等。

【还应有：叙述意识、心态、态度、言语、观念、节奏等。】

（1）中国的叙事方式（Mode）；（2）全知的叙述角度；（3）以事件为中心的叙述结构；（4）连贯的时间顺序；（5）作者与叙述者合一；

（6）客观、训诫世事的叙述调子。

【还应有：大团圆的结尾。】

【调子，寓言，隐寓，潜意识，集体无意识。】

□ 在文学作品中，有两种无意识：一种是作家在创作中"使用"了的无意识内涵，它凝聚于形象、情节、对话等之中，当它已经显现之后，就成为意识，而且大半为作家所意识到。另一种无意识则是始终未被作家意识到的，它仍未上升到意识层，也未显现于作品之中，而是隐藏于作品的深层、背后和潜隐内蕴中。它需要读者（含批评家）的解读、解码、释义——当然，不是每个作家的每部作品都如此。

□ 长篇小说（至少是它）有三个层次：

1. 故事、事件、史诗；

2. 在这些中间的文化内涵（人生哲理、社会真理等）；

3.（不直接写事件者）写事件、史诗中的心态，使第二层次成为主旨、主体。

读者的兴趣与理解亦如斯。（1990年1月25日）

□ 文学批评的几个结合部：

1. ① 东方——镜子； 　　　镜子与七巧板：

　　② 西方——七巧板。 　　　① ＋ ②

2. ①符号学与结构主义——符号域 　符号与幻象

　　②存在主义现象学——幻象域 　① ＋ ②

□ M. W. Abrams（艾布拉姆斯）提出，一件艺术品都要涉及四个要素，即作品、艺术家、世界和欣赏者。他又说，任何文学理论多少都要考虑到这四个要素，但又总是明显地倾向于一个要素。据此，大体上有一种对应关系：

1. 作品——形式主义 / 新批评 / 结构主义；

2. 艺术家——精神分析学派；

3. 世界——马克思主义 / 新历史主义 / 女权主义；

4. 欣赏者——现象学 / 接受美学 / 分解主义

他还提"1镜"——现实主义传统;"2灯"——浪漫主义。

【1镜,反映客观世界的镜子;2灯,照亮世界的明灯。】

【这又可与杨周翰提出的"镜子"和"七巧板"联系起来。批评、理论就这样五花八门、纷纭复杂,各有所偏、各有所长,彼此嬗递相继,承接与背叛,以子之矛攻子之盾地发展。偏于一派总难圆全。】(1990年2月5日)

□ 法国心理学家G. H. 吕凯认为,原始艺术和儿童艺术都是"精神的现实主义"(mental realism),而不是"客观的现实主义"(objective realism)(朱狄《原始文化研究》第205页)。这个发现是很有意义的,这个见解是深刻的。从发生学的意义来说,这种艺术的原始品性、天生的品性至今依然保存在艺术的本性中,即艺术都带有主观性,它不可能只是客观事物的模仿,不可能只是复制,而是总带着主观色彩,都有主体的给予、输入,有想象(最低级的、初步的、简单的想象),都有主观性,因此都带有表现性。只有主观成分多与少的差别。当然,数量引起质的变化,当主观成分越过一个阶段、界线时,它就成为主观的艺术品了,就从"现实主义"进到"浪漫主义"了。

那么,这说明了什么问题呢?

它说明,不可能也不应该去追求一种纯粹的客观的现实主义、纯粹的再现生活。

但是,真正现实主义的主观与其他现实主义的区别就在于它的"主观"(在这个词的一切含义上使用此词),是符合现实的发展规律、发展趋势的,是比较客观的;而另一方面,又符合人的心、情、理、愿望、意志、情绪,能成为他们抒发自己、表达自己、转移自己的一种对象,是人化和我化的第二自然。(1990年2月26日)

□ 影片《罪恶》和《明星秘史》讲述了两个女主角的一生奋斗史,从小到大,从卑微到出众,从一般到名流,从"失败"到成功,历经沧桑,也花尽了气力、心思,苦苦奋斗,从不气馁。她们成功了,有了成就了。但是,海伦在功成名就时把杂志交了外甥女,也把事业的一切、一切事业交给了外甥女,而自己去嫁人了。她对群集的记者说:"我要去生活了!"影片结束。她成功之时,正是她失败之时;她得到最

多时，正是她失去最多时。她失去的是最普通、最平常然而最基本的东西：生活，女性的婚姻、爱情、生活（包括日常的那些侍候丈夫等琐事）。她（永远地）失去了养子的幸福。她曾与著名音乐家结婚，很幸福，音乐家说："我可以给你一切，不要创办杂志了吧。"她不答应。音乐家又说："你缺多少钱？我给你。"她又婉拒了，说："我要自己筹集。"她要自立、独立、奋斗、夺取、自我实现。后来她成功了，发财了，她却放弃这一切，去过普通的生活了。《明星秘史》亦如此。她受过的苦难也不少，也深刻，但当她成功到达顶点时，她当众认母——一个有黑人血统的母亲，承认自己的黑人血统，她于是将失去一切，但她得到了母亲。

丈夫——生活的象征；

母亲——生活的象征。

一个走向丈夫，一个走向母亲。

这是一首人生哲理曲。

这也是一种象征：整体的象征。

这也是一种原型的运用，人类在一开始就面临这个问题。这是人生的一个基本问题的构架："生活—事业"。

□ 西方（主要是欧美）的完整叙事传统发展系列为：

史诗（epic）→ 中世纪传奇（romance）→ 长篇小说（novel）

中国的则为：神话 → 史书 → 史文 → 虚构文学。（浦安迪说，见《中国比较文学通讯》1990年第1期）

【这是一种分法。但我以为不妨考虑这种分法：

神话 → 史记（本纪，传）→ 笔记 → 传奇（但非 Romance）→（说话）话本 → 长篇小说

而在总体上，我想可以概括为此序列：

事 → 故事 → 传奇 → 人物 → 典型 → 性格典型 → 心理性格。】

"叙事学是给人生经验套上一种形态"（同上）——【也许应该加上：叙事学是给人生体验套上一种文学形态而灌以美的内涵。】

（1990年3月13日）

□ 中国小说从唐代开始产生了口头文学（俗讲、转变、讲经），它

们的故事很多来自以前的笔记小说，如《太平广记》《夷坚志》《绿窗新话》等；也有来自佛经的，如《目连救母变文》等。于是，这一是一种再创造，即在原来文言的符号和叙述方式上的一种再创造；二是故事需要再编造。第一项，有从文字阅读的符号向口头、声音、听的刺激的转变。这就是一种发展。三要重新设计一种适应于说与听的叙述方式。同时，这又是一种重新接受和双重接受：其一，说话艺人对原本的接受；其二，听众对原本的间接接受和对说话的再接受。这里都有改变。

一个基本的叙事框架是线索分明，以一个基干线为主轴，围绕它发展，回叙、倒叙、插叙；都不能多、蔓、长，而必须少、聚、短。

第二条，重要的是，它们形成了一个"语法"体系和结构。

（1990年3月24日夜）

"语法"：

1. "起因" → "曲折" → "结果"（团圆、报应）（教诲）一个封套结构；

2. 语言平铺直叙，易领会，少象征；

3. 整体说明，不含蓄，说透；

4. 意象原型（结构因子）：生不结合死相逢（人鬼恋）、"嫌贫爱富"、"善恶有报"……

□ 要形成鲁迅学，要在导论中确立几个特殊的范畴、命题、术语，确立几个理论层次和总体理论框架，确立几个理论网络。

第一方面、第一层次：基础的理论、基本的指导理论、理论基石。

第二方面、第二层次：了解鲁迅世界的基本范畴、基本命题，如精神胜利（阿 Q 主义）/ 寂寞与孤独 / 荒谬感 / 国民性批判 / 天马行空的大精神 / 摩罗诗力……韧 / 豪垫战。

第三个方面、第三层次：鲁迅学的基本理论，包括鲁迅的小说学 / 鲁迅的杂文学 / 鲁迅诗学 / 鲁迅著作的版本学、训诂学、考据学 / 鲁迅与古典文学 / 鲁迅与世界文学 / 鲁迅与中国文化、世界文化。

鲁迅的小说学包含两个方面：

1. 小说创作理论（包括创作意识、创作方法和文学史）；

2. 小说创作（实践）（总结他的创作理论的具体实现）。

鲁迅的艺术学：艺术的基本规律，基本运用范畴、方法、技巧。

象征——隐喻：简（中国画）

语言（言语）基核（基本词语）"语法"

鲁迅小说的"母题"（死亡、狂、爱、精神胜利）。

□ 原型批评的一个重要思想（主题）是：

从超个人的集体无意识心理中去探索艺术创作的（和欣赏的）主体根源，发现其艺术魅力最初的、最基本的、隐蔽的，甚至是作者自己未曾意识到的根源。荣格以原始意象（primodial images）、原型、集体无意识、民族记忆等的自我显现来解释创作中的非自觉现象。这一点很重要。这是创作意识的深层内涵、非理性内涵、未曾意识到或明确意识到的内涵，是非自觉的、（直觉的）无意识的，是内在灵感，是禅悟。

原型、原始意象还可以进到民族的、种族的、区域的、世俗的、传统的、个人的记忆中去。

【这就成为一个创作的元主题、母题、潜隐题旨，题外之旨、言外之意、弦外之音，说不清、道不明的内在气韵、外在神韵，艺术气质。是谓"神""灵感""灵气""艺术"。】

（1990年4月15日黄昏）

□ 赫伯特·里德（1893—1968）在《形象与思想——艺术在人类意识发展中的功能》中列出了艺术对人类意识发展的影响、作用，"实现"中的几种主要作用。此说正符合余之所言"文艺是人类作为整体的自我实现的基本手段、领域和途径"，而其列出几点，正可用来阐明心理。这几点分列之，为：

1. 形象先于思想——人类借助艺术而进入思想领域；

2. 人类借助艺术将物质世界纳入精神世界；

3. 审美创造，是开拓人类意识和塑造人类思维模式的主要途径；

4. 艺术，是人类精神、智慧和认识能力免于退化和残缺厄运的必不可少的手段；

5. 艺术，正是进化中的人类意识，是人类对客观世界（客观存在）的感性把握。

（《比较文学通讯》1990年第3期，第40页）（1990年10月31日）

□ 前述书之提纲要目如下，可供参考：

1. 力的形象；

2. 美的发现；

3. 以符号象征未知事物；

4. 人类特征即理想取向；

5. 实在的幻想；

6. 尚待开拓的自我领域；

7. 结构形象。（1990年10月31日）

□ 乔治·布莱在《批评意识》（1971）中说："阅读是这样一种行为，主体的原则——我称之为'我'——通过它变得我无权再将其视为我之'我'了。我被借与另一个人，这另一个人在我的内心思想、感觉、痛苦和骚动。"他说，这是"全面地应答所读或欣赏的作品发出的暗示"，是"两个意识相遇"。

波德莱尔则说："我赞赏一幅画经常是凭着它在我的思想中带来的观念和梦幻"。（以上摘自《读书》1989年第1期）

【以上均可属接受美学范畴，亦可用于批评。阅读、欣赏、批评，是两个意识相遇，是"心心相印"，未必是真正的相印，读者或以为是掌握了对象，了解了作者意图。同时，是我之被"他我"（作家——作品）所征服、吞没、同化、接受，既是我接受它，又是它接受我、融化我。于是，我了解他（作家），它（作品）引起了我的"观念"和"梦幻"。】（1990年11月11日）

□ 这是一个从生活到思想的发展系列——链条：

生活：任何世界观的基础 →（生活）：构成个人自己的世界 → 对生活的反思：生活经验。（〔德〕狄尔泰《人的潜能和价值》，第6-7页）

（1990年11月12日）

□ 这是一篇很能恰当说明创作心理的例证：郁达夫胡乱怀疑王映霞与她的忽然来访的旧时女友连夜话旧，是在搞同性恋，于是出走，写小说《她是一个弱女子》以转移、发泄，然后，无事回家，又称此为自己"作品中最恶劣的一篇"；然而又以此文献给"最亲爱"又"最尊敬的映霞"。（见《读书》1990年第4期第50页）此之为郁达夫，此之谓文人，此之为创作之转移——移情，神经兮兮。

（1990年11月22日，病中）

□ 王国维论《红楼梦》，论《红楼梦》之为悲剧、之为悲剧中之悲剧，甚可取也。

首言"宇宙——生活之欲而已！"继而言："而此生活之欲之罪过，即以生活之苦痛罚之，此即宇宙之永远的正义也。"

又云，浮士德之苦痛，天才之苦痛；而宝玉之苦痛，"人人所有之苦痛也。"

于是而说《红楼梦》之悲在于：非有蛇蝎人物之为害，非非常之变故为缘由，"不过通常之道德，通常之人情，通常之境遇为之而已。"

此所以《红楼梦》为悲剧中之悲剧、上乘之悲剧也。

王国维指出，《桃花扇》之悲剧（王氏认为中国仅此二悲剧，其他均是大团圆）是"政治的也，国民的也，历史的也"，而《红楼梦》则是"哲学的也，宇宙的也，文学的也"。

"彼示人生最大之不幸，非例外之事，而人生所固有故也。"

【这些论述多么好，多深刻。其所谓人欲，与写人欲之遭际，是所言"人生体验"一致耳。呜呼！】（1990年11月22日夜）

【今日身心始终不适，至夜始松快。】

□ 艺术在人的发展中的作用。

【这是一个非常好、非常重要的命题。它基本上涉及两极：人与艺术，即人与艺术的关系。然后是发展，那么是一个三极格局。人必会，必须发展，个体和人类整体都会发展，都在发展。发展的手段是多样的。艺术是一开始就存在的存在方式和发展手段、发展基因。人创造艺术，艺术又创造人。人的创造艺术与艺术的创造人。可以写一本书，题目就叫《人·艺术·发展》。】

（1991年3月2日）

这是可以再写一本书的。

郝乌德特别提到了文化在不同地区的不同发展与形态，它也就影响到艺术对人的发展所起的不同作用。那就可以以中国文化之美学观、审美心理来写一本书。

这是一个"基本原理":"艺术即包含一种交流的要求。它是有目的的、蓄意的。艺术家制作了对其他人有效应的东西。因为艺术包含了主体间的交流(艺术是一种交流手段),所以人就必然包含在艺术过程之中。"(〔美〕H. 加登纳《艺术与人的发展》,第41页)

创作者即艺术家与欣赏成员(audience member)的特殊定义,即包含了特殊意义和可阐释性:

"创作者或艺术家是一位具备了充分运用媒介的技能,使之通过对符号对象的创造而达到交流的个体。"(第35页)

欣赏成员:"欣赏成员(audience member)就是在与艺术品相遇时其情感生活受到影响的人。"

这定义很有意思!

他还说:"他的主要目标是跟随(或"阅读")符号交流,使自己能以某种方式受到感动,经历到快乐、开放、平衡、新鲜、深刻或痛苦的情感。"(第35页)

这里把人、艺术、发展的三极关系、连锁反应的基本命题提出来了。(1990年12月9日,省医院403室,住院第三天)

□ 在《艺术与人的发展》第46至48页,有一系列关于艺术的性质和它的可感性、感人性的论述,均可既用于艺术之界定、艺术之评论,又可用作艺术对人的发展的作用的分析、论证。比如,艺术要直接接触,要使情感、经验、生活法则"生动起来",在艺术中既"要传达生活的主观方面",也要"创造出一种吸引这些主观因素的客体来"。在这个意义上,艺术要求"客体"符合主观,符合主观的体验、经验、意图、要求、希望、意愿,要使生活、客体为自己的主观服务。但是,有几点必须注意:

1. 这个主体的一切(愿望、意旨等)必须是从客观生活产生的,必须是植根于客观土壤之中的,来自客观的,是客观的结晶;

2. 在重组、重现过程中,又必须是符合客观规律的、符合生活的;

3. 重现、重组又必须是创造性的,非同一般的;

4. 对中介物体能有独创性的运用(语言、色彩、音调等)。

□ 艺术家的背景:
家庭、人际关系、环境、宗教、文化,建立自我感和发展自己。

"小萨特浸泡在两种强有力的传统文化之中——高卢文化和条顿文化"（第319页）。

接触各种各样的人／旅行／不幸或关键事件／创伤性事件／对语言的留意和陶醉／观察／想象（"想象伴侣"）／音乐／绘画／书籍／故事……

□ 他特别提出了"悬浮状况"这一概念，认为在几种文化的冲击、冲突、吸引、影响下，这种悬浮状况为作家、艺术家提供了背景。（第319页）

他提出的例证有：

1. 萨特——浸泡在高卢文化与条顿文化之间；

2. 狄更斯——夹在童年的舒适生活与父亲因负债入狱后所遇到的极端贫困之中；

3. 一些贫民出身的作家被当成上流社会人物来对待。

【我们还可以列举：

高尔基——流浪及文化、俄罗斯文化、东正教文化与上层文化、西欧文化、基督教文化之间；

鲁迅——在中国传统文化与欧洲文化之间，在东西方文化之间；在传统与现代之间，在百越文化与中原文化之间（屈原——魏晋）。】

【这种文化的"悬浮状况"，表现出其影响力与塑造力，有几个方面：落差／差异／交叉／撞击／认同／融合／对抗／互渗／反思。

这种文化的构成、建构、框架和反思，即是对人（文化载体）的反思，即对具体人性的反思。

这便会酝酿、构成和产生主题、意念、形象、情节、过滤器、选择机制，成为创作心理的基础、美学理想的基础。】

（1990年12月13日于省医院）

□ 冯亦代在评论加拿大女作家梅维斯·迦兰时说道，她在小说（短篇）《旅途》中，表现自己"既未倦于人生之旅"，"又无求于新的前程"。就是说，既不是人生旅途之始的年轻的幻想者，也不是人生旅途之末的老年的幻灭者。这属于人生体验，颇深刻而实际。但这里要记的

是，她如何"从人生进入艺术"，如何化人生体验为艺术创作，她的做法是："试用市声和人语声代替文学的符号，记下了深邃的人生哲理。"

冯还说："人类共同语言莫过于那无拘无束的美妙市声和繁复的语言……"

【妙哉斯言，既是文学经验，又可习而试之。】
（1990年12月15日于省医院）

□《艺术与人的发展》提出：

1. 艺术家要充分了解媒介；

2. 掌握媒介方面的技巧；

3. 要有独创性和熟练地应用；

4. 以新鲜的方式去运用；

5. 以自己组织经验的方式去组织他们的经验。（第370页）

【这五点颇有意思，可以借用并发挥。从文学来说，第一，要掌握媒介——语言（这就很复杂了）；第二，能有运用语言的技巧；第三，又必须有技巧，是熟练的、有独创性的；第四，运用之妙，有技巧又能运用；第五，用这些来组织自己的经验。】
（1990年12月18日于省医院430室）

□ 郝乌德·加登纳在《艺术与人的发展》（*The Arts and Human Development*）中指出了三点，可为艺术家、作家之创作圭臬。虽不免有老生常谈之嫌，但有用：

1. 作家、艺术家要有独创性的表现方式；

2. 这种方式应当是发展的、变化的，不应是一以贯之的、停滞的、不变的，是大同中有中异、小异；

3. 在每一个特定时刻（时期）有表现特殊材料的新方式。

□ 他还提出了培养艺术家的两条：

1. 要熟悉心理系统的各种特质和结构；

2. 要按照这种结构而不是违反这种结构去培养人。

（《艺术与人的发展》第382-385页）（1990年12月19日）

□ 节奏感、形式感、幻想、幻觉、想象、象征、意象、直觉、非

理性、移情，如此等等，都是儿童的天性，是童心，是天真。——也许可以推论，人类处于童年时代就是如此。人类的童年时代＝人的童年。——而理性的发展、知识的增长、逻辑能力的强化等，人的这些成长发展因素都会使上述诸端退化，遭解析，遭摧残。艺术家的特质就在于发展了后者而不至于丧失了前者，而是保持、发展和提高了前者。这就是童心永在，天真常在。正如歌德所言：

"在某种程度上说，一切儿童都是艺术家，一切艺术家都是儿童。"（《艺术与人的发展》第385-387页）（1990年12月9日）

□ 郝乌德·加登纳说，一件艺术品有各种各样层次的意义，谁也不能说完全理解了一件艺术品，谁也不能说完全不理解某个艺术品。（《艺术与人的发展》第401-402页）这个见解很好。

艺术品由于三方面的原因而具有多层含义：

1. 艺术家自觉的灌输和潜意识的泄露、注入。因此，一部分为自觉，一部分为不自觉。

2. 生活本身、事物原型所具有的丰富性、复杂性、多层性，使欣赏者可以从中多方面、多层次地去发掘。

3. 理解者、欣赏者可以从各个角度、多个层次去理解、欣赏、阐释。

因此，艺术品总具有多义性、理解分歧性。

这是与科学不同的。这正是它的妙处。

□ 在谈到艺术过程时，加登纳指出了两点（与科学过程对比）：

1. "传达自己的一部分"（而科学家却正相反，要"从他们的作品中驱逐他们个人的影子"）；

2. "他所生动照应的是信息的'形式'"（即注意形式）。（第403页）

【这是抓住了艺术创作过程的基本特点。】（1990年12月20日）

□ "艾略特说莎士比亚与但丁'从来没有真正地思考过——那不是他们的工作'，他还说亨利·詹姆斯的'心灵是如此纯净，它从未受到过思考的干扰'。"（第404页）

【这当然不是说他们不思考，而是说，他们不进行一般性的思考，不进行科学式的、纯逻辑性的思考，也不追求得到抽象概念、结论的思考，他们进行一种艺术性的思考。这种思考是形象思考，是在特殊阶段以特殊形式寻求特殊目的得出特殊思考结论的特殊思考。】（1990年12月20日）

□ 郝乌德·加登纳关于欣赏者与批评者还申述了以下几点，颇有意思（《艺术与人的发展》第421-423页）：

1. 艺术家把自己的情感倾注到作品中去，而欣赏者则必须"抛弃一部分自己，这样才能进入到审美对象的世界中去，理解其中所包含的情感与观念"。

2. 批评者（典型的欣赏者）要有较节制的自我感，有不太强的、不太武断的自我。

"在艺术家长时间的努力和欣赏者短时间的应对之间，有着一种不对称现象。"（同上，第421页）

【这种"不对称"，有积极的效应，是创作者专有的东西；有消极的效应，理解不了创作者的用意。】

歌德则说："一个人只能充分理解那些自己能够创作的东西。"这即是说，欣赏和批评总是与创作有差距的。

3. 每一个作家都必须是第一流的批评家，但不是对别人的而是对自己的作品。

4. 欣赏者（包括批评者吧?）应具备的几条：

（1）态势——形式感受性；

（2）对人际关系的了解和识别能力。

【（3）对技巧的领会】

5. 批评者是什么人?

"是超越了欣赏者的那种个体" / ［干三件事］：（1）研究作品；（2）与其他作品进行比较；（3）向别人描述自己的结论。

能力：形式运算能力、假设思考能力、命题推理能力。

□ 制作系统、知觉系统和感受系统这三个系统不能单独存在和脱节地发展，否则就会出现无创造力的不平衡现象。（第434页）

【此种论述甚恰。可发挥。】

□ 贝多芬、凡·高等艺术家以艺术为生命，可为"艺术情结"之例证。（第435-437页）

□ 关于艺术家一些品质、才能的规定，很有意思，很有用处：

1. 他们把自己的命运与艺术创作的进程联系到一起去（包含移情、转移、替代等）；

2. 艺术家与其作品达成了密切的统一（这是艺术过程中一个重要的、必不可少的部分）；

3. 每一个艺术家都希望通过其全部作品，通过人物来发现自己；

4. 艺术家（伟大的）除掌握过去的优秀作品外，还具备一种少有而极珍贵的"自否能力"（nagative capability）【此点很有意思！】；

5. 艺术家在自己心里经常创造出一个"世界"——他在作品中只能部分地传达；

6. 艺术家常常有精神病，但是，又总是有一部分是健康的，这部分的内容有：

构想、计划作品的部分／动机／形式感／指导、控制及实施可行艺术品的能力——"心灵紊乱并不占据支配地位"；

7. 真。科学的真倾向于包含世界的结构，而艺术的真则倾向于包含个体的形式与直觉。

（《艺术与人的发展》第436-454页）

□ 《艺术与人的发展》第455页的一个提法：

"艺术能为人类原始心灵的特征提供较好的理解途径。"

【这也就是说，在艺术中隐含着人类原始心灵的特征。换句话说，人类原始心灵，隐进了艺术。

这证实着我的一个命题：艺术是人类自我实现的基本领域与基本手段。】（1990年12月21日于省医院403室）

【读毕《艺术与人的发展》，所获甚丰，对于几个研究领域（如走向自我实现之路、创作心理学、一般文学评论、艺术史）均有益。】（1990年12月21日夜）

□ 完形论的基本概念之一是：整体大于部分之和。

【此论用于作品分析，有可为。语言、结构、材料、情节、人物、叙述方式等，这些构成文学作品的因素（部分），就可以组成一个具体作品的整体；而后，组成的作品，其优点就可以大于这些各个部分加起来的优点之和。这里，如何把这些分散的因素组成一个整体，从而构成一个"文学分子式"，就好像成为一种魔力，一种产生新东西的力量源泉。】

【需要研究这种东西。】（1990年12月25日，省医院403室）

□ 这是从哲学到文学艺术：① 生活是一切世界观的根源 → ② 每个人的个人生活形成了他自己的世界 → ③ 这个世界是由一切"眼面前"的事物和人（具体的环境和每日的生活）所逐渐构成的——父母、兄弟、姊妹、族人、朋友，门前的一棵树，屋边的池塘或附近的杂货铺，如此等等 → ④ 但这个世界——现实的世界和眼前的生活，又是同历史相联系的，它就是知识、教育、文化传习、道德熏染等，这就可突破个人学识和当今生活的局限，而能"更完全地把握生活并对它作出更富意义的解释"（第7页），这就是历史感 → ⑤ 现实与历史的结合，现实感与历史感的结合，形成一种历史与现实结合的反思，即生活经验，在个体讲即一种人生体验 → ⑥ 进入创作和表达，即为文学艺术创作 → ⑦ 与接受作品……

【读《人的潜能和价值》之第一部分中狄尔泰（Wilhelm Dilthey，1833—1911）的《世界观的类型及其在形而上学体系内的展开》之后所写】（1990年12月25日）

□ "对生活的反思形成了我们的生活经验。"（第7页）以下精彩的对人生的总结与论述，重点有两条：

1. 人只能享受现在的瞬间（自然是历史的瞬间）；

2. 一切都是徒劳，是"错觉"。

希望克服短暂者，努力稳定者，企图创造不朽者，试图制造幻觉效应者，等等，都是徒劳，化为乌有。"我们所拥有的"只有无时不在、无人能免、决定着生活的重要性和意义的【再加一项：人人平等的】死亡。（第7-8页）（1990年12月25日）

□ "每一次大的体验都向我们展示了生活的一个不同的方面。"（《人的潜能和价值》第10页）

作家常常经历这种大的体验，历史性的、时代的、民族的、地区的、家族或家庭的，以及个人的；但前面各项都通过个人的来实现，来取得形式。于是就有一次对于生活的不同方面的认识、理解、体验，而又有一篇作品的主旨或多篇主旨产生。【人生觉醒！】

（1990年12月25日）

□ 关于神话：

神话是人类意识的原质态；

神话是民族的记忆；

神话是民族情感的载体；

神话是原始人类的心理积淀；

神话是原始人类的思维"语法"。

苏联学者C. C. 阿韦林采夫说："纵观原始文化，神话即等同于科学，亦即统一的体系；借助于这一体系，可以认识和描述整个世界。嗣后，诸如艺术、文学、科学、宗教、政治思想等社会意识形态相继从神话学中分离出来，但仍保留有一系列神话原型。"（苏联《文学百科全书》第4卷）

马克思则说："古代各族是在幻想中、神话中经历了自己的史前时期。"（《马克思恩格斯选集》第1卷第6页）

【人类史前时期的相当一段时间，是在神话中度过的。

总之，我们可以说，神话是原始人的思维原型，全部精神生活的结晶，物质生活精神化的载体。

远古的神话是人类思想生活的宝藏。

可注意的是，当代人类的精神中，文化-心理结构中，依然存在神话的原质、原汁和原态，不过，有变形、异化、扭曲，这需要研究。

更可注意此点与文学创作的关系。】

（读《中国社会科学》1991年第1期中《神话思维的历史上限、坐标及走向》一文之后所写）（1991年1月25日康复医院）

□ 记一点理论以外的东西。

这是屠格涅夫《贵族之家》中的话，是拉夫列茨基在心中想的话："我真的是落到这生活河流的底层啦。"

"仿佛在倾听着他周围环境那宁静的生活的水流声。"

"在世界上其他地方，生活却在沸腾着，忙碌着，喧闹着；在这里，一样的生活，则像沼泽草丛里的水那样，无声无息地在流动着。"（《贵族之家》第81-82页）

【多么优雅、凄凉而深刻的描写。完全可以用于构思中的小说（《猫头鹰，在黄昏起飞》）：

1. 用其思想，发挥之——借题发挥；

2. 用其语句——直接引用，照抄、照搬。】

【然而，这里也还可以有一些关涉理论的地方：

1. 叙述文学，语言是第一的。第一重要、第一位次（首先接触它），决不能味同嚼蜡，要有味道、有意趣，优美、引人。这可不仅是语言，而且涉及内容，即说什么——总之，涉及说什么和如何说与说得好，说得妙。

2. 语言所表述的是一种深刻思想，或可观的景物，或故事的流程，或人物的意念、思绪，总之，有物。

3. 要从容不迫，放得开，收得拢，不促迫，也不蔓不枝，絮絮而言，侃侃而谈。】（1991年1月26日）

□ 巴赫金提出的关于陀思妥耶夫斯基的复调小说的有意思的理论，其中，初步的，可以提出三点：

1. 陀氏小说是对话——主人公与主人公对话，作者与主人公对话。有"大型对话"和"微型对话"，充满全篇。

2. 陀氏之作，不大注意人物活动的环境描写、日常生活的描写，而是注意人物思想的描写。

3. 陀氏笔下的人物皆是思想典型，不是社会性格典型；他们都是思想者，有独立思想的人，不听令于作家的摆布，而是按照自己的独立思想去思想。因此，是具有独立人格的人。

因此，称之为复调小说，与"独白小说"相对峙。

（1991年1月29日读《陀思妥耶夫斯基诗学问题·序言》后，写于

康复医院）

【还有一点，陀思妥耶夫斯基小说中的人物，不是"他是谁"，而是现实世界在他眼里是什么，即作家不对他的外貌、身世作任何介绍，而是直接让他去思考。这是客体向主体转化。这是新的艺术视觉。

由此也就影响到叙述方式。作家的艺术思维→主人公在作家笔下、世界中的地位→叙述视角→叙述方式。

又，陀氏叙述的一切都是共时性的，处在同一平面上，而不作历史的叙述；即使是回忆，也是现时的。"横向的艺术描写"——"共时艺术"。

又，格林卡说："生活中一切都是对位，也就是对立现象。"陀氏很欣赏这句话。他的小说便是"不同的声音各自不同地唱着同一个题目"。】

【《猫头鹰，在黄昏起飞》不可以这么来写吗？】

【因此是"多声部合唱"，是复调，而不是独白小说的"同音齐唱"。】

【所有的文艺理论和理论家们都这么说：神话是原始人类对自然现象、人类起源以及当时的种种生活（生产和一切活着的人或说人活着就要进行的活动）的解释。这当然对。但这种解释是一种事后的解释。不是当初作出"解释"的祖先们的动机中所含有的内涵。他们就是这么"认为"、这么"看"的，自然而然，不是什么解释不解释的事情。天上有雷公，他发怒、惩罚人；水中有精怪，他是"鱼"，是咱们的祖先，是咱们的保护人，又是咱们的凶恶的敌人——如果你违反了它的意志，等等。一系列的"说法""理论"，这不是为了"解释自然现象"而想出来的答案，而是客观现象在精神上的反映。因此，这是实践（生活）过程中的一种收获，又是一种创造；既是他的精神生活，又是他们的物质与精神生活。】

【这里似乎有一种质的不同。】（1991年2月1日下午）

【艺术"魂"是附在艺术实体之中的，就像"灵魂说"所说的人的魂在人体之中一样；但它又可以游离于人体，而且在人体死亡、腐朽，不存在了的时候，它还继续存在。

艺术之魂也如此。古代宗教画的目的，即创作这幅画时画者要赋予作品的宗教上的某种意图，在后世，早已不为人所了解、所信奉、所愿意知道了，而艺术的魂却还继续存在。

那么，这魂从何而来呢？应该说，作者在创作的时候，为了贯注它的直接目的，同时，也灌注了这个"魂"，这在主观动机上是一个意外的收获，但在创作实践上却是一个必然会有的果实。这就是同时灌注了别的东西，然而是与主要目的相结合的。这就叫艺术魅力，叫文化含量。具有永恒力量和永恒存在价值的是这些东西，而不是别的。主要的、直接的目的反而成为次要的，不为后人所欲知、能知之物了。】

【这应视为一条艺术规律。】（1991年2月1日）

□ 有论者说，艺术以"艺术"为其内容，而"题材"则竟是它的形式——【其实质是载体，是物化形态，是寄宿主更好。此说有可取，只是解释要恰当。】（1991年2月1日）

□ 这两段话很有意思、很可研究。

康德："美的艺术是一种意境，它只对自身具有合目的性。"（《判断力批评》上卷第151页）

马克思："作家绝不把自己的作品看作手段。作品就是目的本身；无论对作家或其他人来说，作品根本不是手段，所以在必要时作家可以为了作品的生存而牺牲自己个人的生存。"（《马克思恩格斯全集》第1卷第87页）

【马克思的论述，值得认真领会和贯彻。有的作家——现在有许多作家，是以"作品"为手段的。这手段，就是以作品获得金钱、地位、声誉等。文学是不会在这种情况下得到发展，产生杰作的。】（1991年2月1日）

□ 巴赫金在《陀思妥耶夫斯基诗学问题》开头第一章第一段就指出，陀氏创造的艺术典型，如拉斯科尔尼科夫等人，都堪称思想家（他的说法是，陀氏不是创作了多部中长篇小说的文学艺术家，而是"堪称思想家的作者"）。这些思想家典型都有自己的哲理，这哲理是他们自己的，不是陀氏的，他们不是传声筒，而且，作者陀氏的思想在作品中

也不是居于首位，他的声音与典型的声音并存，被融汇或者被掩盖。"主人公在思想观点上自成权威，卓然独立，他被看作是自己充实而独到的思想观念的作者，却不是陀思妥耶夫斯基完满的艺术视角中的客体。"（第27页）

这里有几点值得注意：

1. 陀氏创作的典型是思想典型，人物（主人公）是思想者；

2. 但他又不是作家的传声筒，他是他自己，是主人，是思想者；

3. 但同时，陀氏有自己的声音在（所以是复调）；

4. 但这种典型又必须是活生生的人，不能是一个苍白的思想符号。

（1991年2月2日，于病中）

□ "有着众多的各自独立而不相融合的声音和意识，由具有充分价值的不同声音组成真正的复调——这确实是陀思妥耶夫斯基长篇小说的基本特点。"（维亚切斯拉夫·伊万诺夫《陀思妥耶夫斯基诗学问题》第29页）

不是各种人物、声音、意识共处一个统一的世界里，而是"众多的地位平等的意识连同它们各自的世界，结合在某个统一的事件之中，而互相间不发生融合"。（同上，第29页）

联结陀氏小说的不是情节——不是一般的情节结合。【那么，是什么？】（同上，第30页）

结构、情节、叙事、描绘、说明、语言等都有独特的方式，不同于欧洲小说的处理方式。（同上，第30页）

陀氏的现实主义不以"认识为基础"，"而是以体验为基础"。（同上，第34页）

看待世界的原则→对世界进行艺术观察的原则→构筑小说的语言整体原则→构筑作品的原则（同上，第34页）

【这是一个发展系列，也是一个层次性发展。】

【每一名作家都有对于世界的基本看法和由此而来的对世界进行艺术观察的原则，由此而产生艺术思维，产生构筑整个小说的原则】（1991年2月2日）

陀氏的特点（对世界的艺术观察）是：其基本范畴之一，不是形成

过程，而是同时共存和相互作用。（同上，第59页）

他与歌德不同，歌德是力图把共存于一时的矛盾看成统一发展过程中的不同阶段，在现实的每一个事物中看出过去的痕迹、当今的高峰或未来的趋向。（第59页）

【应该说，两者各有其长吧。】

陀氏自觉地运用对位旋律来构造他的小说，《死屋手记》三章各自独立，然而又结合在一起。他在书信中说："第一章看起来是一堆闲话，可到了后两章这堆闲话竟转换为突如其来的灾难。"

他说："你知道音乐中的'变调'是怎么回事吗？"

巴赫金说，"这是不同的声音用不同的调子高唱同一题目"。

格林卡说："生活中一切都是对位的，也即互相矛盾的。"（《札记》）（1991年2月4日）

陀氏描写的不是主人公"他是谁"，因此不写他的生活特点、性格特点，而写他的思想、精神，写他对世界的看法。公式：

不是他在世界上是什么，而是世界在他眼里是什么。

因此，在早期（果戈理时期）他就不是写"贫困的官吏"，而是"贫困官吏的自我意识"。（第83页）连主人公的面貌，也是自我意识的对象。他写主人公在镜子里看见了自己和自己对自己的反应。（第84页）

"他把作者和叙事人，连同他们所有的观点和对主人公的描写、刻画、界定，都转移到主人公本人的视野里，这样他便把主人公整个完善的现实，变成了主人公自我意识的材料。"（第84页）"过去由作者完成的事，现在由主人公来完成，主人公与此同时便从各种可能的角度自己阐发自己；作者阐明的已经不是主人公的现实，而是主人公的自我意识，也就是第二现实"。（第85页）【有意思！】

陀氏的人物：以进行意识活动为主的人物。其功能：认识自己和认识世界。

"幻想者"/"地下室人特点"：描写陀氏人物的社会环境的"肥沃土壤"。

为此要"剪断主人公和作者的脐带"，使之不是传声筒。主人公自我意识的种种内容要真正地客体化。

陀氏的人物不是客体，不是性格，不是典型，而是议论，是声音。我们不是看见他，而是听见他。通过自我意识自我表现来塑造主人公，以描述他们的自我精神折磨。（第90-91页）【自我精神折磨！这是一种什么折磨、一种什么样的折磨？！这实际上是一种精神反抗，对生活给予的折磨的反抗。——以自我折磨来反抗外来的折磨！……】

陀氏关于《温顺女性》的"自白"用了"心理程序"一语，这就是了。

陀氏作品的构思、叙事风格来源：

1. 生活本身的复杂矛盾；

2. 当代人的心理复杂状况；

3. 当代作家的因素，如他所说雨果如此写过也。

"只要人活着，他生活的意义就在于他还没有完成，还没有说出自己最终的见解。"（《陀思妥耶夫斯基诗学问题》第97页）【写入小说！】

奥斯卡尔·王尔德指出，陀氏"从来不对自己的人物做出完全的解释"，"总以自己的行为和议论使我们感到惊诧，并且他们内心始终保存着永恒的生命奥秘。"（同上，第98页）

"人任何时候也不会与自身重合。对他不能采用恒等式：A等于A。陀思妥耶夫斯基的艺术思想告诉我们，个性的真谛，似乎出现在人与其自身这种不相重合的地方，出现在他作为物质存在之外的地方"。（同上，第98页）

陀氏自言："在完全采用现实主义的条件下发现人身上的人……人们称我是心理学家，这是不对的，我只是最高意义上的现实主义者，也就是说，我描绘人类心灵的全部隐秘。"（《自传、书信及记事本摘抄》，转引自《陀思妥耶夫斯基诗学问题》第99-100页）

陀氏的对话，是未完成、未定论的人的对话，是正在进行的对话，而不是如独白小说里的对话那样，是一种已完成、已定论的人物的已完成的对话，写下来的是对话的记录稿，是描述对话的完成式。陀氏的对话是"对话形象"，"在艺术上是作为一个非封闭整体构筑起来的，这整体是处于边沿上的生活本身。"（第103页）

"他是和主人公谈话，而不是讲述主人公。"（第104页）【这就是陀氏复调小说的主要之点了——不是作家在"讲主人公"，而是作家与主人公"谈话"。此之为"复调"。小说应该这样来写，尤其长篇小说更是

如此。】

"讲话"：是讲在场的人，而不是缺席的人；是"第二人称"在说话，而不是"第三人称在说话"；是第二人称的视角，若是第三人称视角就是描述主人公形象了。

□ 普洛普（V. Propp）在《民间故事形态学》中提出，民间故事的基本单元不是"母题"（母题是可变的），而是"功能单元"。他认为，"功能单元"是人物的行动；而人物行动之所以能够成为功能单位，则依赖行为在故事发展中的作用（或意义）而定。

如是：功能单位 → 人物行动 → 行动在故事发展中的作用与意义【再加各"角色"（人物）和"行动范围"，而构成整个故事】

再有结构"语法"。

【这就是一个完整的叙事学分析框架了。很有用。】

（1991年2月6日）

"回合"是结构单位，介于功能单位与整个故事之间。

即功能单位 → "回合" → 整个故事。以上各项的发展序列 → 它们构成的总体：人物功能和它们的联结关系。

□ 《番石榴飘香》有几点值得注意：

1. 马尔克斯童年时代对他的影响极大，他说，他获得1982年诺贝尔文学奖的《百年孤独》是要艺术地表现他童年时的体验；

2. 外祖母讲超自然的故事（死去的姨妈、舅舅在屋里活动）、迷信对他的影响至深；

3. 祖母讲故事的方式，决定了他写长篇的叙事风格；

4. 他看了卡夫卡《变形记》之后，就说"他娘的，原来可以这么干，这我倒有兴致了"，于是决定写作；

5. 他的魔幻、夸大都来自现实，但变形了；

6. 他特别重视女性，评价特高，认为只要有女性在，他就有安全感；

7. 他的文学修养是多方面的，托尔斯泰、陀思妥耶夫斯基、巴尔扎克、左拉，以后是卡夫卡、福克纳等，还有音乐、民间故事，等等。

（1991年2月6日夜，郁闷时）

□ 周英雄分析"红高粱家族"，指出"高粱"和"狗"两个意象在整体叙事结构中具有关键作用，支配着故事和人物命运的发展。（《读书》1991年第1期）（1991年2月6日夜，郁闷时）

□ 事实上，象征意象与"功能单位"（prop）有相通、相合、交叉之处，可分合分析。马秋芬中篇中之象征原型与功能单位有：犴、马、狗、猪（反面）、山林、雪、外来人等。她对"猪"的意象很有意思。据此分析，可进入原型批评与结构主义批评的境界。

（1991年2月9日午，心绪稍安）

□ 梅拉赫（1909—1987）在《创作过程和艺术感受》一书中，把艺术家分为三种类型：

1. 理性型：理性逻辑思维较之具体感情思维占相对优势，具有思想压倒形象的特点。

2. 主观表达型：描写的感情色彩和激情色彩较重，分析和概括的倾向相对薄弱。

3. 艺术分析型：创作中的具体感情因素与分析因素相结合。

【当然，还有过渡型、中间型、非稳定型。】

（1991年2月10日，在家中）

八 读书札记（一）

——为赴哈佛大学讲学预备材料

（1990年7月22日—8月9日）

这个小本本，

留着我的旅魂，

最早的胡适、鲁迅比较的思想记录在这里。

它又伴我飞越大洋，

在美国度过几十天时光。

它同我一起到芝加哥，到波士顿，到旧金山，

如今仍未能结束我的思绪，

写下去，

继续思想的旅程。

□ 胡适与鲁迅都是：

1. 在20世纪初的中国成长的。

2. 都受到《天演论》的影响，鲁迅在19世纪末的南京，胡适在20世纪初的上海。

3. 都受到梁启超《新民丛报》的影响。

4. 都在国外生活七年，"成长在异邦"；然而一在美国，一在日本，此大不同也。

由是而形成"东路军"与"西路军"（"中国文化新军"的两大支）。

5. 都从当教师开始工作，鲁迅在绍兴师范学堂、杭州师范学堂，胡适在"中国新公学"。

□ 胡适说："但我究竟是一个受史学训练深于文学训练的人。"

正相反，鲁迅是一个受文学训练深于受史学训练的人。两者区别不

仅在于"受训练"，而且在于：兴趣、志趣、情趣、想象力、品性、爱好、个性。

主动择取之不同，文化选择之不同。

□ 胡适受梁启超影响（"我个人受了梁先生无穷的恩惠！"），读《论中国学术思想变迁之大势》而产生要写《中国哲学史》的愿望，时为1906年（15岁）在澄衷学堂；1906年，鲁迅则在东京，要用文艺来启蒙，译外国小说，以后写小说史略。

□ 鲁迅1906年在东京弘文学院读书时就剪辫，并言志，又入光复会；而胡适在澄衷却始终未剪辫，未加入革命党。

□ 胡适更早成（18岁），鲁迅更晚成（28～29岁）。

鲁迅早期文章都宏观把握历史、现实、文化，提出大策大谋；胡适正相反，在《竞业旬报》上谈具体问题，提具体意见。

□ 胡、鲁都各有一个不幸的婚姻，又都接受了。胡适始抗后顺，鲁迅始顺后抗，表现了两人思想、性格、处事、处世方式之不同。

□ 胡适到康奈尔大学学农，"以农报国"；鲁迅到仙台，"学医救国"。两人都是维新的余波，但都突然转入文史哲。

农学没有留住胡适之，医学没有留住周树人。

□ 胡适在27岁时"暴得大名"，62岁在会上"猝然而逝"。

□ 胡适得名时，严、康、梁、章皆健在，然而已进入"功成身退"阶段，学术界处于低潮阶段。

一段空白，胡氏填上。

□ 胡适第一篇学术论文：《诗三百篇言字解》。

□ 鲁迅是艺术心性战士身，胡适是逻辑心性学者心。

□ "胡说"（据说，胡适某次讲授中国哲学史，板书列举"老子说""孔子说""董仲舒说"等等，而后说到自己的看法时，写出"胡说"）：

1."吾生平大过，在于求博而不务精。"（《胡适留学日记》1915年5

月28日)

2. "他这种态度太和平了，若照他这个态度做去，文学革命至少还须经过十年的讨论与尝试。"（《五十年来中国之文学》）

3. "生日快到了，回想四五十年的工作，好像被无数管制不住的努力打消了，毁灭了。"（年近古稀时给友人信中说）

4. "所以我望我们提倡文学革命的人……个个都该从建设一方面用力，要在三五十年内替中国创造出一派新中国的活文学。"（《建设的文学革命论》）

5. "'执事者各司其事'，此七字救国之金丹也。"（《胡适留学日记》）

6. "原来在我十几岁的时候，我就已经深受老子和墨子的影响"。"墨子主'非政'"，"老子主张'不争'"。"老子对我幼年的思想影响很深。"（《胡适口述自传》第66页）

7. "我个人对不抵抗主义的信仰实发源于老子、耶稣基督和教友派基督徒的基本信仰。"（《胡适口述自传》第66页）

8. "我治中国思想史与中国历史的多种著作，都是围绕着'方法'这一观念打转的。'方法'实在主宰了我四十多年来所有的著述。"（《胡适口述自传》第105页）

9. "新文化运动的根本意义是承认中国旧文化不适宜于现代的环境，而提倡充分接受世界的新文明。"（《新文化运动与国民党》，载《新月》第2卷6–7期，1929年9月）

□ 激进民主主义者——鲁迅
自由民主主义者——胡适

□ 胡适重尼采之"重新估定一切价值"（Transvaluation of all values），认为是"评判的态度"。

□ 胡适提出一个"态度"概念，"评判的态度"。他认为，"科学的真义只是一个态度"，"民主的真义是一种生活方式"（也是态度）。

□ 一个在中国大陆立了石像（鲁迅），一个在中国台湾立了铜像（胡适）。一个曾经在大陆受到严厉的批判，一个在台湾被禁。

□ 胡适的贡献在于建立了库恩（Thomas S. Kukn）所说的新"典范"（paradigm）。广义：一切信仰、价值和技术（entire constellation of beliefs, values and techniques）的改变。狭义：具体成果是"示范"（shared exmples）。

□ 中国大陆50年代批胡、禁胡，至80年代；中国台湾骂鲁、禁鲁，亦到80年代。

□ 胡适留美七年，受到民主生活、民主观念、民主态度的洗礼；鲁迅留日七年，则受的是维新、革新、革命的影响。他们终于形成东西两路不同的方案、理想。内因则在个人的经历与心性。

□ 胡适受赫胥黎（Thomas H. Huxley）和杜威的影响，从赫取怀疑论，从杜取实验主义。而鲁迅从赫取进化论。

□ 胡适于1917年7月回国，见故国落后，便下定决心20年不谈政治。鲁迅1909年回国，决心回故土，返回"故书"。

□ 胡适注意文化建设，鲁迅着力国民性改造。两人的目的是一致的，仅方式和着重点不同。
鲁迅注意的是人的文化-心理结构改造（改塑），胡适注意的则是一般文化建设。
一个情感化，一个逻辑精神。一个要中国文化革故鼎新，一个要中国人脱胎换骨。可是，胡适后来总是发表政见；鲁迅则从不发表具体政见，而只是谈国家、民族命运之事。

□ 中国知识分子的书房：十字街头的塔，实际上是流血杀头、苦难横流的十字街头的亭子间。
胡适时进时出，以书房为基地。鲁迅走出亭子间，与群众、群众的领导在一起奋斗，也以亭子间为依托，出则击，入则劳作。

□ 胡适："努力"——"书本"
鲁迅："战斗"——"匕首"
胡适："尝试"、平和
鲁迅："热风"、激越

□ "五四"前后十年——1909←1919 → 1929

中国留学生达到了归国、驻外和待遣规模的高峰，其中有留日、留美、留法三大群体。1918年，国内各地有新学堂12万所，学生450万人，教员18万人。

□ 胡适："深层救国""长线救国"。

"国家没有海军、陆军算不得耻辱，只有缺乏图书馆、博物馆和美术馆的民族才会碰上奇耻大辱。"（《胡适留学日记》第九卷第566页）

□ 鲁迅与胡适是中国近代知识分子第一代的杰出代表。他们各自同中国的两大政党之一发生了亲密的关系，但他们没有成为党员。

他们殊途同归，都受到了全民族的承认与文化认同；但他们的作用、功能显然不同。值得研究的是他们的殊途以及同归，却又不能归于同一。

（1990年7月12日）

□ 胡适注意方法与态度，本能地反对任何激烈的行动：

1. 婚姻问题；

2. 五四时期；

3. 对共（产主义）、马（克思主义）。

而鲁迅则注意行动，注意彻底、根本。

（1990年7月20日，以下在大连星海公园招待所405室）

□ 1. "他是极爱交际的，具有极敏锐的好奇心和极活跃的觅求友谊的才能"。

2. "他在美国的那几年是他开拓理智和社交实验的时期。"（摘自〔美〕格里德（Jerome B. Grieder）《胡适与中国的文艺复兴》第40页）

【可以说，鲁迅在日本的几年，也是开拓理智的几年，但，他没有从事社交实验，不是到处讲演，而是侧重深思型的"内心体验"，寻求解救人民的道路。】

3. "这些年使他比几乎所有的几个与他同龄的中国人都更'西方化'……更欣赏美国抱负的感召力。"（同上，第40页）

"吾尝谓朋友所在即是吾邦。吾生朋友之多无如此邦矣。今去此吾

所自造之方而归吾父母之邦，此中感情是苦是乐，正难自决耳。"（同上，第40页）

4."胡适在美国作学生，熟悉、接触美国的思想和制度的这些年，对这种非常的改造具有着重大的作用……那个进步时代的政治与社会骚动给了他一个永久性的印象，而且在某些方面形成了一些他1917年回国后用来判断中国政治与社会状态的标准。他对西方历史、文学以及哲学的学习极大地开阔了他的理智的眼界，并给他提供了他据以建构自己那有关东西方文化价值冲突的超然的'世界主义'观点的框架。"（同上，第43-44页）

5.威廉·詹姆斯在《实用主义》（promatism）中的话语：
"具有自己本身的追求倾向与排斥倾向的性格"。
（1）鲁、胡均是这种性格的人；
（2）鲁之追求倾向即胡之排斥倾向；
（3）鲁之排斥倾向即胡之追求倾向；
（4）例证：

鲁迅：激进、革命；

胡适：渐进、改良。

鲁迅：主义、理论、不论手段；

胡适：方法、问题、实验。

鲁迅：形象、情感、"诗魂"；

胡适：逻辑、理性、"哲学"。

鲁迅：摩罗诗人；

胡适：实用哲人。

鲁迅：象征主义、浪漫主义（文学）；

胡适：实用主义（文学）、自然主义。

鲁迅：东欧（广义东方）；

胡适：美国（具体西方）。

鲁迅：才气纵横；

胡适：理性贯穿。

鲁迅：文化——政治——文化政治；

胡适：政治——文化——政治文化。

鲁迅："破坏"；

胡适："建设""吾数月以来，但安排归去后之建设事业，以为破坏事业已粗粗就绪……"（《胡适留学日记》1917年）

鲁迅：人；

胡适：文字。

鲁迅：人的解放；

胡适：形式的解放。

6. "他对自己最终该起的作用的想法更多地受到了他在其中生活了这些年的那个环境特征的限制，而很少受到革命本身现实的制约，他觉得这些革命的现实仅是些遥远的回声。"（第53页）

7. "余每居一地，辄视其地之政治社会事业如吾乡吾邑之政治社会事业。以故每逢其地有政治活动，社会改良之事，辄喜与闻之。"（《胡适留学日记》，转引自《胡适与中国的文艺复兴》第53页）

（1990年7月21日，以下在大连——沈阳列车上）

□ 胡适：

1. 女友要去参加爱国活动，他劝阻。

2. 从反对"二十一"条爱国行动起，他主张学习，将来去建设改良，"冷静泰然"（一贯主张）。

"胡适的渐进的改良的观点，总是和他的一些朋友不一致，又不能与时代特征和谐。"（第93页）

胡适在美国期间，完全接受了美国的政治生活和政治运行机制的模式，形成了自己的理想和改革中国的目标体系与最终目的。以后，又师从实用主义哲学大师杜威，并以之为宗师楷模，形成自己的思想核心。

鲁迅则不然，他博采众长，以我为核心，而博采之对象又非以欧美为重点的西方当代文化，而是西方近代文化，又以东欧被压迫民族的思想情绪、文化心态为重点。

鲁迅与胡适都注意到文化的除旧布新，并以此为深厚根源。胡适称为"恶政治"之祖宗。

但胡适追祖索宗，返归现实，仍以文化为归宿，而放过现实之敌；鲁迅则与现实之敌战斗，更从而"刨其祖坟"，并拯救民众，改造其灵魂。（1990年7月22日）

胡适思想深度不够宽泛，广博而不精专；鲁迅思想深邃、宽广，博

大而精深。

鲁迅的《青年必读书》和胡适的《最低限度的国学书目》：一个批判、斥责，一个老老实实开书目。

胡适对政治"不感兴趣的兴趣"（disinterested-interest）与鲁迅对政治"感兴趣的不感兴趣"（interest-disinterested），是鲜明的对比。

鲁迅的《魏晋风度及文章与药及酒之关系》和胡适的《红楼梦论证》：鲁迅的血性文章与胡适的平易文字！

以上是两种文化性格的鲜明对比。

□ 真是有趣，胡适也有一个弃农学文的触发事件，即"苹果分类"事件：要区分30个苹果的类别，对苹果见多吃惯的美国佬，而且不少是农场主子弟，驾轻就熟，一挥而就。而见得少吃得少的胡适等中国学生，长时间不离开实验室，悉心学习，还是分错许多。而且，美国当时有400多种苹果，如何分得清？胡适原以为死记硬背，倒也能够混个好成绩，不过，他又实事求是地觉得，过一周他就会忘得干干净净。因此，他感到自己是适于习文，而不宜学农的，一是文为其所长；二是能与以前所学衔接；三是此乃兴之所致，情之所钟。

但值得注意的是他的结论。他说：

"（我）便时时告诫青年，劝他们对他们自己的学习前途的选择，千万不要以社会时尚或社会国家之需要为标准。他们应该以他们自己的兴趣和秉赋，作为选科的标准才是正确的。"（《胡适口述自传》第42页）

此为1958年所言；62岁时，他在台湾告诫青年学生，仍作此说。

这与鲁迅弃医习文，其动机、目的、宗旨正相反：鲁迅是为了以文艺来改造国民性。

胡适是个性主义的，鲁迅是爱国主义的。

胡适自称为"不可救药的乐观主义者"；而鲁迅则常怀千古悲，总有寂寞、苦闷、孤独、悲观相随，他自己称这是自己身上的"毒气和鬼气"。

鲁迅认为，"绝望之为虚妄，正与希望同"，既相同，乃取希望！

唐德刚语："胡适之先生是个冷静到毫无火气的白面书生，他是不会搞革命的，抛头颅、洒热血是永远没有他的份的。"（《胡适口述自传》第88页注九）

□ 卖国的"二十一条"一出，胡适发公开信，说主张对日开战是发"爱国颠"，是愚蠢，"我们的当务之急"就是"求学"，"我们的责任便是读书求学!"（《胡适口述自传》第69页）

□ 胡适1909年作了首咏秋柳的诗，诗云：

但见萧飕万木摧，尚余垂柳拂人来。
西风莫笑长条弱，也向西风舞一回。

这与鲁迅的《莲蓬人》相此，究竟如何？鲁迅诗为：

芰裳荇带处仙乡，风定犹闻碧玉香。
鹭影不来秋瑟瑟，苇花伴宿露瀼瀼。
扫除腻粉呈风骨，褪却红衣学淡妆。
好向濂溪称净植，莫随残叶堕寒塘！

两人均吟咏植物，借物抒情：一尚高洁，一尚柔弱；一以高洁傲世，一以柔弱随俗——性格，心态！

□ 胡适崇奉杜威、安吉尔。
此时的胡适可谓"杜安思想，乾嘉文章"。（胡适自称为"考据癖"）
鲁迅则是"托尼思想，魏晋文章"。（鲁迅激赏魏晋文章）

□ 胡适在美国哥伦比亚大学的同学有宋子文、孙科、张奚若、蒋梦麟等。
鲁迅在日本弘文学院的同窗则有钱玄同、许寿裳等。

□ 胡适轻信念、重实验：
"我本人就是缺乏这种'信仰的意志'的众生之一，所以我对杜威的多谈科学少谈宗教的更接近"机具主义"（Instrumentalism）的思想方式比较有兴趣。"（《胡适口述自传》第103页）
胡适一直要搞"超政治构想的文化运动和文化改良运动"（《胡适口述自传》第201页）

□ 《胡适口述自传》中一些好的提法。
史华慈（Benjamin I. Schwartz）："五四运动不是一脉平原之上的异

峰突起。相反的，它是一系列复杂的岗峦之后的一个较高的山峰而已。"（第221页）

Fairbank（费正清）："五四运动是'中国对西方的反应'（China's response to the West）的一个最后阶段。"

【史华慈从民族文化的视角论中国的五四运动，是一系列"文化的岗峦"之后的山峰。这个论点很正确，符合中国的实际。五四运动，完全离不开、脱不了与中国传统文化的血缘关系，尤其是与近代文化发展的近缘与血缘关系。而费正清之论，只作为对西方文化"入侵"的回应，则有对的一面，但失之偏颇——不仅是"回应"，还有自身民族文化发展的轨迹。】

"胡适不过是一个'文化学者'（Culturist），而不是社会科学家（Social Scientist）。"

□ 胡适研究神会和尚与禅宗史同鲁迅研究佛学动机不同——
鲁迅：解决人生课题。
胡适：解决历史问题。
见解不同——
鲁迅：佛教已死。
胡适：禅宗史重写。
结果不同——
鲁迅：弃佛而去，但取其文学。
胡适：不谈佛教，取其史实。

□ 胡适研究古典小说：
《儒林外史》——《水浒传》——《红楼梦》（五篇12年）
整理国故：
禅宗史——敦煌钞卷——古典小说。

□ 余英时在《五四与中国传统》（见《中国思想传统的现代诠释》）中指出，鲁迅爱魏晋文章，盖源于受章氏之影响，此其一；不仅文章，而且做人、性格亦与孔融、嵇康类似，此其二；鲁迅谈魏晋文章及嵇康，大有"夫子自道"之味。

在同文中，引许寿裳文云："……鲁迅的性格，严气心性，宁愿覆折，憎恶权势，视若蔑如，皓皓然坚贞如白玉，懔懔焉动烈如秋霜，很有一部分和孔稚相类似……"（原文见曹聚仁《鲁迅评传》）

而胡适又如何？谈人权遭忌而转向，雷震遭拘判而不言，唐德刚先生言："胡适之先生既然基本上是一位恂恂儒雅、有为有守的白面书生……胡先生在盛名之下是十分'爱惜羽毛'的。爱惜羽毛就必然畏首畏尾；畏首畏尾的白面书生……哪还能作什么大政治家呢？"（《胡适杂忆》）

【余先生此处论鲁迅，论鲁迅之与魏晋文章，确为准确之论，说明是了解鲁迅的。但何以一次在访谈中，猛批"鲁迅是流氓文风"呢？这谩骂骂得多么没有水平哪！还特别补充说"流氓文风一点积极意义也没有"。呜呼，学者！陷政治偏见而将自己矮化。】

□ 处理婚姻问题亦如此！

鲁迅：感情的、艺术的、刚劲的、轻名的、站在风沙中的、现实的、人的、芸芸众生的。

胡适：理性的、学术的、柔弱的、逻辑的、知识的、上等人的……重名的、坐在书斋里的。

□ 胡适追求的总目标是"一个古老民族的新生"，是中国文明的再造，他所欣赏的口号是"重新估定一切价值"。他认为要把"文艺复兴"直接译为"再生时代"，"再生出一次的时代"。

这里有许多方面与鲁迅是有共同点的，但不同点也是很明显的。

第一，他们的态度不同、方式不同。胡适主张渐进、改良，鲁迅主张激进、革命。

第二，胡适认为，要少谈无补现实的主义，而要多研究实际问题；而鲁迅则主张，最根本最重要的是人民要有挚信笃诚于主义的精神，用对主义的忠贞的肉体去碰钝屠杀的刀枪。

第三，信奉的根本主义不同。胡适是实用主义，鲁迅是人道主义。

因此，一个是注目于"问题"，一个是注目于人。

胡适有充分的学术文化气，鲁迅有充分的人间烟火气。

胡适思想的背后站着文化人、学者、哲人的巨影，鲁迅思想的背后

站着枯瘦羸弱的中国人（主要是农民、贫民的身影）。

第四，胡适是"杜安思想，乾嘉文章"，鲁迅是"托尼思想，魏晋文章"。

"悲剧性地错误判断了他的时代需要——而且也误解了杜威。"（格里德《胡适与中国的文艺复兴》中文版第364页）

"在一个对千百万中国人来说，生存本身尚是一场严峻的，而且常常要输掉的赌博的时代，关于一部18世纪的小说谁写了哪一个章节的问题，至多也只有很勉强的意义。"

□ 蒋（介石）在褒奖令中对胡适的评语：
"新文化中旧道德之楷模，旧伦理中新思想之师表"。
新文化新思想、旧道德旧伦理。
在上层文化中，思想是新的，但在……
胡适写给江冬秀的诗《病中得冬秀书》：

> 岂不爱自由？此意无人晓。
> 情愿不自由，也是自由了。

无怨无恨无遗憾，反而"也是自由了"！

然而鲁迅如何？先写"灵台无计逃神矢，风雨如磐黯故园"，后写《热风》中的《随感录四十》："做一世牺牲，是万分可怕的事；但血液究竟干净，声音究竟醒而且真。""我们能够大叫，是黄莺便黄莺般叫，是鸱鸮便鸱鸮般叫。""我们还要叫出没有爱的悲哀，叫出无所可爱的悲哀。……我们要叫到旧账勾销的时候。""旧账如何勾销？我说，'完全解放了我们的孩子！'"

□ 胡适提倡个性解放，是自由主义的个性解放，即上层知识分子发展自己。他说：

"你要想有益于社会，最好的法子莫如把你自己这块材料铸造成器"。

"社会最大的罪恶，莫过于摧折个人的个性，不使他自由发展"。（《易卜生主义》）

他称赞斯铎曼医生是"充分发挥个性的极高的典型"——这就"图穷匕见，说明是知识分子也"。

鲁迅的个性解放，是民众主义的，着眼于国民，尤其首先是农民。他首先注意他们要能温饱、生存，然后是发展，所以又是平民主义的。

□ 胡适的纲领："研究问题，输入学理，整理国政，再造文明。"——改良主义的、渐进的、文化主义的。

鲁迅则是，"稽求既往，相度方来，掊物质而张灵明，任个人而排众数。人既发扬踔厉矣，则邦国亦以兴起。""权衡较量，去其偏颇"，"取今复古，别立新宗"。"人生意义，致之深邃，则国人之自觉至，个性张，沙聚之邦，由是转为人国。"

胡适1921年提出"好政府主义"，而鲁迅则提出"创造第三样时代"。

□ 胡适政治生涯的几个时期：
1919年5月4日——1927年4月；
1927年5月——1931年9月18日；
1931年9月18日——1933年。

胡适主张，"wholesale westernization"（"全盘西化"）和"wholesale modernization"（"全面现代化"）（见其文《中国今日的文化冲突》，1929，载于《中国基督教年鉴》）。又劝陈序经放弃"全盘西化"，而主张"充分世界化"。

胡适亦读《纲鉴易知录》，看《玉历钞传》，他产生对地狱的恐惧，而至读范缜《神灭论》才得解放；因《纲鉴易知录》而读《资治通鉴》，"这是我研究中国历史的第一步"。于是而编《历代帝王年代歌诀》——"可算是我整理国故的破土工作"。

胡适因此而"不怕"，因此而取消了一个神鬼世界，由有神论进到无神论，进到一个逻辑的、现实的世界。而鲁迅却由此建造了自己的一个神鬼世界，爱他们的人而鬼、鬼而情，爱他们不事权贵和敢于反抗。

鲁迅看目连救母，而爱上了"女吊"，喜欢武松打虎。

一个是学者，一个是艺术家；一个从想象的世界进入逻辑现实的世界，一个由现实扮演的世界进入一个想象的世界。（1990年7月31日）

□ 胡适的《文学改良刍议》之八事，并非只涉及形式、语言，而是颇多关涉内容处。如言之有物，对物之解释为情感与思想二事，此皆

属内容。

从《文学改良刍议》和《答钱玄同》来看，胡适当时已经吸收和具有新的西方的文学观。除《刍议》中的表现之外，其对《三国演义》《西游记》之评价及对《二十年目睹之怪现状》等之评价，均表现了重视内容之社会意义、重视叙事结构、重视文学性的新的文艺观点，而钱玄同则表现得有点稀里糊涂了。

又，提出"美感"概念。

又如提出重视文学之时代性，"一时代有一时代之文学"等，均甚好。

胡适表现出：

1. 具有新文学观点，对于中国现代文学以至现代文化之建设，甚有贡献；

2. 他的现代文学观念，远远走在时代前列，不愧为"先驱者"；

3. 以此观点认识、分析中国文学史。

此三者，为胡适之贡献。（1990年7月31日）

□ 胡适在留学期间（7年）即注意研究中国文化的改造问题，并以来日"国人导师"自许，又决定专治哲学，学术型已定。

鲁迅在日本时期（7年）即注意研究中国国民性改造问题，即中国人的性格改塑问题。他不以导师自许，只想自己献身。他选定了文学，主要工作是介绍、提倡、发动文艺运动。作家型已定。

这是他们两人文化性格和日后事业发展、为国奉献的基本定型期。

□ 胡适"好名心切"，鲁迅最不喜"名"。

□ 胡适的思想具有普遍性、通俗性，呈学术型、逻辑型；鲁迅的思想具有深刻性、独创性，呈社会型、形象型。

□ 胡克（S. Hook，杜威大弟子）说，被社会普遍接受的思想需有四种特性：全面性（comprehensiveness）、精严性（rigor）、实际相关性（pratical relevance）、弹性（flexibility）。

□ 胡适的突出成就在于思想史和文学史，鲁迅的突出成就在于思想和文学。

胡适："赫杜思想，乾嘉文章"。

赫——怀疑

杜——实验

□ 胡适1914年1月在留学日记中提出三事：

"今日吾国之急需，不在新奇之学说，高深之哲理，而在所以求学论事观物经国之术。"

"三术"——神丹：一曰归纳的理论；二曰历史的眼光；三曰进化的观念。

鲁迅后来（1925年，《华盖集·忽然想到（六）》）也提出三事：一要生存；二要温饱；三要发展。

两人都在救国，一是学术文化角度，一是社会革命角度；一及民族文化，一及人民生活。

胡适的三条很学术、很平和、很渐进，鲁迅的三条则很激越、很战斗、很现实。

□ 胡适在美国注意三事：

1. 泰西之考据学（方法）；

2. 致用哲学（思想）；

3. 天赋人权说之沿革（社会政治）。

鲁迅则注意另三事：

1. 20世纪的新思潮；

2. 摩罗诗人——文学；

3. 国民性改造（社会政治）。

胡适在《四十自述》中说："我的长处是明白清楚，短处是浅显。"

鲁迅正相反，其杂文的长处是深刻精到，短处是深奥。

胡适是"以科学方法为中心"的思想模式，鲁迅则是"以改造国民性为中心"的思想模式。

□ 胡适1930年提出："我们要建立一个治安的、普遍繁荣的、文明的、现代的统一国家。"不触及历史、社会、政治、经济的根本问题。

鲁迅则提出"创造第三样时代"，即"做奴隶做稳了的时代"和"暂时做稳了奴隶的时代"之外的一个新时代。（《坟·灯下漫笔》）深

刻触及历史、社会、政治的症结，而且有人间烟火，有人民大众的生活与心情蕴含在内。

□ 胡适9岁时在四叔家里偶然看到破旧不全的《水浒传》，"这本破书忽然为我开辟了一个新天地，忽然在我的儿童生活史上打开了一个新鲜的世界"。

鲁迅也在少年时，偶然在叔祖家看到了《山海经》，进入一个想象的奇异诡谲的世界，一个文学的世界。

胡适在上海学习6年（1904—1910）；在美国学习7年（1910—1917），也是读《天演论》，甚受震动；也是学了历史、地理、英文、算学等新学初步，也是从林纾接触到欧洲小说世界，"初次认识"司各特、狄更斯、大小仲马、雨果，也喜读梁启超。

□ 胡适：从"三不朽"（立德、立功、立言，Worth，work，words）到"社会不朽"（Socialism immortality）。

鲁迅：希望速朽！

□ 胡适的乐观主义，容忍、随和；鲁迅的悲剧意识，抗争，有特操。

胡适"好脾气"，"宽恕人""体谅人"；鲁迅，决不宽恕敌人。

□ 《胡适日记》：中国公学是一个革命大机关，辛亥革命的志士们不少在这里潜藏，在这里工作，如熊克武、章太炎等。

当时他们不约胡适入同盟会，"大家都认为我可以做学问，他们要爱护我，所以不劝我参加革命的事。"（《四十自述》）

□ 胡适在《竞业旬报》第一期（1906年9月1日出版）用"期自胜生"的笔名写了一篇通俗文章《地理学》，详述"地球是圆的道理"。

鲁迅1903年在《浙江潮》杂志上发表的《中国地质略论》，也讲地理，但宣传爱国，说"中国者，中国人之中国也"等，而署名为"索子"——追寻精神界之战士，是期望志士出，而自许为志士。

□ （在现代化过程中出现保守主义，是一个国际文化现象，在英、法、德、俄、东欧、印度、日本，都出现过。）

中国五四运动之爆发，亦同此理。均是革命文化变迁的必然性现象。

在中国五四时期出现的有激进主义——吴虞、鲁迅、周作人、钱玄同、刘半农

自由主义——胡适

保守主义——吴宓、梅光迪

社会主义——陈（独秀）、李（大钊）

文化上的保守主义，不等同于政治上的保守主义。

胡适在《胡适留学日记·自序》中说："这十七卷写的是一个中国青年学生五七年的私人生活、内心生活，思想演变的赤裸裸的历史。他自己记他打牌，记他吸纸烟……记他爱管闲事，爱参加课外活动，爱观察美国的社会政治制度，到处演说，到处同人辩论……"

而鲁迅呢，第一次在东京是在宿舍读书、编译，在仙台孤寂与苦闷；第二次到东京是赴会馆、跑书店，往集会，听演讲。然后是编、写、读。社会活动少，革命活动多。

□ 1911年2月17日，胡适刚到康奈尔大学不久，即写《中国虚字解》。5月11日即作《诗三百篇言字解》（用新方法研究古书的开始）。

胡适自己总结："吾骛外太甚，其失在于肤浅，今当以专一矫正之。"（《胡适留学日记》1915年5月28日）

鲁迅总是感到空虚、寂寞、苦闷；而胡适总是自我感觉良好，觉得实在、热闹、宽慰。所以鲁迅总是不自信，说话有所保留，怕害了别人（青年）；而胡适很自信，认为应当导师，可当导师，爱教训青年。

鲁迅觉得空虚，胡适觉得充实。

鲁迅反权威，胡适充权威。

鲁迅嘲笑绅士、教授，怕上讲台。胡适爱上讲台。

几个对比：

1. 婚姻问题；

2. 对待母亲；

3. 青年必读书；

4. "四一二"反革命政变；

5. 九一八事变；

6. 民权保障。

□ 胡适、鲁迅各自充满一种基本意识和自觉性：

鲁迅——"绝望"

胡适——"希望"

鲁迅——悲观

胡适——乐观

□ 胡适所作的贡献：思想史、哲学史、文学史；开风气之先，对一代一代学人学者的影响，都是鲁迅所没有做到也做不到的。

同样，鲁迅所成就的，也不是胡适所能达到的。

胡适的《尝试集》是现实的、自然的、平易的。

鲁迅的《野草》是非现实、超现实的，难以捉摸的，写"黑暗与虚无"。

胡适"什么都干"：

拜见末代皇帝溥仪，甚以为荣；

参加段祺瑞的"善后会议"；

受蒋介石召见，"垂询"大局；

给张学良写信，对其公私生活有所谏议；

西安事变发生后，致电张学良，要他"悬崖勒马"，"护送介公出险，束身待罪"，又说"介公若遭危害，国家恐怕要倒退二十年"。

七七事变后，蒋主抗日，他还持怀疑态度，建议用汪派李宗武从事中日外交。此前，与南京低调俱乐部人们来往密切。

非常有意思又具有讽刺意味而更具悲剧性的是，1929年胡适等自由主义知识分子，想把美国资产阶级民主的那一套拿到新当权的国民党统治下来运用，要民主，要宪法，要自由，批评政府、批评孙中山，遭到从陈德征（上海）到孙科到蒋介石的申斥，甚至最后被撤去校长职务，罗隆基被捕，新月文学社遭难。有意思的是，当时的司法部长王宠惠、教育部长蒋梦麟，以至孙科，都是他在美国的同学、好友。

可注意的是，1934年胡适在芝加哥大学所作的题为《中国的文艺复兴》的讲演中，称赞苏联的"伟大的实验"，称赞苏联当时的领导人是"最热情的科学与技术进步的志士"，甚至说，社会主义和共产主义应被看成西方文明的"一个完整的组成部分，仅仅是对以前和更为个人主义的民主思想的补充"。（《胡适与中国的文艺复兴》第294页）

胡适的"哲学":

> 岂不爱自由？此意无人晓。
>
> 情愿不自由，也是自由了。

如此自由观！20世纪30年代对国民党，也是如此。

□ 杰罗姆·B. 格里德对18世纪欧洲启蒙哲学家的"品性"，曾引彼得·盖伊（Peter Gay）的话说：

"就其信念和训练素养来说都是世界主义的"，"是一个有教养的人，一个值得尊敬的学者和一个科学的业余爱好者……几乎没有笨嘴拙舌的人，一个总是些超级能言善辩之徒"，"这样的哲人只能在城市中兴盛起来"，"而且事实上那时的典型哲学家中最好的东西——实验的，易变的，不虔诚的——在这些哲学家中是根深蒂固的。"（彼得·盖伊《启蒙时代：现代异教精神的兴起》*The Enlightenment*: *An Interpretation*, *The Rise of Mordern Paganism*，纽约，1967年，第13–16页）

以上所说，几乎均符合胡适及其伙伴们的情况。他们除胡适外，大抵还有罗隆基、闻一多、梁实秋、徐志摩、潘光旦等人。他们后来的变化很大，各人的命运不同。（1990年8月5日）

但盖伊同时说得很好，两者的环境、条件又决然不同。18世纪的欧洲启蒙哲学家们"进入与他们的目标十分相宜的环境"，而且他们向之讲道的是欧洲，是一个"已经做好了一半准备来听他们讲道的欧洲"，"他们所进行的战争是一场在他们参战之前已取得了一半胜利的战争"。

而中国的"模仿者"却没有这个环境。盖伊说，对30年代自由主义的中国知识分子来说，却不适用。（《胡适与中国的文艺复兴》第333–334页）

【这段分析很好。

我们可以说，胡适等新月派，在20世纪20—30年代碰到的是：完全没有准备条件来听他们讲道的环境，统治者是不允许他们讲西方民主政治、自由监督之道的自觉的专制主义者；群众（社会广阔面）则是毫无文化与意识的准备；他们进行的战争，是在他们参战之前就已经预计全部输光的战争。】（1990年8月1日）

□ "一个古老民族的新生","确为胡适所追求之目标,但其实现,他不是想通过任何实际意义上的古老文明的再生来实现的,而是通过创造一种新文明来实现的。"(同上,第337页)

令胡适同他的许多同时代人分裂的,是怎样使中国作为一个国家和作为一种文化生存下去的问题。在他的思想中的每一个方面都染上了这个分歧的特色。(同上,第341页)

胡适"没有一处搔着痒处"。胡适及自由主义者脱离群众,因而放弃了他们在道德上和政治上的领导,又放弃了参与权而推动了独裁统治在中国的兴起。自由主义的救治药方中普遍存在"只抓枝节问题的意识"。(同上,第343-344页)

□ 鲁胡两人几首诗的比较:
鲁迅:

> 寂寞新文苑,平安旧战场。
> 两间余一卒,荷戟独彷徨。

胡适:

> 偶有几茎白发,心情微近中年。
> 做了过河卒子,只能拼命向前。

【乐观与悲观,自信与怀疑,向前与彷徨,入世与超越,肤泛与深刻。】

□ 鲁迅与胡适的基本差异

1. 胡适直接接受欧洲文化和美国的新兴资本主义社会现实,尤其注意它的政治与文化:他是透过欧洲文化的美国模式来接受欧洲文化,并以之贯注于五四运动之中。其特点是:

(1) 政治制度:议会民主,"民主是生活方式"——"多数不抹杀少数",尊重少数。

(2) 科学是一个方法。

(3) 实验主义。

(4) 一点一滴地改革,"(输入)十部'纯粹理性评判'不如一个评判的态度,十篇'赢余价值论'不如一点研究的兴趣,十种'全民政治论'不如一点独立思想的习惯"。

2. 鲁迅则是透过明治维新后的日本来接受欧洲文化，是经过日本的维新后的社会——文化现实的过滤，选择以至改塑之后的再选择、再接受，因此注意的是民族的独立、人民的解放，是民族从危亡中奋起，人民从苦难中解脱，从压迫下解放。因此，向东欧被压迫民族倾斜，注意反抗、斗争、行动。与胡适恰恰相反，是全面考虑、根本解决，是革命。

□ 胡适认为"朴学""汉学"，"他们用的方法，总括起来，只是两点。（1）大胆的假设，（2）小心的求证。"（胡适《清代学者的治学方法》

《新思潮的意义》：

1. "'重新估定一切价值'（Transvalution of all values）——评判的态度"。

2. 评判态度的两种趋势：

（1）讨论问题：社会、政治、宗教、文学问题（研究问题）。

（2）介绍西洋新思想、文学、学术、信仰（输入学理）。

3. 对于旧有学术思想的三种态度：

第一，反对盲从；

第二，反对调和；

第三，主张整理国故。

4. 新思潮的

（1）精神：评判的态度。

（2）手段：研究问题，输入学理。

（3）趋势：注重研究人生、社会问题。

（4）态度：反对盲从、反对调和（消极的），整理工作的力度与高度（积极的）。

（5）目的：再造文明。

□ 与鲁迅的几个对比文：

胡适《我的儿子》——鲁迅《我们现在怎样做父亲》

胡适《贞操记》——鲁迅《我之节烈观》

胡适《一个最低限度的国学书目》——鲁迅《青年必读书》

【两人的基本理念、社会观念、态度、方法、具体意见和文风等，都不同。鲜明突出地显示了两种不同的文化性格和两种不同性格的文化。】

□ 胡适对于"现代社会"的要求：于此可见他是在追求"现代社会"的。

他的概念：

1. 现代社会需要积极作为，而正统思想崇拜自然无为。

2. 现代——法律、纪律。

   传统——无治为治，不守礼法。

3. 现代——人力征服天行。

   传统——服从自然，听天由命。

4. 现代——正直舆论作耳目。

   传统——不争不辩为最高。

5. 现代——全靠一点一滴追求真理，发现知识。

   传统——不争不辩，不识不知。

6. 现代——精益求精，不断努力。

   传统——处处驻足，随遇而安。

7. 现代——用聪明智慧作自觉计划设施。

   传统——一切委任自然，不肯用思想、气力。

8. 现代——具体知识与条理思想，教人梦想，背书，学舌。

（专刊手稿《从思想上看中国问题》，约在30年）

□ 他们都遭到各自服膺政治集团中的一部分人的"围剿"，一向如此！而最后，都在"围剿"或攻击、纷争的抑郁中逝去。

但鲁迅寂寞而终，胡适热闹而去。

这都符合各自的性格。

【这也许是合适的说法：

胡适是中国现代文化的播种者；

鲁迅是中国现代文化的开路者。

当然，播种者也开了路，开路者也播了种；但各自的主要精神、主要方面、主要贡献是不同的。

鲁迅最后又在随着时代的前进而酝酿发展到新的阶段。

而胡适则几十年未变——基本未变。】

□ 胡适在《中国的文艺复兴》一书中指出，五四运动是一场"为了推动一种用人民的活语言的新文学去取代旧古典文学的有意识的运动"，"一场有意识的反抗传统文化中许多思想习俗的运动，和一场有意识把个体的男女从传统力量的束缚中解放出来的运动"，"一场理性反对传统，自由反对权威，以及颂扬生活与人的价值与反抗对它们的压制的运动"。

胡适的结论："最后，非常奇异的是，这场新的运动却是由那些懂得他们的文化遗产而且试图用新的现代历史批评和探索的方法来研究这个遗产的人来领导的。在这个意义上说，它也是一场人文主义运动。"

□ 胡适与鲁迅都带有悲剧性。

胡适是向一个封建色彩极浓的东方专制政权（指1949年10月新中国成立前的国民党反动统治）要自由，要民主政治。南辕北辙。他以美国标准来要求蒋介石。他有时又扮演一种滑稽角色，充当花瓶，比如1948年的国民党当局伪总统选举。

从《先秦名学史》来看，胡适的思想逻辑是如此的：

中国的文化不适应现代化（脱离现代）→ 要转入西方文化 → 转入要有适当的土壤 → 要整理、改造中国传统文化或寻找能与现代文化一致或相衔接的传统文化中的一部分（他认为是非儒学派）→ 然后移植 → 然后使之与时代一致。

这段话是这样的：

"我们中国人如何能在这个骤看起来同我们的固有文化大不相同的新世界里感到泰然自若？一个具有光荣历史以及自己创造了灿烂文化的民族，在一个新的文化中决不会感到自在的。如果那新文化被看作是从外国输入的，并且因民族生存的外在需要而被强加于它的，那么这种不自在是完全自然的，也是合理的。如果对新文化的接受不是有组织的吸收的形式，而是采取突然替换的形式，因而引起旧文化的消亡，这确实是全人类的一个重大损失。因此，真正的问题可以这样说：我们应怎样才能以最有效的方式吸收现代文化，使它能同我们的固有文化相一致、协调和继续发展？

"这个较大的问题本身是出现在新旧文化间冲突的各方面。一般说来，在艺术、文学、政治和社会生活方面，基本问题是相同的。这个大问题的解决……"

□ 胡适是现代学者，鲁迅是现代作家。

□ 《新思潮的意义》（1919年11月1日）（原载于《新青年》杂志，后收入《胡适文存》）
研究问题、输入学理、整理国故、再造文明。
新思潮的唯一目的是再造文明。
文明是一点一滴造成的。
进化是一点一滴进化的。
解放是一点一滴的解放，改造是一点一滴的改造。（上文）

□ 鲁迅始终坚持社会批评与文明批评，他是社会批判者，他主要揭示、抨击中国国民性中的窳劣方面及其在社会生活中的表现——社会体现；揭示、攻击社会肌体中积存的中国传统文化的污垢。同时，也以同样是爱国主义的热情，揭露和抨击专制统治、民族投降主义，即从事政治批判。
而胡适，作为自由主义知识分子的代表，则注意对当权者的政治弊害进行狭义的政治批判；但不同于鲁迅的还在于，他是以骂来帮忙，而不是要推翻它。
（1990年8月9日夜10时，友谊宾馆215室）

□ 格里德说，胡适对国民党政权不是要推翻它，而是要"启发"它；但对方并不领情（《胡适与中国的文艺复兴》第273页），不认为他（他们）是"小骂大帮忙"，而是"小骂大光火"，或者说"大骂大光火"。
胡适在"不惑之年"曾写信给教育部长蒋梦麟，质问蒋，并说不懂得为什么要整他。到1962年他已是古稀之年，又大惑不解地慨叹，为何，要整他!?
悲剧!!（1990年8月9日夜）

□ 胡鲁各执一端：

胡适认为，学生应该关门读书，不问世事，为将来培养人才，自我培育。鲁迅则认为要行动，要斗争，不会写文章有什么关系，重要的是行动。要做"好事之徒"。

□ 《名学史》：
文学的社会观念。文学的社会背景与社会意义。以此解诗经。
诗人时代——辩者时代——文化动荡时代。

九　文艺习思录（二）

（1991年2月10日—1992年4月）

读书有间，思绪飘忽，及时笔录；雪泥鸿爪，过而习之，常启思路。因内容属于文艺学范畴，乃取"学而时习之"之意，题名《文艺习思录》。已经写过一本，计151页106条，记录着读书与思考的蹰蹰行迹。

1991年2月10日，时疗治于康复医院，周日回家记此。

□ 苏联文艺理论家E.梅拉赫在其所著《创造过程和艺术感受》中指出，陀思妥耶夫斯基的艺术思维特征是认识-分析的趋向。又说："作家艺术思维体系是一个复杂的、不平衡的、不稳定而又特别活跃的体系，在这个体系中多种因素的对比关系不断变化。"（转引自复印报刊资料《心理学》月刊1988年第1期）

【此语甚好。甚至可以说，这种不稳定性，不仅表现一个时期与另一个时期的不同（时间跨度相对长、相当长），而且就是在同一个时期也会有波幅在一定范围内的变化，甚至在两篇相联写作的作品创作过程中，也会有"微波调整"。

此可用于鲁迅研究。

另外，梅氏研究创造心理，主要以普希金、陀思妥耶夫基斯和契诃夫为例证，并有《作为创作过程的普希金艺术思维》（1962）之作，颇有启发意义。另有苏联一学者，其创作心理学研究，只以分析托翁创作为例。此二著作又可用于普学、托学研究了。此亦颇有启示意义（可考虑写同类性质的书或论文）】

（1991年2月10日于家中）

□ T. S. 艾略特的如下两段话，于批评和创作是十分有用的：

1. "要用艺术形式来表现感情，唯一途径是去发现一种'客观的相关物'。换言之，就是应该去发现那些应能形成那种特殊感情的对象、一个情景、一连串事情。"（彼得·福克纳《现代主义》，第48页）

【这里有两点可以提出来：（1）这里所说的"感情"，可以代入"思想""情绪""意念""感受""人生体验"等。主语更换，后面的谓语、从句一样有效。（2）正反向性均可用，即① 先有感性，后有"发现"了的"客观相关物"；② 先有"客观（相关）物"引起感触，产生感悟，于是成为相关物。】

2. "真正的判断并非强加于感觉积累之上的东西：在一个真正具有欣赏能力的心灵中，感受并非是随意堆积起来，而是自身形成一个结构。而批评正是用语言来表现这个结构，它是感觉的发展。"（同上，第46页）

【那么，发展路径就是如此：

（1）（阅读行为）——作品的召唤结构与读者的期待视野——相遇、相撞、互渗、互感 → （2）产生感觉 → （3）感觉的积累 → （4）形成感觉结构 → （5）用语言表达结构（批评）。

很有意思！】（1991年2月10日夜）

□ （继续回到《陀思妥耶夫斯基诗学问题》，中断两天，因回家读别的书了。）

1. 陀氏组织作品形式的观点与见解的特征是：

"面对他人的声音和他人的议论"，"作者的观点、思想，在作品中不应该承担全面阐发所描绘世界的功能，它应该化为一个人的形象进入作品，作为众多其他意向中的一个意向，众多他人议论中的一种议论"。（第147页）

【妙的是，作者不是一个全面阐发者、万能讲述以至讲解者，而只是众多声音、议论中之一种。此所谓多声部、复调；然而，怎么做到这一点，怎么样算是做到了这一点，到目前为止，巴赫金还没有做出最好的透彻论说。】

2. 陀氏吸收了欧洲惊险小说的模式：（1）主人公的不确定性、未完成性；（2）传统写法，以其作初步模式来编织自己的情节。【《罪与罚》即有此痕迹?】

3. "狂欢节世界感受"——巴赫金所说的大希腊罗马狂欢节民间文艺的一种性质。

【这是一种特殊的对世界的感受。发之为文，自是不同。可以由此联想其他而成一种"公式""××世界感受"，比如：知青世界感觉，退离者、疏离者世界感觉。当然，这是一种局部的、部分人的感觉，不具备"狂欢节世界感觉"那种普遍性、固定性和模式化。"狂欢式"——狂欢节式的庆贺、礼仪、形式的总和，它追溯到人类原始制度和原始思维的深刻根源。狂欢节上形成了一套稳定的表示象征主义的具体感性形式的语言。】

□ "重逢"，这无疑是中国集体无意识中的一个原型意象，它表现了中国人在中国社会和中国式生活中的一个基本的人生体验。因此，从久远以前开始，在民间文艺、口头文学和诗歌、戏曲中，都有以此为主题的创作，而且形成了几种类型的"重逢"。秋胡戏妻、马前泼水、秦香莲见陈世美、苏三在公堂与王公子相会、薛平贵与王宝钏相会，这些是有关爱情的。《锁麟囊》之类，则是关于浮沉贵贱蜕变的人生变故的。关云长与曹操相遇于麦城（放了曹操），则又是另一种：不负恩，等等。民谚中也有表现：狭路相逢，仇人相见分外眼红；诗歌："人生何处不相逢"；俗话说："两山到不了一块，两人还到不了一块?"等等。（1991年2月12日晨）

【后人的创作中，运用这种原型意象，就具有了艺术魅力的基础。因此，它是民族的记忆、心理定式，期待视野中的相似块。但是，基础也只是基础，还必须有三条，才是运用得好：① 变型；② 灌以当代社会生活；③ 新的自己独有的人生体验。

这当然只是就与原型直接的意义来说的三条，至于作品的整体艺术魅力，还要依靠其他因素，比如语言、结构、人生体验自身的深度、价值和整个作品的意义世界。】（1991年2月12日晨）

□ 出生于捷克后定居巴黎的米兰·昆德拉（Milan Kundera,

1929—）的小说《生命中不能承受之轻》，获得世界声誉。其艺术思维，其立意，尤其是他的创作方法、叙事方式等，颇有新意，颇为可取，且可为我效法也。

其特点何在？是理论–散文小说。把小说写得又像散文，又像理论随笔。用轻捷的线条捕捉凝重的感受，用轻松的文体开掘沉重的主题——符合爱森斯坦电影理论中的内容与形式对比冲突之间的"张力"（tension，紧张）说。

几个结合：理论与文学的结合、杂谈与故事的结合、虚构与纪实的结合、第一人称与第三人称的结合、通俗性与高雅性的结合、传统现实派与现代先锋派的结合。

于是，由政治走向了哲学，由强权批判走向了人性批判，从捷克走向了人类，从现时走向了永恒。

最后，把狭义的文学（Fintion）扩展为广义的读物（Interature）……

【这些，所有这些不都可以完全借用过来，写我的小说吗？理论与随笔，散文加小说，我加他，还可以加你，从现实走向明天，从政治走向人性，也就是走向文化。来吧，试试看！

只待那一天，腾出手来写了！】

（1991年2月13日晚9时在家）

□ 海德格尔分"自我""我思""我思对象"三项。

【此可引入文学研究范畴，借用其命题而另作解释。】

作家必须在对历史的了解、对现实的接触中，即在接受此二者之塑造中，建立一个自我（世界）。借此而对对象进行思索是为"我思"，由此而达到对"我思对象"之了解。"我思对象"是一个独立存在，不依赖于自我而存在；但是，"我思"却是有选择的，不是所有的对象（客观世界的万事万物和一切方面）都进入"我思"范围，而是选择我喜、我爱、我懂、我知者而思之，此为我之个性、心理、艺术观察与艺术选择也。这样构成一个艺术家生活、选择、思考、创作的流程——工艺（艺术创造的）流程。有意思！

（1991年2月14日，农历除夕）

□ 今日读罗兰·巴尔特（1915—1980），《译者前言》中即有若干名词、术语、用语，颇有新意，可用也：

文学精神（新趋向）、文学生命、文学反省形态、文学研究本身性格、哲学式的文学思考、文学的理解有待于人类文化全面理解的提高、文学研究的内界与外界、文学家心灵、萨特式的热烈、纪德式的恬淡、散文批评、广义的"作家"、人怎样对文学说话。

□ 巴尔特提出的新概念"写作"，多种有关因素的作用场，呈现多种形式的特征。可用也。——"新文学形而上学实体"，写作可视为一种整体性人生与文化活动。【此意很可用。】

□【"散文批评"，是一个可用的形式。既是文学批评，又是散文，融理论和文学于一炉，合冷静与热情于一体，取逻辑与"点评"之所长。不妨一试。】

□ 文学的"科学研究"与文学的批评区别是：前者在研究意义，后者在研究意义的产生方式。此可用也。

□ 一个我原来提出，虽给人印象，而今自己忘了，经人郑重提起，又觉颇有意义的研究课题：

《一九一九年：北京文化界》或《一九一九年：北京文化动态》

翻遍当年报刊，形成整体，连及过去、当代与未来，理出头绪，寻觅线索，提出规律。这是一种实证研究，也是一种理论研究；提出文化当年的原生态，蕴含其自身的全部内涵，不管作者能提出多少，读者、批评者自可再提出更多东西。

要进行这种研究！

何时开始呢！？（1991年2月15日，春节夜）

□ 罗兰·巴尔特指出，文学的力量有三种：（1）科学；（2）模仿；（3）记号过程［"写作"？］。

他又指出："……我们可以说，不管文学宣称自己属于何种流派，它断然绝对地是现实主义的，它就是现实，是现实的闪现。"（《符号学原理》第7页）

【这同我所说的"凡文学都是现实的，是现实主义的"这种说法完全一致。我为自己的说法找到了依据！

【注意他所说的是"闪现"，不是一般地出现。】

他还说："一切学科都出现在文学的纪念碑中"（同上，第7页）。

【此点很可注意。】

又说："文学是在科学的间隙中存在的。"（同上）【此亦可注意。】
（1991年2月16日，正月初二夜）

□ 罗兰·巴尔特指出：

1. 现实是不可能再现的；

2. 因为语言是一种一维系统，而现实却是一种多维系统；

3. 但是，人类却不愿意接受这种语言与现实之间分裂的事实，不愿受其约束，因而创造了文学，试图用各种办法来再现现实；

4. 于是有了一种文学的"乌托邦功能"。

【这对文学的本质和功能是一种很有意义和深度的分析。】
（1991年2月17日）

□ 卡西尔说，人之所以为人，就在于人能从事实的世界进到一个理想的精神世界。（《符号·神话·文化》第2页）据他说，文学，是把人从事实的世界带进一个幻想的、理想的、人造的精神世界去的手段、符号。它的本质和它的功用，都于此蕴含着。

【这又是一种对文学性质的解释与定义，正确、准确、深刻、有新意。与前述罗兰·巴尔特的定义相结合，是一种比较完整的"文学定义"，可用。】（1991年2月18日）

□ 中国的"重逢"故事（原型）多矣，尚有"锁麟囊"式的重逢（富贵倒置对换），尚有人、鬼重逢（势力对换），尚有兄弟姊妹十年、二十年后之重逢而世界人事皆变易（旧时记忆歌曲："别十年，兄弟重相见，喜流泪，共谢长天"），等等。（1991年2月21日）

□ 鬼神世界里的人间世与"元小说"：似乎可以以此为题来写关于唐宋传奇以及《剪灯新话》《夜雨秋灯录》等明代传奇。论述如下问题：

1. 其本身对于现实的曲折反映；

2. 其自身之艺术价值（艺术思维与叙述方式）；

3. 它作为"元小说"的价值，即开启了元拟话本，供应了题材与灵感以及"模式""原型"，供元杂剧、戏曲以材料。

由此，又可及于宋元话本、拟话本；由此，还可及于变文。于是构成一个中国乡土文化的一个三元、三段延续性文学-文化世界！

唐宋传奇 → 变文 → 话本 → 拟话本 → 明清长篇小说。

此可构成一部书。

（1991年2月22日自家归医院的一个黄昏）

□ 语言在叙述文学中，是一种叙述工具，通过它，作品获得艺术性。因此，语言在小说中的艺术功能有两种性质：

1. 叙述对象的过程中，产生艺术意义；

2. 叙述本身即语言自身产生了艺术意义，即获得了独立的艺术价值。它虽然不可能游离于对象之外（叙述对象），但却可以获得相对独立的意义。犹如绘画中的笔墨情趣、线条自身的美一样。书法之美往往只在笔墨间，而与内容无关。

（1991年2月22日中午，康复医院）

（又回到《陀思妥耶夫斯基诗学问题》）

□ 巴赫金指出，文学中的语言有三类：

1. 直接指物述事的语言；

2. 描绘性的语言；

3. 以另一种声音为背景的语言，就是巴氏所说的"双重指向"的语言，"即考虑到了他人话语的言语"。（第256页）

这种语言有仿格体、讽拟体、对话体。

【这三种语言，一般地说，是三个层次：① 初级；② 中级；③ 高级。但特殊地说，它们又是三种风格、三种类型，它们各自可以在自己的风格类型上达到高水平，① 可以高于②、③，② 可以高过① 、③，等等。

可否说《红楼梦》《三国演义》等即是① 类型？】

但巴氏以后又另分三类：

1. 直接表意语言，目的只在表现自己的对象（相当于叙述语言，即直接指物述事语言）；

2. 作为描写客体的语言，即作者叙述的主人公的语言。其目的也在于描写客体、描写对象、表现对象，但是，它自己同时又构成别人（即作者）所表现的对象。

但以上两种语言均是"单声语"。（第260页）

3. 双重指向语言："在自有所指的客体语言中，作者再添进一层新的意思，同时却仍保留其原本的指向。"（第260页）于是，一种语言，竟含有两种不同的语义指向，含有两种声音。

讽拟体："作者要赋予这个他人语言一种意向，并且同那人原来的意向完全相反。……在里面同原来的主人相抵牾，发生了冲突，并且迫使他人语言服务于完全相反的目的。语言成了两种声音争斗的舞台。"（第266页）

他举例【这很重要，因为例中见真义】：讽刺体模拟体的语言，即为了使语言成为两种声音斗争的舞台；模仿风格体的语言亦如此。

【鲁迅有的杂文即是如此。其内在指向是讥讽对象的，但又以对象自己出来说话等，于是以表现自己的面貌出现，直陈者（第一种声音）是表现自己、表扬自己、自我称赞，但内在意蕴（实质上）是嘲讽了主体（主人公），这是又一指向，即第二种声音。《阿Q正传》中阿Q的"思想语言"和某些段落的叙述语言，即如此。】（1991年2月22日）

巴赫金指出，普希金的《别尔金小说集》中的别尔金是一个有特定社会阶层、相应的精神和面貌、看待世界态度的人，这里是作者的意图体现在叙事人的语言中。"这里的语言，是双声语"。（第263页）

【如此说来，《狂人日记》中的狂人的话，是双声语。——"狂人语"——鲁迅之语。可否如此看？部分地应该是。重要。】

巴赫金又指出，列斯科夫所以安排叙事人，"是为了写出另一社会阶层的语言，写出另一社会阶层的世界观"。（第264页）

【如此说来，《狂人日记》亦如此也。重要。】

他说，屠格涅夫就不同了，他是利用叙事人来寻找口头叙述方式，并通过这种形式直接表现自己的意图（不是表现另一阶层的另一种声音和另一种世界观）。"他人的话被我们纳入自己的语言中之后，必定要得到一种新的理解，即我们对事物的理解和评价，也就是说要变成双声语。"（第268页）

以下内容十分重要，是分析文学语言的基本类型、基本格调、基本功能的基本模式。（见273-274页）

第一种类型

直接指述自己对象的语言。它表现说话人最终的意向。

第二种类型

客体的语言（所写人物的语言）。

1. 以各社会阶层的典型性为主的语言；
2. 以个性特征为主的语言。

具有不同程度的客体性

第三种类型

包容他人话语的语言（双声语）。

1. 单一指向的双声语

（1）仿格体

（2）叙事人的讲述体

（3）（部分地）代表作者意图的
　　　　某一主人公的非客体语言

（4）Ich erzahlung（第一人称叙述）

此类在客体性减弱时，趋向于不同声音的融合，即趋向于变为第一种类型语言

2. 不同指向的双声语

（1）讽拟体（包括所有的不同的意
　　　　味色彩）

（2）讽拟性的讲述体

（3）讽拟性的Ich erzahlung

（4）主人公作为讽刺对象时的语言

（5）一切转述他人话语而改变其意
　　　　向的语言

此类在客体性减弱而他人思想积极化时，出现内在的对话关系，并趋向于分解为两个第一种类型的语言（两个第一种类型的声音）

3. 积极型（折射出来的他人语言）

<table>
<tr>
<td>（1）内在的暗辩体
（2）带辩论色彩的自传体和自白体
（3）考虑到他人语言的一切察言
　　观色的语言
（4）对话体中的对话
（5）隐蔽的对话体</td>
<td>他人语言从外部对此类施加
影响；
此类同他人语言的相互关系，
可以有极其繁多的形式；
他人语言的影响，会在不同
程度上改变此类的型态。</td>
</tr>
</table>

（1991年2月22日）

□ 陀氏语言是"总要极力预测他人语言"，"无处不贯穿着他们对于他人语言的紧张揣测"，无论是自我表述的语调和风格，还是"它的内在语义结构"，"都取决于对他人话语的猜度结果"（第282页）。并且，在"察言观色的""惶愧的"自语中，还不断出现语言阻塞和语言中断。（第282页）"我眼中的我"总是以"别人眼中的我"为背景，并且以此形成自己的语言。（第284页）

□ 【"重逢"有一个隐在意义，即历史的变化、人事的蜕变，亦即否泰更迭的人生。这本是人间正道、世事常态，令人生无限感叹。但由此又产生一种悟性：人生如此，无可违拗，不必伤怀，而只可顺其势而行之，识其律而通之。于是这就进入一个中国传统的人生哲学和中国人的传统文化心态了。这可以说是中国人的灵魂，至少是"之一"。而这又同中国传统的封建经济、小农生活、安宁人生有关，是它在精神世界的反映。】（1991年2月26日晨，于康复医院）

□ 陀氏之语言皆是"两种对话的产物"——他说的话是有针对性的、有背景的、在驳论着的，是在两种（自我和别人）力量拉扯的张力场中的语言。【可用来写《天鹅之歌》。】

□ 种种语言：

"察言观色的语言"；

"暗中争辩的语言"；

"内心对话的语言"；

"模拟讽刺语言"；

"与自己进行抚慰性对话"。

（1991年2月28日）

"主人公自己内心对话"——"用自己的声音来代替别人的声音"。

"叙述语中包含着与主人公的对话"。

"主人公的语言从第一句话开始，就在预料中的他人的话的影响下变形、扭曲。"（第312页）

"对话化了的自我意识"。

"实现交际的语言"。

□ 戈里亚德金（《同貌人》）中的三个声音：

1. "自己眼中的我"；

2. "他人眼中之我"；

3. "不同意他的他人的声音"。（第297页）

在大合唱中，"蓦然响起了魔鬼的声音，魔鬼的歌曲。他不显形影，只听见他的歌声。他的歌声和赞美诗同时唱着，几乎融合到一起，然而它们又完全是不同的音乐……"（第305页）

□ "讽刺模拟因素和争论因素引入叙述"。叙述变得更为多声部。《简·爱》表达的是"妇女最普通的性欲幻想之一，希望得到征服，而且被一个极端蔑视妇女的人所征服，这样就使受支配的事实，变成妇女的自尊"。（见《英国小说》，《中国比较文学通讯》1991年第1期）

【分析深刻。

借此评马秋芬，她表现的是妇女最普通的人生愿望，愿意为儿女而牺牲自己：但她觉得幸福。然而又是一种苦涩的幸福。面对并不爱——曾经"爱"过，现在不爱了，或者说曾经稀里糊涂地爱过，或者不得不、只好去、无可奈何地去爱过的，现在不爱了的丈夫，她要同他过下去，又不免有无限的惆怅。惆怅无地，不免叹息一声，以抒发无奈之情。这是典型的中国女性的心态，民族的文化伦理观的显现。她不是在希望被征服中表现自尊，而是在居高临下地"爱"他中表现了自主自强：在另外的方面去寻求人生的快乐、自我的实现。】

《地下室手记》的语言，完全是"实现交际的语言"，同自己、别人和世界对话，而且不时地朝一旁斜眼，看看听众、目击者、评判人。陀氏在《温顺的女性》前言中就说："……有时他自己对自己说话，有时

好像和一个隐身的听话人、某个评判人在说话。其实，现实生活中总是这样的。"（第323页）

陀氏的对话嵌进了情节中，外形上富有情节色彩，但它又不是情节性的，它不是手段，而是目的。它揭示"人身上的人"，是超情节性的。"两个声音才是生命的最低条件，生存的最低条件。"（第344页）

【这里在揭示人的本质时，揭示了小说中的人物、作家创造人物的本质。人的本质（包括其重要表现、重要活动之一的"与人对话"），是在与他人的交际中表现出来的，他身上随时和永远都生活（生存、存在）着另一个人或另一些人，或在今人、古人、亲人、友人、敌人、上司、朋友等一切对他有影响的人。这些融在他的心灵中、灵魂中，化而为语言，所以，一个人随时所说之话，都是包含着他人之声音的，都是双声的。比如说，某少年说："我长大要当歌唱家！"这里就蕴含着很多别人的声音，或者是有人这样告诉过他、规劝过他，或者他见到了"当歌唱家多好"的现象，等等。】（1991年3月16日）

□ "重逢"还有另一个意义，即在落魄或贫困、贫贱时的朋友、结义兄弟，预计将来发迹变泰之时，各自如何：

> 卿虽乘车我戴笠，后日相逢下车揖。
> 我步行，君乘马，后日相逢卿当下。

法国人分析这是"完美无缺的友情"，是"朋友间的患难与共"，"这些就是中华民族自上古时代起就萌发的紧密团结的幼芽"（《牧女与蚕娘》第19-20页）。书中还说，"表现友情在中国民俗中占有十分重要的地位的诗歌不胜枚举"（第20页）。

□ 在一篇关于凡·高为什么容易为中国人接受的文章中，提到了中国人重视"狂"，从孔子开始到李白等，文人以狂人自居，狂被认为非俗人、有抱负有见识之人。为此，"狂人"是中国的一个原型。可用以析鲁迅。文人也以在狂中创作为佳。

文中提到，孔子认为"狂者进取"；历代有"狂夫之言，圣人择焉"，"广开忠直之路，不罪狂狷之言"，"民之胥好，狂狷厉圣"。《庄

子·田子方》中有"解衣般礴"之论。自在超脱、专注、灵感状态。

（文见《新华文摘》1991年第1期）（1991年3月7日）

□ 中国人的原型意象——文化心理结构意象：

1. 家园意象原型；

2. 神帝意象原型；

3. 人伦意象原型；

4. 天命意象原型；

5. 刑治意象原型。

人类文化心理发展过程：

幻象文化心理阶段 → 意象文化心理阶段 → 类象文化心理阶段 →
道象文化心理阶段。

（见《文化研究》1990年第3期）

【这两组概念、命题、归纳均颇有意义，可用，可发挥，可引
申。】（1991年3月15日）

□ 巴赫金在《陀思妥耶夫斯基诗学问题》中指出，陀氏的重要艺
术视角是"人的思考着的意识"和"生活中的对话领域"（见该书结语
部分）。

【这是两个很有意思的范畴，很符合社会与人的内涵：

1. 人思考，都是意识在思考；人活着就是：他的意识在思考
着，或者说，人的意识活动，总是在"思考着的"。

2. 人总是在与人对话——默默地对话，与人对话，也就是
说，他总有人包围着他，褒他，贬他，评论议论他，他也听到，有
反映——同意或不同意、高兴或难受、欢乐或气愤，所以他思考、
说话、行动，都是在对话：同多种议论对话。】

（1991年3月17日夜）

□ 黑格尔讲到一种"抽象思维的人"，文章的题目就叫《谁是抽象
思维的人?》。他讲到，如果拉一个凶手赴刑场，那么，抽象思维就会说
这只能是一个大坏蛋；如果有人说"这人还是一个有幽默感和强有力的
汉子哩"，抽象思维的人就会说这个人是"想入非非"，说不定与凶手有

瓜葛，如此等等。（引文见何新《艺术现象的符号-文化学阐释》第134页）（1991年3月18日）

□ 情感——意义——价值

作品的第一叙事系统：表层平面上的意义世界，由此，意义世界 → 价值评估 → 新的意义（深入层次）。

【以此评马秋芬，或说以马秋芬为例，可见，叙事背后和之后，还有一个深层的叙事系统，即以女性视觉所叙述（倾诉）的生活观念、人生价值认定。比如，女（美人）不愿抛弃儿女，而且不愿离弃已经并不爱她也不可爱［甚至似乎（模糊）也未曾爱过］的丈夫，而且忍受、妥协、委屈、求全。这是一种人生：没有为了一己的生活、人生价值而破损另外的人（特别是子女）的人生价值。这也许会被时下一些人视为保守、传统。但是，西方社会中由于离婚而失去父亲或母亲，导致少年犯罪或心理疾病的问题、家庭悲剧、社会不安，在另一种经济基础、历史-文化-社会背景和心理状态下提出来了。两者有很多不同，在不同的社会-文化层面上面临此类问题，但是，在"抽象"的意义上，两者却一样：母亲—儿女、妻子—丈夫，在张力与拉力、我与你之间产生了矛盾，应如何解决？

"马氏答案"也许是一个落后的方式，也许是一个超前的方式；但主要的是一种思路、一种情感、一种心理。

它提供了一个审美空间。】

□ 读《读书》杂志1991年第3期赵一凡的文章《〈围城〉的讽喻与掌故》，谈《围城》，谈到学者小说，可能正是知识型文本、后小说等，有意义，可意会和可言传，对我来说如此。由之想起德国人所说的理论小说，想起昆德拉。对，赵一凡也提到昆德拉，还提到埃柯和博尔赫斯。这里有几点：

1. 小说有这么一种类型，这种类型现在受欢迎，当然非大众。

2. 小说可以这么写，可以这么写而写得好。

3. 我可以写这种小说，它叫理论小说、学者小说、知识型文本。好极了。择日一试！

此文还提出了小说中的隐喻、寓意，这大概可分为总体的、局部的、具体的、零碎的等类型。文中提出，鸿渐、辛楣、晓芙、柔嘉等主角人物的起名皆有典。（1991年3月26日）

（多日不读书，今日恢复）

□ "结合与离异皆错位"型罗曼史，一点也不罗曼的罗曼史。——社会史、人生史：具体时代、具体社会的人生史。如此评马秋芬，可也？

赵一凡评《围城》，为"引诱→追求"型戏仿罗曼史。

（1991年3月26日中午）

□ 巴赫金在《陀思妥耶夫斯基诗学问题》的结语的第一段中指出：（1）陀氏有一个新的艺术立场；（2）因此，他这位大师带来了艺术视角的一些新的形式；（3）这种新视角拓展了艺术视觉的视野，使他有可能从另一个艺术视觉来观察人；（4）因此，他又开拓了人及其生活的一些新的方面。（第363页）

【这几点很重要。最主要的是，他有了新的艺术立场、新的艺术视觉，因而发现了新的人生。自然，也就可以写出新的人生了。】

（1991年4月1日）

（多日写稿，未看书；今日结束此书之阅读）

□ 巴赫金又提出，陀思妥耶夫斯基继承和发扬欧洲小说发展中的"对话路线"，创建了复调小说，而且，在人类艺术思维总的发展中，有了一种超出小说体裁范围以外的复调艺术思维。（第363页）

【这种思维首先是人的思考着的意识和人们生活中的对话领域。】

□ 巴赫金还提出了一个很好的命题，他说，"每一种体裁都有自己主要的生存领域，在这个领域中它是无可替代的"。（第364页）

独白小说在它自己的生存领域中，是无可替代的。因此，没有一种新的艺术体裁能够取消或替代原有的体裁。但是，新体裁的产生，又有可能影响旧体裁。

1. 使旧体裁更好地意识到自己的潜力和疆界，克服自身的幼稚性；

2. 有助于旧体裁的更新和丰富。（第364页）

□ 在艺术领域中，不应该要"最粗糙、最简单的明确性"（同上）。（1991年4月1日中午）

□ 这是我自己的一个命题：

【小说的第二叙述系统——潜隐叙述系统。

1. 它存在。

2. 它也在进行连贯的叙述，与第一叙述系统（小说的叙述系统）平行或交叉，或时而平行、时而交叉。

3. 它叙述着另外的意思、另外的故事、另外的系统、另外的主旨。

4. 它可能与"第一系统"一致，可能恰相反，可能补充。

5. 它可能是作家意识到的，但更可能是没有意识到的。

6. 它更具有潜意识；它有时比第一系统（意识系统）更重要。

7. 它的产生是必然的；有第一系统产生、行进、发展、归向，就有第二系统的如此等等。

8. 但是，它可能更简略；然而更重要，更能看出作家的真正面目。

现在的问题是：选个案，解析，诠释，论证。

一个有意思、有发掘价值的课题。】

（1991年4月1日中午，康复医院12室）

第二叙述系统：隐在叙述系统，背景叙述系统，对话系统（与第一系统对话）。

第二叙述系统是在第一系统的基础上产生的，是在作家提供的素材基础上产生的；但又是直接的、非显性的、非连贯的、非自觉的，其功能则甚大。（1991年4月2日）

□ 语言的表达、意向活动、语言意义、语境——这是语言哲学中的一系列命题与范畴，是一篇谈此问题的论文在论及现象学哲学家胡塞尔时谈到的。启人思考的是，语义并不是一个单纯的语言的意义，它同

意向性活动有关，同表达方式有关，同语境有关。"他把语言的表达建立在意向活动的基础之上"。

"反对依赖于语法结构或逻辑形式解释语言的意义，强调意义必须随语言的不同使用环境而变化。语言的意义依赖于语境"，不仅注意语言的表达和意向，而且注意语言的理解（解释）和接受。

伽达默尔：语言与理解。

书面语言不受理解视野的限定。它一经形成文本（text），就摆脱了作者和最初读本的视野，具有了自己的生命，进入每个阅读人都平等共有的意义领域。任何理解都是解释。语言不仅是谈话，而且是"听话"。（海德格尔）

（见《语言问题：一种思维模式的选择》，载《中国社会科学》1991年第2期）（1991年4月12日　康复医院）

□关于第二叙述系统

【它的出现和存在是必然的。有第一叙述系统就有它，第一系统一出现，它就出现。它是第一系统的"影子"，但它又"越出"第一系统，让读者看到更多的东西，看到那些"叙"外之"叙"、"事"后（面）之"事"、意外之意、景外之景，还看见作者的心意与面貌、见解与意愿、理想与现实。它是自然而然由第一系统产生的。

也许可以说，有的第二系统是作家创作第一叙述系统时有意追求的、设计的、安排的、企求的；但更多的（？）是，作家并没有意识到它的必然出现与存在，而是它自己在那儿出现的。

就是说，第一系统一出现，也就出现了"两个告知"：（1）告知小说本身的故事、事件、意思，这是"本意"；（2）告知在故事背后的事情和作者主观意图背后的东西。假设看《暴风骤雨》，第二系统在说，一九四几年，东北几处解放了，搞土改，执行的是什么样的政策，农民和干部是如何理解和执行这种政策的（可能作家说，这都是对的、好的、正面作用的），但是，第二系统却在告诉我们，是对还是错，是好还是坏，是反面还是正面。】

（1991年4月13日　康复医院）

□ 关于"意境"，本来源于佛教的心与境相缘相生的基本命题，之后，王昌龄在《诗格》中、诗僧皎然在《诗式》中，有新的发展，明确了，精确了。

王昌龄："夫置意作诗，即须凝心，目击其物，便以心击之，深穿其境。如登高山绝顶，下临万象，如在掌中。以此见象，心中了见，当此即用。""春夏秋冬气色，随时生意。……目睹其物，即入于心；心通其物，物通即言。"（《诗格》）

关于景情、境界的种种说法：

1. "情景者，境界也。"（清·布颜图《画学心法问答》）

2. "情景名为二，而实不可离"，"夫景以情合，情以景生，初不相离，唯意所适。截分两橛，则情不足兴，而景非其景"。（王夫之《姜斋诗话》）

□ 美国学者巴顿·豪厄尔在1989年出版的《战争的终结》一书中指出人类思维的三个发展阶段，很有意思，且亦涉及文学。

第一阶段，第一相思维（first dimension of thinking，dimension 也可译为维、度、空间）。和其他动物无甚差异的整体感觉、直觉和思想。该时期人是无语言的，不自觉的。

第二阶段，第二相思维（second demension of thinking）。随着语言和语言思维的出现，经验被分解为碎部，然后被直线式地串连成系列，形成因果关系、逻辑和理智。然而，人的整体的心灵（psyche）被撕裂，自我意识（self-consiousness）使心灵出现伤口；人开始感到自身的二元矛盾，代表人物即俄狄浦斯国王（Oedipus Rex）。

第三阶段，第三相思维（third dimension of thinking）。最早的迹象就是默阅。默阅意味着想象思维和内心世界的开拓。欧洲文艺复兴标志了第三相思维的大发展。

二度空间的平板绘画发展为透视的立体感的绘画。逻辑和力学的内向发展（internalization）创造了现代科学。

故事的内向发展导致了小说型创作。首见于15世纪末西班牙犹太人罗哈斯（Fernando de Rojas）的剧本 La Celestina，随后是五百年的"小说爆炸"。

又，小说、诗、哲学、文学批评等，使心灵交互作用，结果是扩大

读者的内心世界，增加移情心（empathy），心里就开拓更多的空间，容纳得下更多不同的观点、不同的感情。

（见《读书和战争》，载《读书》杂志1991年第3期）

【很有意思的一些见解，对思维探索和从此到文学艺术的探讨均有启发。】（1991年4月3日夜　康复医院）

□ 巫术—宗教—科学，这是一个历史性发展程序，但在这整个过程中，都同时衍生出文艺，或借用文学艺术的形式来完成其内容。因此，这成为文学艺术发生的源泉与根因。同时也可以看出，最早的文艺活动都是为了实用（丰收、狩猎成功，等等）。因此，也就证实了文学是"人类自我实现的基本手段与基本范畴"的说法，即"我的'理论'观点"（！）（1991年4月9日）

□ 弗雷泽：《金枝》——Cambridge school——神话和仪式 → 文学；

荣格：集体无意识 → 原始意象（primodial images）或原型（archetypes）→ 文艺创作主题；

卡西尔的象征形式哲学："神话思维"（理论思维前的认识、解释世界的思维方式）——语言名称所指与具体存在等同——思维符号与思维对象之间的隐喻关系（燕子 → 夏季）：诗歌的隐喻性，等等。

荣格的原型批评意义在于：

1. 表现了原始意象，就好像道出了一千个人的声音；

2. 将所表达的思想从偶然提升到永恒；

3. 把个人的命运纳入了人类的命运；

4. 因此，成为唤起和激励人类摆脱危险、熬过漫漫长夜的亲切力量；

5. 回溯无意识的原始意象，为现代的畸形化、片面化提供了最好的补偿；

6. 把无意识发掘出来，赋予意识的价值，经过转化成为同时代人所可能理解和接受的；

7. 因此，艺术可能成为民族和时代生活中的调节活动，对抗异化，维护人性的完整。

（以上见叶舒宪《神话—原型批评》第7-8页）

（1991年4月9日下午）

□ 日本的"民族艺术"研究，很有新意。可以借用、发挥，于文学艺术文化研究均有用。（文见《文艺研究》1991年第2期第154页）

该文提出了"民族艺术"与"个性表现的纯艺术"的区别，强调前者重作品与接受之间的关系，而后者重作者与作品之间的关系。

（1991年4月10日上午　康复医院）

□ 值得注意的是，巴赫金在他的《陀思妥耶夫斯基诗学问题》的结语中强调，陀氏创建的复调小说是"人类艺术思维总体发展"中的"一个巨大的进步"，即创建了一种"复调艺术思维"。同时又指出，这种思维能够研究"独白立场的艺术"，把握它所无法涉及的人的一些方面，首先是：

人的思考着的意识（人的意识是思考着的，即动态的、非静态的，是运行着的、非凝固的，是对话性的、开放的而非孤立自存的、封闭的，即有联他性、争辩性）和人们生活中的对话领域。（第363页）（人们生活中存在对话领域，也可以说人们是生活在对话中的，人的生活、思维是对话性的，等等）。

这样，就把一个思索、认识、理论系列排出来了：

世界生活现实 → 它的存在方式：对话（即社会性、集体性、传统性，亦即历时性的存在和对话与共时性的存在和对话）→ （反映这种存在的）思维的对话性 → （思维的实现和反映思维的）语言的对话性 → 反映这种存在和思维的、运用这种语言的艺术思维的对话性 → 对话型的世界感受 → 由此形成的一种特殊的艺术视角 → 由此产生的复调小说和整个文学世界。

探讨的终点和结论是复调小说，但是途径和归宿、终极却是思维的对话性和世界的对话性。

应该说，在越来越复杂的现代社会，这种对话性更为加强。

这里涉及三项：世界 → 思维 → 艺术立场、思维、视角。

据此可写论文与书评。（1991年4月10日下午）

复调小说：把不同的、处于平等地位的意识连同它们各自的世界"结合在某个统一的事件之中"，而且"相互间不发生融合"。（第3页）

歌德：历时性艺术

陀氏：共时性艺术（主人公的每个行动都属于现时，而不求得解释

历史与环境的影响）

世界的对话性：

"我不能没有别人，不能成为没有别人的自我。我应在他人身上找到自我，在我身上发现别人。我的名字得之于他人，它为别人而存在，不可能存在一种对自我的爱情。"（巴赫金《语言创作美学》第312页，转引自《陀思妥耶夫斯基诗学问题·中译本前言》第12页）

陀氏欣赏格林卡的话："生活中的一切都是对位，也就是对立现象。"（转引自《陀思妥耶夫斯基诗学问题·中译本前言》第12页）

陀氏创作表现为，"不同的声音各自不同地唱着同一个题目"，形成"多声部性"即复调。

□ 约翰·霍尔（加拿大麦吉尔大学社会学教授）提出的两点很有意义：

1. 作家（应含其作品）在社会生活和文化史上的作用，都是由社会功能圈决定的。

在中世纪，贵族庇护人、作家、读者成为一个社会功能圈，其中那些贵族庇护人和资助者是起决定作用的，以后，平民读者、大众传播媒介、出版商、评论家等则起到综合作用。在当代，作家受制于市场调整的图书生产机制，大众传播媒介的老板、大学校长和系主任，尤其是前者，足以扭曲作家的个性。在高度市场化的西方，社会功能圈包括：经纪人、大众传播媒介网、图书发行商、读者群、评论家——这是一个现代功能圈。

但是，霍尔又指出，思想和作品的创造和传播既有受到政治和经济直接制约的一面，又有难以制约的一面（思想是独立存在的），所以是"独特的权力结构"（也是独特的生产结构），是"思想和知识的生产与物质和技术系统相结合的别一种功能圈"。

2. 跨学科研究不是"随意搭起的一副扑克牌"，它至少要受两项检验：（1）逻辑检验；（2）实证检验。

【关于第1项提出"社会功能圈"的概念，非常好，非常重要，开辟了新的文学、艺术与文化以至认识、思维的认识途径、评价指标；所列功能项，亦很好。可用之于研究作家、作品、文学史、文化等。】

（以上所引均见《社会科学报》1991年4月11日第01版，花建《约翰·霍尔笔底展开的"别有洞天"》）

（1991年4月17日　康复医院）

□ 古斯塔夫·施彼特教授（1878—1940）在《美学思考片断》（1922—1923，共三卷）和《词语的内在形式》（1927）等著作中，提出了在语言学水平和语法形态水平上的词语理论。其中，有可取的思想是"文学语言语法"和"文学思想语法"的命题。

【颇可取，颇可借用，颇可发挥。】（1991年4月19日）

其中还提到俄国诗学中的"'形式—形态'的文学研究方法"，颇为重要。

又，文艺学家鲍里斯·雅尔哈（1889—1942）提出：

1. 把审美印象定量化，运用统计学方法；

2. 特别重要而有意味的是，他提出了"文学风格交替嬗变的波浪性曲线"的命题、"文化律动弹性轨道"的命题。

【这些都是很有用的命题，可以用于文学研究、作家研究，以至文化研究、文化选择学研究。】

又，女学者奥列迦·弗莱伊登贝尔格（1890—1955）提出：

1. 神话思维与形式逻辑思维的对立；

2. "审美物"与"宗教物"的概念；

3. 存在远古时期渐次分化的过程。

又，谢尔盖·阿韦林采夫（1937—）提出，文学语言应被阐释为一种人类交际的"手势"，文学风格应被理解为一种充满生命活力的"定势"。

更重要的是，他提出从当代文学的精神取向前景去透视古代文学内在的"对话语境"。

他力图揭示当代文学与古代文学之间、当代文学研究者与古代文学创造者之间的深层对话形态。由此他又提出从对前景的瞭望与对背景的回溯这两个视角上对研究对象作双向透视。

又，亚历山大·楚达科夫博士（1938—）在对契诃夫艺术世界的诗

学特征研究中，提出两个可用命题：

1. "契诃夫学"中的"叙事诗学"与"结构水平"（"具象世界"）。

2. 他的概括为：在流变不居的生活中审视瞬间、此刻、转眼即逝的现象，并将这种极富个性极其偶然的现象艺术地体现出来，揭示出生活进程中的某些整体流向。

（见《他们，也不应被冷落》，载《读书》1991年第1期）

【如此，鲁迅的叙述诗学该如何概括？可否为：

"立足于现实的苦难，着眼于人的心态、精神世界的改变，取生活的底蕴于瞬间局部、零碎的表现，揭示其深层痛苦，窥视生活未来的流向？"（可再推敲）】（1991年4月19日）

□1. 巴赫金的出发点：把文学作为一种特殊的语言现象来研究，又不是研究一般语言即词源、语义、句法结构等，而是研究元语言学或叫超语言学。它所关心的是语言的对话关系，语言只有在对话氛围中才能实现自己的功能，成为活的话语。于是，语言就表现了人与人之间的关系。【也就表现了语言的非独立性、非封闭性、交际性、争辩性、思考性、多元性。因此，小说本身就成为不同社会声音和意识间的大型对话，而实现了对话的小说即复调小说】。（以上摘自蓬牧《巴赫金复调小说理论》，载《文艺报》）

2. 陀氏笔下的人物不是社会学、性格学上的典型，而是思想典型。他是"人身上的人"，是兼有"镜中人与镜外人"两种身份的人，是不断揭示自己、认识自己、与自己讨论的人，他进行着双重思维。因此，他就不是一个完成了的人（一个雕像）、一个确定了的人，而是一个具有未完成性、未确定性的人。

3. 他的对话性表现为：主人公自我对话、主人公与主人公对话、主人公与作者对话。

4. 这反映了人类思维的对话本性、思维的对话本性。

5. 文学的狂欢化与狂欢精神。

6. 复调小说在人类思维的发展上迈出了一大步。

（1991年4月19日黄昏）

【以上摘自《文艺报》（剪报）。综上可见，复调小说不是巴赫金研究他的诗学的逻辑起点和理论归结，而是它的理论体系的关键实例。它受到陀氏作品的影响，然后前进，进到小说所反映的现实生活是什么样的？结论是：对话性的；进而到语言；再进到思维——首先是艺术思维，然后是思维整体。】

（1991年4月19日）

□ "它们是两种声音在一个声音中、两种对话在一个对话中的交锋、干扰的产物。"（《陀思妥耶夫斯基诗学问题》第354页）

"完全排斥内心斗争的语言，在陀思妥耶夫斯基主人公们的口中几乎从来不曾有过。""……主人公身上的另一个声音在进行内心的对抗。"（第356页）

□ 社会学功能学派的创立人马林诺夫斯基，从功能学派的观点对于艺术的性质、价值、功能的论定，倒是挺有意义、挺深刻而富有启发意义的。这是艺术社会学的基本观点。

他的一个基本意见是：要把艺术放到整个制度布局（也可以说社会布局、文化布局）中去看它的功能，而其功能也就涵盖了它产生的原因、理由，它得以发展的条件。

他认为，艺术并不单单是艺术家个人才能、灵感的产物（当然不排除这些条件和因素），也不只是他们的情绪或理智状态的"向外表现"（当然也含此因素），也还不是艺术家把某个事实、信息传给群众，等等。他认为，主要的是要把艺术品之产生放到制度布局中去观察、分析、论定。他说："如其他许多器物和制造品一样，艺术作品总是变为一种制度的一部分，我们只好把它置于制度的布局中去研究，才能明了它的整个功能与发展。"（马林诺夫斯基《文化论》第89页）

【这里就点出了发展。】

另外，他还指出了一点，即艺术与传统的关系，艺术品是传统要它去做并这样去做的，但个人仿制时总是会"在传统之上加了一些新的东西进去，而且还多少使传统有些改变"，于是，"个人的贡献"化成和凝结在渐渐生长的传统中去，经调整后而变成某时期艺术设备中的一部。这就是发展、变化、前进。

但马林诺夫斯基立刻又回过头来指出，这种创造变异即成绩"不仅

为他的人格、灵感及创造能力所决定"，"也为艺术的周围的多种关联所左右"。（上书第89页）

这就是社会性所决定的。

【这段论述非常好，非常有用。它关乎艺术理论，关乎美学，关乎艺术社会学，关乎文化选择学。】（1991年4月25日）

【但是必须补充，马林诺夫斯基是从原始文化的立足点并以之为例证来论述此问题的。

根本一样。但现代社会、现代人复杂万倍，艺术与艺术制作也复杂万倍，所以艺术家个人如何体会、认识、解析、透视社会条件、制度布局，并确定自己的位置，这就有大学问在。

而且，也是各不相同的。

后果各不相同，成就各不相同。身前身后各不相同。】

□ 克里斯托弗·考德威尔（Christopher Caudwell）说文学的现实主义是一个综合体，他的书一开始就说，有些人简单地看问题，"试图将人类思想的一切复杂问题区分为"二元的、非此即彼的。但考德威尔说得好，"文学中最简单的差异也比这种起码的二元论复杂得多。"（克里斯托弗·考德威尔《浪漫主义与现实主义》第1-2页）这是一种认识论，也是一种方法论，是观察问题的基本态度。（1991年4月26日）

□ 作家在社会中的职责是什么？作家是什么样的人？克里斯托弗·考德威尔说，作家是"语言艺术家"，即以语言为媒介，"表现他在生活中的特殊经验"（《浪漫主义与现实主义》第5页）。于是，他说："语言、经验、生活、表现——只要举出这四个方面就可以使作家活动的框架立即固定下来。"（上书第5页）

【那么，这就是了，作家的职责，成功的要素，努力的方面，就是这四项：语言、经验、生活、表现。】

【接下来，该书第6页实际就是接受美学的直接论述了。何以以前无人（？）注意此处之滥觞？！】

□ 关于原型"重逢"问题。

有的作家不是以重逢原型为逻辑出发点（起点），而收罗或编织了故事，来体现原型意象，他同我在"这里"所做的分析恰好是相反、相向的。我们的"程序"是相向行进的。他正好是以生活为思考的起点，而以原型意象为逻辑终结。亦即这原型是他从自己对生活的思考中而得出的一个人生体验。因此这里饱和的是生活的结晶，而不是思想逻辑的颗粒。但他为接受者凝聚和提炼这种"颗粒"提供了原汁。

因此，这里的意义"巧妙"就在于：他提供的是艺术的思维与意象。

还有，这种意象原型又并非"元状态"，而是充塞着现实生活和响着时代之音响。这是生活 → 艺术的必然收获。这是现代重逢，反映的是当代故事，因此又有了新鲜感。

这里要说的不是指出金河找到了一个艺术魅力的现成药方或曰"法宝"，而是要谈他的人生体验和对当代生活的观察与思考深化到和提升到民族原型的意象的深层与高度了。因此，同艺术魅力和思想意味沟通了。这是作家的创作和收获，而不是取巧和"借光"。这是不自觉的，但又是自觉的，即不是在理论形态上的自觉，而是在艺术形态上的自觉。在理论形态上，他并没有把原型意象纳入艺术思维之中；但在艺术创作的实践上，他把它生活的体验融入了艺术感觉之中。

（1991年4月30日归院后）

□ "人类行为的格式"，这是一名美国文学家在评论福克纳的《熊》时提出的一个有意味的概念。他说，《熊》中之情节颇能吻合人类行为之若干格式。可见：

1. 人类行为有若干"格式"原型。
2. 由此可推论，人类生活的发展也有若干"格式"。
3. 作者还说"此类格式"是"我们文化经验中最深切的"。
即说"格式" = "文化经验"。
4. "重逢"是人类生活格式之一，亦是重要的文化经验之一。

（1991年5月1日由康复医院回家）

□ 赵璧如在维戈茨基著《艺术心理学》的译本前言中说到，艺术心理研究在我国还没有很好地展开，又提出其研究的三项主要内容：

1. 创作活动中的心理活动种种（内涵、性质、规律、机制等）；
2. 艺术欣赏过程中的心理活动种种；

3. 作品中物质化、客观化了的心理活动，即艺术产品中的"静的属性"（马克思语）。

此三项基本概括了艺术心理学的主要内涵，也是三个分支学科。可以由此明确从这三个角度，以此三项内容来从事这方面的研究。

（1991年5月1日夜10时）

□《艺术心理学》的译本前言中概括此书内容的基本特点为两个方面：

1. 给艺术作品中的某一段文字以客观的分析，以阐明其个性、构思、客观意图；

2. 揭示读者的心理反应。

文学批评实际上即是这两方面内容。（1991年5月2日）

俄文版前言说，维戈茨基是从结构入手来揭示艺术品之成为艺术品的奥秘的。（第7页）【而这结构，我以为有两个方面：（1）内容的结构，组成成分、素质的结构（什么东西及如何构成的）；（2）形式的结构（用什么手法把要讲的东西讲出来，以及要隐含在其中的东西潜入其内）。这就是学问，这就是艺术。】

维戈茨基说，人的活动不会在成果中化为乌有，而会由运动形式转化为存在形式或实物形式。（第9页）

【那么，从存在和实物即作品中就可以推断作家的活动和工作过程了。

这是一种逆向工作，即批评。】（1991年5月2日）

□ 读赵一凡的《〈围城〉的讽喻与掌故》，文章中提到"学者小说""知识型文本""后小说"。

【这些似为一体性、类似性概念。再加"理论小说"，吾皆可一试者也。

同时，还与《围城》并提，提到昆德拉、埃柯、博尔赫斯诸作家之受欢迎，则彼等皆写此类小说者。可循他们之路乎？】

（1991年5月3日回医院后）

□ 赵一凡的《〈围城〉的讽喻与掌故》一文中还提到，钱钟书在

《七缀集》里讲，文史哲学宗教等，"皆由民俗叙事生出"；又说，人文各科"彼此系连，互相映发"（巴赫金之所谓对话哲学）。那么：

1. 民俗叙事产生了文化，即为文化选择之基本范畴和途径；

2. 人文各科相通、"共识"，共同组成了一个"文化束""文化丛"，并以此成为文化选择的基本指标。（1991年5月3日）

□ "重逢"是中国人对人生解读之一重要内涵。"重逢"是人的生活中的基本"格式"。"重逢"有大大小小、各式各样，"重逢"又反映了社会的变迁、人世的变幻。人与社会变幻的交叉通过"重逢"来表现。（1991年5月4日晨）

□《呼啸山庄》有三重叙事框架：第一重叙事框架，房客洛克乌先生，一个外来人，一无所知者，好奇地发现此处的人际关系的冷漠，"一个合适的听者"，他的身份构成了第一重叙事框架。第二重叙事框架，女管家纳莉，她是向第一个听者的叙事者（但又是第二个听者），她的叙述出现在第一重框架中，构成了小说的第二叙事框架。然后，第二重框架中，又有希克厉自叙在画眉田庄的遭遇，伊莎贝拉私奔后的来信和她的自叙，这又构成第三重叙事框架。

但纳莉的叙述构成了小说的叙事主体。

（见《读书》杂志1991年第4期第37页）

【可见：（1）故事可以有几重叙事框架；（2）其中有一个是主要框架，一个叙述者是叙事主体；（3）在这些叙述体中，隐藏着作者自己；（4）这样的结构也可称为"复体结构，这才能体现生活本身的复体结构"，也才足以在浓缩的篇幅中写出浓缩了的生活。】
（1991年5月12日）

□ 这还不同于我所说的"第二叙事系统"，但是有联系。第二叙事系统始终是隐在的、第二线的、"另外"的。

□ 卡冈在《艺术形态学》中说："哲学思辩产生于神话母亲的怀抱里。"（第19页）
这是一个丰富的命题。

1. 可以从艺术发生学的角度来运用它；

2. 可以从神话学、原型批评的角度来运用它。

（1991年6月2日）

□ 一位英国史学家（爱德华·霍列特·卡尔）的话说得很好，有意味、有深度，可用也。"历史是历史学家跟他的事实之间相互作用的连续不断的过程，是现在跟过去之间的永无止境的问答交谈。"

【文学实亦如此。

永远是现代人站在现在的立场上，跟过去的历史、文学、人物、"世事"的对话与交谈。】（1991年6月4日）

□ 20世纪文学美学思潮传入中国，盖首创其功在于林纾、梁启超、王国维，次及于蔡元培、胡适、周氏兄弟。

主要内容有：

1. 文学观念；

2. 文学创作意识；

3. 文学创作方法。

林纾提供了一个小说世界；梁启超提出了小说的功能论；胡适则考证了小说，并抬高了白话小说的地位；周氏兄弟早期翻译了外国小说。

王国维、梁启超（？）、蔡元培、鲁迅则提出新的美学观。

此乃新潮之第一潮，新峰也。

而后乃有五四运动之潮。

此前和后来，周氏兄弟有"域外小说"之稿译（更前有林纾之转译），胡适有易卜生的剧本。（1991年6月3日）

□ 叶嘉莹论观堂之"总是处在紧张与矛盾之中"。

鲁迅亦如此，不过两人的紧张与矛盾的社会内涵不同、个性特征不同，品性亦不同。而鲁迅之艺术创造，皆源自此种矛盾与紧张——求解脱而得创源，不得不迸发出来而爆发为"激发状"（激化水平高），内容于内而形之外——转移与折射，等等。艺术特征亦源于此。

【观堂则凭此而得学术研究之果】（1991年6月3日）

□【两个作家、学者、文人之间的差异，以及他们的思想、性格之分歧，往往非常复杂、多样、多元、多方面，甚至是不可完结、不可穷

尽的；但是，问题也往往就在一个"点"上，在一个"核"上。这"核"往往是很小很小的，只在性格、兴趣的一点之差、一念之别上，其他皆由此"核"中派生出来。而此"核"之形成，则一在"外在"，在环境、在周围的人，在交往的人际成分，在教育（家庭、学校、社会教育与阅读的书籍等）；二在"内在"——内心如何接受与如何反应。

鲁迅与周作人大体相同的成分极高，然"核"不同，即在对"我"是何种态度。与胡适之差别亦在此。胡适极爱"自我"；周作人则护自我，以此为度，越之则弃其他；鲁迅则舍"自我"，我一切皆可抛。大体如此。

又，此"核"之大体雏形形成于幼年、少年，成型于青年，定型后难改初衷。本性形成即难移。呜呼，周作人、鲁迅之差，天壤之别，虎猫之差，民族魂与汉奸之天壤别也。今之论者、研究者、学者，往往抹杀二者之天壤别，曲解鲁迅而捧周作人，甚至有的人贬鲁迅而捧周作人。不知其何用心也。难道汉奸和爱国者，都分不清吗？】

（1991年6月3日）

□ 西方文明中的"疯狂主题"（见《读书》1990年第6期）这一说法有一定意思。这大概与"狂欢"范式有关。西方文化中不乏疯狂因子与表现，文学主题中的疯狂也不少，那么，一些国家中的"疯狂"主题不可不注意，比如《狂人日记》等。

□ 这是可以用于为研究生讲课的：

1. 欧洲18—20世纪文学学派潮流发展的概貌是：

古典主义 → 浪漫主义 → 现实主义 → "现代派"、"现代主义"（未来派、印象派、超现实主义）。

2. 18世纪的古典主义（"理性"、自然神论、怀疑论、唯物主义）→（否定）浪漫主义（感情、神秘主义、信仰、唯心主义）→ 现实主义（综合这些对立因素，"以古典主义的冷静和主观态度，来描绘浪漫主义的狂热激情"，"从外部来描绘这个世界"）→ 反现实主义（象征主义、未来主义、超现实主义）。

3. "这些纯粹形式上的思维活动具有物质的基础。"

4. 概述为：

"十八世纪末、十九世纪初发生了古典主义者与浪漫主义者的斗

争；然而当浪漫主义'革命'走向终局，这场斗争又表现为浪漫主义与现实主义之争。但是到了二十世纪初，现实主义本身又受到它的对立物——未来主义——的挑战。"（第1页）

5. 现实主义是个真正的综合体。

6. 中国于20世纪初直至20世纪20年代，"搬运"西方的文学潮流，主要是现实主义；同时有浪漫主义的精神；亦受现代主义的影响，但基本的现实主义——批判现实主义。影响最大的是易卜生、果戈理、高尔基、屠格涅夫、托尔斯泰、契诃夫等。

（读考德威尔的著作《浪漫主义与现实主义》后所写）

□ 考德威尔还说，作家的职责就是"以语言为媒介，表现他在生活中的特殊经验"（第5页）。这必然与我之"人生体验论"一致。

又说："语言、经验、生活、表现——只要举出这四个方面就可以使作家活动的框架立即固定下来。"（第5页）

此论甚恰切。他把语言从表现中独立出来了。这表现了对语言的重视。

他继续解释"经验"为"对现实生活的爱憎态度"。那么，感情与思想、倾向性等也就都带出来了。

第6页两段是接受美学的明确论述，此盖早于联邦德国学者近30年！！！

以下深刻地论述了艺术与社会的关系：

1. "艺术是一个弥漫着社会关系的过程"（作家——社会、作品——社会、读者——社会……）。

2. "艺术的模式必须在社会关系中编织而成。"（第7页）

3. "不但素材，就连作者的艺术热情都是从当时的社会环境中汲取来的。"（第7页）

【素材、生活经验、创作动力、艺术热情、艺术经营、创作方法、美学追求与美学理想、语言储备与运用言语，以至创作保证（生活和出版）都依靠社会。】

语言是一个象征符号系统。作家创作就是"重新组合"这些象征符号，"使这种重新组合产生一种与他本人经验相近似的新的经验"。（第

5页）

考德威尔还列出一个公式：

A（作家主观世界的一部分经验）＋B（社会共有的语言天地）→ C（新经验【人生体验】）→ A^1（读者对新经验C的接受）→ C^1（接受C之后的新风险）→【可视为"视界融合"】

文学艺术的每一步都受到社会关系的制约，并"由人类合作的需要编制而成"，"它的任务就是要研究、提高这种社会关系的产物，并使之具有意义"。（第8页）

"艺术感兴趣的东西就是社会经验中还没有包括进去的东西——偶然的、特殊的、个别的、异常的。"（第8-9页）

注意："正是偶然的、非预谋的东西才具有深刻意义。"（第9页）

"艺术中的偶然事件正是显示人类心灵风向的标志。""对于艺术，它是打开新的内心世界的钥匙。"（第9页）（1991年6月5日）

□ 20世纪西方文艺思潮对中国现代文学的影响有三方面：

1. 文学观念的；

2. 创作意识的；

3. 文学母题的；

压抑母题、流浪母题、疯狂母题、性变母题（？）

4. 叙述范型（叙述方式、结构、言语、技巧）。

【补充：

5. 文学批评（批评观念、理论、方式）。】

（关于压抑母题的提法，见《比较文学报》易丹的文章）

（1991年4月30日）

□ 精神产品的消费不同于物质产品的消费，它们会在消费者接受的过程中影响消费者的心灵、精神。

□ "艺术生产与盖房子、造帽子或种粮食的过程一样，都是一个经济过程。它隐藏在社会的肌肤里。"（考德威尔《浪漫主义与现实主义》第11页）

1. 是一个经济过程；

2. 隐藏在社会的肌肤里；

3. 会有另外的因素、规律与功能和效应，这又是艺术的特点。

（1991年6月7日）

□ 当语言成为一个人的熟练工具，成为其母语或类母语时，就日趋"自动化"甚至完全自动化了。文学就是要消除自动化，恢复新鲜感，达到陌生化（Defamiliarization）：这是文学的功能之一。此为俄国形式主义之论。（见《比较文学通讯》1991年第2期）

他们是作家支配语言派。

但是，人又是受语言支配的。下面这段话说得很好：

"哲学家们得出这样的结论：语言是存在的家园，人类生命活动的范畴。只有在有语言的地方才有'世界'，只有进入语言，人才成其为人。一种语言就是一种生活方式、一种文化。语言就是人的存在的基本结构。《圣经》中说'太初有言'（In the Beginning was the word）……人从一开始就是被语言所抓住和构成的。"（伍晓明文）

这就产生了结构主义的文学批评。结构主义叙事学发掘出一套叙事语法。

他们认为有两个系统——普通语言系统与文学语言系统，包括"文学语义学""文学句法学""文学语用学"。

□ 考德威尔在《浪漫主义与现实主义》中论笛福时说：

1. 小说是一个封闭的西洋景，四面封闭，只有一面墙壁留一个小孔，让读者窥探里面发生的一切。

2. 小说既是客观的，又是主观的。它是社会生活的反映，但又是作家主观想象的。前者是原材料，后者是加工。

3. 长篇小说是一个模拟的世界，是在作者头脑中创造出来的，这个世界像"一个自成系统的、四壁封闭的西洋景"（第36页）。

（1991年6月11日）

□ 托尔斯泰的《复活》和司汤达的《红与黑》本来都是第二手材料，一个得自朋友之口，一个利用《法庭公报》和报纸上关于贝尔德和拉法格两个平民杀死贵族出身的情妇而被处死的刑事案件的记载。故事是"听"来的，但经他们一"经营"，却成了杰作。他们对故事进行发掘、增删、提升，主要是把故事的意义改造了，又发掘了其本质。凭的

是什么呢？司汤达凭着丰富的社会政治经历、明确的理论、文学实践的经验。这是条件。托尔斯泰亦如此。（1991年6月28日）

□【"生活世界"是海德格尔的一个哲学命题。胡塞尔则说，"面对事情本身"，"现象学还原法"。他们如此言说，都是为了摆脱逻辑、知识枷锁，要在逻辑之先和在逻辑背后。这些亦可用于文学，文学的性质、基因、前提、表现等，先于认识、意识、反思、我思、自我、"主体"等，摆脱概念的明确性、表达的清晰性、立意的可证实性，而达到概念的多义性、表达的隐喻性和意义的增长性。这些：

1. 与原有的传统哲学、传统文化相悖，是其出路与发展。

2. 与中国传统哲学与文化相通、相向，中国早在老庄时就是这一套。

3. 它对文学艺术的表现与认识均多有好处。

4. 中国"五四"以后，都是批判了后者，学习西方的前者；而后，特别是现在，又在"回复""回返""回潮"，然而是在高一层次上进行。】（1991年6月30日）

□ "现实主义是一个动态综合体。"

1. 语言是人类存在的家园。

2. 语言又是人类思维的"牢笼"。

3. 现实主义必须是动态的、不断发展变化的，其原因是：

（1）它反映的对象即社会与人都是不断发展变化的；

（2）对象自身的特点，决定了描述和反映它的视角、方式、技巧的特点；

（3）语言在不断变化发展；

（4）文字（技巧）自身也在沿着自己的路线变化。

4. 在变化的社会功能圈中，文学必然不断地变化。

5. 接受对象的变化，期待视野、接受屏幕都变化了。

6. 艺术圈也在不断地变化。

7. 现实主义的现实精神，必然带来它的大吸收力和强消化力。

8. 至少，浪漫主义、广义的象征主义总是同现实主义相联系的。

9. 周扬在30年代、40年代就用过"严峻的现实主义"（鲁迅）等概念。

10. 现在则更多了，如广阔的、无边的、开放的、革命的、社会主义、新人道的……

11. 只有综合才能发展，才能适应不时之需。

（1991年6月3日　北戴河中国作协创作之家）

□ 隐喻、神话、语言、艺术。

语言-神话思维中，"部分代替整体"，全部神话思维都受这条原则的支配。它们不是反思思维的媒介辅助物，而是实际上包含了整体的力量、意义和功效的真正的"在场"。"魔法"可以施之于部分（头发、指、牙）而奏效，一株玉米以至一粒玉米，就有整个"玉米神""在场"。

对神话思维来说，隐喻不仅是一个干巴巴的"替代"，一种单纯的修辞格，而且是一种"真正的直接认同"。这个功能并不构成语言的任何部分，但"却支配人类的谈吐"，是人类谈吐的特性；"盖人之所言多假于隐喻"。

神话隐喻以语言隐喻为源泉，而语言隐喻也以神话隐喻为"永不枯竭的源泉"。

语言从一开始就承载着逻辑力量。它曾大放异彩。在进化过程中，语词越来越被简约为单纯的概念的记号（sign）。

但与这一分解过程并存的还有另一个过程——艺术。

艺术最初也是同神话相联系的。神话、语言、艺术起初是一个具体的未分化的同一体【三位一体】。

以后，它们才逐渐地分开，分解为三重独立的精神创造活动方式。

赋予人类言语的语词中的神话创生力和人格力，最初也给予了形象（images），也给予了每一个艺术的再现。语词魔力处处都有图像魔力陪伴着。于是，艺术只有在冲破了这种在它四周画下的那道魔圈的时候，只有当它被认为是一种特殊（神话-魔法形式之外）类型的表述时，才能获得再现的、审美的功能。【艺术既脱胎于语言-神话魔法，又摆脱它而独立发展再现与审美的功能。】

语言在这个进化过程中有一个心智的国度，即逻辑力国度；但同时，还有另一个心智的国度，它在更高一级上保存了原初创造力，并更新它。在此国度中，语言变为艺术再现的康庄大道。语言复活了全部的

生命力；但这已不是被神话束缚的生命，而是审美地解放了的生命。

语词和神话意象抛弃了它们全部的实在性和实效性，变成了"一道光""一团明亮的以太气"，成了心智的器官，"心智自己的自我显现形式"。（见恩斯特·卡西尔《语言与神话》第108-115页）

【这从发生学角度说明了：

1. 神话、语言、隐喻、艺术的共生关系；

2. 它们又是因而、凭啥、怎样分解、分化而后独立发展的；

3. 它们的血缘关系始终存在，它们的当代因缘犹在；

4. 神话思维与艺术思维的血缘关系。

如此等等。】（1991年6月5日　北戴河中国作协创作之家）

□ 这是恩斯特·卡西尔关于艺术的基本品性的系统性基础论述，很有启发意义：

1. 甚至在艺术的心理发展史上，也一直认为可以确定一个单纯"回忆的艺术"阶段。

2. 在这种艺术中，一切努力都只是强调感官所感知的东西的某些特征，只是在人工的意象中把它们呈现给记忆。

3. 一切表面上是"再现"的东西都以意识的原始自发活动为前提条件。

4. 在回忆时，在重复时，必须显示出一种新的概念和构造；因为一个内容的任何一种"再现"都体现了在新的水平上的"反思"。

5. "自我"在日益深化其理解时也一直在从事着一种独创性的创造活动。

6. 不仅科学，而且语言、神话、艺术和宗教都为我们提供建筑材料，以建构起"实在"世界，以及人类精神世界——一句话，"我的世界"。

（见《语言与神话》第223-225页）（1991年6月20日）

□ 卡西尔还有许多关于艺术的论述是可用的。

1. 关于语言的发展，他说，语言必须从日常语言提升到数学的、逻辑的自然科学的语言。为的是：（1）构想世界；（2）经验统一起来；（3）并使之系统化。

2. 艺术能够来完成这使命，如果我们还想保存和恢复这种直接地、直觉地把握实在的方法的话，我们就需要一种新的活动和新的努力。这一任务只有通过艺术而不是通过语言才能得以实施。（第165页）

3. 艺术不是将材料分类，而是"沉湎于直觉"。

4. 艺术不是把世界概念化，而是使之感受化。它不是复制印象，而是创造形式，而形式又诉诸感觉。

5. 艺术不是在概念世界，也不是在感觉世界中，而是在自己的王国中。这是一个直觉的世界、审美的世界。

6. 艺术与神话思维、宗教思维相关联，在概念和起源上如此，现在也没有摆脱其影响与威力。（第165-168页）

7. 科学是一种片面的活动，而艺术是人的。（第71页）

8. 艺术总是两极的，总是含着自身互相分裂、互相区别的统一体，既诉诸想象，又诉诸理智，既统一又杂多，既有情感又有平静。

9. 艺术、语言等对"精神"还有它禁锢的一面：

"精神显得越来越被禁锢在它自己的创造物中，禁锢在语言的语词中，神话和艺术的形象中，认识的理智符号中。这些创造物像一层透明、薄弱又不可撕破的面纱蒙在它上边。"（第251页）

【从这里可以看出艺术和语言的一种"限定"性的负作用，它的作用是同生共需的，因为限定有所确定、确证，而同时也就限制、限围。

因此，艺术创作的一个本领、高标准要求，就是能突破这个限定，揭开这个面纱。那么，模糊性（非限定性）就是一种基本手段了。这就是含蓄、隐晦等等之功能。

此外，翻译就是介绍过来一种新的话语世界，一种新角度、新方法，描述诠释世界，此翻译之大功也。】（1991年6月21日）

□ 作家艾特玛托夫的《成吉思汗的白云》，将现实、历史、神话融为一体，而不丝毫影响他的现实主义，反而加深了他的现实主义。他通过三者的结合，更深刻地揭示了人性的善与恶的斗争、权力与野心对人性的腐蚀。它又将现实与历史结合得那么紧密、贴切！神话的运用增加了美的素质与色彩。多么美的白云和云彩变化的乳汁！

（见《文艺报》1991年7月13日）

□ 苏联关于社会主义、现实主义有如此说法：

1. 内涵发展保持论；

2. 多元格局保持论；

3. 开放体系保持论；

4. 彻底放弃论。

关于文学原则有：

1. 保留基础和"外墙"；

2. "从零开始"。

（见《文艺报》1991年7月13日）（1991年7月22日）

□ 弗雷德里克·杰姆逊教授说，以黑格尔为集大成者的旧哲学致力于组织这个世界（现有世界），而结构主义注重于解读旧有的世界。

【我们可以说，文学是既致力于组织这个世界，又注重于解读旧有的世界，并且两者相加、结合，重组一个新世界！】

（见杰姆逊《后现代主义与文化理论》）（1991年7月31日）

□ 雷蒙·威廉斯说："文学教师必须把他们研究的对象当作一种文化的产物，这样才有可能认识作品的意义和本质。"（杰姆逊《后现代主义与文化理论》第2页）

□ 以下一大段议论，甚好，可"移用"于文学艺术，代入：

"……文化本身有着一种内驱力，竭力要使自己从纯粹的手段上升为自在的目的。这就产生了文化的双重功用：外在的社会性和内在的学术性。比较起整个社会大系统，文化这一子系统的存在，仅仅在作为手段服从整个民族或人类生存发展的需求时才显得有意义。然而，从另一个层面上来说，文化这一子系统也有着它自身的子目标和相对独立的存在价值，它有着任何系统所必具的自调性、自律性特征，它本身是一个系统闭合，依循其内在的规律实现其自我调节和功能转换。……唯有当手段本身升华为目的，它才能最有效地发挥其手段之功用。这意味着，为了维持人类的生存和社会的进步，文化的或学术的发展必须摆脱狭隘的实用藩篱，在追求自身的合理性和完善性中得以实现。"

（引自《读书》1987年第12期第13页）

【一个民族要有一批优秀的"为问学而学问，为认识而认识，为艺术而艺术"的人才，才能发展。

如此观察分析"五四"以来的文学、文化的分野（几种流派包括革命派与顽固派、保守派在内）和各自的贡献，自可得出不同于现时流行结论——狭隘的结论，而得出全面的、科学的结论。】

（久不读正经书，两月有余矣，近翻读旧杂志，得此。）

（1991年7月14日黄昏）

□ 陀思妥耶夫斯基把美分为两类（他的美感世界由两个特定部分组成）：

1. 美与和谐（美的和谐与和谐的美）。他认为，这是人类遥远过去的和谐生活制度在某种程度上的反映，也是未来人类制度的象征。

2. 社会的、道德的美的不和谐：高档的美（不和谐的美与美的不和谐）。

陀氏将此二者均纳入他的创作。于是产生互相对立与互相排斥的原则（状况）：美与悲剧的紧张性，美学的和谐与非和谐。

他还以为以前的艺术作品亦有两类，荷马、拉斐尔、拉辛、普希金都是前者，以后就是后者了。后者乃"生命和创造的痛苦"，"巨大的社会疾病时代"（巴尔扎克语）。【斗争、痛苦、苦闷、紧张和紊乱时代】

【这都是很有见解的意见。自然有点简单化，前者的生活与艺术都未必那么和谐；但比现在和谐。这又与原始、简单、单纯、粗糙、愚昧等相联，是其反映。

现代社会一切发展了，复杂了，多系统了，于是就分裂了，分化了，斗争着、矛盾重重，但在向有序过渡。最终达到更高层次的和谐，但没有绝对的和谐。

正因为如此，陀氏及其作品成为批判现实主义与现代派文学之间的过渡人物与过渡艺术。】

（1991年10月25日　大连辽宁师范大学）

□ 文学作品是诗化了的、象征化了的作家的精神世界。（《普鲁斯特》第5页）

【但可以发挥为：文学作品是间接的、变形的、扭曲的或直白

的、直接的、诗化了的、象征化了的、规整化了的作家的精神世界，但同时又是他的物质世界、生活世界的折射。】

（辽师大招待所102室，时心脏病发后不久）（1991年10月26日下午5时）

□ 梁实秋说："借酒力之兴奋与麻醉的力量而触发灵感，然后无阻碍的发挥其天性与天才。"（见《梁实秋读书札记》第155页）

【此说甚是。为什么呢？盖酒醉以后，一部分神经被麻醉，一部分脑子中的信息、活动被麻醉，即醉中忘俗事，于是解除了一部分束缚灵感和艺术天性发挥的障碍；同时，又有一部分平时被压抑的神经，此时又兴奋起来，即潜意识中之种种被启发出来，放行，于是产生灵感。这里讲的神经，应视为"心理"；但酒的这种作用是有限定性的，因人因事因时因地而异，有意酩酊求灵感未必有效。】

（1991年10月30日，赴辽师大为研究生讲课，不意斯晚心脏病发作，翌日败兴而归。）

□ （久不读书矣，忙于其他也。今日"恢复"，偶一翻书，即有所得。）

彼得·福克纳在《现代主义》中说：

1. "大多数从历史上沿用至今的术语都具有回顾的性质。"（第2页）【很好。盖术语之产生，皆总结前人之文化学术积淀，概括、抽象之也。】

2. "批评在某种意义上就是对过去文化的理解。"（第2页）

批评的立足点是什么？所本之出发的理论是什么？所用的武器（解析刀）是什么？方法是什么？情趣是什么？

都是过去的文化积淀，是你从中所得的东西和你所取的东西。而所取所得，皆"理解"。

3. 他称赞英国维多利亚时代的小说家们"十分明智地体会到人类经验的多样性"。他又说，如果连此点皆谈不上，"他们还怎么能够成为小说家？"（第5页）

【如此说来，小说家的一个基本条件就是"体会人生经验的多

样性"。】（1991年12月1日）

□ 这是一个科学家（生物学家）的见解，然而适用于文学艺术的创作活动：

McClintock（麦克林托克）非常注意科学家的个人风格，注意其差异，注意出格的现象，注意想象力。"在当代生物研究的世界里，麦克林托克的风格就是标新立异。她对个人、对差异有着强烈的爱好……她曾说过，'如果（有什么事情）出了格，那必定有个原因，你就得查明这是怎么回事。'"

"想象力在她的实验研究工作中起了重要的作用"，她具有"训练有素的直觉"。

（此文引自凯勒《情有独钟》第6页）（1991年12月3日）

□ 《普鲁斯特》（《俄国著名思想家译丛》之一）的编者序中写道：

1. 西方人对 Realy 的理解同中国人的不同。不仅是中国式的"实际""实在""现在存在"，而且包含对现实本质的理解、揭示。【此点很重要。它包含了近代的科学主义与实证主义在内。】

2. 他认为，现实主义作家是写一种"生命状态"。

【这提法很好。生命状态，包含个体（作家笔下的人物、作家自身）的生命状态，也包含群体的，还包含社会自身的（中国的社会、日本的社会、法国的社会、美国的社会等，××时期的×国的社会）。同时，又包含"生命状态"的各种形态，如物质生活、肉体生活、心理生活、精神生活、群体的生活、生活流程；还包括生命的具体体现形态。这是一个综合体、一个群体，又是一个过程。此意深矣。

又，此语既体现了"现实主义"的本质意义，也表现了文学的现实性本质（不论何种流派，皆是如此）。】（1991年12月8日夜）

□ 艾略特说，诗在被了解之前仍可被欣赏。（见《美国划时代作品评论集》第555页）

【此语含义甚丰。

1. 诗是可以在不了解的时候就被欣赏、接受的（欣赏或接

受）。

2. 欣赏可以不以了解为基础。

3. 了解了未必就是欣赏、接受。

4. 欣赏有了解之外、之上的东西。比如诗的音韵美、节奏美、联想意蕴等等。】

□《美国划时代作品评论集》一书在评论福克纳的《熊》时指出，"其中的情节颇能吻合人类行为之若干格式"（第555页）。

【有意思。人类行为有一种格式，或可称模式、范型，实际亦即文化。人类此种模式得以在作品中用在生活中找到的对应物来加以成功地反映、感应，那作品就是成功的、深刻的。《熊》既反映了人类的狩猎模式，又含着人类现代文明破坏自然、原始的罪恶和不幸的意义。该书分析指出，故事中的狩猎，既是一种追求，又是一种寻找。"猎取神兽作为一种神圣的图腾"，是"人类故事中最古老的"。】

□ 关于纯文学。

梁实秋在《梁实秋读书札记》中有《纯文学》一篇。

1. 他说，中国最早提出纯文学者，乃王国维；西方最早提出者，乃波德莱尔。

2. 王国维在《静安文集》中论及此题，文甚长。简要地讲中国向无纯文学，"所谓诗歌者则咏史、怀古、感事、赠人之题目弥满充塞于诗界，而抒情叙事之作什百不能得一，其有美术上之价值者，仅其写自然之美之一方面耳。甚至戏曲小说之纯文学，亦往往以惩劝为旨，其有纯美术之目的，世不惟不知贵，且加贬焉。故曰中国无纯文学也。"此说见于1904年（光绪三十年）之时。

3. 波德莱尔在论埃德加·阿兰·波的文章里说，"波的诗及其理论都是属于'纯粹'一型"。乔治·摩尔（George Moore）也说，波的诗"几乎没有思想成分在内"。济慈的《秋》也被认为是纯诗之一。

4. 纯文学者有三条：

（1）没有概念的陈述；

（2）没有教训的内容；

（3）没有道德的说教。

【5. 文章有意味处在于，梁实秋在文末说，文学"载道也无妨"，这已经是"进步"了，也是照他自己的原观点"退步"了。而后又说，作为工具，比如刀，也要锋利。他说，"刀欲求其锋利则是可以公认的事"。此即说要有艺术性，此语的观点已经与鲁迅的一模一样了，连举例论证也相同。

更有意味的是，他最后说，文学要描写人性，这是他原来的观点，而接着便说谈人性"势必牵涉到实际人生，也无法不关涉到道德价值的判断"（第8页）。这就非常有意思，这意思同鲁迅的观点已认同了。接着就不妨举鲁迅驳他时举的例证，林妹妹流香汗，焦大流臭汗，林妹妹她不爱焦大；煤油大王不会有拣煤渣老太太的苦恼。啊哦，统一了！

6. 最后梁实秋说得好，"文学不够纯，不是大病"，而致命伤是"文学不得自由发展"。诚哉斯言，痛哉斯言，惨哉斯言。】

（1991年12月14日午）

□ 列维-斯特劳斯的此种观点颇有见地、颇有用处，关系到思维、文化、文学、艺术。他的意见是：

原始人的具体性思维和抽象性思维，不是分属于"原始"与"现代"、"初级"与"高级"两个不同等级的思想方式，而是平行发展两种类型的思维。它们的文化职能不同，又是互相补充、互相渗透的思维方式。正如植物有"野生"与"园植"之不同一样。而且，两者与人类的艺术活动和科学活动分别相符（即艺术思维→野性思维（具体）→科学思维→抽象思维）。两种思维之不同还可借取野生植物与园植植物之不同为喻。如野生：野性、自然性、新鲜性、朴素性、无污染；园植：高级、可食、无毒、无杂质、有污染……（1991年12月15日）

□ 这是关于通感的，既可用于创作又可用于欣赏：

"……我们可以用词语去把听到的东西视觉化（文学作品即如此——抄者）；可以把书面文献转化为言语；音乐家能够把乐谱的视觉格局转化为胳膊、嘴唇以及手指的运动。显而易见，在某种极为抽象的层面上，它们的所有不同感觉都是根据同一方式加以编码的。肯定存在着某种'逻辑'机制，它允许我们将视觉信息转变为声音信息，或者转变为触觉信息或嗅觉信息，反过来也成立。"（《文化与交流》第12页）

（1991年12月21日）

□ 这是一个很好的思想：了解历史，有利于了解明天（同时，我们还可以说，有利于了解和说明或诠释今天）。这有几方面的原因：

1. 今天和昨天、明天相连，是相延续的链条上的三个"段"。

2. 今天的生活（是它的最广阔的意义上）都与昨天有关，在"今天"上刻着"昨天"。

3. 从"今天"中可以推断昨天。书中指出：

"现代的人看到时钟上的数字时，不能认为这和巴比伦的计时方法毫不相干。"（西拉姆《神祇·坟墓·学者》第19页）

接着指出："……研究过去的人好像一个航海家突然弄清了海洋的流向，探明了来路，也看到了前途。是的：确实可以在一定程度上预见未来，因为假如用科学的方法研究5000年的历史，就可以得出一个模式，据此推断未来。"（第19页）

又说："我们无不生活在5000年历史的遗产的范围之内。"（第19页）

【这于文化选择共有几点可用：

1. 从过去的文化中得到古人是以何标准来进行文化选择的。

2. 5000年的历史是文化选择的历史。

3. 这历史留下了若干基本原则、基本规律。

4. 我们在古人的文化的制约中进行文化选择。

（1）受他们的选择的影响（遗传）；

（2）在他们所提供的基础上选择（基础）。】

【这是读《神祇·坟墓·学者》一书而生的感想。本书为西拉姆著，三联书店版。】

（于中医研究院干部病房02室，时正住院。24日——上一年的12月24日，心脏病发入院，一周来基本未读书，处于"对书的疲劳"中。今日恢复，幸甚！）（1992年元旦）

□ 西拉姆提出一个"批判前反应"的命题，很有意思的是：（1）它主要凭直觉和情感；（2）普通读者的反应；（3）研究者起初也有此种"反应"；（4）此种反应不是毫无用处的。

《神祇·坟墓·学者》中评论"反应"涉及背景、情节、人物、结构、风格、气氛、主题七项。（1992年1月1日　医院）

□ T. S. 艾略特说："没有一个诗人，没有任何一个艺术家，能够单独获得他的完整意义。"（摘自《传统与个人天才》，转引自《文学批评方法手册》第37页）

【这是一句含义丰富的命题，至少可以从以下多方面来理解：

1. 从创作角度，作家之形成，是历史、社会、人类文化、民族的产物，这包括作家自身和作品。

2. 作品之产生，受到时代、历史、文化、社会的决定性影响和制约。

3. 读者对作品的接受。

4. 批评的阐释。】（1992年1月3日夜）

□ 18 世纪末和 19 世纪，浪漫主义提出了一个艺术的"生命原则"，产生了一种"有机体"概念，拿来与植物类比。

【此点重要。艺术是有其生命原则的，那么，也就有它的生活原则，它的生命规律，它的生态（生态状况和生态环境）便有艺术生理学。它的"种子""土壤""肥料""水""阳光"就是社会、历史、文化、民族、艺术传统、自身经历、语言等。它因此也就应该有它的"光合作用"和"叶绿素"。它的"叶绿素"应是作家的创作心理、创作思维；其光合作用即此种心理、思维对其他诸种因素的综合采纳、吸收和综合利用，当然，也包括"诸种条件"对于作家和作品的影响与制约作用。此可发挥也。】

（语见《文学批评方法手册》第98页）

《文学批评方法手册》第98页中提到，柯勒律治（1772—1834）提出了另一个概念"能动的想象力"。他认为，这是"使艺术家心目中的境界成形并且具有统一性的力量"（第98页）。

又，该书第112-113页解释语境，有：

作品说了什么内容，是如何说的；主人公说话的方式；神话、历史与文学有关的典故；词语的结构和模式；语言关系中的指代关系、语法关系、语气关系及系统关系（隐喻、象征、神话、形象、典故等）。

"语境的另一重要方面是作品的'世界'。"【这是更重要的了。】

□《文学批评方法手册》一书提到几个重要命题与概念，过去读到过，再读一遍，把它们联系起来，使之系统化了。

1. 艾略特的"客观对应物"（objective corelative）解释：特定的感情程式，"某种外部事实出现时，便立刻引起某种感情"。

2. 马克·肖莱尔：就内容谈内容，就不是谈艺术，而是谈经验；"只有当我们谈论取得的内容，即形式时，把艺术品作为艺术品来研究时，我们才称得上是批评家"。"内容（或经验）和取得的内容（或艺术）之间的区别是技巧。"（第107页）

3. 每一个作家在作品中都要创造一个世界。"必须想象出并创造出一个供他的人物活动和存在的世界。"它同实际世界大不相同（经过筛选，经过独有视角的描述、阐释、评价……），是一个"如实地反映现实世界的虚构世界"，是亨利·詹姆斯所说的"特性实体"的世界。（第113-114页）（1992年1月4日上午　医院）

□《文学批评方法手册》第123页中，关于形式主义批评方法对于短篇小说分析的基本构架。

1. 说明问题的词或短语。【关键词语】

2. 反复出现的有规律的意象。【反复、意象】

3. 具有象征意义的事物或人物。【象征】

4. 表示比单纯行动（情节）更重要的意义的暗示或线索。【暗示、线索】

5. 钥匙——在一个由情节或"内容"与主题或更大的隐含主题构成的平衡的并置现象中，找到解开故事形式之谜的钥匙。

为此，在对整体评价之前，要对部分进行考察。【这同传统批评方法恰好相反】

□《文学批评方法手册》中说，《哈姆雷特》创造了一个莎士比亚的人物所占据的世界，"这个世界凭借剧中所发生的事件和所讲的话而得到确定，反过来又确定能做的事和能说的话"（第149页）。

【这里说明了两点：

1. 作品创造了一个世界：这个世界是由事件和话语组成的。

2. 这个世界既经形成，便又是一个自在的世界、自为的世界。它又规范了本世界中可能、可以出现什么事件和说什么话以及如何说。

我们还可以补充若干点，如：

1. 这个世界是客观世界的反映；

2. 但它只是以客观世界为基础为模型，而不是照搬；

3. 但它同时又是一个虚构的世界；

4. 它只能近似地反映世界，即使完全如实描写，也只是近似；

5. 而且，必然变形。（1992年1月7日）

□《文学批评方法手册》作者认为，心理学批评方法本非新东西。亚里士多德、英国文艺复兴时期的菲利浦·锡德尼以及柯勒律治、华兹华斯、雪莱都用过这种方法（第164页）。

【如此说来，中国古代文论，尤其是诗论（诗话）中，此种东西就更多了。或可发掘，并予阐述：（1）其所论；（2）其特点；（3）其现代意义。】（1992年1月8日，于医院）

□ 可以这样来分析一个普遍认同的"神话——英雄"故事的结构：

1. 英雄总是一个王子；

2. 王子遭难；

3. 在野外或深山，被牧人救去；

4. 由低贱穷困的女人喂养大；

5. （千灾万难后）认父母，得胜利；

6. 感恩牧人、穷妇，他们谢绝荣华富贵，依旧过着普通生活。

这表明：（1）人民总是依赖国王、统治者，自己无力成为统治者；（2）人民的力量又是大的，是"父母"养育了统治者；（3）人民不羡慕荣华富贵。

有意思，可写入文化选择。

（1992年1月23日黄昏，出院前夕）

□ 意大利批评家德·桑克梯斯说，作者意图往往和作品实际有矛盾。

【此论在新批评派那里就变成了有名的"意图的迷误"。此说"有矛盾",还可以补说,在接受者那里"有变异",你说东他向西领会;所言者红,所得者白,此皆有之也。

至于"意图的迷误",我们还可以补言之:意图的走失,意图的扩散,意图的变异,意图的连锁效应,意图的歪打正着、正打歪着,等等。此属接受美学范畴。作家孜孜以求,斤斤计较;然后,人们接受时,后世接受时,却不管你那一套,我自为之,我自信之,我自用之。可以说,自古以来,名人大作,没有不在后人的接受中变了意走了形,后人的诠释、理解和接受隔着时代、历史、文化、艺术演变、心理改观,都非本来面目了。莎士比亚戏剧、巴尔扎克小说、托尔斯泰作品,唐诗、宋词、元曲、明清小说,莫不如此。这是作家们的不幸,但又是他们的幸运。如果大家都只限于对他当时的个人意图的了解,那么,他就会在历史中可悲地消失了。对吧?!】(1992年1月31日稍发病后)

□ 这应是文学史上普遍的规律性现象:

1. 在一个时期之内,文坛上总不是飘扬着一面文学潮流的旗帜,而是同时飘扬着数面旗帜。

2. 这数面文学潮流旗帜表现为一种接续替嬗的情状,即有的继续前期潮流,有的开启以后的流派。流派之间有主有次,主次地位在流变中。

3. 其中必有一个流派是主要继承传统的,但又有新的素质,有一种则主要是开启以后的新流派的,但其中又必有新的素质。

4. 各流派或能发展的流派,必向两方面获新的生命力、新的灵感、新的表现形式:(1)民间;(2)外域。同时还可以加一样,其他艺术形式。

(1992年2月2日上午)

□ 王蒙在《红楼启示录》中谈到关于张先生为秦可卿看病的过程和情节,边说边分析指出,这些情节说明了当时的一些什么:医病、治病、过节、习惯、对病的观念、分析等等。(见该书第51页)

【这是最好的"第二叙述系统"的例证。作者是"说者无心",

他只是"有心""注意"去说瞧病的过程。他说时，是完全按照当时的风俗习惯、人际关系、思想观念以及社会生活的"自然风貌"来讲（写）的；但是，却在无意识中，必然地叙述了当时的这些风情人物及心理。这不就是第二叙述系统吗？比如，诉说病情是由贴身老妈子来转述的，由她同医生对话；医生看病时把脉后自己先说病情，病者来与之对应；开药方后，病人家属来看药方、评药方，这可说明，当时人多少懂一点医理，如此等等。这倒引出了一个提炼第二叙述系统的方式方法。

要分析世界名著。

要说出此系统存在的意义。】（1992年2月9日初愈）

□ Aldridge 提出一个文学幸运（literature fortune）问题，安娜·巴莱克恩（Anna Balakian）则有幸运研究之说。

Aldridge 以《牛虻》（*The Gadbly*）为例。它在苏联声誉很高，在中国拥有众多读者；但英国任何一部文学史都不提此作品，Aldridge 则认为此书乃《悲惨世界》的拙劣的模仿，其语言寡然无味。我们一方面可以在中国无多少人知晓而被歌德大加赞赏的《好逑传》为例，而另一方面又可见到，如今《牛虻》已无多少人读它了。

这都是：（1）文学幸运之例；（2）接受美学之证。

（1992年2月12日中午）

□ 在《世界著名作家访谈录·莫里亚克》中，莫里亚克说到许多重要的观点：

1. 年轻的作家对于技巧考虑过多，他们以为一部优秀的小说应该遵循"外界强加的规则"，而事实上，"杰出的小说家不依赖任何人"。

2. 他们创造了"表达他们想说的内容的风格"。

3. 卡夫卡和福克纳的手中并未握有"小说技巧的条条框框"；而一个具有真正小说家气质的人，是会超越这些清规戒律、这些想象中的规则的。

4. 人不到一定年龄成不了真正的小说家。小说叙述的事都是"追忆逝去的往事"，一定的时间间隔对于一个小说家来说是必不可少的；小说家常常写青少年、童年。

5. 小说家要改造生活，"这种改造过程是一个人的内心生活的一部分"。

6. "研究正在形成中的历史"。

7. 他认为自己的"情境小说"故事受诗人的影响大。故可以说，小说有：

（1）事件小说（重故事、重情节）；

（2）情境小说（重情境、意境）；

（3）心理小说（重内心生活）；

（4）非表现主义小说（重氛围、哲理）。

（1992年3月14日）

□ 列维-斯特劳斯（Claude Levi-Strauss）说：

"千万不要想象我们能跟喷泉一样创新，'新'必须长期酝酿才能成熟；才能在有价值之传统的约束中锤打出自己的道路。"（1972年6月28—30日，《人间》副刊）

【这有两方面的意思：

1. 在个体，要经过长期的酝酿；

2. 在整体（群体），要经过传统的锤炼。

这锤炼又有两方面的意义：

1. 传统对"新"的"新"进行锤炼；

2. 传统对"新"的基础进行锤炼。

事实上，还有认识论上的成熟问题，也需要时日。创新不仅是一个态度问题，而且是一个水平问题，是一个过程；不仅是面向未来，而且是要回顾过去，反省力同创造力是相联系的。】

（1992年3月16日）

□ "意义标志批评"提出的几个概念、命题和研究范畴很有意思、很有用处：（1）"主题成分"；（2）"意义标志"；（3）"主旋律符号"。这些东西不是彼此分离、孤立存在的，而是互相渗透结合的，但又有其独立价值。在作品中，有的成分，比如细节、情景、词语、话语、气韵，是体现主题的；有的人、物、景等，则是其总体意义的标志。符号亦如此。这用于分析作品甚有意义和用处。用于自己的创作，也很有意义。

（1992年3月26日黄昏）

□ "客体的'我'是从其他人对自己的一般反应中得到的；思想就是主体的'我'与客体的'我'之间的内部对话。"（C. H. 米德的思想，见《文化与自我》一书第65页）

【这段论述正好说明了、印证了巴赫金关于陀思妥耶夫斯基的"对话世界""思想是对话"的论断。在外，是"我"与外界的对话；在内，是主我、客我的内部对话。而这个"我"又是从其他人对自己的反应中得到的，这样，外我与内我、内部对话与外部对话又是相通的。这是一个内外沟通的世界。】
（1992年4月5日夜）

□ 杰姆逊在《后现代主义与文化理论》中介绍雷蒙·威廉斯的观点：文学研究的对象是一种"文化的产物"，并指出，只有这样才能认识作品的意义和本质。（第2页）

在这本书中，杰姆逊还论及黑格尔是"致力于组织这个世界"，而结构主义者则"注重的是解读旧有的世界"（第2页）。

后面又说读了德莱塞的《嘉莉妹妹》，"从中我们能感受到美国文化和美国人心理的构成"（第3页）。

后面又说，有的作家的小说"作者常常进入作品，告诉你一种观点"，如德莱塞、巴尔扎克、高尔基等；但又有另一种作家，"作者并不直接出来阐述自己的观点，似乎没有表达任何观点，而只是通过叙述本身来表现"（第4页）。这是"叙述过程传达出某种意识形态或哲学思想，但并不是以思想或观点的形式出现的"（第4页）。因此需要一种"叙述分析"。

【这些说明：

1. 文学是文化的产物，内蕴着文化。

2. 文学反映一种文化和人民的心态。

3. 但表现这种文化的方式有两种：（1）直接叙述思想；（2）间接，只通过叙述来表现。】（1992年4月7日）

十　尘海·书海·报海杂拾

看书看报，有所得（得事、得句、得意），随即记下，不计芜杂，统汇于此，可用亦可查。（1991年11月5日，大雪之日）

□ 曹聚仁的读书经验有三条：（1）时时怀疑古人和古书；（2）有胆量背叛自己的父师；（3）组织自我的思想系统。（《文汇读书周报》1991年11月2日）

□ 美国著名畅销小说大师丹尼尔·斯蒂尔（Danielle Steel）第一部小说《归来》1973年出版，销售情况很糟。1977年第二部小说《热情的允诺》出版，这种情况才改变。她说："写作是一种燃烧一切的热情。"（1991年1月2日，《文艺报·世界文坛》第138期）

□ 美国诺曼·梅勒新出的长篇《哈罗德的鬼魂》，1300多页，写美国中央情报局官员的生活。诺曼·梅勒是著名的新闻主义风格作家，作品有《自我宣传》《夜晚的军队》《迈阿密和芝加哥之围》等。（见《文汇读书周报》1991年11月2日）

□ 《情有独钟》：

麦克林托克，《情有独钟》这部传记的主人公，女科学家，诺贝尔生理学或医学奖获得者。"要知道科学时代的精神，是不能单从科学或历史的文献中学习到的，我们需要知道那些创造科学的人——男人和女人——的生活和个性。"【这完全适用于人文科学以及其他一切科学或学科。历史和文献提供了背景，生活和个性才提供具体的事实，说明他或她为什么和怎样地成了"这一个"。】

□ "社会"——词源：

日本以中国这个古词来翻译英语词Social。

这个词源于中国，最早出自唐代裴孝源《贞观公私画史》所载晋史道硕《田家社会图》。

宋代孟元老《东京梦华录·近思录》："乡民为社会。"

《醒世恒言》："原来大张员外在日，起这个社会，朋友十人，近来死了一两人，不成社会。"

【这么说，"社会"的原始意义是，群众性的集会结社，或者就是现在所谓"会社"。但现在，由日本转回中国，成为一个"大词"：具有广泛的含义、深刻的意义。】

□ 蒙田的话（见《关于人吃人》）：

"他被击败了，但不是被什么人，而是被命运；他被杀害了，但未被征服。最勇敢者往往是最不幸者。成仁比成功更值得羡慕。"

□ 梁实秋的观点改变及其他。

梁实秋后来在中国台湾写文章，原来的有些观点有所改变，其读书札记中有表现。

又，据其文载，凌叔华、陈源夫妇帮助李四光于1949年回国，并保存李之大型图片，以及凌后来多次回国，最后逝于故土，等等，都表现了人的变化，所可论者多矣。（见《梁实秋读书札记·纯文学》）

（1991年12月11日）

□ 提法、说法、命题、范畴、术语、辞：

心理人类学 / 人类精神的内在结构 / 人类精神与心理的内省 / 神话结构 / 思维结构 / 文化过程 / 新闻性说明 / 文化的生物（人） / "族"的相似性 / 文化形式 / 亚情节 / 隐寓变换 / 整个神话故事的变换链 / 信息承载原型 / 隐喻·换喻 / "'在您心中'的眼里" / 心理短路 / 语词（即象征）……

□ 人情事故：
"官散故交疏"（〔唐〕温庭筠《赠卢长史》）
"豪门有利人争去，陋巷无权客不来。"（〔唐〕徐夤《西寨寓居》）
"林无静树，川无停流。"

□ 机遇、性格、偶然性。

法国一位当代男歌星，原来总是想当一名运动员。一次，他去购买一场球赛的门票，路过一个剧场时，顺便买了一张一个月以后的门票。一个月后，他看了演出，对舞台的迷人魅力着了魔，决定不进运动场而上舞台。这时，又一天，他从朋友家的墙上拿下一把旧吉他，他弹唱起来，于是踏上了舞台"引桥"。（法国国际广播电台，1991年12月16日夜）

□ "学问的范围原比人生的范围大得多，如果我们要求真知，我们便不能不离开人生的约束而前进。所以在应用上虽是该做有用与无用的区别，但在学问上则当问真不真，不当问用不用。学问固然可以应用，但应用只是学问的自然的结果，而不是着手做学问时的目的。"（顾颉刚《古史辨》第一册第25页。抄自《读书》1991年第1期第53页）

□ 斯宾格勒在《西方的没落》中说："人类历史原本是一些强大的生活历程的总和。"

【这个提法甚好。生活历程、总和，标示空间和内涵；其复杂演变之道，是人类未曾、远没有也不可能穷尽的。】

□ 恩格斯在《自然辩证法》中说："文化上每前进一步，都是迈向自由的一步。"

【我们追求文化的发展和提高，追求农民文化素质的提高，追求公民文化、心理结构的高文化层次，实际上，就是追求向自由的目的前进和发展。自由不是如人们误解的那样，是"谁想干什么就干什么"，而是人们对于宇宙、社会，对于人自身的客观发展规律的认识，和按照对这种规律的认识去生活，去追求人生的意义世界。凡处于盲目（包括目盲、文盲，也包括科盲、美盲、法盲、道德盲、艺术盲，等等）状态中的人，是不自由的人。他自己可能很快乐，但他很可怜；他可能很有钱，但他又很贫穷。他不是自由的人，而是束缚于名利的人，束缚于投机倒把、坑蒙拐骗、腐化堕落的人。这是人生的悲剧，而不是人生的幸福。而总结起来，则是国家之祸、民族之害，最终会导致民族的受损以致毁灭。】

□《世界范围内的反现代思潮——论文化守成主义》，〔美〕艾恺著，贵州人民出版社出版。

这是一本好书。颇可参阅。

前言中即有数点可注意：

现代化：18世纪以来的世界大变革。

英、法两国为发源地。

现代化的实现过程是各民族、各国家、各地区的传统文化受到冲击和考验的过程；既有科技和物质生活上所带来的积极变化，又有思想上所引起的消极反应。

现代化过程可分为两个层次：科学技术层次和文化层次。

现代化是一种理智化和效率化的过程。

现代化在物质生活上的成效，显而易见、立竿见影；但对整个社会的冲击和造成的隐患，又难以察觉。它造成社会群体向个体的转变、功利观念的加强、个人私利的计算，这些在现代化过程中有增无减。

他说，现代化与传统是"水火不容的"（提法尖锐，但尚可讨论）。他又说，前者代表非人性，后者代表人性（同样尖锐，有道理，但同样尚可讨论）。

因此，现代化与传统的冲突，就是非人性与人性的冲突。（"不易理解"，尚可讨论。现代化有非人性问题的存在，但不都是反人性的；有许多成就，是给予人性以积极效应的。）

（接着所说，很深刻而重要）：

近200年的文学艺术和哲学上的各种思潮，多多少少带有这种冲突的表象。

把Cultural conservative 译为"文化保守主义"，很好、很恰当而无政治上的歧义。其用语源于孙中山的"守成不易，创业维艰"。

他说，民初以至"五四"，革新派一方面对传统中国文化猛烈批评与攻击，另一方面则提倡更深也更多地引进西方文化。

（1992年8月18日）

□《在中国发现历史——中国中心观在美国的兴起》，〔美〕柯文著，林同奇译，中华书局1989年出版。

1. 这是一本很有趣的书，作者提出了一个崭新的观点，他比马克思主义者更"马克思主义"，比中国的爱国史学家还爱中国。

2. 中国中心观！他认为，中国近代史是中国历史发展的必然趋势的结果，是中国历史的部分原因发展的结果，外来侵略是外因。"侵略—回应"模式有问题。

3. 他提出了许多有趣有益的观点，如历史描绘的精细划分 / 区分（differentation）（描绘具体、精细，才准确深入，为此就要区分上层、下层地区等）/ "内部取向"（internal approach）。

中国史境（Chinese context）

移情—移情方法（Enpathey, enpathey method）

"移情就是把自我全部渗入移情的对象之中。"

层带—历史的侧面。

史学家研究历史所受到的制约因素中，主要有两点：（1）史学家生活于其中的社会文化环境；（2）史学领域的内部发展过程。他认为，主要作用是（1）；（2）不足以形成（决定）成长的方向与格局（pattern）。

□ 中西文化交流的大轨迹：

秦汉【起点】→元【兴盛】→明【高峰?】→"五四"【高峰】

□ "文化殇了，国家也就灭亡，如希腊与罗马文化。演进则是文化存在之道。"

□ 中国诗有"本质主义"和"印象主义"两个倾向。"经验的本身只是个象征，只是个诱因，让我们借此体验世界或者人生的'本质'。西洋人有'一刹那见永恒'的说法，追求本质的中国绝句基本上也是走的这条路。"例句：

人闲桂花落，夜静春山空。
月出惊山鸟，时鸣春涧中。

【人见物，物引情，情及物，物体情】

□ "'兴'在中国诗中的作用，常有'巩固诗型的任务，奠定韵律的基础，决定诗的韵味，甚至关系到全诗气韵的完成'，而这些多以'复沓'、'叠覆'及'反复徊增'（incremental repetition）来实现'兴'

的特别功能，其中尤以'反复徊增'最能见出诗中高度技巧的运用。"（《意象的流变》第25-26页）（1993年1月22日，除夕上午）

□【《鲁迅书信：翻转过来的思想与生活的衬里》（拟题）】

"里尔克的挚友、哲学家鲁道夫·卡斯讷曾将里尔克的作品和书信之间的关系比喻成衣裙和衬里之间的关系……所以人们常常……把衣裙的衬里朝外穿。"（《里尔克·译者序》第9页）

【可将鲁迅的书信作如斯观，并写一论文：（1）将其内容解析；（2）看其与通信人的关系；（3）看其各个时期的人际关系；（4）看其人际关系的变迁；（5）看其"写信"与"创作"之间的关系；（6）从其中看其思想、情绪、作品之秘密。】

□卡夫卡与卡夫卡的孤独。

卡夫卡说，他的名字的意思是"穴鸟"。他说："像一只受惊的小动物，自掘一条蜿蜒的甬道，以规避世俗的损害。""洞穴最可爱的地方在于它的寂静。""我经常想，我最理想的生活方式是带着纸笔和一盏灯待在一个宽敞的、闭门杜户的地窖里面的一间里……然后我又回到我的桌边，深思着细嚼慢咽，紧接着马上又开始创作。那我将写出什么样的作品啊！"

又说："生命就像我们上空无际的苍天，一样的伟大，一样无穷的深邃。我们只能通过'个人的存在'这细狭的锁眼谛视它；而从这锁眼中我们感觉到的要比看到的更多。"（《读书》1992年第10期第97-98页）

"里尔克最本源、最重要的体验是在喧嚣尘世间的孤独感。他一生都在旅行，漂泊四海，不停地寻找着自己的'第二故乡'……"（霍尔特胡森著《里尔克》第1页）

"在马不停蹄地寻找心目中真正的故乡、上下求索试图确定人在宇宙中的方位和归属的同时，他又将孤独感奉若神明。对他来说，孤独感甚至是创作的必要条件和保证。"（同上，第2页）

（1993年1月26日，正月初五）

□列维-斯特劳斯关于创新："千万不要想象我们能跟喷泉一样创新，'新'必须长期酝酿才能成熟；才能在有价值之传统的约束这样锤

打出自己的道路。"（转抄自《一苇集》第54–55页）

□【关于"明星崇拜"的一些认识与想法：

1. 崇拜是人类的心理原型。

2. 非英雄时代的英雄、"英雄替代"，非权威时代的权威、"权威替代"。

3. 从英雄崇拜到自我崇拜。

4. 崇拜，需要塑造一个外在的非我形象——客体化、对象化、人格化。

5. 在明星身上找到了"客体"和"实体"——在"他或她"身上找到了自己。

6. 满足了自我崇拜的需要，满足了心理需求，满足了形象的需求，以及朦胧追求的明确化。

7. "我"被你"逗乐"——借"你"抒发。

8. 平等的"我、你、他"。

9. "你"为我取乐，"你"被我"取乐"。

10. "取乐"——实质上的"玩弄"，玩弄你（崇拜你、追你、"粉丝"等等）。

11. 女性的"献身"成为一种反玩弄式的被玩弄和玩弄；当这种玩弄是自觉的时候，就是一种自觉和不自觉的报复。

12. 明星与崇拜者的互相塑造。

13. 需要互相"养育"和提高。】

□ 一首诗（遗憾，当时未记抄自何处！）
如今啊，我的七十年华，
有二十已逝如落花。
把七十扣除二十，
我只有五十年剩下。

而注目于繁花的树，
五十春啊何其短促。
我这就向林地出发，
去看樱桃树缀满雪花。

□【传统文化对现代化的选择

　　已有的选择——过去完成时；

　　进行中的选择——正在进行时；

　　应有的选择——未来进行时；

　　现代化理想的内涵，现代化的具体指标，现代化的行为模式，现代化时间表的确立，都是传统文化的"手眼"进行选择的结论和结果；并且是在传统人、传统文化的监督和指导下执行的。】

（1993年3月31日）

□　"不同的理性形式"。

　　人类有不同的理性形式，科学、理论、社会科学各学科。当然，同时也就有不同的情感形式：文学、艺术等等。

□【真理需要舍身亡命的追求

　　学术文化、科学真理，需要一种舍身亡命的精神去追求，才能有所成，或者说才能成大器，大有所成。大而言之，人类科学文化事业之发展，真理之发现、认识，以及用之于人类社会进步事业，也正是靠了个别的，或一大批生活于不同时代、不同民族的这种献身科学、献身文化的斗士的献身，才得以成功地前行的。

　　而一个民族的兴旺发达，亦依赖这种人的努力与献身。

　　在人类文化和历史的天平上，"计价"是不公平的。那些背离真理的人，那些危害民族的人，那些无所作为于民族、社会、人类的人，却往往能够做官为宦，安富尊荣，享得荣华富贵，生为人敬奉礼拜，死则备极哀荣。而那些大有益于社会、人类、历史的人，做大贡献于人类的人，那些科学、文化的大师们，那些文化的奥林匹克山上的尊神，却往往生而贫穷困厄，不为人所重，以至被人鄙弃，死而两袖清风，孤坟野树，荒草坟茔，凄凉冷落。这是多么的不公平啊！

　　然而，这一切都是表面的价值，匆匆过客的价值和荣光。活着时的风光，死后的哀荣，都会烟消云散，"天下没有不散的筵席"！而历史，而后辈，而人类，却记载着、追忆着、敬奉着那些文化领空上的亮星。

然而，这里的"不公平论"，却又是多余的。对于那些舍身亡命于科学文化与真理之追求的人，公平与否是不在考虑之中的。不要公平，不计报酬，无视世俗的评价，轻蔑物议的臧否，"我行我素"，这是他们的"英雄本色"。真的，他们是真的英雄，是另一种英雄，我们不妨称之为文化英雄。

我们现在需要的就是这种文化英雄，呼唤这种文化英雄的诞生和出现！】

（1994年1月10日晨，读《光明日报》1993年12月31日邓广铭先生《向文科研究生推荐一本必读书》一文后，有感而记。）

□ 好东西不一定一出来就被叫好。

1875年（？）比才创作了歌剧《卡门》（担任作曲）。《卡门》在巴黎上演后，被人认为是37岁的比才的"天鹅的绝唱"。（1994年2月12日，正月初三）

《情有独钟》一书所写的主人公芭芭拉·麦克林托克，是1983年诺贝尔生理学或医学奖的获得者。她40岁时，达到学术的巅峰，此时提出"转座"理论，遭到冷遇，不被理解，跌入冷宫。她锲而不舍，终于在20多年后被承认；然而，仍然无人能够和她对话。直到80年代，她才被真正认识。

美国作家路易莎·梅·艾可特的《小妇人》被译成十几种文字，美国国会图书馆投票将《小妇人》选为"最风行的优秀作品"；但是，她的稿件曾经被一退再退，有位编辑说她"决无所成"，建议她改行。

□ 作家不是职业，而是使命。其使命就是反映社会现实生活的进程。这包含过去、现在、未来。而以"现在"（当下）为主，为重点，为契机。

即使是写历史，也是立足于今天的现实；即使是写科幻中的未来，也是立足于今天的现实。这是作家"命里注定"的，无论他自觉与否、自觉程度如何。

你只能如此，你必须如此！你逃不出"如来佛的手掌心"。

因为，你是现实的人。你的心态是社会心态的一隅。你的一切都是社会关系的总和。不过，你可能反映得很肤浅、狭隘、不真实，只是个人的可怜的私语。要做到真实，要有真实的本领。

□ 读丹尼尔·贝尔《资本主义文化矛盾》。

1. 经济-技术／政治／文化：形成社会构成的三轴心；其各自的活动原则、目标追求，是不同的，有矛盾的。

2. 这带来经济-技术同文化的矛盾。

3. 历史上的社会，社会同文化是统一的——古典社会、中世纪社会、资本主义早期社会；但在现代社会是矛盾的。

4. 文化在现代社会具有社会变革的先导作用。文化具有至高无上的地位。文化已经不仅是明天的经济，而且"已经取得一张空白支票"了。

【拟题：《文化与社会的断裂与整合——读丹尼尔·贝尔的〈资本主义文化矛盾〉》：

可以联系到中国当代社会与文化。

大众文化、中产趣味、高雅文化。】

"阿里阿德涅（Ariadne）的线团"（第92页）。【阿里阿德涅，希腊神话里的女神，她的线团可以绵延引路。】

大众社会"正好相反，它不需要文化，只需要娱乐，而娱乐行业提供的好处正如其他消费品一样，目的是为了让社会享用"（第92页）。【更根本的理由是由此而挣钱。挣钱 → 宰人 → 发不义之财。然而不只是不义，还有严重的反文化的效应。】

"美学的灾难"成了美学；

"眼前只有运动和变迁"。

伍尔芙：1910年12月前后，"人类的本质一举改变了"（第95页）。

后现代主义溢出了艺术的容器。现代主义，不管什么，均通过审美形式的有序原则来加以表现，它颠覆社会，但仍站在秩序一边；至于后现代主义，却抹杀事物的界限，只承认行动。后现代：解放、色情、冲动、自由等等。（第98-100页）（1994年5月25日）

在第112页，论述了美国社会结构的改造，主要是三个方面（但我将之分为四个方面）：

1. 人口分布的变化；

2. 消费社会的出现（价值体系的改变）；

3. 技术革命；

4. 由技术革命而导致农村孤立社会被打破，破天荒地"把乡村纳入了共同文化和民族社会"。

"现代社会的文化改造主要是由于大众消费的兴起"。（第113页）

【此均可用于分析中国社会】（1994年5月27日）

□ 定义与分类都是策略性的。

布莱恩·麦克黑尔说，定义或分类，都是策略性的，即有的放矢、指此道彼的。又说，好的定义是生成性的，给人以新的见识、新的联想、新的理解和新的话语。（《走向后现代主义》第66页）

（1992年6月20日）

□ 一种方法论。这是一种方法论，即他说的：可以问，光在什么情况下是"波"，在什么情况下是"粒子"，或者在什么情况下看作"波"更有利。但是，如果问光到底是波还是粒子，就没有意义。同样，可以说浪漫主义是18世纪末、19世纪初美学中的原始主义和自然主义，但在其他时代，比如，德国的浪漫主义，它却是反自然主义的或自我意识流。因此，问"浪漫主义到底是什么"，也是毫无意义的。（同上，第67页）

□ 基佐（F. P. G. Guizot，1787—1874）著《法国文明史》：

"我觉得按一般见解，文明主要包括两点：社会状态的进展，以及精神状态的进展。"即"社会和人的完善"。

【这也就是世界社会学界共同具有的现代化指标体系中的两大指标：经济起飞和社会进步。也可以说是：经济发展和文化进步。】

"先生们，文明不仅包括这两点；要使它完善，那么，它们的同步性，它们内部的和迅速的联合，它们互相的作用都是必不可少的。"

"一项重大的社会改良，一项巨大的物质福利上的进步，如果不伴随着治理的发展和精神上的相应的进步的话……这种社会改良就显得是不牢靠的、无法理解的、几乎是不合理的了。"

"只要社会改良除了纯粹的物质繁荣之外没有带来其他成果时，只要它没有把人的精神提高到与他的地位同样的水平时，某种

次要的东西就会在它的身上留下烙印。"

【这同世界各社会学学派关于现代化指标体系的提法完全一致。经济发展和社会进步，二者缺一不可。社会进步亦包含人的智力发展、精神提高。这里强调了同步性、联合和互相作用。】

□ 作家的自觉与科学家的快乐。

1991年诺贝尔文学奖获得者、南非女作家纳丁·戈迪默（Nedine Gordimer，1923—2014）说："写作是从生命撤退过程中创造的另一个世界。"（《读书》1992年第3期第125页）

科学家普朗克（M. Planck）说："我从我的科学研究工作中总是感觉到了许多的快乐。"

波德莱尔说："一本书是另一个自我的产物，不同于我们在习惯社会和恶习中表现出来的那个我。"

（转抄自《恶之花插图本》第6页）

【这是对科学、文学、文学创作的另一些解说。同"我的梦都在我的歌中""作品是灵魂的产物"等相同。】

□ 奥维德在《变形记》中写"人之初"的形象，说："造物主抬来了人的头，命他仰望天空，注视星辰。"

【可与康德之语"头上的星空"与"我们心中的道德律"，以及贝多芬在笔记中重述此语等合用。】

□ 学者与财富。"理想啊，学者成为财富的所有者，财富的所有者成为学者。"

这是波德莱尔在《恶之花》中提出的。

【这样好吗？——不管它是否有可能；我以为这样并不好。而事实上不会是这样的，不会出现这样的"理想"的实现和"这样的理想的'现实'"。不过，现在却真的有了不少学者发财和发财的学者；但实际上他们已经不是学者了。】

□ 【昨天的一切都会在今天生辉，无论是欢笑还是眼泪。】

泰戈尔的诗句：

"今天我的心，

对昨天的眼泪微笑，

仿佛潮湿的树木在雨后的阳光里熠熠生辉。"

□ 老人的诗：

请你理解我并非苍老，

因为我的思想如同春天一样年轻。

虽然每一天带给我的是孤独和凄凉，

但时间不能夺去我对爱的渴望。

（抄自1994年12月9日《南方周末》简妮的通讯《玛丽的生日》）

□ 关于名词术语。

术语的革命、术语的创造。

日本使用的词语"哲学""经济"，分别译自英文 Philosophi，Economic；中国人翻译"经济"——孙中山最初译为"财政学"，显然意义狭窄。

中国使用的词语"干部""食堂""拖拉机"，均取自日本（前二者）或译自英语。

又，"信息" ≠ 消息，"符号"（符号学使用的符号）≠ 符号。

□ 关于巴赫金理论。

【"俄罗斯智慧的悲剧!"——巴赫金及其杰出的理论。

俄罗斯学派（包括国内外），如列夫·舍斯托夫。

巴赫金，对话理论的创建、陀思妥耶夫斯基复调小说的提出与论证；但是，他的著作不能以自己的名字发表，而只能使用学生的名字问世。他被遣送到边远地区的不知名大学任教。直到苏联解体后才"复活"，受到世界性学术关注。逃亡欧洲等地的俄罗斯学者，赴欧美后，学术上多有建树，几乎可以说形成了一个"海外俄罗斯学派"，如列夫·舍斯托夫的《在约伯的天平上》等。】

□ 人间难觅知音：

庄子、海德格尔、尼采、巴赫金，甚至"在当代的中国鲁迅"。

可思索鲁迅的《在中国现在的孔夫子》。

十一 读书札记（二）

附记：1992年9月至12月，笔者与曾景云应德国海因里希·伯尔基金会邀请，在德国做访学与研究，历时三个月。此处所录读书札记，为斯时在伯尔乡间写作别墅时所记。

（一）访德杂记

□ 1993年9月25日

1. 恩格斯：德国状况

"（18世纪）这个时代在政治和社会方面是可耻的，但是在德国文学方面却是伟大的。1750年左右，德国所有的伟大思想家——诗人歌德和席勒、哲学家康德和费希特都诞生了……这个时代的每一部杰作都渗透了反抗当时德国社会的叛逆的精神。"（摘自恩格斯《德国状况》，见《马克思恩格斯全集》第2卷）

【这是一种奇特的民族的与社会的现象：在政治和社会方面，可以是"可耻的"；而在文学方面，却可以是伟大的。两者是同步的又是非同步的，不在同一个层次！】

2. "善于观察的眼睛是作家必备的工具，作家应当有足够好的眼力，使他也能够看到在肉眼的光学范围内尚未出现的事物。"（海因里希·伯尔《"废墟文学"自白》，引自《伯尔中短篇小说选》）

□ 1992年9月26日

读尼采，其诗有：

一

是秋天了：它——还使你心伤！

飞去吧！飞去吧！——

"我并不美丽

——翠菊这样说道——，

可我喜爱世人，

我安慰世人——

他们现在还应当看到花，

向我弯下身子

唉！将我折下——

那时，他们的眼中就闪出

回忆的光辉，

回忆起比我更美者：——

——我看出，我看出——我就这样死去。——"

《尼采诗选·秋天》

二

哦，浮生的中午！第二次的青春时代！

哦，夏日的花园！

站着，望着，等着，充满不安的幸福感！

我等待友人，不分昼夜，都准备好，等新的友人！

来吧！时间到了！时间到了！

《尼采诗选·从高山之上》

三

白昼销声匿迹，幸福和光发黄，

中午已经远去。

还要多久？月亮、星星、风和霜就要来临：

如今我不再犹豫，

像被风从树上吹落的果实那样。

《尼采诗选·白昼销声匿迹》

□ 1992年9月27日

园中，阳光下，草坪上，读梅尼克的《德国的浩劫》。写得多好啊！他要寻找产生德国的和欧洲的这场浩劫的传统文化中的"原始黑暗基础"，寻找传统文化中的"恶魔因素"。

《德国的浩劫》，完全从文化的视角，但具有欧洲的视野和经济的眼光，来总结德国法西斯——希特勒——产生的历史根源和现实可能。主要是民族主义运动和社会主义运动以及它们的汇合，背后是中产阶级和无产阶级的汇合，于是而有国家社会主义。见解是深刻的，其中还提到尼采被歪曲的利用。

□ 1992年9月28日　晴

1.《德国的浩劫》写得真好，读得有味。书中引用贝多芬、歌德的话：

"头上的星空，心中的道德律。啊，康德。"（贝多芬）

"哪里生命在享受欢乐，哪里就充满着理性。"（歌德）

2. 梅尼克在《德国的浩劫》中提出了几个相关联而又带有关键性质的问题：

"传统中的'黑暗基础'"；

民族优秀文化中的"恶魔因素"；

怎样从歌德时代的高峰堕落到希特勒的地步；

"智人"与"强人"／"权力性人"和"文化型人"。

他的答案是多方面的；但他的结论对于我们也许并不十分重要，也不是我们所能加以评论的（这要有专门学问的人才能做到）。对于我们来说主要是方法、指向和问题的提出。它的主要之点是着眼于人与文化，更具体地表述是：人性、民族性如何随着文化的变化而变化，以及人性、民族性的变化又如何导致文化的变化。

但他的文化并未脱离经济，也未凌驾于社会之上，而是以文化为核心和中轴，熔文化、社会、历史、世界这样一个数位一体的跨时间、跨空间的整体于一炉，进行纵横剖析。

这本书给我们的启发很多。

□ 1992年10月1日

上午翻阅《千家诗》，得二首：

十五夜望月寄杜郎中

〔唐〕王建

中庭地白树栖鸦，冷露无声湿桂花。

今夜月明人尽望，不知秋思落谁家。

秋　月

〔宋〕程颢

清溪流过碧山头，空水澄鲜一色秋。

隔断红尘三十里，白云红叶两悠悠。

□ 1992年10月7日　雨

【依然细雨蒙蒙，远不见树林。丛绿滴翠，极像中国初春或深秋。想起1982年在长沙、几次在杭州遇雨。南国细雨微风中，何等销魂！写完两篇散文。】

读《德国的浩劫》。重要几点：

1. 提出问题：传统文化中的"黑暗基础"和"恶魔因素"。

2. 主要不是结论，而是视角、方法和形成结论的过程与论述。

3. 强调了历史的偶然因素、偶然性，然而对于偶然性却有他的独特的解释：同普遍性联系起来，并确定了它的作用力和作用范围，这未尝不是补充了恩格斯的"偶然性是必然性的表现"之论。

4. 对文化的内在力量的肯定。

□ 1992年10月9日　略晴　雨

1. 读杨武能介绍卫礼贤（Richard Wilhelm）文。此德国学者，可研究也，可敬也。

【连日读书，散乱而杂。梅尼克、尼采、许倬云，古诗、禅宗……各家思想、情感、意欲，在心中跑马，混乱而统一。统一于我（Myself）。各有各的说法，各有各的意见，各有各的思绪、思路、思想，各有各的哲学。但总题是一个：人生的真谛是什么？生命的价值是什么？我们生活的目标是什么？他们各自说去，都融进了他们的"我"——"我"的身世、生平、经历、读书生活、心路历程等等。我又将这些"我"融进我自己的"我"中，也把自己融进了他们的那些"我"之中，融进了我的身世、生平、经历、读书生活、心路历程，融进了我的心、我的情、我的爱、我的怨、我的梦和理想、希望。此读书之得也，读书之感也，亦读书之乐也。噫嘻呜呼！（晚上6:25匆草）】

2. 读许倬云《中国文化与世界文化》。这本书的写法，倒是具有启发意义。实为论文集，但他串联起来，几乎成为一本专论，有连续性和体系性。也许我以后也编这样一本文集。

此书提出一个基本论点：历史空间道路体系，有核心，呈树形撑开；又提出一个"人类自然生命反映的时间因素"在历史上的正反作用。

□ 1992年10月10日　晴

关于伯尔。

海因里希·伯尔，1917年12月21日生于科隆。高中毕业后，在书籍业当学徒，后又在高等学校学习研究德国语言。当兵六年。1947年以来，发表、出版短篇小说、长篇小说、电视剧和诗等。1972年获诺贝尔文学奖。1985年7月16日在Langenbroich（伯尔在科隆附近的乡村写作别墅所在地）逝世。（原文见 *Heinrich Boll Zun Wiederlesen*）

□ 1992年10月11日　晴

【庭园十分寂静，坐在Reading Room，与景云共同读书；或进入里面的写作间写作。而此房、此桌，曾经有三位诺贝尔文学奖获得者在此写作。他们是德国的海因里希·伯尔和俄罗斯的鲍·帕斯捷尔纳克（1890—1960）、亚·索尔仁尼琴（1918—2008）。

何等悠闲自得！读爱读之书，乃人生一大乐趣。】

读《德国的浩劫》。

1. 梅尼克提出的课题是：德国的浩劫、"希特勒运动"的历史、文化和社会根源。他要回答，这是历史的必然，还是纯粹的偶然？在德国的传统历史、文化中，有哪些"黑暗基础"和"恶魔因素"造成了这次灾难？这个不幸，是德国独有，还是欧洲其他国家都可能发生？

2. 重要的不是结论，而是方法、视角和思考的"思想线索"。

3. 方法不是抽象的、形而上地提出的，而是具体体现在他的许多命题和提法之中。这些提法和命题是：

"时代气质"（第3页）；

"它本身可望今后提供某些仅仅根据书面材料所提供的东西，即我们的命运在其中充分展现了那个时代的气质，而且我们必须认识它，才能完全理解这一命运。"

注意：（1）这是书面材料所不能提供的；命运在其中充分展现（命运通过时代气质来表现；时代气质具体体现于命运之中），因为它是"根源"（命运之源）；我们只有认识它，才能理解命运。

（2）不是"单独出自德国的发展势力的现象"，而是"一个超乎德国之外的普遍西方命运的问题"。

（3）欧洲发展的主线本来是"朝着某种个人主义自由和受集体主义约束这两种因素两种相结合而前进的"，是朝着"维护19世纪所取得的自由主义的成果而前进的"。

（4）但逆流出现，希特勒上台，转入专制主义，以及"可怕的单一化"的兴起。

（5）而其因，盖远矣。瑞士历史学家雅克·布克哈特（Jacob Burckhardt，1818—1897）早在几十年前就看出它的来临：他在"启蒙运动时代和法国革命的乐观的幻想之中"就看出"有着大患的萌芽"了。这个"大患之萌芽"，就是"错误地要追求那不可能达到的群众性的人类幸福"，因为"它随后就转化为一种占有欲权势欲以及普遍地为追求生活享受而奋斗"（第2页）。

问题还在于，"旧的社会纽带解体"之后，"新的但又非常强有力的束缚"又建立起来，而且是"由那些强而有力的人们、由那些可怕的单一化者建立起来的"，而他们又得到军方机构的支持。于是，群众又再度俯首听命，放弃了对自由的热望。

在"可悲的日常生活状态之中"，"他们奉命每天清早随着鸣鼓而就位，傍晚又随着鸣鼓而归家"（第2页）。

（6）而这一切，布克哈特认为，是"文化衰落的普遍历史问题"。

（7）"旧的社会和新的人民群众"（他们是大工业发展所产生的）——这就是19世纪各种各样的事物都在其中开展着的结构。

（8）人民群众自然而然地最初是极力要求民主，以后又为了充分保障他们的生活水平而要求社会主义。它形成巨潮。自从 19 世纪下半叶就在激荡着传统文化界。（第 4 页）

（9）于是形成 19—20 世纪的两大潮流：民族主义和社会主义。

（10）然而，从 19 世纪高涨起来的人民群众的生活中兴起了第二种浪潮，即民族运动，"它横溢了第一股浪潮"，并且"多次地削弱了它或者引导它转向"（第 4 页）。但它的目的不是翻天覆地的社会革命，而是"民族本身的权力政治的高涨"。

（11）这个民族运动在"有教养的并且日愈富裕起来的中等阶级之中，找到了它的主要支持者"（阶级基础）（第 5 页）。

（12）这里就隐含着"民族的文化中一切光荣和神圣的东西在其上生长起来的那种原始黑暗基础"。

【这是历史的悲剧、文化的悲剧、人类的悲剧。然而，事实就是如此，历史就是如此，文化就是如此，人类命运也就是如此。

那么，人类在这种命运跟前能够做点什么吗？——能够争取更多的前者。但这个基本结构，社会、历史、文化的结构，人类命运的结构，是不可能改变的。】

【写到此处，不远处教堂的钟声悠悠扬扬地传来，频频急急、如诉如泣，仿佛诉说人类的命运。人类只能通过它（宗教）来叹息、抚慰自身的灵魂！——马克思：宗教是"生灵的一声叹息"。（上午 11 时 10 分）】

【基督教就是世俗化了的人道主义和自由主义。其母体表现为"对于个人灵魂的关怀"。】

（13）民族主义浪潮和社会主义浪潮同时汹涌，它们"都能够为它自己提出深刻的历史权利"。

（14）如何使两者融合呢？

"要通过一种极权主义的、集中的、不受任何一种国会性质约束的对国家、民族和个人的控制而赋予这种融合以顽强性和坚固性。"（第 9 页）——在德国和意大利试验了这样的做法。

但是，"法西斯主义的紧身衣"却"完全不适合于意大利的民族

性"。因此，那里的试验失败了。（第10页）

（15）然而，在德国则不同。其"公式"为：

两者融合的前提：两者比在其他国家中更加尖锐地相互交织而又相互斗争着，并由此发展出一种战斗性的特点。

这一特点，"当它们融合在一起的历史时刻到来时"，"就决定了这里最终所追求的融合方式的命运"。（第12页）

（16）"在德国，民族主义浪潮比社会主义浪潮来得更早；其阶级基础——新的资产者的中等阶级，比无产者登上舞台也要早得多；而德国无产阶级的成长也比西欧其他国家来得更迟，资产者中等阶级强大得更早而且达到了精神繁荣。"

□ 1992年10月12日　晴

1. 先读《唐诗三百首》。摘杜甫句：

少壮能几时，鬓发各已苍。（《赠卫八处士》）

明日隔山岳，世事两茫茫。（同上）

在山泉水清，出山泉水浊。（《佳人》）

千秋万岁名，寂寞身后事。（《梦李白二首（其二）》）

又，阮籍诗：

千秋万岁后，荣名安所之？

又，庾信诗：

眼前一杯酒，谁论身后名？

又，王昌龄、李白诗，皆不凡：
王昌龄《塞下曲》其二：

饮马渡秋水，水寒风似刀。
平沙日未没，黯黯见临洮。
昔日长城战，咸言意气高。
黄尘足今古，白骨乱蓬蒿。

李白《关山月》：

明月出天山，苍茫云海间。

长风几万里，吹度玉门关。

汉下白登道，胡窥青海湾。

由来征战地，不见有人还。

戍客望边色，思归多苦颜。

高楼当此夜，叹息未应闲。

2. 继续《德国的浩劫》，续前记：

（17）一个国家、一个民族的文化总课题：

"群众的压力"，它又"日益庸俗化和衰退化"，因此，"既要保卫住歌德时代的神圣遗产"，"同时又要有力地支持在新的群众的愿望之中的一切看来是有生命力和有成果的东西"；这就是19世纪以来"德国文化的大目标"，亦即"精神与权力的综合、国家建设与精神建设的综合，从而也是……世界公民国家与民族国家的综合"。（第15页）

（18）重要议题：黑暗基础与恶魔因素。

"自从腓德烈·威廉第一和腓德烈大王以来，普鲁士国家里就存在着两种心灵：一种长于文化，而另一种则反对文化。"

军国主义及其对德国历史的影响：

军国主义的严格性、纪律化，意味着单一化，"并造成了许多丰富的生活源泉的枯竭"。（第18页）

并且（在表面纪律化的掩盖下）爆发"并不可爱的冲动和狂激"。

（19）1819年普鲁士土地改革时，他的挫败可看作"反文化的心灵对那种长于文化的心灵的一场胜利"，而"两种心灵的分裂"，"一直贯穿着整个19世纪并延续到20世纪"。（第19页）

普鲁士军国主义逐渐平民化（"一个普鲁士的中尉在人间走动着就像一个年轻的神，而一个平民后备役的中尉至少也像半个神"），随之出现了一种"精神视野和政治视野的急遽狭隘化"。（第20页）

德国作家丰达尼（Theoder Fontane）说："普鲁士主义（Borussism）乃是历来所未有过的最低下的文化形式。"（第21页）

（20）希特勒的事业"是世界上一种恶魔原则的爆发"（第22页），而"后来的灾难的种子根本上就植根于此前的历史之中"。

"美好的精神文化在追逐权势和享受之中沦于毁灭"（第23页）。

请注意，"俾斯麦还是一种临界现象"，"他在某种程度上仍然保持着权力与文化的结合"。（第23页）

"德国的强权国家的思想，其历史始于黑格尔，却在希特勒的身上体现了它的最恶劣的和最致命的应用高峰。"（第24页）

【插入：

读《中国文化与世界文化》，这里有两个概念、两种观念：

（1）把中国历史纳入世界历史的结构之中（许倬云）。

（2）中国中心的中国近代史观（中国近代史的确受到外国人入侵的影响，受到外国文化的入侵，又做出回应，因而才有种种历史事件和历史现象）。但是，归根结底，是中国历史内部诸因素的作用结果。

此可议也。两者视角不同，出发点不同，但都是研究中国历史、中国文化所应有之观念和观点。（1992年10月12日上午12时）】

【插入：

王维《送綦毋潜落第还乡》中有句：

"江淮度寒食，京洛缝春衣。"

"远树带行客，孤城当落晖。"

张九龄《感遇十二首（其四）》：

"美服患人指，高明逼神恶。"

《感遇十二首（其七）》：

"江南有丹橘，经冬犹绿林。"

"岂伊地气暖，自有岁寒心。"

王维《青溪》：

"声喧乱石中，色静深松里。"

"我心素已闲，清川澹如此。"】

（21）反犹主义是走向国家社会主义的第一步，因为从反犹的意识

之中，轻而易举地发展出一种普遍的反自由主义和反人文主义的意识。（第26页）

一个运动的改良派从另一运动的改良派那里取得支持，而一派中的粗暴派又从对方的粗暴派那里得到补充，民族主义运动和社会主义运动就这样汇合了！

"从歌德时代所生长起来的那种自由的人道主义文化，遭到了民族思想的狭隘化和僵硬化的威胁。"（第36页）

西方民族的整个帝国主义运动为这场即将到来的政治上和文化上的大灾难创造了条件。（39页）

本书的作者对尼采的分析，不知是否准确；但其思路很有意思，他提出的是：

本质和作用的分裂：恶魔式现象。在这里，他并没有否认传统文化中的恶魔因素。

他在此处所指的是尼采的"那种破坏旧道德纲目的超人乃是一个错误的指标"。（第41页）

还有，他指出，在艺术和诗歌中出现的那种"近代精神"，也同"不道德的民族主义有着千丝万缕的联系"，而成为"希特勒主义的直接序曲"的间接因素。

他所指的"近代精神"主要是"把真理、诚挚和内向性看作这一倾向的导航星，它们常常带着一种激进的意志要粉碎途中的一切由过去世界所形成的束缚"。（第41页）

□ 1992年10月13日　晴

《德国的浩劫》第五章提出"智人"与"强人"的命题，其内涵应与"文化型人"和"反文化型人"相同。同时，提出"近代文化与文明"的"一切"都来自一种灵魂生活中合理的和不合理的各种力量之间健全的、自然的而又和谐的关系；然而同时，正是近代文明以一种特殊的形态威胁这种平衡。

合理＝悟性和理性；

不合理＝感情、幻想、渴望和意志力量。

近代文明之所以破坏这种平衡，在于：近代职业生活、生活目标都规格化了，而灵魂生活的内在的自发性却式微了。

"外部的理性化"能够导致"灵魂的内部损伤"。（第61页）

"对知识的那种繁复的技术分工的片面训练可能导致被忽视了的非理性的灵魂冲动的猝然反应"，"导致一种新的片面性，在狂乱无章地四处乱抓"。（第62页）

"在许多纳粹领袖的身上就能看到这种类型。"（第62页）

有一个命题："灵魂结构"。

【插入：

《保护网下》（海因里希·伯尔作）的前言谈及该书的写作背景时说，20世纪60年代中期，德国发生大规模大学生运动，运动过后，一部分人对社会冷漠，小部分人走上恐怖主义道路。1977年，连续发生三大恐怖案件：联邦检察总长遇害，德累斯顿银行行长庞托被杀，雇主协会会长施莱尔被劫持并终被杀害。联邦政府为施莱尔举行国葬时，谢尔总统致辞时说：

"我们过去优先考虑经济因素，使技术工作得以顺利进行，但是，我们长期以来没有考虑人性是否受害的问题。"

《保护网下》小说中则有言："经济增长吞噬了一切！！"】

"在那里一种健全的可能性是被人忽略了，而不健全的现实性却为人所采纳。"（第78页）

（魏玛时期?）

"在物质上，他们渴望着就业、收入和提升的机会，而在思想上他们则渴望某种能给心灵和幻想带来激动的东西——某些值得为之生活的理想。"

【那是一种既有物质生活的水平，又有精神、文化生活的生活，使人们值得为之生活的生活，是具有理想的生活。】

□ 1992年10月14日　晴

《德国的浩劫》：

命题："灵魂的不断换位"（第87页）。

"武装党卫军的恶劣精神（Ungeist）"可以看作"希特勒（时代）的（德国）民族性格"。

其性格之所以成为可能，"是由于一个时期以来灵魂力量之持续不

断换位的结果"，"我们可以把它理解为合理的与不合理的力量之间的灵魂平衡受到了干扰"。

"一方面是过分地突出了算计的智能，而另一方面则是感情上对权力、财富、安全等等的渴望；于是行为的意志力便被驱入到了危险的境地。"（第87页）

另外，歌德时代以来的理性生活、理想生活、内心生活的追求即文化型的追求，削弱了，被摧残了。

"在过去的这种成就的光辉下，我们对于隐蔽着的黑暗面注意得太少了，而这就正是它的致命弱点，后来疫疠也是在这里得以慢慢侵入的。"（第98页）

□ 1992年10月19日　晴

《德国的浩劫》："历史中的有价值的和无价值的二者之间恶魔般的密切联系"，"我们认为，好的和坏的、神明的和恶魔的这两者，是那么常常地表现出彼此的互相转化，——这正是属于歌德在他的《神明的》那首颂歌里所说的那种人类生存的'永恒的、伟大的、铁的法则'。"（第187页）

【注意：神明的、恶魔的，有价值的、无价值的，文化的、反文化的，人道的、权力的，等等，二者：（1）紧密联系着；（2）彼此转化；（3）这是歌德所说的人类生存的永恒的、伟大的、铁的法则。——抄者】

提法："一切历史同时都是悲剧。悲剧的本质首先就存在于这一事实，即人身上那种神明的成分和恶魔的成分是难分难解地交织在一起的……"（第189页）【也就是说，人性和兽性交织在一起。】

"但他最好是每一次在必要地观察了现实之后，再来仰视一下人类最崇高的星象。"（第192页）

□ 1992年10月20日　阴

《德国的浩劫》：

"当前的任务只能是在人道的旗帜下为我们的灵魂生活的净化和深化而努力……为德国再恢复这种精神，至低限度也和建造住房和生产生活资料是同样迫切的。"（第196页）

"在今天，一切的一切都要以我们内在生活的深化为转移。我们提出德国的精神文化来，作为他必须由之出发的第二个领域……必须……追索到歌德时代的道路。"

"然而这种重新转向我们祖先的神坛，不应该仅仅是单纯地回到，或者甚而是复活古老的信仰争端，而必须是加进某些新的东西。"（第197-198页）

□ 1992年10月25日　雨

读沃尔夫冈·伊瑟尔《阅读活动——审美反应理论》。

文学批评流派：

1. 社会-历史批评理论：作者与作品的社会的、历史的、环境的、个人的（传记）背景。

2. 新批评-结构主义：本文是绝对独立自在的实体。

3. 接受学：读者与作者双向互动理论。

《阅读活动——审美反应理论》首先提出的问题是：

1. 本文在什么条件下、怎样产生意义？

2. 本文在什么条件下对读者是有意义的？

它的基本理论是：读者与本文双向交互作用。

（1）本文基础：召唤性空框结构。（2）读者的经验：予以现实化、具体化。（3）阅读活动：在阅读过程中，读者和文本之间，"文本陈述"和阅读理解之间，形成一种动态结构。这是一个"过程"，即阅读者的"动力"和书籍提供的"条件"之间的互动过程。

又，（1）本文——召唤空框结构、"未定点"；（2）读者——经验，予以现实化、具体化，特别是形成心理现象；（3）文学作品——在本文-读者交互作用下，得以实现的动力和条件。

□ 今日读完了《阅读活动——审美反应理论》一书。旷日持久！主要因为在"欧洲翻译家之家"居留十天，未读此书。现在，集中做笔记如下。

作者在序言中指出："文学本文只有在读者阅读时才会产生反应。如果不分析阅读过程，也就不可能描述这种反应。"（第1页）

"阅读是审美反应理论研究的中心。"

"本文只表现了一种潜在的效能，这种效能只有在阅读活动中才能

实现。"（第1页）

"本文与读者两极，以及发生在二者之间的相互作用，奠定了文学交流理论的根基。"（第1页）

第一编背景概观——文学阐释：语义学还是语用学。

1."一般来说，文学本文对其同时代的环境构成一种感应，引人们注意到某些由当代标准制约，却又是当代标准所无法解决的问题。"（第9页）

2."如果作为作品核心的意义可以从作品中取出，那么作品经过一次阐释后便报废了，文学成了消费品。"（第11页）

3."批评绝不可将小说本文榨干后就抛入废纸堆。"（第14页）

□ 1992年11月14日　雨

《阅读活动——审美反应理论》

4."这种意义只能是本文信号与读者的理解活动相互作用的产物。显而易见，读者无法独立于这种相互作用；恰恰相反，正是他自己内在的能动性把他与本文联系起来，促使他创造了本文生成的必要条件。"本文与读者融合为一，主体（读者）和客体（书本）之间的分隔消除了，"意义不再是解释的对象，而是一种有待体验的结果。"（第17页）

5."艺术不可译成指涉意义。"

"过分表达否定了表达。"

"……诗人，无所说。"

"如果诗人刻意要'表达'些什么意思，那么，他最终只会使读者与观察者对他不相信。"（第19页）

6."文学本文不可丢弃的交流功能是它极其重要的特征。确实如此，许多文学作品，即使其表现的信息早已成为历史的陈迹，毫无意义，也仍然具有艺术魅力。艺术的永恒魅力不能简单归结为某种范式，即把艺术作品当作对特定的普遍思想体系或社会体系的再现。"（第21页）

7."代之而起的是一种以双向相互作用理论为核心的观点。相互作用的一方是本文及其作为环境的社会与历史规范，另一方则是读者潜在的意向。"（第21页）

8."意义离不开主观介入与语境的制约。"（第27页）

"只有在阅读中本文才开始展示其潜势。读者赋予本文以生命，即使'意义'早已成为历史，与我们无甚关联，也仍然有待阅读的生成。在阅读中，我们能够体验到早已不存在的东西，理解全然陌生的事理。"（第27页）

9. "只有通过阅读，本文的意义才能产生。"

"阅读是一切文学诠释过程的基本前提。"（第28页）

10. "文学作品阅读的核心是作品结构与接受者的相互作用。"

11. "文学作品的研究不应该只关心具体本文，而必须同样注意对本文的反应活动。本文仅仅提供'图式化的外表'，作品的主体事件从中产生，而本文的生成却在于具体化的活动。"（第29页）

12. "文学本文具有两极，即艺术极与审美极。艺术极是作者的本义，审美极是由读者来完成的一种实现。"（第29页）

"作品是功能性的（可理解为非完成性和凝固性），作品的动力就存在于这种功能性中。"

□ 1992年11月25日　晴

《阅读活动——审美反应理论》

13. "文学本文的意义并不是一个可解释的实在，而是一种动态的发生。"

14. "显而易见，阅读活动无法实现全部的潜势，因而人们应该将意义设想为发生性的，这是意义生成的前提。每个人在特定场合都会实现某一种意义，意义构成活动是因人而异的。"（第30—31页）

15. "这并不是说理解是随意性的，确定性与不确定性的交织决定了本文与读者间的相互作用关系，这种双向生成过程绝非随意性的。"（第32页）

16. 读者种类：（1）"超级读者"（里法代尔《结构文体学》）；（2）"精通的读者"（费施《读者中的文学：效应文体学》）；（3）"意向的读者"（沃尔夫《意向的读者》）；（4）"作者头脑中的读者"（沃尔夫《意向的读者》）；（5）"隐晦的读者"（沃尔夫《意向的读者》）；（6）"虚构的读者"。（第38—43页）

17. "上述三个读者概念产生自旨在解决不同问题的不同的假设……这三个概念，尽管意图各不相同，却有共同的特征。它们都通过引进读

者形象把自身看作：（1）超越结构主义语言学；（2）超越转换生成语法；（3）超越文学社会学这三种学科局限的一种手段。"（第43页）

18. "本文的意义只有从某一个立场出发进行具体化才能组构起来。因此，立场与本文观点的互渗是紧密联系的，尽管二者都不在本文中表现出来，更不见诸文字。它们是在阅读过程中产生的。在阅读过程中，读者的角色是在不断地占领有利地形，以适合于先在结构的活动，将不同的观点纳入一个不断演化的模式。"（第45页）

"因此，读者的角色是由三种构成因素先在地结构而成。这三种构成因素是：显现于本文中的不同视点，组合诸视点的有利地形，以及殊途同归之处。"（第45页）

"读者的角色只有引起读者结构的活动，才能算作彻底完成。原因在于，尽管本文视点本身是既定的，但它们的逐渐接合以至最后的汇同而一，则并不是语言可以表述，而只能通过想象获得。这是本文结构影响读者的起点。这些本文提供的导引刺激了大脑中的形象……"（第45页）

"暗隐的读者的概念，作为对本文提供的角色的表达，绝不是真实的读者的某种抽象，而是真实的读者接受读者角色时产生一种特殊的张力之后的制约力。"（第46页）

"诚然，对任何本文的任何反应都是主观性的，但这并不意味着本文消融于读者个人的主观世界之中。恰恰相反，本文的主观化过程导致第三成分，即导致主体本位之间的分析……本文的'先定性'导致未定性，发动了整个理解工程，读者则力图组合一个本文世界，一个由先定性区别于现实世界的本文世界……先定性并不是一种既定的本文质，而是一个使读者得以破除他已习惯的惯例框架的结构，言本文之所未言……只有当读者在'陌生的'环境下而不是在他自己熟悉的环境下（类比），被迫创造本文的意义时，他才能揭示以往无法用意识头脑清楚表述的某一人格层次。"（第61-62页）

□ 1992年11月28日　晴转阴

19. "每一种本文范型都包含特定的启发规定。该范型不可等同于文学本文本身，只是开辟了一条通向本文的途径。分析本文绝非轻易之举，必须提供一种适合于分析的参照框架。"（第65页）

20."功能主义方法注重两个基本的、相互依赖的领域：一是本文与现实之间的交叉，二是本文与读者间的交叉。"(第66页)

21."作为交流的基本单位的言语活动，不仅组织符号，而且制约着符号的接受方式。言语活动不仅是句子，而且是特定的环境、语境中的话语。这些话语通过语境获得意义。"(第67-68页)

22."区分了语言活动的两个基本形式，他称作'陈述性的'和'活动性的'。陈述性形式陈述事实，以真伪为标准；活动性形式则导致活动，以成败为标准。"(第68页)

□ 1992年11月29日　雨

23."读者与本文的交流是自我矫正的过程，他不断地表述所指，又不断地修正所指。阅读具有控制论的本质，它包括环境框架的变化系列中效应与信息的反馈。较小的单位不断融入较大的单位，意义集结意义，就如同滚雪球一般。"

"虚构性本文具有'活动性'，它促使读者去创造那种主导着作为本文具体意义的选择的密码……而本文的潜在效应不仅要引起读者的注意，同时还要指导读者接受本文，以引起对本文的反应。"(第75-76页)

"本文永远也不可能作为整体得到把握，而只能看作是一系列变化的视点。每一个视点都局限于自身，因而必须开辟进一步的视点。这就是读者'实现'全方位观的过程。"(第84页)

"本文的保留剧目的确定性在本文与读者间提供一个交汇点。"

"文学作品与历史的思想系统之间的相互作用产生了文学保留剧目的基本构成因素。"

"文学的保留剧目不仅包含社会和文化规范，而且涉及与这些规范交融的过去文学的因素和整个传统，甚至可以说这些交融形成了文学类型之间区别的基础。"(第96页)

□ 1992年11月30日　晴

《阅读活动——审美反应理论》：

24."由此可见，文学的保留剧目具有双重的功能：它重构熟悉的图式，形成交流的背景，并提供一个普遍的框架，促使信息或本文的意义得以组织化。"

"构成本文保留剧目的两个基本因素：社会规范与文学暗示，来自两个完全不同的系统，一个来自历史思想系统，另一个来自过去文学对历史问题的反应。"（第98页）

"本文并不直接道出审美价值，本文的保留剧目也不展现审美价值，审美价值的存在取决于效应，但又不意味着审美价值就是效应的一部分——读者，或读者传达的现实。"（第99页）

"保留剧目形成一个意义的组织结构，并有待于在本文的阅读中进一步完善。这个完善有待于读者的意识程度和他是否愿意坦诚地接受不熟悉的经验。当然，也离不开本文的策略。本文的策略规定了本文实现的程度与范围，该程度与范围不是随意性的，保留剧目的因素在很大程度上是不确定性的。"（第102页）

"策略包括本文的内在结构和读者发动的理解活动。"（第104页）

"策略的基本任务是将熟悉的陌生化。"（第105页）

25."偏离"（穆卡洛夫斯基）。

"偏离囊括了从标准与规范的背离到对熟悉标准的有效性的丧失的全部范围。这一事实加强了本文的语义潜势，因而造成了一种特殊的张力；背离常成为一种动力，引起人们的注意，要想缓解张力，就必然需要一种造成张力的参照系。"（第107-108页）

"一般说来，本文的'期待规范'可以分为两个范畴：（1）规范与文学参照的保留剧目给读者提供了得以结构的背景；（2）期待遇特殊读者群的社会-文化惯例相关，特定文本总是为特定读者群所写的。"（第108页）

□ 1992年12月1日　晴

《阅读活动——审美反应理论》：

26."社会规范一脱离它的原始语境，植入文学本文，其新的意义就凸现出来。同时，它又不断与原始语境相联系，因为新的语境的产生，是由原始语境的更移造成的，任何文学文本的选择都会导致这种突前-背景的关系。选择原则为各种形式的理解有经验提供了基本条件，因为如果没有熟悉的背景，未知的意义就不可理解。"（第112页）

"背景-突前概念与信息论中的冗杂信息和新信息的概念不无相似之处，而且与格式塔心理学的图形和背景概念亦有相同之点。"（第

113页）

"熟悉使我们得以理解不熟悉的，而不熟悉的又反过来重构我们对熟悉的理解，如此循环往复，从而使作为交流发动力的选择因素不断发生变化。因此，文学本文的背景−突前的关系具有辩证的特点，而信息范型中的冗杂信息则是完全被动的，不再起作用的。"（第113页）

□ 1992年12月2日　阴、有风

27. "写作的过程与阅读的过程相互间有着辩证关系，写作包括着阅读……艺术只是为了他人并通过他人的参与而存在。"（萨特《何为文学?》）"整个阅读过程中一直贯穿着修正期待与转化记忆之间的相互作用。"（第113页）

（二）1993年读书札记

【离开德国回到沈阳，就停止了这种日记和记事。

结束了旅外的一种读书写作生活，开始了另一种常规的生活。

今天忽然有新的想法，决定来写一种读书、看报的随记。】

□ 农村宗族转型问题。

同期社科报4版（指上海《社会科学报》第349期，1993年3月11日第4版）刊有钱杭的江西泰和农村宗族考察，提出：这是"研究社会学和文化人类学的一大课题"。文中提到，"在很多方面，它只是有意识地利用了传统宗族的资源，而在实际运作过程中，则表现出尽可能地与现存社会体制和社会主义意识形态靠拢的特点"。"宗族的出现与持续存在，从根本上来说，是汉人为满足自身的历史感、归属感需求的体现"，可以"引导宗族实现向现代社会规范转型"。

【农村宗族，这是中国历史、中国社会特有的产物、特有的社会构造，也与中国文化有深深的关联。它也是中国广大农村的基本组织形态。有的乡村，一个共产党的支部就是一个宗族、一姓家族。它有积极的一面，更有消极的一面，而以后者为主。它所寄寓的历史感、归属感以至社会认同，都必须赋予现代意识、现代观念、现代规范。这是中国社会转型和文化转型的一个重要内容。随

着城市化进程的发展，乡村的城市化、农村经济的商品化和市场化，农村宗族将会逐步解体。但是，在上述诸化的过程中，农村宗族又会起到阻滞作用。因此，"有意识地利用宗族资源"和引导它向"现代社会规范转型"，是重要的。】

□ 历史观念与历史重构。

1. 1993年5月28日。黄仁宇（美国华人历史学家）有三本历史著述：《放宽历史的视界》《资本主义和二十一世纪》《地北天南叙古今》（三联书店现出版黄氏作品系列，有《万历十五年》《赫逊河畔谈中国历史》《中国大历史》等，整理时补注）。他提出了一个带根本性的历史观"历史的长期合理性"（long-term rationality of history），即"长时态史观"，他称为"大历史观"——"大历史"（macro-history）的观念。"言其纵贯性之深、之远"也。

黄氏提出过资本主义的三点"技术性格"：① 资金广泛的流通（wide extension of credit）；② 经理人才不顾人身关系的雇用（impersonal management）；③ 技术上之支持因素通盘使用（pooling of service facilities）。（《资本主义和二十一世纪》第32–33页）

又说，资本主义产生于欧洲，有三者结合之意义，即人文的（文艺复兴、宗教革命）、科学技术的、经济的。亦即"思想、宗教与法制及经济互相衔接"之产物。（以上见《读书》1993年第1期）

2. 1993年6月30日（周三）：
"大历史" / "长历史" / "超历史"

【这可以是关于历史观念、历史研究和对历史的态度这样三个命题、三个范畴和三种态度、三个价值取向。但它又不只是一种历史的态度；它同时又可以是一种现实态度，甚至是一种即时态度，即对待现实的每件事的"具有历史胸襟"的态度。

"大历史"（macro-history），就是从极广阔的视界来看待历史、研究历史，作价值判断；同时，又讨论极广泛的主题。不是政治化的、道德观的。黄氏《资本主义和二十一世纪》，就是这种大历史著作。

"长历史"，即"长时段的历史观"。这种历史观包括一个重要命题，即"历史的长期合理性"。其义自明：从长时段的立足点、

"观察点"来看局部的、断代的历史，才能看到它的合理性，不致短视、"误读"、夸大或缩小地作价值判断，也不会断章取义。从几年、几十年的短时段来看历史，未必能看到历史的深沉的本质和意义、影响。

布罗代尔（法国年鉴学派–新史学派重要代表）首倡"长时段的历史观"，他在《论长时段》中提出，注重以往社会的"结构"、"总体情境"（total situation）、"心态习惯"（mental habits）、"世俗趋势"（secular-trend），以及"历史周期"（intercycle in history）。这给"长时段历史观"以时间概念之外的内涵概念、实际内容，它深化了历史观念、历史研究的涵盖面与主题。1964年，在国际比较文学学会第14届年会（加拿大埃德蒙顿）上，法国学者的论文论述了文学作品作为"心态史"的历史意义与价值，很有启发意义，可以应用。即文学作品——心态史的反映与记录，具有历史的价值。

"超历史"，则是我领会诸意而提出来的想法。即超越性的历史观，亦即超现时、超政治、超道德、超空间的历史判断；但这种"超"，不是超过、超脱、超然，而是超越，既有这种立场、态度、意识在，又不受其限制，不仅仅限于此，不是"顾此一端不及其他"，更不是"攻其一点，不及其余"。

又，"飞禽"——海洋文明，商业文化（开放）；

"走兽"——大陆文化，农业文明（封闭）。

以上是读《读书》1993年第2期傅铿《超道德批判》（第16-22页）时引发的感想。】

□ 历史是强大生活历程的总和。

1. 奥斯瓦尔德·斯宾格勒（1880—1936）说，历史是什么？

"……人类历史原本就是一些强大的生活历程的总和。"（《西方的没落》第14页）

（1）生活历程的总和；（2）但不是一般的生活历程，而是强大的生活历程，这意味着重要，事件、过程、性质、人物等都重要；（3）但也不是一切强大的生活历程，而是"一些"，即影响巨大、持续重大、刻痕深沉的生活历程，等等。

恩格斯则说："根据唯物主义观点，历史中决定性因素，归根结底是直接生活的生产再生产"（《家庭、私有制和国家的起源》第一版序言）。这里说"直接生活"，其含义应与斯宾格勒所说的"历史历程"大体相同，不过表述的侧重点不同。恩格斯注重"直接生活"，即生活的现时性、实在性、具体性，而斯宾格勒所言则在"历程"，即时序、过程、流变等等。两者相加，皆备矣。

就是这种"直接生活"＋"历史历程"，决定了人类的一切，包括文化、艺术、学术等等。不过，这种"决定"，是一种"决定性的作用""决定性的力量"，也就是恩格斯在另外的地方所说的"最后的决定权"，它赋予历史、社会、生活以基本的、基础的、核心的内涵，也赋予基本的形态、形式、面貌，而不是一切，不是没有偶然性、随机性、民族性，以至英雄人物、杰出人物、居于特别重要位置人物所给予的影响，所赋予的"历史的特殊形式与色彩"。尤其上层建筑、文学艺术，更是如此。（1993年9月5日）

2. 张光直在《中国青铜时代》的"商代的巫与巫术"中则有另一种表述和见地。他说（小结）："一，商人的世界分为上下两层，即生人的世界与鬼神的世界。这两者之间可以互通：神可以下降，巫师可以上陟。"（第66页）

【这里，"世界"＝ 生活＝ 生活历程 ＝直接生活。不过，张先生在这里补充了一个重要方面：世界–生活是分层化的，有上层和下层。上层是鬼神世界，是鬼神"生活"、精神生活；下层是人的世界，是现实生活、物质生活。两者互通。其原因是，它们都是人的生活的反映，都是人的创造，都含着人的追求。人不满足于现实的、物质的、"地下的"生活，而要求有精神的、虚幻的、天上的生活。这是人的创造，人有了头脑、有了文化之后的创造。两者之相通，就是因为下层产生了上层，下层的"人"制造了上层的"神"，物质的土壤生出了精神的花朵。张先生还说了一条：巫师是亦人亦神的，是"人"借以通"神"的人（"巫"）；巫又凭借一些物品、道具、法器和法式以通神：山、树、鸟、其他动物、酒与药物，以及占卜、仪式与法器，还有饮食、乐舞等。而美妙的文学艺术就从这里产生！（第65页）】（1993年9月5日）

3. 罗兰·巴尔特说:"任何历史话语都是虚构的,因为它必须受到时代的、社会的或个人的观点的歪曲。"(见《文汇读书周报》第419号,1993年3月6日)

【"歪曲",也许是从最终结果讲,是与事物的本质和真相相参照来讲;主观上未必想要歪曲,——当然,有意歪曲者大有人在,这里是就认真的、科学的学术研究和著作而言。但不管主观意愿如何,历史叙述都是主观的、非纯客观的。"历史"活在个人的视界、观念与叙述中,活在后人的语言中。人言言殊,难免歪曲。法国新史学派所谓"历史都是重构",重构就可能产生歪曲。】

□ 现代性穿上了媚俗的长袍。

米兰·昆德拉的话很好,可一用:"现代性穿上了媚俗的长袍。"

【也许可以以此为主题写文,涉及当前文学、戏剧、影视、音乐等,也涉及"明星崇拜"。"媚俗",是进步还是倒退?研究其产生背景、生存原因、发展条件和语境。】

昆德拉还说:"做现代派意味着疯狂地努力地出现,随波逐流。"(以上引文均见《文汇读书周报》第419号,1993年3月6日;原文见昆德拉《耶路撒冷讲话:小说与欧洲》)

【也许,这里的"现代派",所指不是真正的、严肃的、忠实于文学和艺术的现代派,而是那些赶时髦的、浅薄的、"做戏的虚无党"似的现代派,"穿上了媚俗长袍的现代派",他们无文"有派",确实是疯狂地出现,不但随波逐流,而且掀波搅流。低俗地媚俗,或者文雅地媚俗。文坛多此类现象,是为悲哀。】

□ 麦当娜如是说。

麦当娜说:"我一再说我只是想出名,因为我喜欢那种辉煌,那种众目所向的愉悦。"(《文汇读书周报》第419号,1993年3月6日第9版《麦当娜还剩什么》)

【她很坦率。"我想出名"实际上是许多人的通病,是人的带共性的心理,也许可以说是人类的"集体无意识",是人类的心理原

型。有人以此而成就大事业，有人以此而成为大坏蛋，有人以此而先是伟人后成蛆虫。中国也有这样的人物。】

□ 关于代表民族的伟大作品产生的条件。

在评审别人的论文时读到歌德的这段话，它很有意义、很有用，主要说明了天才作家成长的主客观条件。

"他在他的民族历史中碰上了伟大事件及其后果的幸运的有意义的统一；他在他的同胞的思想中抓住了伟大处，在他们的情感中抓住了深刻处，在他们的行动中抓住了坚强和融贯一致处；他自己被民族精神完全渗透了，由于内在的天才、自觉对过去和现在都能共情共鸣；他正逢他的民族处在高度文化中，自己在教养中不会有什么困难；他搜集了丰富的材料，前人完成的和未完成的尝试都摆在他眼前，这许多外在的和内在的机缘都汇合在一起，使他无须付出高昂的学费，就可以趁他的生平最好的时光来思考和安排一部伟大的作品，而且一心一意地把它完成。只有具备这些条件，一个古典性的作家，特别是散文作家，才可能形成。"（见朱光潜《西方美学史》）

【这段话说得很齐全、很完美，也很深刻，具有历史的、理论的深度，可以用来论述历史人物，分析作家。它也很好地论证了斯宾格勒在《西方的没落》一书中所说的"大宇宙"（客观世界、历史、环境等外在世界）与"小宇宙"（个人、内心）的关系。（1）民族伟大事件和它的"有意义"的统一的后果；（2）民族的高度文化发展的时代；（3）这个伟大时代的人民（他的同胞）的思想的伟大、情感的深刻和精神的伟大。这些属于"大宇宙"，即客观方面。

另一方面则是主观条件，这要求：（1）他抓住了同胞的时代的"思想的伟大处""情感的深刻处""行动的坚强和融贯一致处"；（2）他还被这种民族的伟大精神"完全渗透"；（3）他具有一种天才、才能，能够自觉地对过去和现在都产生"共情共鸣"；（4）他搜集了丰富的民族的、历史的材料，包括前人已经完成的和"未完成的尝试"。

最后，两方面结合：他抓住时机，在自己生平的"最美好时光"中从事创作，而且一心一意来完成它。这样，才产生一个时代的、代表民族精神的伟大作品。试观歌德本人，以及莎士比亚、巴

尔扎克、托尔斯泰、鲁迅等大师，率皆如此。】

□ 关于王元化的《夜读后记》。

（1993年6月11日，灯下）

读《文汇读书周报》1993年6月5日清园的《夜读后记》。清园即王元化先生，后记是《清园夜读》一书的后记。文章甚别致，全文由日记组成。记事、记感想、记评论，言简意赅。

1. 文章有内容，写得从容不迫，杂中有统一；

2. 日记之写法可取；

3. 一些材料可用。

可用者，记如下：

1.《鲁迅与章太炎》一文说，鲁迅写小说，用阮籍故事。后记引作者1992年5月28日日记详述云：《孤独者》中魏连殳治祖母丧之种种奇特表现，"颇似阮籍故事"。"阮亦不守丧礼，然举声一号，吐血数升。"【此有趣而可用也。】

2. 云：读胡适觉过时，而读王国维则否，原因是："胡吸取西学新义来融入中国文化中；王不仅能融入，且又自生新义。"【此评甚确，亦可用于评鲁迅。】

3. 日记中提到的几篇关于胡适的文章，皆可觅得一读。它们是：《胡传唐注》（大概是《胡适口述自传》，纽约市立大学唐德刚译注）、《胡适的治学方法与国学研究》、《读胡适》。

□ 王浩论中西哲学与音乐。

（1993年6月13日　晴）

王浩的《从昆明到纽约》是为其同学何兆武的一本书所写的序言，其中提到对沈有鼎先生和冯友兰先生的两句话当年了解不够，现在有了新的认识。这两句话是：

1. 沈有鼎：在西方针对人生问题的是文学，不是哲学。

2. 冯友兰：每个对中西音乐都熟悉的人，都会更喜欢西方音乐；每个对中西哲学都懂的人，都会更喜欢中国哲学。

【这两句话很有意思，很准确，也很深刻。值得玩味，可以研究。】（以上事见《读书》1993年第5期）

□梅米（Albeit meme）"民族文化四要素"说。

梅米指出，民族文化四要素是：（1）历史意识；（2）社区精神；（3）文化自觉；（4）语言。

【所举四要素很重要。它们涉及：历史是民族的过去、民族的记忆、民族的传统；社区是现实的、社会的、环境的，包括生产、生活、交往、人际关系等等；文化自觉则是民族的文化自我意识，对民族文化的认同与归属，等等；语言是以上一切的"存在家园"。】

□蒙田谈"与猫玩儿"。

（1993年6月24日　阴）

蒙田《散文集》第二册《为雷蒙德·赛邦德辩护》：

"当我同我的猫在一起玩的时候，谁能知道猫实际是我的玩物而我不也更是猫的玩物？"（抄自《西方思想宝库》第11页）

【明星崇拜：当明星感到自己是在为受众所崇拜而欣欣然，挺然、昂然睥睨众生之时，岂知自己正是在为众生所睥睨，"玩君于鼓掌之上"，"拿几元、几十元钱买一个乐子"，"买"你来给我取乐，你可知你是他的玩物？】

□罗兰·巴尔特论"语言的双层级意义"。

罗兰·巴尔特说，语言、记号，都有"双层级意义"（这是我的归纳）。巴尔特说，"'粗野'被作为革命的记号了"。他举例说，一名学生从《伊索寓言》中的一句话"因为我的名字是狮子"中发现其二级意义，即"我是一个说明谓语一致性的语法例子"。由此，巴尔特说："一级语言意义远不如该句传达的二级语言意义重要。"（卡勒尔《罗兰·巴尔特》第34页）

【这是一个很有意义、可以深加发掘、广为使用的"意义"。语言的"二层级意义"和语言的一级意义、二级意义，歇后语、隐语、隐喻、象征、反讽、讽刺等，都包含在内。可以用于文学批评、艺术批评，也可用于文学创作。】

巴尔特创造了一个有意义的词汇"图腾饮料"。他说，酒在法国

"不只是诸种饮料之一，而且是一种'图腾饮料'"。"它是'一种集体道德的基础'"，"对法国人来说，'信奉酒是一种强制性的集体行为'"，"饮酒是一种社会团结仪式"。（同上，第32-33页）（1993年9月2日）

□ 关于巴尔特和他的论"身体与写作"。

罗兰·巴尔特，西方人称他为"天才"。他这种天才模式，中国人大概会称之为"怪才""鬼才"。别的不说，他把"写作行为"同人的身体的经验联系起来，就很别致，也似有深意，既可予发掘，也有启发意义。卡勒尔在《罗兰·巴尔特》中说："巴尔特特别津津乐道于其写作与身体经验之间的关系，似乎身体感觉可被看成是根源或根据。"（第45页）在第45页注文中，引有巴尔特的文字："写作是手，因此是身体：它的冲动、抑制、节奏、思想、变动、纠葛、躲闪等，简言之，不是由于灵魂，而只是由于被其欲望和无意识所点燃的主体。"（《音粒》第184页）

下面的解释可以思索：

"虽然现象学批评明显地关注于现象的体验或显现（呈现于意识的世界），它却似乎导致经验者把他们设定的身体性经验当作具有某种自然基础的东西。"（《罗兰·巴尔特》第45-46页）

【注意：此处是说"某种自然基础"。身体的感觉及其促动是一种自然基础、一种写作的愉快和它所产生的写作行为的动机（基础），这是可以理解的。体育运动员不是最明显地体现了这种基础吗？画家、书法家也很明显地表现了这种在"写作"（创作）中的"身体的自然基础"。文学创作不是可以类而推之吗？又说："高度发展的文化制作品可以上溯至被当作自然性根源的初始的、前反思的感觉。"（第46页）——是上溯到"自然性根源"，即身体经验。此点可信。但是，很不幸，也很可笑，中国的"搬运者"们，那些出色的理论家和作家，却把罗兰·巴尔特的"身体写作"吹得神乎其神，却又歪曲成用女人的身体写作和写女人的身体。有的"有出息"的女作家，更发挥而成为"下半身写作"和"写下半身"！如果说这是亵渎文学，那就太轻了。】

□ 乔丹说"想看看小草怎样生长"。

美国超级球星乔丹意外地提前退役。他说，他想看看小草怎样生长！蕴含多么丰富的话语。他要返回自然、亲近自然，远离尘嚣、繁华、荣誉、鲜花和金钱……（在心灵上）。

□ 老舍《茶馆》创作成功中的艺术规律。

老舍的《茶馆》，是中国现代作家的唯一一部作品在1949年后创作而超过了他以前的作品，超过了他的成名作。

1. 康濯回忆说，1950年，老舍从美国归来，作协在北京饭店欢迎他。他在闲聊中说，有一年他在美国看了一场演出，走出剧场时忽然想到一个生活场景、一场戏。这情节和内容，就是后来的《茶馆》。

2. 一次，北京人艺的艺术家们到老舍家去听他的作品朗诵时，对好几个作品大家都觉得平平，只有一个剧的序幕让大家觉得好。这就是《茶馆》。

3. 但是，这是写旧社会的，是写旧人物的。大家说："那就配合不上了。"是的，无论什么运动、什么政策、什么任务，它都配合不上。然而，它竟成功了！

4.《茶馆》初演时，周总理看了，说主要事件最好是抗日，但他叮嘱不要向老舍传达，要说由他自己去对老舍说。但老舍最终不知道这个指示，剧院照样演。这就是《茶馆》！

5. 但《茶馆》一直是探头探脑地演，偷偷摸摸地演，演一段，觉着形势不好就收。

6.《茶馆》只有北京人艺演得好，别的团演就"炸"。邪乎！

（以上事见《读书》1993年第9期）

【这就是《茶馆》。这里不是有许多"艺术规律"在吗？

规律之一：作家内心的积存。这很重要。几重的积存：生活经验的，形象记忆的，心理刻痕的，生活场景的，人物命运的，创作心理的……"厚积薄发"。积存厚重，一旦爆发而出，犹如火山喷发，有力，有光焰。

规律之二：灵感的爆发，一个触媒，一次震动，一个启示，一闪念，一句词语……像一点火星，引爆炸药；像一声咳嗽，引起万丈雪崩。

规律之三：记忆、积存，拂之不去，自然流露，如水之出山泉。

规律之四：是"珠"不会掩蔽在石粒中。

规律之五：硬配合不能成功，只有"积存""灵感"等与"要配合的"契合，才能成功。

规律之六：领导者、指导者的高明，不在于能够强令作家去修改，而在于能够领会作家的真才何在，由他自己顺势去发挥，而不能凭权力强扭瓜——艺术之瓜，强扭必出苦瓜。】

（1999年1月12日，补记）

□ 关于日本文化的特殊性。

此段可用于阐释日本文化的特殊性：

"……到1900年，日本验证诸多标准都无疑是个现代化国家，然而不但日本传统宗教伦理和基督教毫无相似之处，在日本任何'新教式'的运动都不存在。不过我们需要指出，日本的现代化（无论第二次世界大战前或后）是建立在许多实际的西欧特殊模式之上的，包括了将西欧文化中分歧的因子——衣饰、家具、音乐、文学、社会习惯、工厂生产以至于经营技术等等，加以整合。"（〔美〕艾恺《世界范围内的反现代化思潮——论文化守成主义》第3页）

【如此，日本文化的特殊性有：（1）没有完全西化；（2）保留了自己的传统，包括宗教；（3）并非新教精神＝资本主义＝现代化；（4）将西欧相互分歧的因子加以整合。】（1994年1月23日）

□ 关于马克斯·韦伯思想-学说的"命运"。

马克斯·韦伯（Max Weber, 1864—1920），西方杰出的社会学家，以博学著称，研究领域广泛，在社会学、政治学、法学、历史学、经济学、哲学、宗教学、教育学、文学及社会科学论【似还应加上语言学，最后一项"社会科学论"则可谓社会科学学】等领域，都有重要的建树。欧美流行一个结论（在对众多经典社会学家如孔德、涂尔干、帕累托等与韦伯进行比较研究之后）："一个韦伯顶得上一打西方经典社会学家。"

然而，正是韦伯，在他的祖国德国被"冷冻"了26年。1930年，

美国社会学家 T. 帕森斯将其《新教伦理与资本主义精神》译成英文在美国出版，以后便形成"帕森斯化韦伯"的韦伯的美国形象。20世纪40年代美国重视韦伯研究。虽然如此，但"墙里开花墙外红"，韦伯在他的祖国德国，直到60年代，才"出土文物"似的被发掘出来，联邦德国才于1964年纪念他的百年诞辰，1970年纪念他逝世50周年。

【这一切都与社会发展状况有关。20世纪40年代，美国成为资本主义世界执牛耳者；60年代末，德国经济跃居世界前列，国民生产总值居世界第三位。这就是说，韦伯的学说只有在社会、经济发展势头高涨、经济发展水平先进的国家、社会，才会被赏识、被重视。

这也就是说，韦伯的学说走在了前头——走在时代、社会、文化发展阶段的前头。韦伯生时寂寞身后热。

盖大学者、哲人、大师的命运，率皆如此！

自古诗人皆寂寞！

这是历史规律、文化规律。此皆可研究也。】

□ 韦伯的理论命题："经济合理性"。

"经济合理性"，这是韦伯的一个命题。这个命题自然不是从他的脑子里凭空生出来的，而是资本主义的社会现实、经济事实的反映，或者说是韦伯对这些客观事实的总结、提炼和概括。这意思自然是说，经济有其客观的合理性，这是它的资本主义时代的属性，此前诸社会形态中，经济常常没有合理性，比如浪费、违背客观规律、摧残生产力、以主观主义对待经济规律、劳动组合不合理、管理方式落后（主观主义）等等。但是，资本主义经济由于以获取利润为唯一原则，就产生了合理性，即市场规律、等价交换、劳动力自由买卖等。韦伯提炼出的这一"合理性"，又"产生"或引申出一个"资本主义精神"，即勤奋节俭、精打细算、进取开拓的精神。

【以前，我们不讲"经济合理性"，因此出现许多浪费。】

（1994年5月1日）

□ 贾祖麟对胡适的"界定"。

美国教授贾祖麟在其所著《胡适之评传》[直译应为《胡适与中国的文艺复兴》(*Hu Shi and The Chinese Renaissance*)]中，对胡适提出几个"界定"，很有意思，颇有启发意义。

1. 他说到研究胡适的意义，是研究"在他推动之下，中国在思想上对现今世界的反应"（著者序开篇第一句）。这里有几重含义或者说有几重意义可供解析：（1）通过对胡适的研究，可以看出"中国在思想上对现今世界的反应"，因为胡适是推动这种反应的，这就确定或者说界定了胡适工作的意义和目的、胡适的地位和作用；（2）胡适首先自己有一个"对现今世界的反应"；（3）胡适首先有一个他自己对"客观世界的一切方面"的反应，其中包含了也体现于"他对现今世界的反应"；（4）胡适是"中国对现今世界的反应"的"代应人""代言人""代表思考人"；【（5）附带的，由此可想见，鲁迅也是这种人之一，但他的反应，其内涵和方式，都是不同于胡适的，正是：两种不同的文化性格和两种不同性格的文化。】

2. 贾教授又说，他的研究意在"评估"胡适"设法形成同代人对现代世界与中国的地位一问题的意见时，他所采取的方式"（同上第2页）。前一点是内涵，此处是方式。总体上说，学者、教授和政论家三者集于一身的胡适，作为自由主义知识分子的代表、代言人的胡适，其反应方式是一种形态、一种模式，是"胡适式反应"。【附带：这种反应方式同"鲁迅式的反应方式"，即作家、战士、学者这样的三者集于一身的反应方式，是不同的。这又是"两种不同的文化性格和两种不同性格的文化"的反映之一端，而且是重要的一端、基本的一端。】

3. 贾教授又说，胡适"对民众的贫穷疾病无知，胡适只是把这些事实淡然承认而已"（同上第3页）。【这说得很好、很准确，也很妙。胡适确实如此。】

4. 他还说，"胡适是个具有高度理性的人"（同上第4页）。诚哉斯言。胡适真正是理性的人，对父母、对婚姻、对政治、对形式、对学术，都是理性地处理，当然是从他自己的理性原则出发的理性。【鲁迅则既是理性、高度理性的人，又是感性、高度感性的人，是高度感性和高度理性相结合的人；但他的"高度理性"，是以感性的方式、形态表现出来，以文学的形态来表现。所以，鲁迅是诗人气质、作家心性，是"作家心性战士身"。对胡适所应对的那些事，也都是基于和出于他的思

想原则、他的理性来处理的，然而，又是以充分感性化、感情化的方式来表现的。】

【当然，胡适也不是没有感情或情感疏淡的人，他在对待母亲、妻子、亲人、朋友、学生、同事、秘书、护士，甚至不认识的人、求教的人，也都是有感情的。比如对母亲，对目不识丁、小脚女人的妻子江冬秀，都是很体贴照顾、有情感、有人情味的。但他处理这些人事，又都是很以理性的方式，有绅士风度，有西方人风格。他是"逻辑心性学者身"。这又是一种"不同的文化性格和不同性格的文化"的表现。】

（1994年3月3日读贾祖麟著《胡适之评传》的序之后匆写）

□"人一旦被逐出天堂……"

偶翻阅《书林》，见某期封二上有埃里希·弗洛姆（1900—1980）的语录，云："人一旦被逐出天堂，脱离了与自然浑为一体的原始状态，天使就手执烈焰宝剑挡住寻归者的归途。人类只有不断进步，途径是发展自己的理性，寻求新的和谐，即人类的和谐，而不是找回那决定要失去的人类之前的和谐。"（引文见《书林》1986年第6期）

1. 人原来处在与自然混为一体、人与自然和谐的状态，即原始状态；但这种和谐状态是不自觉的，人还未同自然划清"自我"与"他者"的界限，人类还没有从自然界独立出来，也就没有从动物界独立出来。

2. 人类的进步破坏了这种自然的和谐状态。

3. 人类脱离这种状态，即从自然状态走出来之后，就回不去了，被"天使"用烈焰宝剑挡住了归途！这个"天使"是谁？是什么？它就是科学、理性、文化。人类既然离开了自然状态，就必须不断地前进，不能后退。后退没有出路。

4. 人类失去了这种自然和谐是很痛苦的，总想摆脱，想恢复失去的"天堂"，想返璞归真。老子以清虚无为为圭臬，试图回到原生状态中去。现代西方也有人离世离群，离大城市而去，拒绝一切现代科技产品、生活用具以至现代食品。但是，离群索居并不能回到远古，倒是不得不时不时地回归城市，"利用"现代。

5. 解决之途是继续前进，寻求新的和谐，即人类的和谐。

【那么，可以说人和自然的和谐分为三个阶段：（1）原始的、非自觉的和谐，即原始和谐、人与自然浑然一体的和谐；（2）现代的、人工的、科学的、自觉的和谐，即人与自然既和谐又矛盾的和谐、人与自然矛盾的和谐；（3）高层次的、文化的、人文性的、真正的人类的和谐，即人与自然在理性的、科学的基础上一致的和谐——互生互利、共存共荣。（4）补救之道就是增强文化、科学的人文性，增强科技的人文性和人性地使用科技，增强人类生活的人文性。

此外，还可以从"人类文化转型"方面来加以探讨：

（1）进一步推进、提高、增强、深化科技革命的发展。

（2）增强这种革命中的自然性和人文性，即保护自然、保护人，在破坏之中和之后补救和消灾弭祸，在破坏之后反思和另觅新途；使科技与自然和人性的矛盾得到协调；使人类因科技而失衡的心态得到平衡。

（3）发展人文科学和增强整个人类文化的人文性，生活中的自然成分增加、强化，"绿色革命"、"草坪文化"、"绿野文化"、"村落文化"、"城市中的乡村"和"乡村中的城市"、"寻归荒野"、"文化后院"及其建设等等。】（1994年3月20日）

□ 关于鲁迅留学日本时期的思想轨迹和背景。

"鲁迅的思想转变""'摩罗诗力'观念""国民性研究"等，这些思想的发展轨迹和"思想元点"产生的时代背景、历史条件和文化语境（严复、梁启超、叔本华、尼采、墨子、斯巴达精神、反孔子〔"子不语力"〕、"重建国魂"、"柔文化精神"等），此皆很有意味的命题，思想与研究的"元点"——这是由一篇文章引发的感想。（见郭国灿《近代尚力思潮述评》，载《二十一世纪》1992年6月号，总第十一期。）

【此文为了解鲁迅在20世纪初在日本留学期间思想发展轨迹及其学术论著之论旨和核心论点与思想理论元点的产生提供了时代条件、历史背景和文化语境，使在鲁迅研究上，对鲁迅早期思想发展轨迹、论著主旨的论述能够进一步"铺开来""联系起来""深入下去"，并且"执牛耳"焉而形成一个系统，形成一个"思想、文化结构"。中心和"沿革"是：（1）思想的来龙；（2）思想的去脉；

（3）思想的构造与结构。由此可使研究深入一步。主要有：

鲁迅重视文学，且要以文学唤醒国人，振奋其精神而使之具有"摩罗精神"，并以此"立人"，是有其前因、前思想结构和发展沿革的。其论文之题名曰《摩罗诗力说》，标举"诗力"，有其对话性，即"垂直的对话"——同历史的声音（文化传统）、思想界原来的见解、他本人原先的见解等的对话；也有"水平对话"，即同当时中国思想界、革命界的对话。他之所以说"他们的身体如何倒是次要的""身体好也只能当被杀的人和看客"这些话，都含有这种对话背景。过去的研究似乎忽视或轻视了这种"思想上的来龙去脉"，而只做了单面的和平面层次的论述。事实上：

（1）在20世纪初，产生过（有过）"军国民主义"思潮："'力'体现为外在的物质生命力量"，代表者为严复。

（2）第二阶段即转到"'力'向文学领域渗透"，表现为崇尚情感、意志的"诗力""意力""强力"，代表者为鲁迅——直至"五四"才改变。

（3）对传统的柔性文化的批判。以严复的《论世变之亟》为最早，以蔡锷之《军国民篇》、梁启超的《新民说·论尚武》最为系统。严复在《直报》上的《原强》中吹响了"鼓民力"的号角（1895），他把physical education（体育）译为"力"或"体力"，输入中国，在士林文化中第一次把"子不语之'力'"抬高到与"开民智""新民德"同等的地位。

（4）思想借鉴与来源：①进化论哲学和尼采哲学分别构成了尚力思潮各个阶段的理论前提。进化论：崇尚强者、优者和力的斗争；尼采：强力意志论。②"古希腊斯巴达精神、日尔曼文化、大和文化和西方近代体育等异质文化，构成了尚力思潮的文化借鉴和参照"。主题是"重建国魂"。

鲁迅的思考主题与此思潮一致，或说源于此，受启迪、启发于此。思路在开始时也是"尚力"，"尚力以重建国魂"；而以后提倡文艺以唤醒民众、以救国救民，则是一个巨大的、根本的转变。】

（1994年3月27日下午4:15）

□ 斯宾诺莎以及文化承传的规律。

斯宾诺莎说:"自由的人绝少思想到死,他的智慧不是死的默念,而是生的沉思。"

又,文德尔曼在纪念斯宾诺莎诞生200周年时写道:"为真理而死难,为真理而生更难!"

以上摘自洪汉鼎作《〈斯宾诺莎哲学研究〉自序(节选)》,载《新华文摘》1994年第3期第205页,由此引发了一点话题……

【以上约在3月下旬写,以后中断。当时的想法、话题已经荡然无存,甚可惜。现在且写下现在的感想,不过已经没有"当年"的激动和新鲜感了。1994年4月22日下午2:30】

1. 一个西方很久之前的哲学家,被一个很久以后、隔了多重历史阶段的东方青年大学生迷上。然而,他因此背上了"痛苦的知识十字架"。他锲而不舍,几十年如一日,在穷乡僻壤坚持他的悲剧性的"斯宾诺莎情结"。然而,他终有所成。这里有着多少"历史的、学术的、知识的、个人的悲剧内涵"!

2. 当他几乎可以说还是一个孩子的时候,他就走到了中国的一代哲学家、研究西方哲学而卓有成就的老哲学家贺麟面前,说一声"斯宾诺莎"。从此,一老一少、一师一生,依斯宾诺莎而紧紧相连。

3. 1978年,这个学生终于考上研究生,他仅以半年时间就提前完成学业,获得硕士学位。如今已是斯宾诺莎研究专家。

4. 智慧的痛苦,智慧的联手与相携,智慧的坚持与成功。

5. 另一个大陆(欧洲大陆)的、历史上的斯宾诺莎,影响了这个大陆(亚洲-中国大陆)的、现时的大学生、后来的斯宾诺莎专家。

6. 人类的智慧就是这样相联相传。不能要求有多少人读斯宾诺莎;同样,不能要求有多少人读歌德、康德、黑格尔,读莎士比亚,读孔子、老子、庄子,以至读巴尔扎克、塞万提斯,读鲁迅。但是,他们的影响历久不绝,因为通过读他们、懂得他们、理解他们,并且宣传他们的"中介"人物,影响文化、影响历史、影响民族、影响世界。这是一条历史规律、文化规律。

□ "语言诗"的诗之一例。

"《X》

在任何地方开始。 // 警报。同心圈。 // 所有的镜子在角落里。 // 断片集群。一堆堆。"（见《文艺报》1994年4月16日第6版）

【诗可以这么写！诗越来越不像诗了。——至少越来越不像原来的诗。

文学艺术皆如此。越来越不像。不像什么？不像它们原来的"自己"，但这是过去的自己。现在，诗、文学艺术功能和作用都不同了，角色不同了，因此写法即叙事范型、叙述策略、结构方式及语言、意境都不同了。读者的解读和诠释、要求和期待及接受也都不同了。它不要求"别人"都同它一样，它只要求自己的生存权利。

传统在演变，仍然在变。反传统也存在，也在变。不管如何，"变"是好的，是前进；但是，变要变得好，变不好就是倒退。利弊得失在此分野。（1994年4月22日下午3:57）

□ 语词（文化）的转移和嫁接。

Politically Correct（政治态度正确）是"'破模'（Post Modern）英语"中的一个新名词、流行语。而他们说，这是从中国译过去的，"植根于毛的思想"（1995年5月23日《纽约时报》"论语言"专栏文）。这很有意思。某国的一个词语被接受、嫁接过去之后，发生了质的变化。在美国，看一个人是否"政治态度正确"，是看其"是否歧视少数民族""是否歧视残疾人""是否歧视同性恋""是否歧视妇女"，以至"是否歧视动物"，等等。这些同词语产生的原生地的"原始意义"完全不同，甚至风马牛不相及。

□ 法国著名文论家朗松的重要观点。

法国著名文论家朗松（Gustave Larson，1857—1934）的《方法、批评及文学史——朗松文论选》（美国昂利·拜尔编，徐继曾译，中国社科版）中收入的许多文章，都是发表在刊物上的，可谓"即时性评论"。这种评论往往速朽，即使曾经引人注目于一时，甚至引起过轰动效应，但过不了多久便烟消云散、被人遗忘。但朗松的文章却具有了长

久的意义和生命。正如该书编者导言所说，像朗松这样，作为文学批评家，"在身后五十年或一百年，仍有一代又一代的学人对其作品一再进行研读和利用的非常少见。"

【朗松之所以能如此，原因至少有三：一是他在具体地评论具体作品时，提炼、结晶出并发挥了一般的原理、理论，具有启发后人的内在因素，揭示了一种规律性的现象。二是他的具体的评论，都是从他的一以贯之的理论体系之源出发的。因此，在具体评论中，蕴含着他的"理论蕴藏和资源"。三是他之所论，其研究方法和观察与分析问题的方法，具有一般的方法论意义。】

编者导言中指出："朗松的方法则是历史主义方法，这就是说，他从来也不忘记作者所处的时代和环境。"（第12页）应该说，这种方法和理论之"眼"并不稀奇，常常为人所用。但朗松却有他的特殊之处，为一般论者所没有。这就是发展，就是创新，就是贡献。导言所指出的这样一些"侧重点"，是颇有启发意义的。

"满脑子书本知识的饱学之士总是把一个伟大人物跟他的前人或者同时代人之间的关系看得无所不在，但朗松却不被这样的诱惑所吸引。这样的饱学之士会面临双重危险，或者因为发现蒙田、笛卡儿、拉辛或卢梭跟某些默默无闻的前人在思想和主题方面有许多相似之处，而看不见这些伟大作家新颖清新的创新之处；或者对他们所处的时代是如此熟谙，以至把他们所写的每一行都说成是跟当时这样那样的事件和这个那个人有关。他们的作品的普遍意义和永恒价值，它对后人所包容的意义在那中介物背后消失了，而那中介却谁也无法得见——除了那位饱学之士本人之外。"（第12-13页）

【这里值得注意的是：朗松不是一般地注意时代和环境，而是，第一，在注意伟人和他的同时代人时，他注意到前者受到后者的影响，但又不把这种影响看成无所不在。也就是说，如果存在某种程度的影响的话，那么，这种影响存在于某个事件上、某个时期中或某个问题上，但不是一切事件、一切问题上和一切时期中。尤其是自己，这里还包括这种影响的变化，甚至是向相反方向的变化。（比如，尼采对鲁迅的影响，就不是无所不在的。）

第二，在思想和主题方面，除了同前人"有许多相似之处之外"，还有他的"创新之处"；研究的任务和目的，就在于寻觅和揭示这种"创新之处"。

第三，除了这种"中介物"之外，在这个"中介物"之外和之后，伟大人物还有他的"作品的普遍意义和永恒价值"。我们不能满足于和停留在这种"中介物的影响"之前，而应该在发掘中介源泉之后，越过它、超出它以至"抛弃"它，而去发掘、提炼出伟大作家作品的普遍意义和永恒价值。（未完）】

（1994年4月22日下午3:55）

（注明"未完"，盖因故中断；然以后却难以续写了。）

□ 艾布拉姆斯和他的《镜与灯》。

【"镜与灯"，这是艾布拉姆斯（Abrams）的一本关于文学理论的论著的名字。我想借用来写一篇关于作家的工作的文章："作家：他的'镜'与'灯'"。前者是反映客观的"主观"（一面镜子，反映论，模仿说，等等）；后者是将"主观"见之于客观（一盏灯，照见、照亮客观）。内在的意思还有：作家的生活内涵与容量以及在作品中对这些的反映；作家的历史感与历史眼光，以及由此产生的思想与灵感。

希望能把这篇文章写出来，写好，并希望能够写成系列文章，而成"夜读记"，类乎《金蔷薇》《面向秋野》式的文章。】

艾布拉姆斯的论述如下：

《镜与灯》序言："本书的书名把两个常见而相对的用来形容心灵的隐喻放到了一起：一个把心灵比作外界事物的反映，另一个把心灵比作一种发光体，认为心灵也是它所感知的事物的一部分。前者概括了从柏拉图到十八世纪的主要思维特征；后者则代表了浪漫主义关于诗人心灵的主导观念。"（第1–2页）

【可以借此发挥，引用巴尔扎克、歌德和席勒，引用果戈理、托尔斯泰、屠格涅夫、契诃夫、鲁迅、茅盾，还有沈从文，等等。】

□ 作家的"心灵故乡"。

《苔丝》的作者托马斯·哈代（Thomas Hardy）有一个系列的所谓"韦塞克斯小说"，《苔丝》即其中之一，此外还有《远离尘嚣》《还乡》《卡斯特桥市长》《无名的裘德》等。"韦塞克斯"者，哈代故乡也。许多作家都如此，有一个出生地、一个"老家"、一个故乡；但它更是作家"心灵的故乡"。他们的小说，常常以这个"生长的故乡"尤其是心灵的故乡为作品的背景、发生地，为人文环境。福克纳有一个"邮票那么大小"的约克纳帕塔法县，托尔斯泰有一个雅斯纳亚·波良多，高尔基有一个"伏尔加河流域"，海因里希·伯尔有一个"莱茵河畔"，如此等等。

【此可写也。"作家的'故乡'：作为家乡的故乡，文化的故土，心理的故家，心灵的故乡，创作的故国……"】

又，哈代的《苔丝》和《无名的裘德》都在初版时遭到攻击，被认为"有伤风化"，以至哈代曾因此30多年（1895—1928）停笔不写小说（虽然是部分原因）而致力于诗歌创作。

（1994年5月29日读《苔丝》之中文序言、介绍后所写）

□ 作家的"第二视力"——"双重视力"。

作家具有双重视力：天然的视力和非天然的视力，生理上的视力和心灵上的视力。

这是列夫·舍斯托夫《在约伯的天平上》一书中论述陀思妥耶夫斯基时说的。这一论述非常深刻而有特色。一个作家如果只有"第一视力"，即天然的视力，能用眼睛来看世界并反映世界，是不够的，是不可能深刻反映世界的，他必须还有"第二视力"，即心理-心灵的视力，也可以说是"思想的视力"，才能观察深刻、理解深刻，具有穿透力，由此才能写出深刻的、好的作品。舍氏还指出，陀氏获得这种"天然视力"之外、之后的"非天然视力"，是在面对死亡之后"猛省"而成的。因为他这时候站在人世之上和之外来看人世了。

【是否可以说，作家在"精神上经历了一次死亡"之后，也会产生、获得这种"第二视力"？——可以这样说。这也许就是我在《创作心理学》中所说的"人生再觉醒""艺术再觉醒"。由于有了

这种"再觉醒",也就具有了"第二视力"。】

舍氏的原文如此:"事情往往是这样,死亡天使由于随着灵魂出现,所以自信他的到来要比人尚未到谢世期限早得多。"

□ 关于洪堡(德国文化大师)和他的重要观点。

《威廉·冯·洪堡传》,〔德〕彼得·贝格拉著,商务印书馆,1994年初版。

这是一本洪堡的传记。虽然它仅是一本关于一位文化大师的小小传记,然而关于其人说得比较清楚,他的生平,他的性格,他的学术贡献,他的缺点、弱点,均可从中看出。此人对于语言、语言哲学的贡献是很大的。也许不仅是一种奠基之功,而且至今保持着其意义。

1. 关于他的生活、思想、心理的一些"提法""命题":"他的遗产在当今的处境" / "生活意识" / "有意识'度过'一生" / "内心感受的幸福" / "细微的自我本能的满足" / "内在的和谐规律"……

2. 摘记:

"但所有这些人,所有这些3000年以来的诗人、艺术家、思想家、学者之所以能存在并产生着影响,是因为他们作为积极的微粒进入了人类的文化腐殖质层;而每个时代和每个社会都表示了其所有成员过去所存在的全部状态的总和,正是在这个意义上这些人物存在并发挥着作用。"(第6页)【这说得很好、很准确:积极的,微粒,"人类的文化腐殖质层"是人类的、民族的土层(文化土层),其价值的、文化的高与低,就看腐殖质的多少;而腐殖质的多少,又要看"积极的微粒"的多少。中国的民族土层腐殖质是极多的,因为文化的微粒极多。】

【文化大师、作家艺术家、学者的作用就在这里,就是这样发挥其作用。】

"但他的著作对于那些受过普通教育的人来说只有少量是有现实意义的……"【文化素养越高的人,吸收力越强,"文化的腐殖质"对他的作用、意义、价值越大,对他的"用处"也就越大;否则越小。】

"……对于这位具有精神方面创造能力的人来说,还有另一种继续存在和继续起作用的方式,如存在于教科书之中或为宝贵的箴言添加新

的内容。在某些问题上他的示范性的态度，他的那些或许是典型的转变，他的原则决定或方法可以在以后的、虽有变化但仍相似的情形中起到榜样的作用，并要求以后的、虽有变化但仍有亲属关系的几代人作出原则性的答复。"（第6页）

"……如同少数几个德国人那样，他也是一块试金石，用它不仅可以检验德国的，也可检验欧洲的，甚至一般人类的能力。"（第6页）【文化大师以及历史上成就卓著的作家、艺术家、学者，可以成为后人的"试金石"，以它为标准、圭臬，衡量自身的智慧、思想、能力等等，而这就是价值、用处，是存在的意义。】

洪堡在《论人类语言结构的差异及其对精神发展的影响》一文中，"认定语言是人的根本特征，人只是在语言中才体现了他自身。""洪堡写道：'人类共存的最高理想对于我来讲应该是这样的，每个人只是从自身并只是为了自身而发展起来的'。"（第6-7页）

"他指出：'……通过一般的教育应该使人力，亦即人的本身得到加强、净化和调整；而通过特殊的教育，他只应获得应用方面的熟练技巧……'"（第7页）【这就是说，一般教育应该是提高人的素质的教育，即我们今天强调的"素质教育"，而"特殊教育"就是职业教育。】

"一个人在我们面前有意识地和清醒地把握着他的生活，并尝试着把这种生活用他的方法，在他所处的境地和范围中，在他那个时代的约束和机会中变成一种充满意义和富有成果的现实，这一事实作为一种宽慰和鼓励所起的作用却是永恒的。"（第11页）

3. 洪堡关于语言的论述非常好、非常重要：

"在每种科学和哲学认识之前对世界的理解，都是由语言引导的。它在我们整个行为和思想中起着形成和决定的作用。"（第112页）——【没有语言，形不成理解、思想，也构不成人的行为，因为没有表达这一切的词。】

"语言归属的分类系统并不是由词汇的相似性，而是由语法和句法上的亲属性所决定的。"（第113页）

"……（他发现）语言是哲学"。

【语言是哲学，因为语言之中包含思想、意识、观念、概念，包含民族文化积淀；因为语言是一种抽象、概括、象征，蕴含意

象、想象……语言哲学是一门重要的综合学科。】

（1）关于语言学史：

"……17和18世纪的语言学仅处于单纯的'材料'积累阶段。而后，随着对印度的占领，以及巴拿马对埃及的远征（1798／1799年），亚历山大·冯·洪堡的考察旅行，特别是传教士在美洲、非洲、东亚和南太平洋地区孜孜不倦的记载，人们谱写了新的篇章。例如，耶稣会教士赫尔法斯把当时所有已知的约300种语言进行了编目，他成了洪堡的重要推动者。约从1810年起，丹麦人拉斯穆斯·拉斯克，特别是雅各布·格林就开始为北日尔曼语研究指明了新的途径。"（第112-113页）

（2）关于语言生成性：

"语言，从其实质来看，是较为稳定的，在每一瞬间又是短暂的。甚至文字对它的保存永远只是一种不完全的、木乃伊般的存放，它还需要人们在生动的诵读中加以形象化。语言本身不是作品（ergon），而是一种创造力（energeia）。因而，它的真正定义必须表达出生成性。因为它是永久重复的精神劳动，能使发出的声音表达思想。直接和严格地说，这是每次言语的意义；但从真正和根本的意义上来看，人们也只能同时把这种言语的整体作为语言来看待。因为在词汇和规则的大杂烩中，这我们或许通常称之为语言，只存在由那种语言所产生的个别现象，这从来不是完整的，而正需要一次新的加工，以便从中认清生动的言语形式以及提供活的语言的一幅真正的图像。"（第116页）

【语言的生成性；言语；——瞬间性；
读者的加工——形象化 → 接受学先驱】（1995年2月3日）

□ 老子及中国人性格的多元文化根基。

"实则老子之思想，由吾国人种性及事实所发生，非其学能造成后来之种性及事实也。"（柳诒徵《中国文化史》第227页）

1. 老子的思想，是中国国民性的事实的反映，而不是倒过来。

2. 不过，老子把这种事实加以概括、提炼、升华、结晶，并加以理论化，加以提高，当然是加上了他的主观成分、他的解释和发挥，而成"一家言"。这之后，它便既是一种物质生活的反映，其自身又成为一种客观物质、客观事实；而且它更理性地塑造中国人的"种性"——中华文化-心理结构，中国人心态。

3. 由此还可知中国人性格的多元文化根基。不仅有儒家，而且有道、有释、有墨、有名、有阴阳诸家。至少，孔子之外，有老子、庄子、墨子、杨朱、管子等等。

【此点很重要，可研究，可发挥。】（1995年3月4日）

□ 马克斯·韦伯："从历史实在中抽取理论"。

马克斯·韦伯在《新教伦理与资本主义精神》一书的第二章正式开始论述资本主义精神时，对这一命题、这一概念、这一术语进行了解释。他指出，这一概念的内涵，是"逐步地把那些从历史实在中抽取出来的个别部分构成为整体"，不是其他。（第32页）

【这是一个一般性原理。观点、观念、概念、原则、理论，都是从历史实在即事实、实践中"提取"出来的；当然不是一般的、机械的、"物理的"提取（拿）出来，而是由历史实在（事实）生发、升华、深化，并且加进主观的考察、思考、思维的"汁液"，发生"酶化"作用，"酿造"，结晶，然后提取，并且提取出来后，还要条理化、逻辑化、抽象化、理论化，而成理论形态。

鲁迅学亦如此，是从鲁迅作品、"鲁迅实体"、鲁迅研究事实中抽取出来的众多个体部分构成为整体的。】

后面，韦伯又提出，他在本书中对"资本主义精神"这一概念所提出的解释很好。他说，这"仅仅是对我们分析的目的而言的"，却不能理解为它"仅仅只是我们这里所说的那种东西"。（第33页）

【鲁迅学亦如此。就是说，不同的视角、不同的需要，有不同的概括和解释。各种概括、解释之间并不矛盾，倒是有互补性，可以互相补充、互相证实。】

□ 斯宾诺莎的"上帝"。

斯宾诺莎说，上帝是一切自然力量及其产生的现象的总和。【那么，"上帝"相当于老子的"道"。而海德格尔则称之为"道路""路"。有意思！】

"在斯宾诺莎看来，上帝从内部支配人，使每个人都成为人类中的一个独特的实践。"【"独特的实践"，这个提法不仅有意思，而且深

刻。"实践"应该包含实际、实在、实践（行动）等。】

人，"独特的实践"，各不相同，"就像每一片雪花都与曾经飘落或将要飘落的任何一片雪花都不同一样。"（以上见《存在主义与文学》，〔美〕戴维斯·麦克罗伊著，沈华进译，春风文艺出版社，1988年）

【这个斯宾诺莎的"上帝"很有意思。它是唯物的，然而进入人的心中，又是主观的、个体的、独特的、"我"的。"我"是一片雪花，第一，它是独特的，不同于任何其他雪花；第二，它是瞬息即逝的，"飘落的雪花"或"雪花的飘落"可以作为长篇小说的题名。】（1995年4月30日）

□ "容忍比自由更重要"。

"容忍比自由更重要"（Tolerance is more important than freedom），这是美国康奈尔大学的史学老师伯尔先生（Prof. George Lincoln Burr）对胡适说的话。而且，他对胡适说，"我年纪越大，越觉得……"意思自然是越觉得重要。

【这里的"容忍"，在中国也可称为"忍"，或称"能忍"。可见外国也有看重"忍"的文化与文化心态，只是不如中国的重视程度高。中国儒、道、释皆有关于"忍"的文化，参见周作人的文章《百忍经》。】（1995年10月6日夜）

胡适解释"六十而耳顺"，也是从"容忍"的角度来讲的。他说："我想，还是容忍的意思。古人说的逆耳之言，到了六十岁，听起人家的话来已有容忍的涵养，再也没有'逆耳'的了。"（以上引文均见《胡适之先生晚年谈话录》第2-4页）（同日，又记）

十二　文艺笔记

（1992年4月7日—1997年4月15日）

□ "我们在世界上所知道的并赋予意义的许多事物，根本就不属于物质世界，而是我们用'心灵之眼'去创造出来的。"（《文化·社会·个人》第40页）

【此处谈文化，然而亦适用于文学。本来文化与文学相通，是同在一个枝上的，但文学在深层意义上适用此说。文学所表现的事物，它所赋予意义的事物，本来并不完全属于物质世界，而是文学艺术家用心灵之眼去创造出来的。或者，生活本有，但隐含不见、深藏不露、模糊不清，作家、艺术家则用心灵之眼揭示性地创造出来了。这就是文学艺术创造的意义所在。好坏优劣，均看这心灵的创造水平如何。

当然，心灵创造时，不能离开事实，不能离开物质，在发生学意义上和创造过程的"材料学"意义上均如此。】

（1992年4月9日，罗台山庄疗养院一疗区305室）

□ 海明威，他的作品素材无不来自他的亲身生活；他的风格就是浓缩，其简朴文体，可以使语言只有基本构成因素。"冬天开始的时候，来了没完没了的雨，然后又来了霍乱。""只有5000人死于霍乱。"——这里蕴含很多问题（读者去加水分）："其他还有多少人死于什么病呢？""军队只有5000人死于霍乱，其他人中呢？……" / "一个人几乎生来是不被打败的。你可以把他消灭，但你不能把他打败。"

（听广播中关于海明威的解说后所记；1992年4月9日于罗台山庄疗养院一疗区305室）

□ 杭之在收入《一苇集》中的《现代哪来祭典?》一文中论及古代祭典之文化意义，讲到艺术与祭典共同存在之处：在人类精神发展史上，"艺术从来就是为人之未来的可能性留出空间的主要文化形式之一"（第79页）。又说："祭典仪式跟艺术一样，是对人之未来的可能性的探索与赋予"（第81页）。前面他提到祭典的反省的文化意义，那么，艺术一方面是人类对生活的反省的积淀，另一方面又是人类对于未来生活的探索。如果说艺术是生活的教科书，那么最主要的便是在这个意义上来说的。

【这是艺术的最高文化意义了。艺术自然也有它的即时的、狭隘的功利作用，但这不是主要的（从长远来看）；而具有这种功用的作品，也只有同时又蕴含着，以及从个别到一般地具有了前述的双重文化意义之后，方是优秀作品。事实是，凡优秀作品，皆如此；反之亦然。】

（1992年4月17日，病三日，今天第一天恢复）

又，另一篇文章《文化是一个许诺!》中，作者还引用了康德在《美感判断之批判》中提出的一个重要观念："没有目的之目的性"（Purposiveness without purpose），并指出，文化、艺术均有此性质。这意思是指"在自己本身之中有自主之重心的创造活动"。同时，他又指出，法兰克福学派的阿多诺（T. W. Adorno）与霍克海默（M. Horkheimer）批判当代大众文化，则把康德此一信条倒过来，改为"为了目的之无目的性"。接着指出，文化、艺术永远追求"特殊"甚于追求"普遍"，这是作者"内心生活之准确标志"（歌德语）。因此，文章结语是"文化、艺术是一个许诺"，"是为了人类未来生活之新的可能性的一切留出空间的许诺"（第75—77页）。在此之前还说，当代大众文化"没有建造未来理想世界的力量"（第77页）。

【如此，文化、艺术是一个许诺，是一种足以建造未来理想世界的力量，是为了未来生活的新的可能性留出空间的许诺。这是对文学艺术及文学艺术的文化内涵、文化特质的重要的补充与发挥，颇可注意。由此观文学艺术，要有理想之光，要为未来留出空间，要有一种许诺、一种潜在的许诺。】（1992年4月17日）

□格罗塞在《艺术的起源》中说："艺术也不但是一种愉快的消遣品，而且是人生的最高尚和最真实的目的之完成。"

又说："一方面，社会的艺术使各个人十分坚固而密切地跟整个社会结合起来；另一方面，个人的艺术因了个性的发展却把人们从社会的羁绊中解放出来。"（第241页）

【这有几方面的意义：

1. 艺术是一种愉快的消遣品。不可否认它的这一方面的实质，这一"原生质"，而且我们简直可以说（一定要这样"认为"），艺术从一开始是具有消遣性的，原始人的一部分艺术（不是全部）和艺术的一部分（如祭祀时的表演）是消遣性的。

2. 但是，艺术又同时是，而且同样是"原生质"的，是为了高尚而真实的目的之完成而产生、而发展、而存在的。两者是结合在一起的，不可否认任何一面。

3. 由于前者而有了艺术的个人性（随机性、随意性、无目的性等）；由于后者而有了艺术的社会性、政治性、实用性等。

4. 艺术必然会是社会的，这使它获得了源泉和生命；但社会同时又有它对艺术的束缚的一面，艺术创造者的个性又使艺术冲破这种束缚而带来创造。但这种创造可能是成功的、有益的，也可能是失败的、有害的，或者是无意义的、无价值的。】

（1992年4月20日于罗台山庄疗养院二疗区305室）

□米兰·昆德拉关于小说的一些论述是很有意思的。重要的不仅在于他这么议论，而且在于他这么创作了。他怎么说的呢？

他说：

"小说唯一存在的理由就是去发现唯有小说才能发现的东西。"【也就是说，唯有小说才适合表现、只适合小说表现的东西。】

"小说不研究现实，而是研究存在。"【"存在是一种尚未发现的可能性"。存在是一种正在进行时的状态。】"世界是人存在的维度"（昆德拉说，有如"蜗牛和它的壳"）。

"小说家既不是历史学家，也不是政治家，而是'存在'的勘探者。"

"小说的精神是复杂的精神，每一部小说都对读者说：'事情并不像你想象的那样简单。"

"小说又是个人发挥想象的乐园，那里没有人拥有真理，但人人有被理解的权利。"

"小说首先是建立在若干个基本的词之上，这就像勋伯格的'音符系列'。在《笑忘录》中，'序列'是这些：遗忘、笑、天使、曲言、边界。在小说进程中，这几个主要的词被分析、研究、定义、再定义，并因此而改变存在的范畴。小说就建立在这几个词之上，有如一座房屋被它的栋梁所支撑。"【这些词成为人物的编码】

"把非小说性的类，合并在小说的复调法中，这是布洛赫的革命创举。"

"独具小说特点的论文。"

"哲理与故事，梦与现实的结合。"

（以上摘自《读书》1992年第1期乐黛云的文章《复杂的交响乐》）

□ 董桥在《乡愁的理念》中论及屠格涅夫时说道："小说必须给现实世界营造日常生活里的幻梦。"（第123页）

然而，他又说，屠格涅夫的好处是不做"平庸的唠叨"而只是"实地叙述"，"屠格涅夫完全不解释人物的言行；他只是冷静地写下人物的言行，留下广阔的空间让读者联想、意会。"（第124页）

【前者说的是叙述战略，要营造生活中没有的梦幻，这才新鲜、有意趣、吸引人，才不是司空见惯、无啥稀奇的。后者则是叙述策略：不要唠叨，不要自己去解释，只是叙述，留下空间让读者去思索、品味。此谓高手。】

（1992年5月17日下午5时，于抚顺罗台山庄疗养院）

□ 【第二叙述系统：隐蔽的叙述系统、深沉的叙述系统。一方面，它会自然（甚至是必然会）存在；另一方面，它又可以由作家有意识地安排。作品之深浅全看这第二叙述系统如何。】

（1992年6月4日夜，看《大红灯笼高高挂》时想到的）

（以上，最后一则写于6月4日，迄今已两个多月。在此期间主要写《文化选择学》。天气炎热，身体欠佳，居然匆匆写完。记得日日挥扇擦汗而书。以后是几次血压升高，然后是忙，至今始可真正休息。然而仍

有许多事情要做。但有意读点书，写一点笔记。1992年8月6日）

□ "一部文学艺术作品是人的某一潜在经验的体现。"（《文学批评方法手册》第334页）

【说得很好。文学艺术作品是主体的、主观的，是"主体"见之于"客体"（生活与作品）的；是读者对作品的理解与诠释，其所诠释者即作品中的人生经验。然而，这些经验又是作家潜在的经验。这"潜在"很重要，其重要性表现在：第一，是内在的，不是外在的；第二，是自我的，不是别人的；第三，是潜入心底的，不是浮在表面的；第四，是进入潜意识的，不是在意识层的。总之，这句话深入内心，深入情感世界，因此是充分个性化的。】

□ "任何时候，读者在对一部文学作品作出成熟的解释时，他的反应都可能是从某一特定的角度出发的——他用的或许是传记方法、历史方法、形式主义方法或心理学方法。然而，理想的最终反应应该是各种方法的综合。"（同上，第334页）

（以下写于德国 Heinrich-boll House, Kruezu-Langenbroich）

□董桥在一篇写得相当漂亮、干净的散文《干干净净的屠格涅夫》（引自《乡愁的理念》）中说得好："小说必须给现实世界营造日常生活里的幻梦。"（第123页）又说："小说家大半抱负太大，杂念太多。"

1. 小说要营造一个生活中的幻梦，它必须是幻梦或有幻梦；否则，同现实一样，谁读？

2. 营造要有根底、有根据，不是胡编乱造，这就要有生活。

3. 有生活而无幻梦，写不成小说，所以，还要有生活而又梦幻之，乃出小说。

4. 但梦幻要有真情、真意，有美，如抱负太大，想着立功立业、教人诲人，而又太多，皆属杂念，如此必失败。（1992年10月2日）

□ "作品处于参照语境中"（《阅读活动——审美反应理论》第104页）。

【这是一个很好的命题，含有多种意义，可以填充以许多解

释。第一，既然作品处于某种"参照语境"中，那么，它的意义就是多重的、可变的、发展的、历史性的。语境总是在变化，所以在不同语境的参照中，"含义"所产生的"意义"也就不同。"含义"不变，而"意义"则变化。第二，在共同时态中，语境也是变化的，因此也可以有不同意义的理解、不同"审美对象"的产生。第三，把语境如何来加以"参照"，也是不同的，也会产生不同的"意义"。第四，作品总是处在一种"参照语境"中，它就不会是孤立的、封闭的、自我实现和自我完成的；它受到时代、历史、民族、文化、个体的多重影响，它的功能和作用也就各不相同了。第五，如用《阅读活动——审美反应理论》中的观点来细析，则"突前-背景""主题-视野结构""偏离""游移视点""言语-活动理论"等术语、概念、命题、范畴皆可用。其解释就更多，内涵也就更丰富了。】

（1992年11月18日上午，多日未写此种笔记，今日始作一点。近二月中，忙写文章，又时有不适而辍写。另：关于接受美学者，则均在书上批注了。）

□ "我拟将文学作为一种经验来讨论。我知道人们可以把文学当作一种交流形式、一种表达或一种艺术品来加以讨论。有鉴于此书的特殊目的，文学是一种经验，是一种与其他经验相关联的经验。"这是诺曼·霍兰在《文学反应动力学》（纽约，1968）中撰写的观点。（转引自《阅读活动——审美反应理论》第50页）

【这又是对于文学的一种定义。由这个定义可以引导出又一种关于文学的功能和性质的一个系统的观点。

第一，既然是经验，它就必须是人（某个人，作家）所经历过的，因此，它也就同时应该是一种或一些事件（或事件组合），并跨越若干时间（日、月、年、时期、时代），经验就"附着"在事件上，是从事件中提炼出来的。

第二，它就带有个人的色彩或集团的、阶层的、阶级的色彩，具有特性、个性，并融进了它们的特有观点。

第三，它必然是与其他经验所关联而不会是孤立的。

第四，它也会是同其他人的其他经验相比较（而存在）的。

第五，因此，它对读者来说是一种可接受和被排斥的经验。

第六，由此，它就是可用于或可发生一种教育作用、宣传作用或启示作用。】

（1992年11月27日下午4:05于德国Langenbroich）

这里又给出了一系列关于小说的基本定义，功能论的、本体论的——事实上二者有些互渗难分之处。这些均见于《阅读活动——审美反应理论》之中：

1. "一般认为，文学是虚构性写作，小说（Fiction）这个字眼就意味着印刷页上的词并不等同于经验世界的任何既定现实，而仅仅表现某种虚设的东西。因此，'小说'与'现实'总是作为对立方面出现的。"（第65页）

2. "如果将小说与现实联系起来，二者就不是对立，而是交流的；因为小说本来就是表述现实的一种方式，它们相互之间并不对立。"

3. "如果说小说不是现实，这并不是因为小说缺乏一种现实态度，而是因为小说是在讲述现实。传达之物不能与被传达之物混同为一。"（第66页）

【这里把小说与现实的关系，定义为既是对立的，又是交流的，不能混同为一的。小说是现实，又不是现实。】

（1992年11月28日）

□ 接受美学的发生和发展不是偶然的。有其社会、历史、文化的原因，有其许多科学的前提，有许多文学理论的前驱和资料。俄国形式主义理论、布拉格结构主义学派（穆卡洛夫斯基）、结构主义（巴黎）、解释学（海德格尔、伽达默尔）、信息论、控制论、马克思主义的交换理论（生产—分配—消费）、历史主义等，最后水到渠成，到姚斯和伊泽尔而聚其大成。康斯坦茨学派的贡献在于：

1. 聚领各家学说，化而用之，为我所用；

2. 提出了一系列新范畴、新概念、新命题并系统化。

（读《接受美学译文集》时有感）

（1992年11月30日于德国Heinrich-boll House）

□ 符号论

佛克马指出，接受主义的结构主义，把共时结构与历史主义结合起来了。又说，接受理论必须"跟其原则合作"，否则便"难以主宰自己的领域"（第225页）。佛克马指出了三个方面的影响：（1）历史主义；（2）解释学；（3）结构主义。

没有结构主义的"拘束"，接受研究就陷入范围太广的危险境地。穆卡洛夫斯基——结构主义，姚斯——历史主义，伊泽尔——解释论。

诸学科有：马克思主义、阐释学、符号学、社会学、现象学、信息论、控制论、文学批评、文学史、历史主义、教育学。

萨特的"文学是什么"贡献亦很大；伊加尔顿的未定点说、巴尔特现象学、波普尔的"期待地平线"、社会学家曼海姆的著作亦为"期待地原线"的来源。

（以上至1992年11月为止）

□ "神"为中国古代文学理论之主要概念——关于本体论、创作论、欣赏论。

【参阅《中国文学理论》（刘若愚，第二章，可作摘记，而发议论。】（1993年1月29日）

□ 米兰·昆德拉在《小说的艺术》第一章"被诋毁的塞万提斯的遗产"中谈到胡塞尔提出的"欧洲人类危机"，并指出，"危机的根，他认为在现代的初期就已经看到"，它们存在于"欧洲科学的片面性那里"。这种片面性表现为"把世界缩小为一个简单的技术与算术勘探的对象"，这好像是"把人推进到各专业学科的隧道里"，因此，"他越是在自己的学问中深入，便越是看不见整个世界和他自己"。这正如胡塞尔的弟子海德格尔所形容的，是"存在的被遗忘"。而这种被遗忘，最重要的便是"把具体的生活的世界……排除在他们的视线之外"。（第1—2页）

【这里有几点：（1）科学和科学的分工，是存在片面性的；（2）这种片面性，使人钻进了一条条科学专业的胡同，如物理的、化学的、生物学的、生理学的、医学的；（3）于是遗忘生活的世界。】（1993年3月5日）

【这一切都是人和生活世界的原生状态，它正是科学的另一面，是有规律、有秩序、有理性、可言性、稳定性的另一面，是它们的补充。没有这一面，世界就不成其为世界，生活就不成其为生活，人也就不成其为人。没有这一面，也就没有诗歌、小说，没有艺术。

米兰·昆德拉正是在这个哲学的意义上、在这个文化背景和语境中来论述小说的意义的。他也是在这个意义上说，小说是描写"存在"的。他说，"小说以自己的方式、自己的逻辑，一个接一个发现了存在的不同方面。"（第3页）】

于是他作了"历史"的概括：首先是塞万提斯，"随着塞万提斯而形成的一个欧洲的伟大艺术不是别的，正是对这个被遗忘的存在所进行的勘探。"（第3页）然后是萨穆埃尔·理查德森（Samuel Richardson，1689—1761，英国小说家），他"开始研究内心所发生的事情"；巴尔扎克，"它揭开了人在历史中的生根"；福楼拜，"它勘察了到那时为止一直被人忽略的日常生活的土地；托尔斯泰，"它关注着非理性对人的决定与行动的干预"，尔后，它探索时间；马塞尔·普鲁斯特，"探索无法捉住的过去的时刻"；詹姆斯·乔伊斯，"探索无法捉住的现在的时刻"；托马斯·曼，"询问来自时间之底的遥控着我们步伐的神话的作用"。至于现代小说，则是"时时刻刻忠诚地伴随着人"。（第3-4页）

而后，在第13页中他又说到"小说的死亡"问题。这个问题提得多么好、多么准确。也许将来在历史上、文学史上，这块土地上，小说是一片空白，没有留下多少艺术积淀。

他说到其原因是：借助于禁止、新闻检查和意识形态压力的手段。其实，还有更残酷得多的手段，比如帽子、流放、监禁、集中营什么的。

他又说，小说的世界是一种"建立在人类事物的相对与模糊性基础上的"世界的"样板"，因此，它同"建立在唯一的一个真理之上的世界"是完全不同的，后者"永远不能与我所称为的小说的精神相调和"。

他终于说："小说的历史在俄国停止已有近半个世纪。"

（此种笔记，至少是停止于1993年3月，在德国时拟作的关于文学、小说的系统笔记，至今未能完成。恐怕还得一段时间之后，

才能及此。现在且"临时"有什么记什么。1993年4月4日）

□ 列维-斯特劳斯的语言学理论可以用于"第二叙述系统"和"语言、思想二元对立模式"（即"对话性"）思想的发挥。杰姆逊说，结构主义是"从语言学角度重新理解一切事物"的尝试。结构主义认为，"语言同时构成文化现象（使人和动物区别开来）的原型，以及全部社会生活形式借以确立和固定的现象的原型"，"意味着把整个文化最终看成一种'巨型语言'"。为此，列维-斯特劳斯提出了"拟语言"（quasi language）的概念。其意为："人类社会一切都'如语言一样'，具有特定的可凭语言学模式把握的逻辑结构"，即便看来属于非语言符号的东西（如食物、政治、烹饪、时装等），"都可视为语言，如语言一样，或者以语言为结构原型。"（引文均见《中国社会科学》1993年第2期）

【如此说来，非语言社会生活的全部内容、形态都可"纳入"语言中，都凭语言以表达、表露，都具有语言结构、逻辑、秩序和含义，都在语言中，因此，从语言中、叙述中就可以看出、分析出、窥测到其中蕴含的其他东西，即表面叙述层没有直接表述的东西。

正是这样，列维-斯特劳斯之结构主义把索绪尔的"表层结构""深层结构"都融入了，而且把弗洛伊德和荣格的意识和无意识概念也都融入了。表层叙述中，有深层结构在，有无意识在，这就是第二叙述系统的根源所在。】

□ 列维-斯特劳斯所说的，"语言从根本上说是一种深层无意识的逻辑程序"，其"主要工作原则""被他概括为几乎无所不在和无所不能的'二元对立'模式（如文明与自然、生与熟、男与女、肯定与否定等）"。

【这个"二元对立模式"就包含：（1）第二叙述系统（与表层结构对立或对称的深层、隐蔽系统）；（2）语言、思想的对话性。

这可视为关于"'小说的第二叙述系统'理论"的重要的理论根据。】（1993年4月4日）

【似乎没有这么久未写此种笔记，也许还有另一个本子。】

□《鲁迅：在中日文化交流的坐标上》一书中吕元明的《鲁迅：日本的解读、诠释与接受》中之第十节是关于野川隆的。他说及研究中国东北农村，从《阿Q正传》中了解到中国农村社会，如富农与贫农的关系，如土谷祠，等等，都是作家无意表现、一笔带过、中国读者不必注意者。这正是"第二叙述系统"的重要例证。

（1993年11月27日）

□ 关于鲁迅学。

在不同文化语境和文化背景下对鲁迅的解读：

几大块：中国、日本、东方、欧美（欧洲／美国）。

几大时期：

初期：20世纪20年代；

中期：20世纪30年代；

高峰期：20世纪40年代；

新巅峰期：20世纪50年代；

歪曲的高峰期：20世纪60年代；

正常深入期：20世纪80年代；

新时期：20世纪90年代。

（很久没有正经读书，只是忙东忙西、南忙北忙，忙无所为、忙无所谓、忙无所得。活动太多，耽误太多。今后减少。）

□ 这是一本很厚、很有内容的书，它是一位美国学者所编的法国朗松的文论集，书名为《方法、批评及文学史——朗松文论选》。开卷即谈文学史的研究方法，由此而谈到文学史研究的对象是什么，也就是说，文学是什么，于是他对比地说了"是什么"。这是一种对文学的特性、特征的揭示，这种揭示是颇为深刻的、广泛的，由此也就等于论述了应当如何写文学作品，也就是如何写才能成为文学作品。

他一段又一段列出了许多"标准"：

1."我们最高的任务就是要引导读者，通过蒙田的一页作品，高乃依的一部戏剧，伏尔泰的一首十四行诗，认识人类、欧洲或法国文明史上的某些时刻。"（第4页）

【这就是说，文学作品指那些好的作品，但同时也"提炼"出文学的一般性质、特征，是某一时代的文明史的某些时刻。

这可有两个定义：

文学＝某时代、某国家、某民族的文明史上的某些时刻（反映社会、反映历史）。

好的作品＝反映了某个国家、民族在某一时代的某些时刻。】

2. 给"文学"所下的两个定义：

其一，"从对公众的关系这个角度而下的"："它不是为某一个特殊的读者，为某一个特殊的事由或功用而作"，或者，开始时有，而以后消失了，作品仍然继续存在，并被人们阅读，人们"从中只追求消遣或智育方面的修养"。

其二，"根据它内在的性质来确定"，那么，"它的标志在于艺术意图或艺术效果，在于形式的美和韵味。"文学包括一切只有通过形式的美学分析才能充分显示意义与效果的作品"。

由此又连带地规定了文学必须"具有能唤起读者的想象，激动读者的感情，使他们产生美学的情操这样的特性"。

3. 接着又指出，我们从文学作品中能够"弄清人们的思想与生活的运动"。（第5页）

【这里有三重意思：（1）能够反映客观、社会生活、社会现实以及人和人的心态；（2）特别是，人的思想和人的生活；（3）这思想和生活是运动着的，即既是动态的、变化的、发展的，又是反映这种运动的性状、内涵与规律的。】

4. "文学杰作是我们研究的轴心"（第5页）。

这就是说，文学史的对象就是（主要是）文学的杰作，"它们是我们一个又一个的研究中心"（第5-6页）。

5. 于是再转入文学的特质、特性、特征。

强调的是个人特性、个人色彩、个人成分。

"作品的感情力量或美学力量却正系于这些个人成分"（第6页）。

"我们则首先强调个人，因为感觉、激情、趣味、美，这些都是个人的东西。"比如拉辛，他"是以美体现出来的各种感情的无与伦比的结合"。（第6页）

6. 但是，研究作品和作家，又不能只关注其个人。"如果我们只关注他们自身，我们就无法对他们有所认识。"这里重要的是，作家不是一个普通的单体，而是凝聚了众多内涵的"复合体"。

"最有独创性的作家大多在他身上既装载着前几代的沉积，又作为当代各项运动的总汇：他身上有四分之三的东西不是他自己的。要发现他本人，那就必须把所有那些外来成分从他身上剥离。应该认识延伸到他身上的那段过去，渗透到他身上的这个现在；这时我们才能得出他真正独创的东西，把它确定下来，予以测度。"（第7页）

"所以我们必须研究围绕大作家及杰作的一般事实、文学类型、思潮、鉴赏趣味和感情状态。"（第7页）

【以上说得很好，有时代感、历史感、辩证感。下面发挥尤好。】

"个人才华最美好最伟大之处，并不在于把它孤立起来的那个独特性，而是在这个独特性中凝聚着一个时代或一个群体集体的生命，是它的象征，是它的代表。因此，我们应该努力认识在伟大作家身上表现出来的人性，认识由他们体现其方向及巅峰的全人类或一个民族思想感情的起伏曲折。"（第7页）

【2月4日至今已是4个月。4个月之内，未可说没读书，但读得确实甚少。惜乎！悲乎！】

□ 巴赫金认为，小说的语言特征为语言杂多，小说是对语言杂多的融汇与再现。（《中国社会科学》1994年第2期第161–176页）这又是一个对于小说的定义，它不仅是语言学的，而且是具有历史社会语境的深厚背景的。此可发挥也。（1994年6月11日）

巴氏说，语言杂多是文化的存在形态。他又说，语言杂多是文化转型期的根本特征。而小说话语具有未完成性、非经典性、兼容并包性。【卢卡契则说，小说"展现了一个主客体对立、分裂、异化、矛盾、冲突的世界，是精神发展史上的'失乐园'"（同上）。此意亦可取。】

巴赫金从语言的特别是言谈的对话性这一核心出发，又提出了社会学诗学这一美学和文艺批评的命题。其意义之一就是文学具有对于社会的"双重反映"作用，即"'双重反映'论"，就是说，文艺既反映社会现实的"经济基础"与"上层建筑"，又反映作为现实反映的"意识形态"，文艺因此具有反映的反映或自我反思的特征。他还提出，语言是一个社会评价的大系统。这里也包含着浓重的对话意义，即各系统之间、子系统与整系统之间的对话。

【可以以此写一篇论文《论人类语言—思想的对话性》。】

（1994年6月12日）

□ 言谈的"双向性"：（1）指向主题；（2）指向讲者和听者。言谈中的语系现象，在人们的语言中无处不在，我们所说的每一句话都是对其他人的话语的回应、重复、引用。这一引用过程充满意识形态内涵。有两种语录："线形引语"和"图形引语"。

【此段特别重要、特别有用，对所拟论文题"语言—思想的对话性"这一主题特别有用，是关键性的。】（1994年6月12日）

言谈的5个组成部分：（1）主题；（2）意义；（3）讲者；（4）听者；（5）音调（这音调在巴赫金那里是泛指的，包含文艺的类型、风格、技巧等）。

巴赫金主张话语与言谈的永恒的互动性、变易性和他者性：语言的反本质观。

巴氏理论的另一大特征是它的语言的历史与意识形态底蕴。

□ 福克纳在诺贝尔奖获奖演说中说出了这样的话："我相信，人不仅能挺得住，他还能赢得胜利。人之所以不朽，不仅因为在所有生物中只有他才能发出连绵不绝的声音，而且因为他有灵魂，富于同情心，自我牺牲和忍耐的精神。诗人、作家的责任正是描写这种精神。作家的天职在于使人的心灵变得高尚，使他的勇气、荣誉感、希望、自尊心、同情心、怜悯心和自我牺牲精神……复活起来，帮助他挺立起来。"

【这是一个资本主义国家的资产阶级作家所说的话，是他的文学观和文学功能论。不是很值得我们学习吗？我们现在的作家的创作动机几乎可以概括一个公式：发表——受欢迎——产生轰动——高稿酬——大名声，或者还有其他。】（1994年6月20日）

□ 关于作家的"眼力"，可资引用的有：

1. 作家的第二视力，非自然眼力的第二视力。（列夫·舍斯托夫）

2. "疯狂"与"死亡"。（同上）

3. 摆脱一般概念支配的艺术家。（同上）

4. "无所事事的人"，超脱的思考。（同上）（1994年7月10日）

（以上写至1994年7月10日即止；以后，即为出国办手续而奔忙了；再以后就是出国，加拿大——美国——加拿大，回国。读书甚少，甚少读书。近日始读一点，开始写一点读后感想和札记。）

□ 这是科林伍德（Robin George Collingwood）的重要的观点，即人类精神生活的五种类型和五个发展阶段（见《艺术哲学新论》）：

艺术 → 宗教 → 科学 → 历史 → 哲学。

他指出，这是一个发展的序列，即艺术是首先出现的。同时，又是一个"完整的统一体"。

【这是可以发挥的：

1. 艺术是人类精神生活的最早起源，而后有宗教、科学、历史和哲学。

2. 但是，它们又是混体共存的，即艺术一开始就包含了宗教、历史、科学、哲学的因子。基于此，以后才会有幼芽生长，才会发展、才会分体。

3. 即使分体存在、分体发展之后，仍然是互相渗透、互相影响的。你中有我，我中有你。】

□ 艾略特（Thomas Stearns Eliot，1888—1965）提出了四个艺术哲学命题，很深刻、很有意义：

1. "传统"；

2. "非个性化"；

3. "客观对应"；

4. "经典标准"。

他提出"非个性化的个性"，"从传统而来又包含有传统的个性"。

"能够用强烈的个人经验，表达一种普遍的真理，并保持他经验的一切独特之处，目的是使之成为一个普遍的象征。"个性与普遍是矛盾

对立的统一。既是普遍的真理，又是用个人经验来表达的。表达者既保持着个人的一切独特之处，又成为一个普遍的象征。（《艾略特诗学文集》）

　　□ 掀起新历史主义（New Historicism）旋风的核心人物是伯克莱学派的格林布拉特教授。他称自己的研究为"文化诗学"（Poetics of culture）。

　　他们的理论大致如此，很有意思，有用：

　　"首先'历史'不是单数的'history'，而是复数的'histories'。其次'历史'不是已经过往、已经完成的东西，它是一个进程，一直延续到今天，影响着人们的认知和行为；反过来，当代人的实践活动也发展着'历史'，解释着'历史'，赋予'历史"新的意义。再者，已经发生过的事情很难在研究中'重现'，所谓'历史的本来面目'（wie es eigentlich war）是很难弄清楚的，因为所有历史流传下来的文本，都只是对历史事实的一种'表述'（representation）。当今的研究者对历史文本的诠释，也是一种'表述'。而'表述'与'真实'之间，存有无法逾越的距离。"

　　【两个可取的术语：

　　文本的历史性（the historicity of the texts）、历史的文本性（the textuality of histories）。"掌故""非文学文本""文学文本"，三者是主要因素，互相有一种微妙的关系。】

　　"社会能量的流通"（circulation of social energy），也就是社会上各种利益、各种势力、各种观念之间的互动。

　　"文学性文本只是社会能量流通中的一个环节，其他含有相同的社会能量的非文学性文本的存在，是文学性文本产生的前提。所以'新历史主义'不再把作家视为天才，也不再相信作品有什么'原创性'（originality）。"

　　以莎剧为例，其所反映，乃其他非文学性社会能量"流"到了莎氏剧中，演出后，文学性社会能量又通过观众流回社会。如资本运动的情况一样。【如用抗日剧作例，更明显。】

　　新历史主义乃先撇开中心（文学文本），在边缘展开，从边缘取证，然后指向中心、包围中心、返回中心，最后加强中心。

（以上摘自《读书》1994年第9期）（1994年12月8日）

□【又是多日来未记这笔记，也就是多日未读书，悔甚、憾甚。今日读上海《文汇读书周报》，又见称赞周作人文，在另一文中也还有称周作人之言，意为中国现代文学史上最伟大的作家为何人耶？——周作人也。此诚宏论，或有道理，然出自董桥之口，诚令人惑。把个周作人吹到天上去了！他虽好，但究竟当过汉奸。这污点比之海德格尔当过短期的法西斯时代的大学校长严重多了。人们都忘记了吗？而且，即使抛开"汉奸事"不说，周作人也没有那么好，没有好到那个程度。他们真的那么高看周氏吗？不是，他们是为了反鲁迅，而大捧周作人。这是一些人的有问题的文化心态！

董桥之散文，余甚喜爱，甚欣赏。此公之论，盖有其他也。不过，前一篇文字之所言，尚有可取处。读此，于是找出周文来读，读到《谈龙集》，说及有岛武郎，说到有岛说他之所以要创作原因有四。】

有岛武郎说：

"第一，我因为寂寞，所以创作。……

"第二，我因为欲爱，所以创作。……

"第三，我因为欲得爱，所以创作。……

"第四，我又因为欲鞭策自己的生活，所以创作。……我愿我的生活因了作品而得改造。"

有岛武郎是自杀的。他在遗书中说："我们（与他的情妇波多野夫人）极自由极欢喜的去迎这死。现在火车将到轻井泽的时候，我们还是笑着说着……"

【日本作家多自杀而死，如：有岛武郎、川端康成、三岛由纪夫。为何？与民族性、民族文化心理结构有关也?!】

【又是多日不记，实际上多日不读书，光出不进。呜呼！1995年2月12日】

□考德威尔，一位天才的理论家，30岁而结束生命，然而却如此富有思想。以下是几段话：

1. "作家在社会中的职责是什么？他的职责就是要做一位语言艺术

家，即以语言为媒介，表现他在生活中的特殊经验。"（考德威尔《浪漫主义与现实主义》第5页）

2. "语言、经验、生活、表现——只要举出这四个方面就可以使作家活动的框架立即固定下来。"（第5页）

【此言甚是。他把经验放在第二位，是同他的文学本体论相联系的，因为文学是写生活中的特殊经验的，所以，经验应重于生活，有生活不行，有经验才行；语言放在第一位，则因为作家是以语言为媒介的，无语言能力即无作家，而且还可补充：语言也是作家认识世界、理解世界、与世人交流的工具和依凭，因此在表现之前，就有一个语言问题在。

这个框架还只是一个基本框架，框架中的每一条又可分为若干分支，故如树干与枝条。】

如图12-1所示。

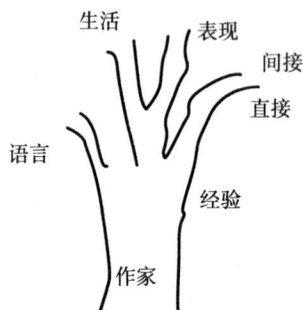

图12-1　作家创作活动内容框架示意图

3. 这可能是接受理论的最早的表述了：

"他有新的经验要向别人传达。因此，他的任务是要重新组合这种象征符号，使这种重新组合产生一种与他本人的经验相近似的新的经验。这种新的组合体将会从社会意义上表现他个人对现实的反映。

"在作者看来，这个过程如下：作为他个人主观世界一部分的经验A必须与他本人、他的读者、因而也是全社会所共有的语言天地B综合在一起，从而产生C。C就是他的经过改变了的、存在于社会天地B中的新的经验A。

"在读者看来，这个过程是：通过阅读，使他将作者的C变成自己的新经验A^1，这是他的语言天地B中的一切事物的对照物，新经验的张力改变了他的个人天地C^1。如今，他的个人天地里又包含了A^1。

"结果是双方都起了变化。作者的劳动是要使他的个人经验社会化和公开化，其经验本身改变了性质，变成一种新的经验，作者对自身有了更多的发现。读者的努力是要使这部分新的社会语言成为他个人的东西，他同样也改变了；从此以后，他的语言天地与他先前的不同了。有着各自的生活的作者和读者本人如今都和先前不同了，他们的生活也和先前不同了。"（第6页）。

【这就是文学的作用，是它的作用和起作用的原因、条件、过程和结果。这结果的总体状况就是：作家在作品中改变了生活，读者接受这种改变而改变了自己。】

（又是近2月未记，实际上未读书。奈何！）

□ 海德格尔论语言。

海德格尔说："现在，'哲学'一词正在讲着希腊语。"意思就是说，哲学的原始义是由希腊词"philosophia"赋予和确定的，它本身"说着希腊'话'"，也就是述说着希腊当时的社会、生活、文化对世界与人生的解读，对生活的提炼、结晶、抽象化，等等。所以，"'philosophia'这个词告诉我们，哲学首先是某种支配着希腊世界之生存的东西。不仅如此，Philosophia还决定着我们西欧历史之最为深刻的基本特征。"（乔治·斯坦纳《海德格尔》第34页）

【1. 这也可用于其他词，比如经济、政治、文化、文学等，都可以从词源学的角度作如此理解。

2. 也可用于作家的使用语言：他叙说着他自己的生活。

3. 这就是说，词语本身蕴含着一种自我陈述的力量。

4. 因此，不是我在说话，而是话在说我。】

（1995年4月9日）

【海德格尔最后归入"道路"，内在含义，即达到与中国哲学中老子哲学（即道学）一致的境界。（第36页）】

（1996年11月11日　今年初雪）

（翻出此本，所记之最后一则，犹为去年所记。呜呼，一年多未正经读书！虽然有些笔记，零碎分别记于其他笔记本中，然而亦仅仅少数几则而已。）

□ 关于名词之翻译——由此及于误读、改塑：

1. aesthetic——希腊字的词源是 aistanesthai（感觉、直觉，它与理性 ratio 相对）。其意为：从属于感觉感受的、直接通过感官接受使人喜欢或不喜欢的。狭窄的意义即"美"。

因此，美不是被"审"出来的。【中国为"审美"，原意实为"感（觉）美"。】

2. "抒情诗"，希腊词 lyrics 的本义是从属于 lira（吕拉琴）的，意即在吕拉琴伴奏下唱的歌。所以直译为"吕拉琴歌"或"琴歌"较贴切。

【在中文"抒情诗"中，已毫无与琴有关之义、之意了。语言就是这样地变化着、变化了；就是同一个民族的同一个语言，何尝不是这样地"变化万端"！】

□ 从黑格尔的《美学》到菲舍尔的《美学》（1846—1857），文学研究处于唯心主义哲学主宰之下。至谢勒尔的《德意志文学史》发表，把实证论的观察方法用于文学研究，建立"文学科学"，以确切描述被给定者（可实证者）为研究目的，将有关超感觉的（形而上的）一切概念予以摈弃，使文学科学可同自然科学一样地工作，狄尔泰为此发表《体验与文学》，而成"领会学"。

□ 20 世纪的多元格局：（1）心理学—传记学的；（2）与社会学的；（3）思想史的；（4）风格史的；（5）语言学的（采自瑞士埃米尔·施塔格尔《诗学的基本概念》，中国社会科学出版社，1992 年版）。（1996 年 11 月 22 日）

【这里提出了一系列关于文学与文学批评的概念，其主要精神有：批评也是一种文学；文学作品是"原生文学"，批评则是"次生文学"，批评是一种参与、一种意义、一种创造，是主体介入地去经历一次创造者经历过的经验。在这一学派（日内瓦学派）看

来，文学不是客观现实的反映和模仿，而是创造者主体意识的宣泄，但以客观现实为中介质。】

【这种对于文学性质的界定，很有意义，也很有意思。你看，文学不是客观现实的反映；它只是作家以"客观现实"为"介质"（"介质"一词，用得真好、真准确），来"宣泄自己的主体意识"。难道不是这样吗？——的确，是这样。这把文学的主观和客观的两重因素都概括进去了。呜呼，此之为理论！】

1. 日内瓦学派，这个名称以地域称谓；但学派骨干并非皆日内瓦人，亦非瑞士人。其又名主题批评、现象学批评、意识批评、深层精神分析批评等。

2. 文学作品是"人类意识的一种形式"。

【这种意识不是纯粹的精神的自身活动，而是具有意向性。它意识到外在的世界和人，思考这一行为和思考对象之间有着内在联系。】

【意识不仅被动地记录世界，而且主动地构成世界。】

3. 文学作品"不是某种先在典型的复制或模仿，而是人的创造意识的结晶，是其内在人格的外化"，"作品是作者的意识的纯粹的体现，而不是作者实际生活经历的再现"。"文学作品不是一种可以通过科学途径加以穷尽的客体，故文学不是认识的对象而是经验的对象。""一部文学作品的'世界'并不是一种客观的现实，而是作者作为主体已经组织过和经历过的现实。"

4. 因此，文学批评的实质，也就具有了新的规定性。日内瓦学派的这种规定，也就扩大了、深化了文学批评的认识领域、性质认定和任务的确立。

"诗人的个人生平和社会联系被压缩到最低的限度，统治着当时批评界的实证主义和历史主义受到全面清算。"

【这里又自有其偏颇之处，即完全否定了个人生平和社会联系的根基作用、基础性质。作家的意识难道不是植根于社会与历史的吗？

实证主义、历史主义将"作家、生活＝作品，视为篇章的复印关系"，自然有其另一面的偏颇。】

"批评家努力追寻的是作家深层的内在生命，即作为初始经验的意识根源，并通过自己的批评语言深入到作家所创造的世界中去，像作家一样'全面地融入事物'。"

"力倡批评家'与诗人的精神历程相遇合'。"

批评是人与世界或他人之间的"相互'凝视'"，是"主体和客体的相互包容"。

批评是主体之间的行为，批评是参与，批评者应消除自身的偏见，"不怀成见地投入作品的'世界'"。

"批评家应该'力图亲自再次体现和思考别人已经体验过和思考过的观念'。"作为"次生文学"，它与"原生文学"（批评对象）是平等的。

"批评是关于文学的文学，是关于意识的意识。批评家借助别人写的诗、小说或剧本，来探索和表达自己对世界和人生的感受和认识。"

批评者"重新创造艺术品"，同时，又"须臾不离开原艺术品"，故须进行一种"创造性的参与"。

5. 批评家要在发现作家的"我思"，他的"意识的起点"，找到他的"参照点"。

批评家介入，重建延伸、完成作品。

与对象间的主客之间的"相互间'凝视'"，"意识是存在之物，乃是对存在之物的一种观看"。（1997年3月22日）

□ 美国著名结构主义者乔森纳·卡勒尔的著作《罗兰·巴尔特》【系列摘记】。

关于罗兰·巴尔特（Roland Barthes，1915—1980）：

1. 从西方近代文学思想角度看，19世纪的主要角色是小说；20世纪特别是第二次世界大战以后，文学思想的功能渐由文学批评家和理论家承担。

2. 与以作者为中心的文学批评相对，赞成以读者为中心，赋予读者以积极的、创造性的作用的文学。

3. 文学的目的，正是由向我们的预期心理提出挑战的"不可读"

的作品来充分实现的。

4. 作者之死。

"将作者形象从文学研究和批评思想的中心地位中删除。"

"一段本文不是一串释放出单一的'神学性'意义（作者上帝的'信息'）的字词，而是一个多维空间，在其中的种种写作均无原始性，它们互相混合着和冲突着。"他主张："我们应当研究的是本文而不是作者。"

5. 他的术语和概念："摆脱记忆"。——【可作多样解释】

6. 他对于"概念"，尤其是成双的概念情有独钟。他认为这是"生产修辞术"。尤其在他早年的写作中，这样一些"双元对立组"起过重要作用。如：可读（lisible）和可写的（scriptible）、直接意义和含蓄意义、隐喻和换喻。

7. 他认为，这可以被用来"去说话"。"就像一个魔术师的魔杖一样，概念，尤其当它是成双的时候，就建立了写作的可能性。他说，正是在这里产生了说话的可能性。因而作品是按照对概念的迷恋、连续的激情、可消失的狂热而展开的。"（第9页）

有人说，巴尔特是"文学心灵的无与伦比的燃火者"（J.斯塔罗克《罗兰·巴尔特》）。

巴尔特对文学批评家的论述："巴尔特强调批评家的职责不是去发现一部作品的潜在的意义（过去的真理），而是为我们自己的时代构造可理解性（《批评文集》，第257、260页）。"这就是"发展处理过去和现在诸现象的理智构架"。（他说："那些在我们看来似乎是自然而然的意义，其实都是文化的产物，是人们熟视无睹的理智构架的结果。"）（第11页）

8. 他认为，1848年是个转折，自福楼拜以后，"文学既是对语言的沉思，也是与语言的纠结"。

"一切写作都含有记号，像埃贝尔的粗话一样，它们指示着一种社会风尚，一种与社会的关系。""即使最简单的小说语言（如在海明威、加谬的小说中那样），也都以间接的方式表达着与文学和与世界的关系。"

9. 表达方式。文学有许多种表达"我是文学"的方式。写作方式是"从历史可能性中进行选择的结果"，它是"一种设想文学的方式"，

"一种对文学形式的社会性使用"。（第25页）

【即考虑到生活、写作、作品、出版、叙述方式同社会的作用，社会性地来使用文学。】

"对语言和文学规约的每次反叛，最终均可恢复至一种新的文学方式"。

10. 文学的功能。"文学语言必介入政治和历史"，而且，"作品也介入文化的文学世界秩序"。

"古典写作"与"现代写作"。前者如巴尔扎克等。

可读的作品和可写的作品：

可读的——透明的。

可写的——自觉的，它抗拒阅读。

文学还有一种"扩散的、却有力的第二意义层次"（"第二级意义"）——"神话"。

11. 文学的神话性和语言的"二梯级意义"。

语言——叙述的：

"二级意义系统"："神话"二级文化意义。

12. 在《写作的零度》中，他赞扬"自觉的、现代派的文学构想"。在《米歇莱自述》中，他则关注他的"存在性主题学"，即写作中大量运用的种种实体与性质：血、暖、干、丰饶、平滑、液流。

他写道，米歇莱除了存在性主题学外，只剩下一个不值一顾的小资产阶级而已。（第44页）

13. 现象学批评。"这种批评流派不把文学作品当作应予分析的人工制作品，而是当作一种意识的表现：一种邀请读者去参与的世界的意识或经验。"（第44页）

【把作品看作一种客观存在物，邀请、吸引读者去参与。而作品是这样一种客观存在物，它是作者的一种意识的表现，但它邀请读者一起去参与这种表现。这一现象学批评派别有这样一些作者和作品（在法国）：乔治·普莱的《人类时间研究》（1950）、《内在距离》（1952），让·斯塔罗宾斯基的《孟德斯鸠自述》（1953），阿尔伯特·比戈因《关于帕斯卡与贝尔纳诺斯》，彼埃尔·理查德的

《文学和感觉》。】

而罗兰·巴尔特在《米歇莱自述》中提出的命题则说明了一种新的文学性质、功能和叙述方法：

"'万物以感觉始；肉体、物件、情绪，为自我构成了一个是初始的空间'，而且正是在此空间中，在物质性的影响下，文学的形式、主题和形象诞生了。"（第45页）

14. "本文的欢悦"——感觉及其空间！！读者对此的欣赏："欣赏'本文的欢悦'的欢悦。"（第45页）

15. 罗兰·巴尔特很"个别"，很怪异、"反叛"。他主张两种叙事策略：消除深度和瓦解叙事。这是他特别关心的事。"我们所有的不是'客观的文学'，而是主观性的文学，它完全是发生在一位错乱的叙事者的心灵之内。"（第60页）

"巴尔特对故事惊人地不感兴趣。"他喜欢狄德罗、布莱希特、爱森斯坦，皆因他们喜欢场景甚于故事，喜欢戏剧场面甚于叙事发展。（第59-60页）

16. 罗兰·巴尔特主张作家要"奋力'使第二语言从世界赋予他的第一语言的泥淖中脱离'"，这被称为巴尔特的"语言'伦理'"。

巴尔特认为，语句不论可能是什么，"都将表达出一种喻义【他认为语言是一种隐喻】，释放出一个象征"。（第64页）

【语言，本来是世界上没有的"事物"，是人类创造出来的"东西"。当人把牛称为"牛"或者把树称为"树"时，就是一种"隐喻"。这是中国人的称谓，而其他国家、民族的人，就另有命名，那就是另外的隐喻。但被指称的"事物""东西"，却是同一个对象。】

他说，进行语言实验的是散文，而诗歌则超越或摧毁语言。（"语言的象征性本质上是象征的了。"）

巴尔特感兴趣的是写作实践。

17. 文学批评。

他认为有两种文学批评：

（1）死气沉沉的和实证主义的学院派批评；

（2）生气勃勃、多姿多彩的解释性批评（即新批评）。

后者"不想确立关于一部作品的事实，而是从一种现代理论的或哲学的观点去探索作品的意义"。（第66页）

这两种批评，一者可为"外在解读"，二者是为"内在解读"。学院派想根据在作品之外有关作者与世界或作者身世的事实来阐述作品——他们是把文学作品看作作品之外的某种东西的复现（反映论）。

而新批评则是"使用理论语言去探讨作品结构"，这是一种不同于"在作品之外去追求因果说明的方法"。巴尔特说："使用精神分析学概念的内在解读，去阐述一部作品的动力机制，与将作品解释为作者心灵产物的精神分析学观点极少共同之处。"（第68-69页）

18. 他把符号学定义为"语言学的'展开'"，或者更专门一些说，定义为"对被科学语言学作为不纯因素弃置一边的一切意义问题的研究"。（第78页）

19. 关于结构主义。

他把结构主义定义为"一种分析文化产品的方式"，其根源是语言学。但在一系列结构分析中，目的在于界定大量非语言学的语言。【这后一个"语言"是非语文，是一种大语言、杂语言，"构件"很大。】

它从语言学借取了两个基本原则：（1）意指之实体不具有本质，而是由内外关系网决定的；（2）意指现象即描述使意指现象成立的规范系统。

结构主义的目标是一种"重组"，是一种"思想方式"，它不是把意义赋予对象，而是想了解意义是如何产生的、以什么为代价和运用什么手段。

【妙极了！】

结构主义，不是破解作品的意义，而是进一步地进行：把这个意义形成的规则和限制条件的重构追溯出来，这就像语言学家不译解语句的意义，而是清楚意义被传递的形式结构。【妙！】

结构主义文学研究的一些方面：

（1）根据语言学描述文学语言，以便把握文学结构的特殊性。【他对区分涉及陈述情境的语言形式和不涉及陈述情境的语言形式极感兴趣。】

（2）发展一门叙事学（narratology），作用是识别叙事的诸组成部分和它们的可能组合。

（3）结构主义者还企图指出，文学意义如何依存于由某种文化的先前话语所产生的代码。

【前代文学所产生的代码，足可产生后代文学的意义，诸如明月、杨柳、燕子、鸿雁、宫阙等，在中国古代诗歌中形成了后世诗的代码、文学意义的代码。】

（4）让读者作为一个中心角色，出现在文学批评中。

读者不是一张白纸，而是"已经是其他文本、其他代码的一个复合体"；读者以此多重体与本文交遇；读者不再是本文的消费者，而是本文的生产者。"读者的诞生必定以作者的死亡为代价。"（第91页）

（5）在结构主义看来，文学的性质、功能都有了变化，这就是"不把文学看作一种再现或交流，而看作由某一文化的文学机制【不同文化有不同的文学机制——注意】和话语代码所产生的一系列形式"。（第91页）

巴尔特在《形象、音乐、本文》中说："在写作多重体中，一切均可拆解，但一切均不可破译。"

"一种'绁绎'意义之线的拆解活动——这就是巴尔特最抱负不凡和不断坚持的结构分析的方式。"（第93页）

（6）许多代码："一切代码都是被积累的文化知识。"

① 情节性代码（proairetic）；

② 解释学代码；

③ 意义（semic）代码；

④ 象征代码；

⑤ 指示代码。

（7）"本文不是一串释放出单一'神学性'意义的字词（一个作者——上帝的'信息'），而是一个多维空间，其中多种多样、又没有一个是原初性的写作彼此混合着和冲突着。本文是引自无数文化中心的一套引语。"（《形象、音乐、本文》第146页，转引自《罗兰·巴尔特》第94页）

【他举出巴尔扎克的作品中的"昏暗的屋子"、"嫉妒的对手"、

"死亡"和"爱"，都是一连串的代码。】

所以，"巴尔特分解本文以追求代码的做法使他能进行细密的解读"。

（8）见第96页的眉批：

【细节中的代码，可以：推动情节 → 揭示性格 → （补充）：→ 揭示环境 → 揭示内容（历史、现实、文化）→ 导致中止象征意义——导致产生象征意义。】

（9）本文的欢悦与阅读欢悦和欢悦的读者。

本文是一种欢悦活动的对象，提供一种欢悦基础、诱因、材料、素质、挑逗等等。比如，对某个句子"享受着一种极度的准确性，一种执迷的语言精确性，一种描述的狂热"。

阅读和欢悦相连。欢悦有两种："（文化性的）欢悦和（非文化性的）欢悦"。读者在阅读过程中"平衡着两种欢悦"。（第104页）

（10）巴尔特把"厌烦"作为一个理论范畴，而且认为"在任何阅读理论中均起作用"（第111页）。

（11）巴尔特自称为作家，他提出"小说写作的准备过程"的命题；提出了一系列课题（命题）：作家写作时如何组织他们的时间，他们作品的空间和他们的社会生活；他讨论了自己与写作工具的关系（爱用钢笔而不是圆珠笔或打字机）、他的书桌的安排、他的日常时间表。

他说："写作是一个不及物动词：作家只是写作。"

【作家＝写作】

（12）关于文学史，他提出，文学所指者的历史、文学能指者的历史、文学意指方式历史。

（13）他关于阅读方式的〔随意性〕分类：俯冲式、品鉴式、展开式、着地式、鸟瞰式。

（14）巴尔特：文士——一个敏感的文学心灵——这个心灵所能达到的智慧与洞识。"我是那个发生在我身上的故事。"

"他的生命是一种写作的生命，一种语言历险。"

他对作家的看法、"定义"："文学统治消失了。作家不再是中心舞台。"

他的"'写作偏移'观":"通过当代理论语言去探索思想与生活经验的写作片段。"（第131页）

（15）再次回到写作——本文 / 读者二者的关系 / 互动，等价：

"不知疲倦地工作着的是本文"，本文是与读者相遇中的"控制力量"。

读者是"本文的生产者"。本文理论消除了对阅读自由的一切限制——"认可人们以完全现代的观点去读解一部过去的作品。"

坚持阅读同写作，其生产性是等价的。

（16）《就职讲演》中的这段话，适用于分析中国当代文学现象：

"旧价值不再传承，不再流通，不再引人注意；文学已非神圣化了，文学机构无力为文学辩护，并强行使它成为人类生活的潜在楷模。并不是说文学被消灭了，而是说它不再被保护了：因此现在正是走向文学的时候。文学符号学似乎正是那种使我们到达一片无人继承的自由土地的旅行；在那儿，天使和巨龙不再保护它。"（第141页）

（1997年4月15日记）（1997年4月15日用毕此本）

（此册笔记1992年7月开始使用，迄今4年有余。时间何至如此之长。另有几册笔记本，分散使用，未能集中也。此为文学专用。然亦说明近年读文艺理论书籍甚少。）

十三　读书札记（三）

（1994年8月2日 St. Charles）

□ "我知道人们是互相交谈的，但他们之间并无了解。他们的话语彼此反弹。语言是人类沟通方法的说法，其实是自欺的。人们彼此交谈的方式，往往不能达到了解。语言的扭曲导致个别人物的混乱和迷惘。"——郑树森《文学因缘·生之焦虑与死的抗拒——卡内提生平与作品》（东大图书公司印行，台北，1987年）

【按："沟通不通"，"对话反弹"，这可以看作对于巴赫金对话理论的补充和发展。第一，人类思想和语言本是一种对话；第二，这种对话又是以我为主、立足于我的，立足于我之对人、世界、社会、"你"、"他"之理解的，是"各说各的"，是"你说你的，我说我的"式的对话。这使对话理论又深入一步、深入一层，也更完整了。人类就生存在这种"对话不通"的永恒的对话中。其实，还存在一种"彼此沟通了、理解了""知道你说的是什么"式的貌似沟通了，而实际并未沟通的"不沟通"，"实际不知道你说的是什么"的"沟通、理解和知道"。作品的本文阅读也是如此，或者说更是如此。这又同接受理论相连了。误解＝阅读！】

（1994年8月28日10时）

□ 关于文学批评。

1. 郑树森在《文学因缘》中谈《飘》，说到美国有用社会、历史批评理论批评《飘》者，谓其"继承传统"，指出："是美国文化深层里偏重女性、家庭、群体社会的原型模式"（第124页）。这里指出了一种"社会–文化模式"，可与"神话原型模式""心理原型模式"相对、相连、相比而用之。三者实相沟通。

2. 在加拿大埃德蒙顿参加国际比较文学学会学术年会期间，某次集会时，一位中国学者介绍会议发言的观点，说到有一位法国学者发言时讲，文学与心态史，意谓文学作品是民众心态之载体；心态史之研究，可助文学之研究。

此意甚好。曾了解心态史、新史学派之观点，于今可用于文学研究。此实与社会-历史批评相衔接了；但又深入民众心态了。这是深入一层、明确一层。于此，可从心态史研究五四运动。

□ 关于《飘》：1936年6月30日出版。作者当时为无名小卒。签名派对上，只有11人出现，其中一人为其父（亚特兰大历史学会主席）。但出版三周后，即卖出十七八万册。

□ 关于大众文学。

1. "大众文学可以是消费的、意识形态上的扭曲、缺乏艺术自觉性和匮乏省思批判的产品，但很多时候也干脆地辩证地深含某些思想成分，透过作品的情节，吸引读者，反照出读者的渴求。"（此观点得自Fredic Jameson，第125页）

【此论甚好。很有趣。】

2. 斯托夫人的《黑奴吁天录》于1852年出版后极为畅销，一年内销了250万册。后来，林肯总统会见斯托夫人时说："引起这场大战的，就是你这位小妇人。"（郑树森《文学因缘》第121页）

□ 林肯语录：

在美国一个小学校，见到墙上写着林肯的话：

"We say 'try', if we don't try, we never success."

说得多么好哇！

□ 林语堂与胡适。

林语堂在《我最难忘的人物——胡适博士》中记述：

"1920年，我获得官费到哈佛大学研究。那时胡适是北大文学院长。我答应他回国后在北大英文系教书。不料到了美国，官费没有按时汇来。我陷入困境，打电报告急，结果收到了两千美元，使我得以完成

学业。回北平后，我向北大校长蒋梦麟先生面谢汇钱事。蒋先生问道：
'什么两千块钱?'原来解救了我困苦的是胡适，那笔在当时近乎天文数字的钱是从自己腰包里掏出来的。他从未对我提起这件事，这就是他的典型作风。"（见《胡适研究丛书·胡适与他的朋友》第二集，纽约天外出版社，1991年12月）

□ 庞德之"误译""歪译"与汉诗。

郑树森在《文学因缘》中举证庞德之"误译""歪译""发挥地译"诗经，以及叶维廉之译奥菲尔斯（"变奏"），都说明"文化接受"是一种双向互动，是一种误读、诠释误差、有意歪曲、借他人酒杯等的接受。还有，爱眉·洛乌尔（Ame Lowell）对日本古典诗的译述，亦如此。

□ 传统与现代化问题。

（张灏《传统与现代化——以传统批判现代化，以现代化批判传统》，载《中国文化的危机与展望——文化传统的重建》）

1. 韦伯（Max Weber）的主要概念：（1）现代化＝理性化；（2）此观念包含"价值理性""目的理性"。

2. 几种现代化意识的主要趋势科学观——泛科学观，导致武断的取消主义和文化论主义。

（1）文化上的偏枯和思想上蔽障。

（2）功利主义——使西方传统的个人主义失去其原有价值，情感联系、心灵交往日益淡薄，疏离感、孤寂冷漠——虚无主义。

3. 传统的深刻与复杂性——发掘传统的智慧。

如：儒家——"社群意识"。家庭为其基础，天下一家，民胞物与，和谐与平衡——易传中之"时中"之理念，礼俗规范外的超越精神性的伦理，以"价值理性"为其中心思想"仁，义，礼，智，信"。儒家"非神信仰的宗教性"。

□ 中西文化的差异。

（张荫麟《论中西文化的差异》，载《中国文化的危机与展望——文化传统的重建》第151页）

文化是一个发展历程。其个性表现在全部"发展史"中，故两国文化之比较即其文化史之比较。中国人对实际行动的兴趣，远在对纯粹活动的兴趣之上。实践的价值压倒了观看的价值。实践的价值几乎为价值之全部，观看的价值微不足道。西方人对两者有同等的兴趣。观看的价值或高于或等于实践的价值。例："至善"——西方，亚里士多德"尼哥麦其亚伦理学"：至善＝无所为而为之真理观念。

至善的生活＝无所为而为地把玩真理（！）的生活。

而中国则不同。中国的《大学》中所谓"止于至善"，乃：为人君止于仁，为人臣止于敬，为人子止于孝，为人父止于慈，与人交止于信。均为手段。

"我们有占星术和历法，却没有天文学；我们有测量面积和体积的方法，却没有几何学；我们有名家，却没有文法学。"（第115页）

中国为内陆之农业文化，西方文化其源头同海洋结下不解之关系。"海洋的文化乐水；内陆的文化乐山；海洋的文化动，内陆的文化静。"

□ 传统文化的力量（余英时《试论中国文化的重建问题》第175页）

"没有一个民族是尽弃文化传统而重新开始。"

克拉孔说："一个社会要想从它以往的文化中完全解放出来是根本不可想象的事。"（例证：德国1919年的《魏玛宪法》，其出发点是改革可以不顾文化条件而一切从头做起，结果导致希特勒的崛起。）

唯有民族文化是最经得起时间考验的精神力量。

□ 王安石关于学者"为己"与"为人"的论述：

"为己，学者之本也。……为人，学者之末也。是以学者之事，必先为己，其为己有余，而天下之势可以为人矣，则不可以不为人。故学者之学也，始不在于为人，而卒所以能为人也。今夫始学之时，其道未足以为己，而其志已在于为人也，则亦可谓谬用其心矣。谬用其心者，虽有志于为人，其能乎哉！"（《临川先生文集》卷六十《杨墨》，转抄自余英时《试论中国文化的重建问题》，见《中国文化的危机与展望——文化传统的重建》第179页）

□ 陈寅恪关于中国文化的高论。

"窃疑中国自今以后，即使能忠实输入北美或东欧之思想，其结局当亦等于玄奘唯识之学，在吾国思想史上，既不能居于最高之地位，且亦终归于歇绝者。其真正能于思想上自成系统，有所创获者，必须一方面吸收输入外来之学说，一方面不忘本来民族之地位。此二种相反而相成之态度，乃道教之真精神，新儒学之旧途径，而二千年吾民族与他民族思想接触史之所昭示者也。"（《冯友兰〈中国哲学史审查报告〉》，抄自余英时《试论中国文化的重建问题》）

重建、转化，如何？

（1）"绝不能基本上依赖政治力量"（没有民间学术）。

"中国史上重要文化运动无不起源于民间，先秦诸子、六朝玄学与佛学、宋明理学都是如此。但这些运动最后往往流为官学，因而失去其活力。"

（2）"学术和文化只有在民间才能永远不失其自由活泼的生机。"

"调整政治与学术思想之间的关系，不再是第一、第二的关系。"

"学术思想较之政治是更根本性质的人类活动。"

（3）"在西方文化冲击之下中国文化怎样调整它自己以适应现代生活。"

故中国文化之重建问题绝不是旧传统的"复兴"问题，"而只是我们怎样能通过自觉的努力以导使文化变迁朝着合理的方面发展。"

（康德认定启蒙精神是："人必须随时都有公开运用理性的自由。"——The public of one's reason must be free at all time.）

□ 殷海光论道德的重建。

"道义为之根。"

人类社会文化非设准道德不可。小无道德则小乱，大无道德则大乱。

人类共同道德结构，如图13-1所示。

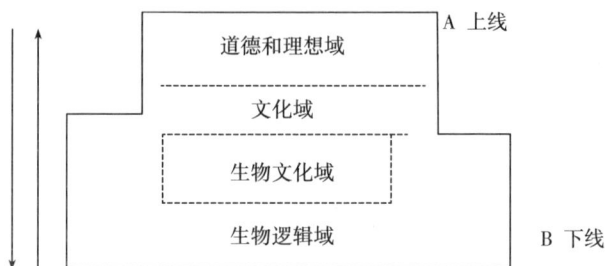

图13-1　人类共同道德结构示意图

十四　读书札记（四）

（1995年3月9日—2001年4月25日）

□ 1995年3月9日　阴雨

文化的传通①与接受：

詹姆斯·特伯很强调跨文化传通的精确性。他说："传通中表达和理解的精确性非常重要。在我们的时代，哪怕是一个字的讹错或误解，都可能像一次鲁莽的行动那样，导致无尽的灾难。因而，传通的精确性就显得格外重要。"（转引自《跨文化传通》）

【（1）他的意见是对的。传通是一种交流，一国、一地区、一民族自外部引来一种异文化，自然要读懂它、读通它，理解而不要有"一个字的讹错和误解"；所希望的是"完全正确，完全准确"。（2）然而，这个目标注定是达不到的；这是不可能的，是一厢情愿的。这是因为：① 从本质上讲，一种语言翻译成另一种语言，就必然会在一定程度上走样，非同类语言很难找到完全对应的词语来转换为另一种语言的词语，只有相似，没有相同。英语的"How do you do?"没有翻译成中文的"你干什么？"而是译成了"你好"。中文的"再见"也是译成"Good Bye"，而不是"See you ageing."所以，钱钟书说"翻译就是背叛"。② 语境不同，词语意思也就不同，势必造成词语的不同意义。③ 文化背景不同，也势必造成词语意义的不完全相同。（3）从接受来讲，由于种种的不同（语言的、语境的、文化背景的、民族的、生活习惯不同等等），对于他民族、他语种的词语势必造成误读、错位和改造，第

---

① 传通，即传播与沟通的意思。

一是自然而然，第二是有意为之，第三是不如此则无法接受。（4）创造性地接受和应用，要求误解、曲解和改塑以至创造、发展。例如日本对于汉文化，庞德对于李白以至汉诗。

这部书所涉及的主题学课题和主题学科是很多的，比如历史学、文化学、文化人类学、比较文化学、跨文化传通、接受学（接受理论）以及中国学（汉学）、日本学等等。

主题虽多，但是主体则一：历史学——中国文化在海外的传播。不过，由于主题的旨趣，决定了它必然涉及其他主题和其他学科，而且著者的本行是哲学，研究和著作领域又拓展及于文化学、社会学，那么，这部著作必然涉及以上诸学科的某些主题、某些部分和某些材料，是很自然的。这就增加了这部著作的内容，使之更丰富，增加了它的学术、文化含量，因而也就增加了它的接受者的领域、阶层，增加了它的可接受性和可读性。自然，也就增加了它的学术、文化价值。（这是对于武斌所著《中华文化海外传播史》一书的评语，其中所言，亦关乎"跨文化传通"也。）】

□ 1995年3月10日　雨

谢和耐写有《中国与基督教的冲击——一种文化的冲突》（*China and the Christian Impact——a conflict of cultures*）。徐光启接受基督教是以其"补儒易佛"，他是"外耶内儒"（陈乐民《文心文事》）。

【可用于"接受"】

□ 1995年3月19日

莱蒙托夫："不论什么书，序言总是写于最后而放最前面。"（《尼采》，工人出版社）

□ 1995年4月3日

1. 王安石的诗：

沉魄浮魂不可招，遗篇一读想风标。

不妨举世嫌迂阔，赖有斯人慰寂寥。

（转抄自《风声·雨声·读书声》第286页）

2. 见《德国的浩劫》中的"词语"（！）即命题：

（1）"对于超现实的、更高一层的永恒的生活的关怀"（第14页）；

（2）"人自己个性的提高和精神化"【文化化】（第14页）；

（3）"……日益庸俗化和衰颓化"；

（4）"两种心灵，一种长于文化，而另一种则反对文化"（第17页）。

□ 1995年4月9日　晴

1.（接日前）

(5)"造成许多丰富生活源泉的枯竭"（第19页）；

(6)"两种心灵之间的分裂"（第79页）；

(7)"灵魂生活中的合理的（rational）和不合理的……"（第58页）；

(8)"精神视野……的狭隘化"（第20页）；

(9)"更美好的精神文化在追逐权势和享受之中沦于毁灭"（第23页）。

2."任何一位重要的作家和思想家都在不同程度上苦心孤诣地铸造着自己的特殊风格。"（〔英〕乔治·斯坦纳《海德格尔》第97页）

乔治·斯坦纳在本书序言中还提到几个问题，可以提炼出来用之，它们都是关于语言的：语言——

（1）询问被说出的东西意味着什么；

（2）询问语法通过怎样的方式产生或限制着认识的可能性；

（3）词语和句子的关系；

（4）内部的经验图式和外部的经验图式的关系；

（5）自己创造的元语言（meta-language）；

（6）自己创造和运用的基本语汇；

（7）词源学上的词语的原始义，它保留着人类原始的、健全的感觉；

（8）含义被作者有意的"延宕"和"封闭"；

（9）挖掘词语的原始宝藏；

（10）海德格尔的"个人语型"；

（11）海德格尔所创造的多种新鲜语汇和语词连接方式；

（12）对词语潜在生命的把握；

（13）词语的转喻；

（14）具体属性象征着抽象本质，抽象部分又表现着某个具体总体；

（15）恰如雾里看花、水中望月；

（16）这是一种语言魅力、叙述魅力；

（17）赫拉克利特箴言："不要过于匆忙地阅读以弗所人赫拉克利特的著作。这是一条崎岖难行的道路，没有阳光，四处昏暗。但是，如果你能找到正确的门径，这条路将把你引向比阳光更为辉煌的境界。"

（18）"深陷情网的男女会感到无话可说，这早已是广为人知的事实。"（《诗歌解剖》第1页）

3. 关于两种思维。

"绝不可能把感性形式与理性形式完全区分开来，因为二者是相互渗透、相互联系的。"（《诗歌解剖》）

4. 依旧是语言问题：

禅是不可说明的。禅只有意会，只有心领神会，只有体验。

□ 1995年4月15日　阴雨

1. "人类语言对于表达禅的深刻真理是不合适的工具，而且禅并不是应由逻辑来解释的问题。因为只有在人的内心深处体验到它时，禅才开始被理解。"（铃木大拙《禅学入门》第17页）

【用非理性的、怪异的语言来阐述理性的禅。】

【语言与经验：对于语言的经验；对于生活的经验；对于说者的经验，对于环境的经验。经验又包括：意识、理解力、知的经验等等。】（同上，第18页）

语言不过是"工作技巧""禅的语录"。

"禅最大限度地强调这种基础经验，在禅的'语录'文学中使用的一切措辞、概念，其立足点都在这种经验的范围之内。这些立足点尽管成为达到实在的最深层的最有用的手段，但不客气地说，它们也不过是一种工作技巧。当通过它们抓住最后的实在时，它们的全部意义也就丧失了。人类悟性要求我们不可过多地置信于外部结构。"（第18页）

"禅只是指示了道路。"（第25页）

【这同样适用于语言。语言只是指示了道路。你可通向它所指

示的世界和说者向你指示的世界。你要去体验、领会。】

【人类要寻找一种语言，它在事实、客观存在与表达之间没有隔阂，没有裂痕，没有"未表达"和"不理解"，没有传达与表现、理解、接受的障碍，这就是"艺术"——原始的"艺术浑沌体"，即诗、舞、歌、巫术（咒语）等数位一体的语言。

以后，艺术分开了。

语言具有神秘性和神秘的力量。】

2. 海德格尔的思想："语言是存在的家。"

"诗是最原始的语言"（而原始的语言最丰富）。

"'诗'的'世界'是'存在'的'存留'（Bleibende），'诗'是存在的'呈现'（Stiften），'诗'是'保存'了'在'。"

"思想"就类似母亲打儿子时说"我叫你知道什么叫不听话"，就是"令你思想"。学习历史上思想家的著作是要"跟着这些大思想家一起去思想"。

□ 1995年4月18日　雨

孔子说："予欲无言。"

子贡问："子如不言，则小子何述焉？"

子曰："天何言哉，四时行焉。百物生焉，天何言哉。"

【四时之行，万物之生，就是现象、事实，可读之景物、人生、客观，语言说不尽它，说不像它，一说就不像。倒是文学艺术原生态地来表现、呈现、模仿，比语言全些，但仍是不能完全的。文学用语言，就只好用特殊的语言和特殊的表现方法（组合）叙述。……】

□ 1995年4月22日　晴

《庄子》："天地有大美而不言，四时有明法而不议，万物有成理而不说，圣人者，原天地之美，而达万物之理，是故至人无为，大圣不作，观于天地之谓也。"

海德格尔说："说话的是语言，不是或主要不是人。"就是说，语言有自身的含义，有独立自主性。

例如philosophy这个词告诉我们，"哲学首先是某种支配着希腊世界

之生存的东西。"（因此，哲学就指向、追溯到希腊历史。）

这就是说，只要我们穷究它的意义，"我们就必须回复到并守候在这个源头。"

"回到或复归到我们的起点和开端，这就是希腊的言语和思想，或者更准确地说，是希腊的'言语—思想'。"词"本身蕴含着一种自我陈述的力量"。

一种"植根状态"，"即世俗古代和起源的状态"。（《海德格尔》第4-38页）

卡西尔说："语言是人类从'神话'思维方式到'科学'思维方式的过渡环节，即'神话'是'前语言'符号最富感性色彩，最具体；'科学'则是概念系统，最抽象；'语言'则得乎其中而兼有二者之特点。"又说："艺术和神话的世界是完全由我们面对的特殊的、可感觉的形式组成的。"

而科学则是由不可感的"概念"系统组成的。比起"神话"方式来说，"语言"在抽象化、普遍化道路上又跨出一步，但比起"科学"思维来，则尚有许多为感性（语言）所束缚的地方。所以，从这个意义上说，"语言"又是从感性到理性的过渡环节。

卡西尔还说："语言是人类精神的基本工具之一，通过它我们从单纯感性的世界进入直觉和观念的世界。"（《符号形式的哲学》，英译本，转引自《思·史·诗》第24页）

□ 1995年4月29日

1. 文学的语言不仅是每个词、每句话以至每段如何用，即如何用词、如何造句、如何修辞、如何组段，而且在于"言外之意""弦外之音"，在于整个语言所组成的"整体"表现了什么、暗示了什么、象征着什么、隐喻着什么。要有一种只可意会不可言传的东西。

整体大于部分之和，部分构成了一个有机整体之和，就产生新的东西，就像四肢、人体各个部分组成一个"人"的整体后，就有了一个人的特质，而不是每一个肢体单独存在时的那种意义。

2. 关于文化的三个系统即技术系统、社会系统、观念系统及其相互关系；技术的决定作用；观念和社会的制约。很重要，可用于技术文化问题。其中特别提到综合技术文化。

（《文化与进化》第30页）

□ 1995年5月4日　晴

关于语言学的笔记

1. 语言不是工具，不是交往手段，语言就是"说"。

2. "反对把语言单纯当作工具"：洪堡尔特 → 胡塞尔 → 海德格尔。

3. 胡塞尔说，语言不是符号，而是引向内心深处的"引得"（index）。

4. 语言是理智性的。

"理解"同"情感"是不可分的，同是一种"心境"（overseen）。因此，语言不是一种符号系统，而是存在系统。

【意即语言把创造和使用时的存在状况蕴含在内。】

5. 语言是交往，但不是单纯的交往，而是一种沟通。胡塞尔说是"感应式的"（Einfuhlung）而不是"接受式"的。

6. 海德格尔说，"通向语言之路"，人类永远在路上，达不到目的，是走在（生活在）"通向语言的路上"。

7. 说和听有一个存在论的理解作基础。

【说是有局限性的。所以，在某种场合，"沉默"（eschewing）甚至是一种真正的理解（《存在与时间》第165页），深刻的理解尽在"无言"之中。】

8. 胡塞尔：总要说点什么（Sage von etnas， say of some thing），说出的是"心境"（befin-dlichkiet）。

维特根斯坦：抽象的、概念的语言是有限的，局限于这种语言，有许多事是"不可言说的"，是"神秘的"。【止于此】

海德格尔：把立足点跨到更为原始的状态，"语言"是"人"作为Dassin的存在方式（Steinhart），而不是抽象的语词体系。

9. 海德格尔认为，语言不是人的功能之一，而是人的"本质"，是与人作为"Dassin"不可分的。语言是主体与客体未分时的一种活动。

10."沉默"中也有"话"。"猎人们可能追踪的是鸟的足迹但不是鸟本身。"【原文如何？】

【这是禅宗的"语录"。它正是语言的"意义"和作用的很好的表述。即"得意忘言，得鱼忘荃"之意。】

□ 1995年5月18日　阴

关于语言：

"我们对于周围世界的内在感觉，很大程度上受到我们借以对它进行描写的有关词语范畴的影响。"

"我们用语言，去把视觉连续体切分成有意义的客体和充当不同角色的个人。不过，我们也用语言将内在构成因素再次联结起来，从而把事物和人彼此放在一定的关系之中。"

"所有符号，还有大多数象征与信号，均作为集合体粘接在一起。意义取决于对比。"【"语境"也】红灯和绿灯指停车和通行（原有重点），但只有当它们彼此构成对比，并在公路上各就其位时才是这样。

（《文化与交流》第87页）

□ 1995年6月7日　晴

有几个提法，在由传统向现代化转化过程中发生：

1. 生态环境的破坏；

2. 社会结构变迁与重组所衍生的各种问题；

3. 价值秩序的混乱与解体。

□ 1995年6月13日　晴

1. "世之所贵道者，书也。书不过语，语有贵也。语之所贵者，意也，意有所随。意之所随者，不可以言传也。"（《庄子·轮扁斫轮》）

2. "可以言论者，物之粗也；可以意致者，物之精也。言之所不能论，意之所不能察致者，不期精粗焉。"（《庄子·秋水》）

3. "荃者所以在鱼，得鱼而忘荃；蹄者所以在兔，得兔而忘蹄；言者所以在意，得意而忘言。"（《庄子·外物》）

□ 1995年6月20日　晴

1. 拟写《"阅读"三议》：

（1）《"阅读活动"：开掘与释放》。

（2）《接受与效果》。接受的前提是理解，理解的前提是开掘与释放，开掘与释放的前提是海德格尔所说的"三前"。

（3）阅读"三前"：① "前有"（"预先有的文化习惯"）；② "前识"（"预先有的概念系统"）；③ "前设"（预先已有的假设）。

【这就是"期待视野"与"接受屏幕"的具体内涵。

但不能总是在"三前"基础上停步不前，也不会如此。

阅读就会改变"三前"。即视界接触、交叉、互渗、改变：接受与扬弃与拒受，达到视界融合 → 视界改变，即"三前"的改变。此外，用得着"相似块"理论。既有相似，因此接受；又有不相似，因此出新—改变。】

2. 误读一例。

如技术，希腊语写作techne，"这个词除了指示工匠技艺，还牵涉到诗（poesis）一类有关心灵和美的艺术，以及广义上的知识概念（episteme）。'因此techne一词的关键不在于工具的制造、操作和使用，而在于一种认知的展现'。"（《读书》1995年第6期第56页）

而汉译"技术"，正是工具的制造、操作和使用，如"技术人员"，则同心灵、艺术、知识不相关。这就是误读。

所以钱钟书说："翻译就是背叛。"

又，哲学、经济学，当初由日本人从中文传去转译philosophy和economic，又转归中国，转折了三番两次，其误读之处就更多。

所以，当中国人读这些英语词时，脑子里闪现的是他对于中文的"技术""哲学""经济学"的内涵，而外国人则另有他们的内涵。其中有差异，有我们的误读。

"解译即再编码。"此话出自《小世界》中的人物、学者札普，实质出自此小说之作者、英国学者兼作家戴维·洛奇。techno → "技术"，还不是再编码吗？

庄子讲"桔槔打水"的故事，是要引出后面的话，即"体性抱神而遨于世俗间"，目的不在于论辩是否可以用机械和反对用机械，"得鱼忘荃，得意忘言"，得了后面的"鱼"和"意"，前面的寓言就该扔掉，不能执持、胶着、粘滞，或不要"求甚解"。

【囚笼啊，抛弃吧！】

3. 老子："道可道，非常道；名可名，非常名。"

【如常道，常名，就是因于囚笼。】

"是以圣人去甚，去奢，去泰。"（《道德经》第二十九章）

陶渊明："好读书，不求甚解；每有会意，便欣然忘食。"

海德格尔："什么叫思想？"就是"令"你自己去"思想"。

真正的"学习"，是要跟着这些大思想家一起去"思想"。

4."作品"不被阅读，就是"废纸"，一切价值皆不能实现。

【但，阅读不等于接受。接受有条件（主观、客观、时代）。水平接受和垂直接受：前接受。

接受≠效应。效应又有一系列条件。】

□ 1995年7月10日　晴转阴

清人徐增《而庵诗话》：

1."诗之等级不同，人到那一等地位，方看得那一等人诗出。"

2."今人好论唐诗，论得著者几个？譬如人立于山之中间，山顶上是一种境界，山脚下又是一种境界，此三种境界各不相同。中间境界人论上境界人之诗，或有影子；至若最下境界人论最上境界人之诗，直未梦见也。"

□ 1995年7月29日

1. 一些生活中经历的片段或场面，具有统一的主题意义。——这是来自《小世界》的作者，英国学者、小说家 David Lodge 为《小世界》（*Small World*）提供的代序中的一段话的大意。

【可以是一个命题，写一点什么。

在这篇文章中，他说出了如何酝酿构思自己的《小世界》的过程，同时说出了他的一般构思学：（1）生活经历（其中一些故事、人物、场面、片段）→（2）体验（其中的统一的主题意义）→（3）故事（虚构出的一个完整的故事［框架］）→（4）结构（足可表现潜在的意义）。这可戏称为"戴维·洛奇构思学"。

特点是：必须有生活的经历，必须体验出其中的统一的意义，必须有一个可以体现意义的结构，必须是潜在的意义（你不是写论文呀）。

后面还有这个"结构"学的补充。这就是"手记"中记下：各

种构思、人物素描、内容概要、笑料、情境、各种备忘录等等。】

以下均见《小世界》。他的手记中还有这样一段话：

"主要问题是找到某种情节结构……并保持持续不断的叙述趣味。"

又提出一个问题："什么东西才能作为一个故事的基础？"

要有一个东西，用来作为故事的基础。他指出，乔伊斯谈《尤利西斯》中用奥德赛的故事，"给一群现代都柏林人一天的生活以结构的形式"。

【所以，故事，要有一个足以表现它的结构形态。

故事，在这个形态中存在，获得生命，确定本性。】

2. 这是关于阅读的有意义的意见：

（1）一种新的、更激进的"反意图说"批评流派认为，不是书写者（Writer）（他们不用 author 一词称作家）书写语言，反倒是语言本身书写作家（书写人）。他们全然否定作者是文学文本至高无上的源泉或出发点的观念。一方面是作者调动一切手段来表达意义，另一方面则是意义的产生有赖于"读者的工作"。

【读者不工作，即不阅读或无工作能力（无阅读力或理解力，或理解水平不足），不就无意义了吗？——对于非音乐的耳朵，音乐是不存在的。罗兰·巴尔特提出一个命题和概念"读者的诞生"。这就是说，读者不是天生的，不是读书就算是阅读，就成为读者，读者必须阅读、解读、诠释、注入（自我），必须"工作"，必须有"工作"水平，必须超越作者。所以罗兰·巴尔特说："读者的诞生，必须以作者的死亡为代价。"（第8页）】

（2）这是一系列命题：

① 作品有意义（必须具有意义，还具有含义，作者要使它具有某种意义，等等）；

② 意义在作品中是隐在的；

③ 作品还会有总是连作家本人也不知道的意义；

④ 好作品使意义潜隐，故使阅读成为值得一试的艰难的任务。

（3）这些话，可用：

① "我们给予最高评价的作品，并不轻易显露其含义。"（第9页）

② 乔伊斯和艾略特找到了许多独特的办法，使阅读成为一种值得一试的艰难的任务。【任务艰难，然而又值得一试。】

③ 语言和文学常规（convention）产生超越创作主体的意义，甚至与之背道而驰；作者反倒要从读者那里去获得意义。（第10页）

3. 贝尔纳："学习中最大的障碍不是未来的东西，而是已出的东西。"（摘自《〈老子〉的文化破译》）

【可用于拟写的《冲破阅读的囚笼》】

□ 1995年8月8日　晴

读书之"三读"："以眼读"，下智；"以心读"，中智；"以神读"，上智。

□ 1995年9月28日

19世纪的文学思想主要产生于小说，小说是西方19世纪的主要角色。而20世纪，小说则一年一年地不景气，代之而兴起的是文学批评与文学研究（《罗兰·巴尔特》序）。此其一。

其二，20世纪小说理论让位于叙事理论。

其三，20世纪整个社会科学转向的主要标志之一是语言学的转变和向语言学的转变（从洪堡到海德格尔，从俄国形式主义到巴尔特）。

"文学理论相当依附哲学"。

文学理论又以历史为渊源、发展线索与基础。

文学理论以语言学为根基与骨干。

文学理论以社会学为总体背景。

□ 1995年10月12日　晴

1. 福楼拜手稿3万多页。

占全部手稿20%的6100页手稿是小说的写作计划和故事提纲，且有他所画主人公生活的城市地图。【于此可见其写作之非"天才"式，而是有计划、有主题地进行。】

（抄自《文汇读书周报》1995年10月7日《包法利夫人的计划和脚本》）

2. 松尾芭蕉吟樱花的俳句：

"晚钟透过如云的樱花悠悠飘来，是来自上野还是浅草？"

（Hanna no Kumar Kane way Venom Ka Susana）

（抄自《读书》1995年第10期）

3. 高尔基说：

"人在很多方面还是野兽，而同时人——在文化上——还是少年，因此美化人、赞美人是非常有益的……"（《致谢·布琼尼的公开信》）

（抄自《读书》1995年第2期）

□ 1996年2月7日　晴

1. 关于误读之例。

汉字：艺术之"艺"乃有播种之意。

而日本之"芸"（训读为"やサキル"），是割除杂草的意思。【中日两国人，各自看到这个"艺"或"芸"字时，引起的心理反应是不同的。中国人想的是"播种"，日本人想的是"割除"，意义相反！】

（事见今道友信《关于美》序）

2. "谁的人类"。

西方所说的"人类"（Human），实际上是西方的人类，而不是全人类的人类。他拿卡夫卡与鲁迅的写作和写作背景作了对比，指出，对卡夫卡，事事称"人类的"；而对鲁迅，则只称"中国的"。

（文见《上海文学》1995年第3期，转摘自《读书》1996年第1期《文事近录·谁的人类》）

□ 1996年2月27日　晴

法国新小说派女作家娜塔丽·萨洛特，新近写了小说《这里》。她的小说没有情节，没有对话，不可解释，不要人读得懂，写作是她的生存本能。她说：

"世界上如果有一件我不愿意做的事情，那就是谈我的生活。对一个作家来说，重要的是看他写的东西。"

"我从来不想到读者，从来不想。我不知道谁是读者，我不知道。"

"如果人们还以为需要我解释的话，他就别读我的作品！"

"我可以写一些浮浅易懂的书，但这样做会使我变得愚蠢。"

（《读书》1996年第2期第120-121页）

□ 1996年3月2日　晴

1. 当年欧几里得讲几何学，有学生问他，这学问能带来什么好处？欧几里得叫奴隶给他一块钱，说："这位先生要从学问里找好处啊！"

2. 法拉第发现了电磁感应，演示给别人看。有位贵妇人问："这有什么用？"法拉第反问："刚刚出来的孩子有什么用？"

3. 罗素说，我赞成不计成败地追求客观真理。

4. 维特根斯坦回顾自己一生的智力活动时说："告诉他们，我度过了美好的一生。"

5. 海森堡弥留之际说："我就要死了，带上两道难题去问上帝。"

（摘自《读书》1995年第11期）

□ 1996年3月12日　晴

托马斯·库恩（Thomas Kuhn）《必要的张力——科学的传统和变革论文选》提出了一些有趣的命题：

1. 阅读方式。

"对某一类原著的新的阅读方式"；

"新读法"；

"寻求一种最好的或最易于理解的阅读方式"。

"第一，读一本原著有许多方式，拿现代最易于理解的方式用到过去，往往不合适；第二，原著的可塑性使各种读法都不一样，因为有一些人（人们总是希望只有一种）比别的更合理、更为前后一贯。"

"……对过时的著作恢复过时的读法"。

2. "科学共同体"。

3. 科学的发展，部分地依存于一种非积累的或革命的变革过程。

□ 1996年4月1日

1. 关于科学技术：

科学：自然、技术、人文、社科。

（1）"现代技术最重要的特征之一是它能导致急剧的社会变革和文化变革。"

"通晓技术已成为我们不容推卸的责任。"

（2）"生物圈和社会结构（工作场所、家庭、经济-政治体系等）的健康在很大程度上决定着我们生存的质量。"

（3）评价当代技术在认识上的四个相关系统：

① 认识技术过程。即有关工程学科的基础方法论，亦即分析和设计的主要内容。

② 认识技术的对象。对象的潜在和实际的用途。

③ 认识技术环境。技术在其中发挥作用并与之互相作用的社会总体和生态体系。

④ 认识所有决策方式所包含的伦理和审美前提。

（4）技术与人、生物圈、社会的关系。这是一种全面的不可分割的关系，不是劳动分工和分别规定就可解决的。

（5）综合教育：专业化基础上的综合教育。

文科：分析、决策、应变、社交、创造性思维、文学能力、伦理、道德、信仰、信念、意志、社会责任感。

理工科：材料、机器、情报、能源。

技术现象对道德、审美、政治、经济、心理学、历史、生态学、文学、社会学的影响及它们的关系。

（6）现代科技。

① 社会流动减缓、下降；

② 潜在方向转变；

③ 生活质量提高。

（7）传统社会阶段 → 起飞前阶段 → 起飞前现代化阶段 → 高消费阶段 → 追求生活质量阶段。

（8）现代社会的"技术"——"经济秩序"同文化的脱节。

（9）后工业社会［丹尼尔·贝尔《后工业社会的来临》（1973）］。

标志：

① 从商品生产到服务的变化。社会的服务需求增加了。美国是服务部门在职总数和在国民生产总值中超过一半的国家。

商品生产 → 劳务生产 → "劳务"的家庭化。

② 白领工人超过蓝领工人。

③ "理论知识居于中心地位，成为社会进行改革和制定改革的根据。"抽象的理论认识比具体的经验知识更重要。

④ "知识技术"——包括运用科技知识来解决问题。

⑤ 可以复制（reproducible）方式办事。

（10）新的技术革命——新的世界产业革命——第四次工业革命。

恩格斯：科学发现和技术发明"推动了产业革命，产业革命同时又引起了市民社会的全面变革"。

2. 法国女作家玛格丽特·杜拉斯（1914—1996）：

"我用这种文体写我的书，这种文体就是我。所以我就是我的书。"（《中华读书报》）

3. 社会资助与学术研究

（1）西方社会资金对学术研究的资助。

（2）约瑟夫·本-戴维，应约写《科学家在社会中的角色》。

（3）"以色列耶路撒冷希伯莱大学、芝加哥大学社会组织研究中心、加利福尼亚大学（伯克利）国际研究所为本书的工作提供了资助与便利。"（《科学家在社会中的角色》）

（4）马尔库塞在《单向度的人》"鸣谢"中写道："美国学会理事会、路易斯·M.拉比诺茨基基金会、洛克菲勒基金会和社会科学研究会曾为我提供资金，大大促进了本书的完成。"

□ 1996年4月18日

1. M. 伊林：《书的故事》。

"一本书的命运都不是偶然的，因为书的生活和人的生活不能分离。"

"书的命运，往往跟着人的命运、民族的命运、国家的命运而转变。书这东西不但是记录过去的历史，指示各科的知识，书的本身也参加战争与革命。"

黑格尔《小逻辑·对听众的致辞》：

"世界精神太忙碌于现实，太驰骛于外界，而不遑回到内心，转向自身，以徜徉自怡于自己原有的家园中。"

"……教育和科学所开的花本身即是国家生活中一个主要的环节。"

"那隐蔽着的宇宙本质自身并没有力量足以抗拒求知的勇气。对于勇毅的求知者，它只能揭开它的秘密，将它的财富和奥妙公开给他，让他享受。"

2. 法国女作家达尼埃尔·萨勒纳芙（1940—）说："写作的行为实

际上是存在的一种延伸……写作也是一种呼吸，一种舞蹈，一种运动，一种激情，作家因此而加入到整个世界的呼吸循环过程。"（《文艺报》1995年8月4日）

3. 关于后现代主义。

（1）① 建设性的后现代主义；

② 否定性或激进性后现代主义。

（2）建设性后现代主义。

① 大卫·格里芬的建设性后现代主义更多关心的是人与世界、人与自然的关系问题，且很大层面上是从科学层面出发讨论问题。

② 罗蒂和霍伊等的"建设性后现代主义"，则从哲学层面讨论问题，且包括人与人、人与文化、人与哲学的关系问题。

□ 1996年5月25日　阴

1. 殷海光1968年5月致林毓生函云："自由所需的物理相度（Physical dimension）是'广漠之野'，一只加拿大狂欢鹤需要有一百六十亩土地才能生存愉快。现代都市人住在鸽子笼，谈什么自由？"

他提出："naturalistic foundation of liberalism."（自由主义的大自然基础。）（《中华读书报》1996年5月15日）

2. 养德与养生：

孔子："仁者寿。"

西汉董仲舒《春秋繁露》："仁人之多寿者，外无贪而内清静，心平和而不失中正，取天地之美以养其身。"

唐代孙思邈，拒绝为官，行医济世活了101岁。他说："道德日全，不祈善而有福，不求寿而自延。"如德行不好，"纵服金丹玉液，未能延寿"。

宋代苏轼"三戒"："一急躁，二阴险，三贪欲。"

明代吕叔简："养德尤养生第一要也。"

□ 1996年7月2日　晴

鲁迅研究的三个层面：

1. 内涵：

（1）中国民族的命运出路，中国国民性的改造，中国文化的现代化；

（2）鲁迅的文学创作（文学文本）——作家的鲁迅；

（3）鲁迅的单篇作品研究。

（鲁迅文本的总本、核心／理论与实践）

2. 横断面与纵剖面：

（1）从一个具体文本切入鲁迅与历史—社会—文化—艺术；

（2）纵剖面：从历史的发展及于鲁迅的某个具体方面或总体。

3. 方式文化现代问题：

（1）如何对待传统；

（2）如何对待外国文化；

（3）如何创获现代性社会批评与文明批评。

□ 1996年8月17日　晴

1. 多日不读书，多日不记，今晨偶翻刘若愚书，又得一"资助资料"。

"本书从事的研究，开始于1971年春天，当时斯坦福大学东亚研究委员会给我一笔研究费，使我能够聘请路易莎·李德做我的研究助理，那时他是东方艺术的博士候选人，帮助我编制了许多中国文学批评用语索引。研究工作大部分完成于1971年到1972年，我休假那年，当时我连续获得了古根汉奖学金（Guggenheim Fellowship）以及美国各学会联合理事会（American Council of learned societies）的研究费。本书最后能够完成于1973年夏天乃得助于斯坦福大学人文研究奖励基金的研究费。谨向各有关机构表示感谢。"【一项学术研究、一本著作得到这么多机构的资助！】（《中国的文学理论·原序》）

2. 屠格涅夫："我的传记在我的作品里。"

□ 1996年9月26日

关于科学，"格氏的建设性后现代主义更多关注的是人与世界、人与自然的关系，而且很大程度上是从科学的层面出发讨论问题的。"

（格氏，指美国大卫·格里芬，哲学教授，摘自《后现代科学——科学魅力的再现》）

"这个世界的病态不仅表征为自然环境的破坏，而且表现为精神文明的衰落，人的心灵的荼毒。"

现代性导致了世界的异化和人的异化，"他像一个吉普赛人，生活在一个异化世界的边缘。"

"没有了这个基础（指价值），还有什么能够鼓舞人们向着具有更高价值的共同目标而共同奋斗？只停留在解决科学和技术难题的层次上，或即便把它们推向一个新的领域，都是一个肤浅和狭隘的目标，很难真正吸引住大多数人。它不能释放出人类最高和最广泛的创造能量，而没有这种能量的释放，人类就陷入渺小和昙花一现的境地。"

"现代世界观（集中体现为现代科学世界观）与人类的整体经验不符；其二，从价值上看，现代世界观的后果从许多方面上讲，对于人类、对于我们社会、对于我们的星球并无裨益。"

威利斯·哈曼说："我们时代严重的全球性问题——从核武器威胁到有毒化学物质，到饥饿、贫困和环境恶化，到对地球赖以生存的体系的破坏——凡此种种，都是几个世纪以前才开始统治世界的西方工业思想体系所产生的直接后果。"（同上）

"对现代性的批判和超越，奠定了建设性后现代主义的存在价值。"

现代性的世界观是："机械的、科学化的、二元论的、家长式的、欧洲中心论的、人类中心论的、穷兵黩武的和还原的世界。"

现代社会存在"个人主义、人类中心论、父权制、机械主义、经济主义、消费主义、民族主义和军国主义"。

"自然祛魅"，否定自然的任何主体性经验和感觉，成为"空洞的实在"。

"科学知识的产生和评价在许多方面是一种复杂的社会活动……"

"从个别实验家和理论家成果的水平提高到构成科学知识的复杂理论结构的水平，科学的活动和成果超越了个别科学家的活动、动机和信仰。正如 J. R. 拉维茨曾指出的，'科学知识是由一种复杂的社会努力完成的，导源于处于同自然界十分特殊的相互作用中的许多工匠的工作。'"

（〔英国〕A. F. 查尔默斯《科学究竟是什么?》第 123 页）

□ 1996 年 10 月 27 日　阴

1. 歌德的话出自 1937 年刊行之周学普译的《歌德对话录》："孤独是不好的，独自工作尤其不好。若要做成什么，是很需要同情和刺激的。"

【孤独不是绝对的。但人需要孤独——独处。】

只是还需要来自友人和敌人的同情和刺激。只是还要心始终同大众、众人相通。鲁迅即如此。他的刺激来自敌人，也来自同道，还来自他的周围和他所挚爱的芸芸众生。他在上海时期所写之杂文，即时时注目苍生。古诗亦如此。】

2. "过于看重道德的自己而不能宽宥自己的任何过失的那种过敏的良心。这样的良心，若不被伟大的活动力保持平衡，是会造成忧郁的人的。"

3. 社会科学的四大功能：宣传解释功能（宣传已经认识的）；批判反思功能（研究既成事实）；社会决策功能（探索未知）；人格提升功能（完善人性）。

□ 1996年12月1日　雪

1. 关于周作人、关于鲁迅。

王蒙说鲁迅的"价值"："文坛上如果有一个鲁迅，那是非常伟大的事。如果有50个鲁迅呢？我的天！"

【确实，"一之为甚，岂可50乎！"】

2. 何满子谈周作人："要谈人，首先要定个性。周作人嘛，首先第一他是一个汉奸。……这不仅是政治定性，也是人格定性。"

林语堂忆沈兼士谈周作人："到了民国三十二年冬我回国。在西安遇上沈兼士，约同登华山。兼士真是仁人君子，在华山路上，跟我谈周作人在北平做日本御用的教育长官。他说我们的青年给日本人关在北大沙滩大楼，夜半挨打号呼之声，惨不忍闻，而作人竟装痴、作聋，视若无睹。兼士说到流泪。我所以说，热可怕，冷尤可怕，这又是放逸文士所不为。可怕，可怕。"

（《记周氏兄弟》，载《鲁迅学刊》1981年第1期）

□ 1996年12月5日

关于语言是罗网、囚笼、陷阱的名家之论：

钱钟书："文网语阱深密乃尔。"

海德格尔："语言乃存在的家园，人则居住在其深处。"

卡西尔："人从自身的存在中编织出语言，又将自己置于语言的陷阱之中。"

福柯："你以为自己在说话，其实是话在说你。"

□ 1996年12月5日　晴

维特根斯坦："语言是一座遍布歧路的迷宫。"

哈贝马斯："语言交流方式受到权力的扭曲，便构成了意识形态网络。"

尼采说"阅读"："一段深刻隽永的格言不可能单凭阅读来解释，阅读仅仅是解释的开端，还需要有解释的艺术。……如果能把阅读当成艺术，有一种技巧是必备的，……若要消化它们，人们必须像奶牛一样，而不是像现代人那样，学会反复地咀嚼。"（尼采《道德的谱系》）

霍克海默："科学不能无视自己的社会功能，只有逐步意识到它在当前批判境遇中的作用，科学才能对将来必然变革的力量有所贡献。"（《法兰克福学派史》第35页）

关于知识分子的论述："在现代世界上，知识分子已被普遍视为疏远的、不适应的、不满意的人。然而，远在这个形象出现之前，我们已越来越习惯于把知识分子看作是局外人（outsiders）、徘徊者（gadflies）、边际人（marginal）等等。……异化已被证明是文化市场上高利润的商品。""知识分子早已是行动者了，虽然是特殊意义上的行动者。知识分子总是从事'象征性'行动，即通过各种方式使其思想外化，'观念的人'只有在其观念通过一种媒介或其他方法传达给其他人时才值得注意。"（《法兰克福学派史》引言）

□ 1997年1月6日　晴

维特根斯坦："世界是我的世界，这个事实表现于此：语言（我所理解的唯一的语言）的界限意味着我的世界的界限"，"我就是我的世界（小世界）"。"主体不属于世界，而是世界的一种界限"。（《逻辑哲学论》译者的话）

□ 1997年3月14日　晴

1. 关于语言的囚笼。

周作人说："真的深切的感情只有声音、颜色、姿势，或者可以表出十分之一二，到了言语便有点儿可疑，何况又到了文字。"因此，他认为，能够写得出的文章是可有可无的。

周作人又说："文章的理想境界我想应该是禅，是个不立文字、以心传心的境界，有如世尊拈花，迦叶微笑，或者一声'且道'，如棒敲头，夯地一下顿然明了，才是正理，此外都不是路。"

【如此说来，（1）文章是写不明白的；（2）文章是读不通的、理解不彻底的；（3）只有你自说之，我自理之，各行其是；（4）然而又不离其谱。】

2. 关于巴赫金：
（1）小说创作诗学与小说历史诗学；
（2）复调小说——创作诗学，狂欢节化——历史诗学；
（3）审美事件：对话；
（4）狂欢节化——这是一种诙谐的民间文化——仪式、节庆和游戏，体现一种诙谐的、狂欢节式的世界感受，是一种"诙谐（笑）的角度"，或世界的诙谐的方面。

【此可用于分析当今小品，立足点】

（5）巴氏总是找到自己的视角，作出自己的总结和概括，从不重复别人。

【此乃作学问的根本态度与途径】

（6）巴氏要求要有：① 理论激情；② 广泛而有理论原则的理论概括；③ 对理论概括的追求。
（7）他认为一切都是"未完成的"。

□ 1997年3月23日　晴
罗兰·巴尔特几次获资助从事研究，并写出名著。

1952年，他获得一笔奖金，去撰述有关词汇学的论著和19世纪初叶社会辩论的词汇学。结果，发表了两部文学批评著作：《写作的零度》（1953）和《米歇来自述》（1954）。

1955年，经友人帮助，获另一奖金，进行时装社会学研究。

1967年，发表《时装的系统》。

1960年，奖金始用完。

□ 1999年2月22日（正月初七）

（本册停用近两年，虽另有新本，然见此册所余尚多，乃接续使用，以填满之。）

1. 维特根斯坦晚年说："只有在生命之流中文字才有意义。"

（见杜维明《一阳来复》第1页）

2. 1955年4月18日1时15分，爱因斯坦停止了呼吸。在13日时他有预感，说："当我必须'走'时，就应该'走'。人为地延长生命是毫无意义的。我已经尽了我的责任，是该'走'的时候了。我会'走'得很体面的。"

人们同他告别时，有人吟了一首歌德的诗句，如下："我们全都因他受益，／他的教诲惠及全球，那专属他个人的东西，／早已传遍人间，／他如将殒的彗星，光华四射，／无尽光芒与他做伴。"

□ 1999年3月28日

1. 杜甫《春日江村五首》（之一）

农务村村急，春流岸岸深。
乾坤万里眼，时序百年心。
茅屋还堪赋，桃源自可寻。
艰难昧生理，飘泊到如今。

【我曾经在东北大学文法学院的一次讲课中，首先述及这首诗，并阐述道："百年人生观"。某生，现为成功人士，云：受到此次讲课的这席话的影响，"它影响了我的一生"。并说："通过我，也影响了他。"他指着身旁另一位年轻成功人士如是说。】

2. 林则徐诗句："事能知足心常乐，人到无求品自高。"

3. 19世纪末英国诗人和翻译家柯里（W. J. Cory）："死亡带走一切，但夜莺愉悦的歌声仍然留在大地上。"

□ 1999年5月23日

鲁迅《摩罗诗力说》："盖人文之留遗后世者，最有力莫如心声。"

安·兰德（1905—1982）："我的哲学，本质上就是把人看作最崇高的存在，幸福是其生活的道德旨归，创造是其高尚的活动，理性是其唯

一的绝对命令。"（抄自《万象》1998年创刊号）

　　□ 1999年5月27日

赫尔岑："历史没有剧本。"

"每天每时只是其自身，而不是通向另一天的中介"。

（抄自《万象》1999年第1期）

"从智力方面说，人生不同的年龄段原是互相补充的。……如果我这著作的前半部有什么超过后半部的地方，那只是青春的火焰和初获信仰时的热忱所能提供的东西罢了；而后者却以思想之高度成熟和彻底胜过前者。"（叔本华《作为意志和表象的世界》第15页）

"在这意义本来含糊的人生里，几乎不能把（生活的）任何一页看得太认真而不为玩笑留下一些余地……"（同上）

　　□ 1999年12月2日

"精神生活在其朴素的本能阶段，表现为无邪的天真和淳朴的信赖。但精神的本质在于扬弃这种自然朴素的状态，因为精神生活之所以异于自然生活，即在其不停留在它的自在存在的阶段，而力求达到自为存在。但这种分裂境地，同样也须加以扬弃，而精神总是要通过自力以回它原来的统一，而导致返回这种统一的根本动力，即在于思维本身。"（黑格尔《小逻辑》）

　　□ 2000年1月27日

贝聿铭："我感觉我还年轻，在我的作品和人生中。"

　　□ 2000年2月2日

柴可夫斯基："生命的动人就在于苦与乐、光与暗的迅速变换，就在于善与恶的冲突。"

　　□ 2000年2月8日（正月初三）

法国女权主义作家达尼埃尔·萨勒纳芙（1940—）认为，写作是一种精神参与。她说："写作的行为，实际上是存在的一种延伸……写作是一种呼吸，一种舞蹈，一种运动，一种激情，作家因此而加入到整个世界的呼吸循环的过程。"

□ 2000年11月9日

诺思洛普·弗莱（Northrop Frye, 1912—1991）："任何一部伟大的艺术作品都是编织得错综复杂和隐约含糊的。"（《诺思洛普·弗莱文论选集》）

□ 2000年12月2日

杜维明论儒家学说。

1."儒家的价值包括四个方面，也就是一个人、社群、自然、天道。个人本身有内在的生命与内在的价值，包括自己的修身、身心性命之学，其基本的精神就是'天生人成'；社群的问题就是如何面对凡俗的世界；至于自然，至少在孟子学派里有敬天的观念；敬天的观念，则关系到人事与天道的互动，如'性自命出'，如《中庸》的'天命之谓性，率性之谓道'等等。"

（摘自辽宁教育出版社《〈中国哲学〉第二十辑·郭店楚简研究·郭店楚简与先秦儒道思想的重新定位》）

【杜氏对郭店楚简评价甚高，并反映，在国外汉学界都甚赞郭店楚简之学术文化意义。从杜文中可以看出，他将儒家的价值框架确立为四个方面，这四个方面囊括了人与社会、自然的一切方面。四者是体系性地结合在一起的。】

2. 先秦儒家的抗议精神，或曰社会批判精神。

杜氏列为三个方面："先秦儒家的抗议精神，或曰社会批判精神，可以包括三层意思：一是政治批判；二是社会良知，对社会的批判；三是文化传承、文化批判精神。"

3.《经书》所代表的几种文化积累："……《诗经》所代表的人是感情的动物，《书经》所代表的人是政治的动物；《礼记》所代表的人是社会的动物，《春秋》所代表的人是历史的动物，……《易经》所代表的人是具有终极关怀的动物（等等）。"

□ 2000年12月3日

【这是一种对于儒学传统系统的归纳、一种见解，是否正确，是否准确，非我之学力所能认定；然而我觉得是言之成理的、可信

的，不妨作为一家言而接纳之。】

1. 儒学四阶段：

（1）先秦孔孟思想阶段；

（2）汉唐宋明儒学思想阶段；

（3）清至近代儒学思想阶段；

（4）现代儒学。

2. 前三阶段以（1）（2）最有价值，"因此本文认为，从今日的观点看，儒学以先秦、清代两段最有价值。"

3. "儒学道统"之内涵。不是朱熹所谓"十六字心传"，"而是由'大同'说的社会理想、'禅让'说的政治思想和贵'情'说的人生哲学所构成的思想体系。"

（《〈中国哲学〉第二十一辑·郭店简与儒学研究·郭店楚简与道统攷系——儒学传统重新诠释论纲》）

□ 2000年12月6日

"我的语言界限意味着我的世界的界限。""逻辑充满着世界：世界的界限也就是逻辑的界限。"

【我的语言说出说尽了我的一切。我懂得多少，我才能说出多少。我的语言"表述"了我，我的语言"限制"了我。

逻辑是世界的逻辑，没有世界之外的超自然逻辑。】

□ 2001年1月21日

马克思说："自然界是人为了不致死亡而必须与之不断交往的、人的身体。所谓人的肉体生活和精神生活同自然界相联系，也就等于说自然界同自身相联系，因为人是自然界的一部分。"

"人同自然界的关系直接就是人和人之间的关系，而人和人之间的关系直接就是人同自然界的关系，就是他自己的自然的规定。"

【说得多么深刻，"人的自然的规定性"。"自然"这么规定了你，你自己的本质也这样规定了你，你必须遵守，不可破坏，破坏了就是自毁、自戕。而人破坏自我，就是破坏自然规定性，也就是破坏自己。】

（《马克思恩格斯全集》第42卷《1844年经济学哲学手稿》，第95、119页）

□ 2001年2月7日　晴

爱默生（Ralph Waldo Emerson）论学者。

1. 学者是社会分工中的一类，但爱默生不这么平凡地、平常地表述，他却说："社会是这样一种状态，每一个人都像从身上锯下来的一段肢体，昂然地走来走去，许多怪物——一个手指，一个项颈，一个胃，一个肘弯，但是从来不是一个人。"（人生活于社会中，从来不会是一个完整的人；他总是与社会成为一体，与他人成为一体。这可叫"社会觉悟"。）

2. 他说："在这职务的分配中，学者是被指定了代表理智的。在正常的状态里，他是'思想着的人'。在腐化的状态里，当他成为社会的牺牲品的时候，他就一种倾向，成为一个单纯的思想者，或者比这更坏——别人的思想的应声虫。"

3. 有几种力量作用于学者。"大自然用她所有的平静的或是有警觉意味的图书来诱导他；人类的过去教诲他；人类的未来邀请他。"

【还应该加上：民族的命运激励他，人民的疾苦督促他，智慧与思考的乐趣诱惑他。】

□ 2001年4月25日

陈寅恪论理解古人之学术（见冯友兰《中国哲学史》上册《审查报告》）："吾人今日可依据之材料，仅为当时所遗存最小之一部，欲借此残余断片，以窥测其全部结构，必须备艺术家欣赏古代绘画雕刻之眼光及精神，然后古人立说之用意与对象，始可以真了解。所谓真了解者，必神游冥想。与立说之古人，处于同一境界，而对于其持论所以不得不如是之苦心孤诣，表一种之同情，始能批评其学说之是非得失，而无隔阂肤廓之论。"（转抄自《中华读书报》2001年4月18日）

十五　读书日记

（1997年2月18日—1998年3月21日）

　　每日读书，偶有所感，皆属零星；偶有所欲记，欲抄，亦皆芥微之属，不足以入读书札记者，乃记入此册，以备忘，以供需用时查阅，亦可记读书之屐痕足迹也。此亦生活中之乐事与意义所在。

　　□ 1997年2月18日　　晴

　　1. "科学却继续在改变着我们对自己的认识。"——科学不断改变人类对自身的认识，由此也就改变了对人类与环境、与自然、与动植物界、与社会、与他人的关系的认识。

　　这是一个广泛而深刻的命题。

　　又说，20世纪受教育的人，无论情况如何，"没有一个能够不受哈维（W. Harvey）、牛顿、达尔文，以至普朗克（M. Planck）的学说所影响。"（第1页）

　　（以上均见亨利·哈里斯《科学与人》，商务印书馆1996年版）

　　2. 亨利·哈里斯在《科学与人》一书中，提出"宇宙作为人创造物"的命题。这很好，很有意思。

　　人对宇宙的认识是带着人的意识——有色眼镜的，又受到人的时代性认识能力的限制。

　　因此，书中的另一提法很好，即"毫无疑问，在人们对自然界的描述中，没有无可置疑的真理"。他的解释也很有意义和很有意思：

　　"这是因为，你可以有十足把握证明一个假设是错误的，却永远也不能证明一个假设是决然正确的。"

　　还有：

　　（1）"我们对自然界所作的探索其实就是对自己的探索"——这说

法多么好！

（2）一方面，我们要承认，"世界是客观地存在着的，它不是只存在于我们的脑子里"。但是，"另一方面，我们所认识的世界却必须通过脑子的模塑"。

（3）人的认识能力是有限的，而人的寿命也是有限的，"生命不满百"——其中的"科学意味"。

这些"不科学地"来估计"科学"的科学价值，是多么有意味、多么有科学价值啊！

3.《梦想的诗学》

《梦想的诗学》，法国加斯东·巴什拉（Gastro Bachelor）著，法兰西思想文化丛书之一。

（1）"对想象的分析贯穿于他的全部诗学研究。"

（2）他与笛卡儿的理性哲学认识论分庭抗礼式地提出来："我梦想，因此我存在……"

（3）意识不是无意识、无目的的，"意识不是被动地接受或重现客体现象来达到认识，而是有意向性的。"

"意识是有意向性的活动"，"梦想和诗的意境渗透于思想中"。

（4）他将认识论引入诗学中，形成了一门"想象及诗学的现象学"。

（5）此书之不一般在于，在这崇敬科学精神的今天，它却突出了梦想，并且强调"想象和形象的认识论的价值"，认为"它们是'开拓未来'的"。请听他讲得多么好。

"任何一次意识领悟都是一次意识的增长，一次光明的增强。""意识……是一种人性的活动……充满活力的活动。"

（6）译者称此书为"想'赋予任何一位诗歌读者以诗人意识'的书"。这话很好，给出了一个命题：

给诗歌读者以诗人意识，由此，读诗歌者应有诗人意识，方能读懂诗。读诗，读其诗，得其言、其象、其意。

这一切，均可用于拟写的"古典新释"之中。

□ 1997年2月19日　晴

1.《爱因斯坦与相对论》，美国罗伯特·克威利克著。这实际是一本传记，有许多有趣的事和有趣的话，以及有趣的理论。

爱因斯坦说："不要让字典妨碍了科学。'粒子''波'，这些都仅仅是字眼，重要问题是发现自然行为表现的方式……"

又说："时间不应当被认为是绝对存在的东西，它不过是一个概念，人们把它用于宇宙以量度现象。"

爱因斯坦最早登上大学讲坛讲物理学时只有四个学生：两个人是他的朋友，一个是他的学文学的妹妹……

2. 李长之关于长短篇小说的独特见解，见《光明日报》1997年2月19日第七版吴冠中《戏曲的困惑》一文。李说："短篇小说是写性格均已确定的人物在某一时间段发生了事变，尽管篇幅写得很长，仍属短篇；而长篇小说则写人物性格的发展，即使篇短，仍属长篇。"吴文说，这样，就没有了中篇的地位了。不过这也不难，按逻辑推论，中篇是性格既定又未完全定，仍在发展中的人物在一定时段内的发展。李这一观点，与鲁迅关于短篇所说的意见，精神一致。

□ 1997年2月20日　晴

任何新技术的发展都极有可能与原先的预测截然不同。19世纪末的电话，20世纪初的汽车，20世纪中期的计算机，皆如此。

【这是因为，一项技术的发明，都是为了当时的某个具体目的设计、设想的，也是在当时的技术条件、"混交技术文化"环境中产生和设计的。以后，这一切变化了，发展了，就一切在预测之外、之上了。】

（〔美〕《交流》1995年3月）

□ 1997年2月21日

读《读书》1997年第2期，其中关于冯友兰年谱的文章一篇，有几处甚有意思，摘写如下：

1. 谢尔曼（Stuart Sherman）关于书的一段话："……所谓伟大的书是从丰富而充实的人生中摘取出来而填入字里行间的……你在不同的时间和不同的心情下阅读，你仍可感受到它成书的气息与命脉。"

2. 一个提法："文章性情"。

3. 冯说中国是一个道德的国家，他称之为"国风"，"道德价值高于一切"，他以为"在这种国风里，中国少出了许多大艺术家、大文学家，以及等等的大家"。此意甚有意味，大文学家、大艺术家、大家是与道德矛盾的？但他是有道理的。"大家"往往需要背叛，尤其是对传统、对先辈、对师长，如此则首先犯了道德戒律。

4. 关于养生。上海某高寿艺术家（也许是刘海粟?）说："生死两忘。"

冯友兰则直白："不……着……急"。

5. 关于辩证法，冯解释，西方人强调对立，中国人强调统一。冯说，西方人的解法，"仇必仇到底"；中国传统哲学的解法："仇必和而解。"

6. 关于人生境界，冯持四阶段说："自然境界，功利境界，道德境界，天地境界。"

文中说到其友人送其哲言则说："积极的人生不过是从经验到技巧，从技巧到艺术，从艺术到原则，从原则到哲学。"

7. 关于哲学，冯说，"哲学是人类精神的反思"。又说："哲学求真，科学求好。"

8. 关于中西哲学，冯说，中国哲学重人生论（包含人生方法），西方哲学重知识论。冯称，中国哲学为神秘主义，即直觉主义；西方哲学精神为理性主义。

□ 1997年2月24日　晴

陈乐民《书巢漫笔》，上海人民出版社版。"书巢"源取自陆游的说法。陆游当年在镜湖设茅屋两间，为"老学庵"，并题老学庵诗云：

> 老学衡茅底，秋毫敢自欺。
> 开编常默识，闭户有余师。
> 大节艰危见，真心梦寐知。
> 唐虞元在眼，生世未为迟。

见《关于书的闲话》一文。此文为《书巢漫笔》首篇，文中谈到非洲一些国家的图书馆及书店，令人感叹。

□ 1997年3月3日

1. 卡缪说，人应当对"过去的贫困感到眷恋"。他说："经历几年的贫困生活，就可以培养出完整的感受能力。"（《手记》，转摘自《卡缪

的荒谬哲学》第5页)

又说道:"我不是在马克思的著作中学到自由的,而是在贫困中学到自由的。"

2. 形式主义批评:《文学批评方法手册》。

(1)背景:18世纪末至19世纪在欧洲兴起的浪漫主义运动,加强了对文艺形式的探索,产生了"有机体"的概念。

(2)艺术作品的"生命原则":树、花或植物内部的各部分的统一。

(3)能动的想象力(柯尔律治,1772—1834)——艺术家心目中的境界成形并具有统一性的力量。

(4)"一旦作品获得了'有机的形式',作品中的一切都会发挥作用。"(亨利·詹姆斯《小说的艺术》)

情节就是人物,人物就是情节。

(5)新批评派。

在作品中寻求表达的准确和结构的严密。

(6)艾略特提出"客观对应物"(Objective Correlative)论说[一组客体、一个情景、一连串事件构成(某一)特定感情程式]。

(7)对于技巧的理解和赋予的含义:"现代(即形式主义)批评已经表明,就内容谈内容不是谈艺术而是谈经验;只有当我们谈论取得的内容,即形式时,把艺术品作为艺术品来研究时,我们才称得上是批评家。内容(或经验)和取得的内容(或艺术)之间的区别是技巧。"

"技巧是(作者)用于发现、探索、开拓主题,用于传达主题意义,并最终作出评价的唯一手段。"[马克·肖赖尔《作为发现的技巧》,《哈得逊评论》第一卷(1948年春季)第67页,转摘自《文学批评方法手册》第10页]

(8)把小说的每一章作为一个"微型小说"。

(9)在小说中,作家的视角(Point of view):

① 讲述故事的叙述者;

② 从有利角度用第三人称讲述故事的人物;

③ 全知叙述者。

(10)"闭合"(closure)。

(11)"语境",说者与听者的心态等,小说中营造的一个世界。

□ 1997年3月4日

理解与阐释中的"循环"——"阐释的循环"：

"在理解和诠释的过程中，局部与整体如何以循环方式联系在一起：为了理解整体，必须懂得局部；而为了懂得局部，又必须对整体有一定的领悟。"

"循环成了人理解自己的本性与环境的基本原理……成为人的经验和探索的可能性的条件。"（美国戴维·霍伊《阐释学与文学》第1页）

□ 1997年3月5日

1. 视点。

"叙述视点不是作为一种传递情节给读者的附属物后加上去的，相反，在绝大多数现代叙事作品中，正是叙事视点创造了兴趣、冲突、悬念乃至情节本身。"

"小说家当然久已承认叙事方法压倒一切的重要性。"

2. 话语类型：叙述，戏剧发现（独白、对白），"议论"（的收容性范围）。

3. "进入意识"。

4. 叙述者种种。

（1）第三人称叙述——"形象叙述"——他叙述；

（2）第一人称叙述——外部叙述——叙述者（小说中主人公）与创作者是同一叙述者，即自我叙述；

（3）隐含作者与叙述者；

（4）嵌入故事——后叙述（mechanization）或次叙述（byponaration）；

（5）"声音"——叙述行为本身（包含一个讲者和一个听者）/回答一个问题"谁说的"——一位作者的作品的独特性质（"什么声音？"）。

□ 1997年3月8日

读董桥散文集，该书谈罗兰·巴尔特（董译为巴塞），称巴尔特有一文章《作者之死》。"尽量鼓励人家不要把作者看得太重要，应该重视读者的地位，提高读者的影响力，维护读者的权利。"

（在非法律范围内），作者在书已出版之后，"就不拥有任何所有权了"。"批评家和读者爱怎么处理都行"。

作家只是"信号发射体"（emitter of codes）。

巴尔特认为，"思想绝对不能跟表现思想的语言先后有序地分割开来。思想是跟语言同时诞生的"。

"作者是跟他写出来的文字同时诞生的。"

"作家'把语言当作工具'的想法是错的。"

"零度写作"，"零度"者是指作家的语气要用陈述语气（indicative mood），不应该用虚拟语气（subjunctive）或祈使语气（imperative mood）。

□ 1997年3月9日

巴尔特提出"作者"（writer）与"作家"（author）的区别。他说，"作者"写作是要写出别的东西来；他写东西，是一种"及物动词"（transitive verb），立意把读者带进他写出的那个"别的东西"里去。"作家"写作关心的并不是如何把读者带进他写的东西里去，而是一心只顾写他的东西；这种写东西的过程，是一种"不及物动词"（intransitive verb）。

作者写出来的东西，是表现语言的"参考作用"（referential function）；而作家写出来的东西，是表现语言的"艺术作用"（aesthetic function）。

作者是刻意写出某事某物来（writes something），而作家则"只顾写"（just writes）。

《董桥散文·陀山鹦鹉的情怀》中有句：经济挂帅、政治异化、文化庸俗。

又，引用关汉卿的《四块玉》，甚妙："南亩耕，东山卧，世态人情经历多，闲将往事思量过：贤的是他，愚的是我，争什么？"

□ 1997年3月10日

1. 巴尔特《本文的乐趣》。

最重要的是两个概念：pleasure（乐趣）和jubilance（可译为狂喜、极乐）。乐趣是文化思想上的享受，自我净化的享受；jubilance则是极端震撼的享受，"震"掉了文学背景，"震"掉了自我。【有趣】

2. 董桥散文《枪·开枪·枪声》中可摘之句：

杜牧《答庄充书》："凡文以意为主，气为辅，以辞彩章句为之兵卫。"

南宋陈善《扪虱新话》中谈读书，甚得三昧："读书须知出入法。始当求所以入，终当求所以出。……盖不能入得书，则不知古人用心处；不能出得书，则又死在言下。"

【此可联系王元化先生谈熊十力谈读书，要把握原著精神，忠于其内容；但理解上则要出于己意，大意如此。】

【又可联系罗兰·巴尔特之"读者的诞生"。】

毕加索回答钢琴家鲁宾斯坦（Artur Rubinstein）关于他每天画同一瓶葡萄酒的责问，说："每一分钟我都是不同的我，每一个钟头都有新的光线，我每天看那瓶酒都看到不同的个性。看到不同的酒瓶，不同的桌子，不同的世界里的不同的生命。一切都不同！"

司空图诗论里说："近而不浮，远而不尽，然后可以言韵外之致耳。"又说："戴容州云：'诗家之景，如蓝田日暖，良玉生烟，可望而不可置于眉睫之前也。'象外之象，景外之景，岂容易可谭哉？"

3. 董桥论著书立说之境界有三："先是宛转回头，几许初恋之情怀；继而云鬟缭乱，别有风流上眼波；后来孤灯夜雨，相对尽在不言中。"（——"淡淡心事，只说约三分！"）

【言少意多】

4. 学术论文的写法粗略可分为两种：堆码头和折砖头。堆上别人的观点，最后来做自己的结论——"新房子"。（左丹适如此做）。

——反驳别人的观点，唱反调，标新立异，自己住进不是砖头砌成的住所。

5. 成仿吾在《战火中的大学》中说，中华民族是最古老的重视教育的民族之一。

夏、商、周三朝，就有"校""序""庠"三种学校组织。（但自来解释不一，有说是各级学校名称不同，有说是三个等级，已无可考。）

□ 1997年3月14日

1. 凡·高的自白："I paint as means to make life bearable……Really we can speak only through our painting."（我画画是为了使得人生

可以忍受下去……的确，我们只能通过我们的画说出点什么。）

同济大学建筑系博士薛求理在他的博士论文《建筑场论》中，用这一现代概念来考察、观照中国的风水说。

风水："人宅相扶，感动天地。"（赵鑫珊《黄昏却下潇潇雨》）

2. 钱钟书论唐宋诗："词气豪放的李白、思力深刻的杜甫，议论畅快的白居易、比喻络绎的苏轼……"（《中国诗与中国画》）

3. 读巴赫金。在论述巴赫金的思想与理论成就时说，他不重复别人的思想，他总是"找到自己的视角，作出自己的综合和概括"。此乃作学术研究之通例，取得成就的基本条件与要术。

4. 巴赫金提出"艺术对文化统一整体的参与性"。

佛克马则提出"文化位移"。【此皆可用也。】

□ 1997年3月15日

1. 翻开《世界博览》1997年某一期，在例行的扉页英语格言佳句栏，有马丁·路德·金的一段话：

If man is called to be a street sweeper, he should sweep streets even as Michelangelo painetd, or Beethoven composed music. He should sweep streets so well that all the hosts of heaven and earth will pause to say, here lived a great sweeper who did his job well.

译文：如果一个人被称作街道清洁工，那么他就应该像米开朗基罗从事绘画、像贝多芬从事作曲一样认真去打扫街道。他应该把街道扫得干净整洁，这样，天上和人间的所有生物都会驻足，并评论道：这里生活着一位街道清洁工，他的工作十分出色。

2. 钱钟书论中国文评中的诗与画。意谓，"诗家三昧"是"'略具笔墨'，'不着一字'"。神韵派在画坛是正宗，王维居首位；而在诗坛则重言志，杜甫居首位。

"中国传统文艺批评对诗和画有不同的标准：论画时重视王世贞所谓'虚'以及相联系的风格'，而论诗时却重视所谓'实'以及相联系的风格。"（钱钟书《中国诗与中国画》）

又说，研究古代文评，把古人的"一时兴到语"同"成熟考虑过的议论"区分开来；把"由衷认真的品评"同"官样套语"区分开来。（同上）

□ 1997年3月16日

1. 王元化说，果戈理和卓别林不同。果戈理是从不可笑中看出了不笑，卓别林是从可笑中看出了可笑。

因此，卓别林的可笑，不在于他的"八字脚"、小胡子的可笑的一面，而在于他的不可笑的一面。（出处不明，抄自《书缘》）

2. 王元化说，重读胡适觉得重复，重读王国维则否。王氏将西方文化引入中国文化，胡适则否。

3. 基耶斯洛斯基是一位"艺术思想家"，"用电影语言思考的伟大思想家"。基氏觉得，"每天我们都会遇上一个可以结束我们整个生命的选择，而我们都浑然不觉。我们从来不知道我们的命运是什么，也不知道未来有什么样的命运在等待着我们。"

□ 1997年3月17日

亚历山大·小仲马（Alexandre Dumas, fils，1824—1895）在《茶花女》的开头第一句就说："我认为只有深入地研究了人以后，才能创造人物……"

《〈茶花女〉译后记》引马克思语："投机得来的财富自然是要在这种形式之中去寻求开心的用场，于是享乐变成淫荡，金钱、污秽和鲜血就同归一流。"（《马克思恩格斯全集》第七卷第15页）

□ 1997年3月18日

《宇宙的最后三分钟》的题词："总有一天，/ 浩瀚宇宙的坚垒，/ 会受到敌对势力的合围，/ 屈服、溃退，乃至彻底崩溃。"（卢克莱修《物性论》）

乔姆斯基说："人类可以无限制地发展他们的能力，但却永远逃脱不了其生物本性的某些客观束缚。""从某种程度上说，'创造性'取决于人类固有的能力。没有这些约束，我们就只有任意和盲目的行动，而不会有创造性举动。"

□ 1997年3月19日

房龙在《人类的艺术》中的献词：

"……一切的艺术，应该只有一个目的，即克尽厥职，为最高的艺术——生活的艺术，作出自己的贡献。"

房龙论人类文化的演进，很有意思。他的意思是：这种进化不是螺旋式上升，而是如波涛汹涌，由低到高，到顶峰而浪花四溅，水雾迷漫，而后落入低谷；而后又一个浪峰起来，走得更远。

他还概括这种进化的几个大时期，即蒙昧时代——迷信时代——文艺复兴——现代科技社会。

□ 1997年3月21日

1. 见杨绛散文中苏东坡的一句诗：

"万人如海一身藏。"——自然隐身。

2.【奥斯汀语言行为理论，反索绪尔，很有意思。

同一句话，在不同场合、不同语境有不同的意义，这关乎说话人的心态，即他最终所要表达的意思。但这仍不是意义的源头。】

"使一段话成为一种要求、一种承诺、一种命令的，不是说话开口之际的内心状态，而是关系有关语境的一系列约定俗成的法则。所以，解释意义，重心应由说话人的意向转向语言行为的研究上来。"（《一种疯狂守护着思想——德里达访谈录》后记）

（1）这是一种新的语言观。

（2）它发展和补充了索绪尔等人的新语言创见。

（3）它把语言放入人的心态中，尤其是放在人的语言行为中来探讨"意义"。

（4）可用于研究语言、研究阅读，用于文艺评论。

□ 1997年3月22日

1. 此谚，甚为灵气。方士庶《天慵庵随笔》语："山川草木，造化自然，此实境也。因心造境，以手运心，此虚境也。虚而为实，是在笔墨有无间。故古人笔墨具此山苍树秀，水活石润，于天地之外，别构一种灵奇。"（《董桥散文》）

2. 穆旦（查良铮，一位受宠的翻译家，一位被疏忽了的现代诗人）的诗句：

"我们长大在古诗词的山水里，我们的太阳也是太古老了。"

（中国社会）："一个封建社会搁浅在资本主义的历史里。"

"那改变明天的已为今天改变。"

3. 福柯的"人之死"，"死"在一种权力里。这权力不仅指政治，而且包括语言、经济、机制、技术、知识、理性。这是更应追求的反抗。(《中华读书报·求知的自由》介绍迪迪埃·埃里蓬《权力与反抗——福柯传》)

4. 美国的"出版救星"与"出版恩人"。"出版救星"——钢铁公司巨头安德鲁·卡耐基，他耗巨资赞助过2500家书店、图书馆，帮助过许多好书的发行促销。

"出版恩人"——著名电视谈话节目主持人奥普拉·温弗蕾，她尽力为纯文学水平高的作品鸣锣开道。1992年托尼·莫尔森的《所罗门之歌》出版，公认是一部佳作，但滞销，两年仅销1000册。1996年温弗蕾在中秋节目中推荐，列为"温弗蕾读书俱乐部第二佳书"，结果5周内出售3万册。又特邀莫里森在节目中促销，当天即销10 070册。

□ 1997年3月24日

1. 晨起读《罗兰·巴尔特》，书中说到巴尔特成长的三个特殊因素。第一个就是贫穷。"首先是一个家道中落的中产阶级家庭……捉襟见肘的贫穷。"他谈论拮据："节衣缩食地去买教科书和鞋子"。因此他联系到其反面是：适意。"对巴尔特来说，快乐不意味着奢华，而意味着适意。"(《罗兰·巴尔特》第18页)

【这一切，与我的经历和心情太相像了。或者应当说，我与巴尔特的少年经历太相像了。我亦家道中落，贫穷、拮据，心理上追求适意，而不是奢华。连细节都类似：我也是节衣缩食买教科书和鞋子；甚至无可节缩，以至没有教科书；后来靠稿费。】

巴尔特成长的第二因素是肺病给予他一种特殊的生活方式。我则是"右派"帽子给予一种比他还特殊的生活方式。

他的第三因素是1946—1962年不稳定、无固定事业的生活。我则是十年"插队"生活。

2. 罗兰·巴尔特作为批评家和学者，他做过传统的学术研究，也做过非传统的学术研究。他批评具体的作品，也批评整体作品。

他提出了一种特殊的当代文学的特殊使命观。中国也有当代文学的特殊使命和这种文学的特殊使命观。

3. 罗兰·巴尔特把拉辛的戏剧定性为"一个空的场所"(空框结

构?），它"永远向意义作用开放着"。他评价拉辛，"他的天才决不是表现在连续使他获得成功的那些品质中，而是表现在一种无与伦比的有效应性的艺术中，这种艺术使他能够永远留在任何的批评语言领域之内。"（《罗兰·巴尔特》第48页）

【对于鲁迅也可如此论说，他的"艺术"是一个"空的场所"。】

4. 巴尔特的三种探讨（批评）方法：

（1）对想象世界的现象学描述；

（2）对系统的结构分析；

（3）使用当代"语言"去"产生对个别作品的主题性解释"。（《罗兰·巴尔特》第48页）

"对语言组合效果的探索。"

（以后数日，连续读《罗兰·巴尔特》，在文艺笔记中作专题笔记，此处不赘述。）

□ 1997年3月29日

福克纳关于他自己的创作动机的一段话，完全适用于鲁迅：

"我认为理由很简单，那就是我太爱我的国家了，所以想纠正它的错误。而在我力所能及的范围内，在我的职业范围之内，唯一能做的事情就是羞辱美国、批评美国，设法显示它的邪恶与善良之间的差别，它卑劣的时刻与诚实、正直、自豪、灿烂的时刻，他的父辈、祖父辈，作为一个民族，他所创造过的辉煌、美好事迹。仅是写美的、善良对于改变它的邪恶是于事无补的。我必须把邪恶的方面告诉人民，使他们非常愤怒，非常羞愧，只有这样他们才会去改变那些邪恶的东西。"

□ 1997年3月30日

福克纳：把人物以至语言纳入一个"具有包容性的瞬时经验"，即在一瞬间包容过去、现在和将来；在现时包容过去，反映着世界和未来。

"福克纳总企图把一个人物的过去和将来纳入到他正在干着某一件事情的当前时刻之中。"

《我的爸爸曹禺》——曹禺的女儿万方写的一篇很好的散文，内容丰富，思想丰富，文笔颇好。该文最后说，她的爸爸很真诚，"他有很多的缺陷和弱点，但是他没有罪孽"。

美国的奥尼尔说："我所在乎的是我的作品中的自我满足感。"（《文汇读书周报》1993 年 3 月 29 日）

□ 1997 年 4 月 11 日

关于爱伦堡，有人骂他，鄙弃他；但一位苏联作家遗孀的话，较为合理、准确："他同大家一样无能为力，但至少他尽力为别人做了些事情。"（爱伦堡在别人被放逐前去看望人家，为"解冻"后才平反的作家出版作品而奔忙。）

□ 1997 年 4 月 15 日

章太炎语："因政教而成风俗，因风俗而成心理。"

□ 1997 年 4 月 22 日

关于理论家与理论家之间的关系和理论空间："一个理论家的思想是被别的理论家的思想引发的，他们两人相对的竞技场就是理论之间的实际空间，这一空间完整地构成批评的语境。"（《当代叙事学》第 4 页）

□ 1997 年 4 月 24 日

马姆福德说，"科学向人转变的征兆"是"新文化时代的曙光"。（《技术·文化·人》第 78 页）

傅斯年说："研治中国文学，而不解外国文学，撰述中国文学史，而未读外国文学史，将永无得真之一日。"（《傅斯年学术散论·王国维著〈宋元戏曲史〉》第 214 页）

王国维："元曲之佳处何在？一言以蔽之，曰，自然而已矣。古今之大文学无不以自然胜，而莫著于元曲。……故谓元曲为中国最自然之文学，无不可也。"（摘自王国维《宋元戏曲史》）

□ 1997 年 4 月 25 日

"理论依赖于被选供研究的材料和理论家的目标。"（《当代叙事学》第 12 页）

"显得很新的东西也许只是某种已被遗忘的东西。"（《当代叙事学》第15页）

"与'逐渐进步的'科学不同，在文学研究中，旧理论从未因为不如取代它们的理论而被成功地推翻。文学研究是一个积累性的学科，新知识补充它，现在不再流行的思想也时时都有可能被证明与新的批评关注或创作方法相关。"（同上，第21页）

□ 1997年4月28日

关于"定义"的定义：

"定义，尤其是那些涉及人类活动的定义，能使我们在特定的背景中，为了特定的目的而理解对象。"比如，心理学、人类学、社会学和医学，人类即"被不同地认识着"，"并不是由于未能确定我们本质上的什么，而是由于这些学科的兴趣不同。"（《当代叙事学》）

□ 1997年4月29日

中国哲学（中国思维）与现代科学："中国哲学的主要命题"与当代科学已经发生"自我超越（或范式性革命）以后的新观念暗合、相通"。主要表现：

1. 当代科学认为，宇宙是一个有创造能力的宇宙。

中国哲学：天的活动有序、有规律，即"天行健"。"天行有常"，"天道无亲"，"天地之大德曰生"。

2. 当代科学认为，人是宇宙的意识的组成部分。人的大脑以全息式的原理活动。

"人者天地之心也"，"天地之性人为贵"。《中庸》："天命谓之性，率性之谓道。"

3. 当代科学认为，人类要免于毁灭，最重要的是重新确立价值观念，大力加强道德意识，这要靠宗教和哲学来做到。

中国哲学的优点与特点正是在道德方面——"天人合一"。

4. 当代科学认为，宇宙间存在着普遍的能量交换与信息交换，宇宙与部分人间存在着普遍的感应。

中国哲学讲"仁"，"仁者爱人"，"视之而仁民，仁民而爱物"。宋

代更以"麻木不仁"从反面来训"仁",仁具有了普遍感应的意义。

□ 1997年4月30日

迪克·海伯第支(Dick Hebdige)——英国文化研究者,"伯明翰学派"。文化,作为科学术语,包括"过程"和"产物"。

"有机社会"(organic society)

"当代社会荒原"/"文化与社会的关系类型"/文化的两个指向(向度),指向历史与指向未来。

威廉斯说:"文化是表达特定意义与价值的特别的生活方式,它不仅存在于艺术与学识中,还存在于制度与日常行为中。就此而言,对于文化的分析便是对于特别的生活方式也即特别的文化中隐含在内与彰显在外的意义与价值的阐明。"

T. S. 艾略特:"……人类所有独特的行为与趣味",他把赛马也列入其内了。

文化是审美的完善,文化是"全部生活"。

霍加特:"离开对高雅文学的鉴赏,人们便不能理解社会的实质。"

【此段可用。高雅文学是对社会、人生的解读。】

T. S. 艾略特与罗兰·巴尔特都将文化现象"推及全部日常生活"。

巴尔特把语言学方法推广至其他话语体系(时间、电影、饮食等)。【如在"符号帝国"中对日本社会话语体系的分析】

【那么,文学作品即包含"第二重符号体系"——其他话语体系:建筑、衣饰、饮食、电影、文学、电视、交通等。这"第二重符号系统——"其他话语",与"第二叙述系统"相通,是"语言"与"表达"之间的关系。

可以以此定题:

小说的"第二重符号语体系"与"第二叙述系统":以《项链》、《阿Q正传》与《战争与和平》为例,即包括短篇、中篇、长篇小说。】

□ 1997年5月2日

选择榜样问题。选择一个榜样去模仿,还是由社会群体将一个榜样

强加于人，这观念的不同，标志着从宗教社会向世俗社会转变，以及榜样多元化。（见《当代叙事学》）

四不可恃："世间四事不可久恃：春寒、秋热、老健、君宠。"（《袖中锦（小说）》）

□ 1997 年 5 月 12 日

"人类的 DNA 序列是人类的真谛，这个世界上发生的一切事情，都与这一序列有关。"——著名生物学家、诺贝尔奖获得者杜伯克在"人类基因计划"标书中所说的话（摘自《读者》1997 年 5 月）

□ 1997 年 5 月 16 日

1. "可是科学却继续在改变着我们对自己的认识。"

2. "但是一个在二十世纪里接受教育的人——不管他知道不知道，不管他喜欢不喜欢——没有一个能够不受哈维（W. Harvey）、牛顿、达尔文，以至普朗克（M. Planck）的学说所影响。"[亨利·哈里斯（Henry Harris）《科学与人》前言]

3. "爱因斯坦所专注于研究的，是赋予我们的世界一个结构，并把'我们'和'我们周围的世界'联系起来的种种相关关系。"

4. 人对自然的认识带有人性，是人的认识。"我的论点是，在某一个层次上，人们认为自己站在自然界之外察看自然界的那种客观性会消解，取而代之的是一种根本上涉及了人性的观点。这样，自然界就不再是外在于人的，而是系乎人性，系乎人的定义——宇宙成了人的创造物。"（《科学与人》第 133-134 页）

【也许应该说，人对宇宙的认识、描述，人所说的宇宙是人的创造物。或者说，是人的一定时期的认识，其中包含预言、推测、猜测，以及恩格斯所说的"天才的猜测"。】

□ 1997 年 5 月 16 日　晴（昨夜 8:30—今晨 7:30 心脏病犯）

恩斯特·卡西尔在《语言与神话》中说，"语言思维的功能、神话思维和宗教思维的功能"，以及艺术知觉的功能，都是一种"完全确定的结构"，但"这种结构严格地说并不是这个世界的结构，而是为这个世界做出的，为一个客观的、有意义的语境（context）所做出的，为一个本身可把握的客观统一性所做出的结构"。

□ 1997年5月19日　阴转晴

"生活在财富中的穷人是最痛苦的。"（蒙田《价值观财富观》）

□ 1997年5月21日　晴

安德烈耶夫："我们的不幸，便是大家对于别人的心灵、生命、苦痛、习惯、意向、愿望，都很少理解，而且几乎全无。我是治文学的，我之所以觉得文学可尊者，便因其最高尚的功业，是在拭去一切界限与距离。"（致本斯汀的信）。

屠格涅夫："所有的人都或多或少地属于这两个典型中的一个，我们几乎每一个人或者接近堂吉诃德，或接近哈姆雷特。"

□ 1997年6月1日　阴

"寻找真理一定要从寻找错误开始"——"试错法"。

波普尔说："人人都有哲学；我们大家，你、我和每一个人。"

"知识是通往幸福的道路。"（拜伦《该隐》）

□ 1997年6月9日　晴

"大自然到底能否究诘呢?"——歌德

"世界是我的表象。"——叔本华

"跳出童年时代吧，朋友，觉醒吧。"——J. J. 卢梭

"直至成为事实之前，多少事不都是人们认为不可能的吗?"（普林尼《自然史》）

"一个思想的系统总得有一个结构上的关联，也就是这样一种关联：其中总有一部分（在下面）托住另一部分，但后者并不反过来又托住前者；而是基层托住上层，却不为上层所托起；上层的顶峰则只被托住，却不托起什么。"（叔本华《作为意志和表象的世界》第一版序）

□ 1997年6月11日　晴

彼得拉克《智者的真理》："谁要是走了一整天，傍晚走到了，就该满足了。"（转抄自叔本华《作为意志和表象的世界》第三版序）

□ 1997年6月15日

"普里什文的一生证明，一个人应当时时刻刻努力按照自己的志向，'按照自己心灵的意向'生活。这种生活方式里包含着最伟大的理

智，因为一个按照自己的心意生活、表里十分和谐的人，永远是一个创造者，一个丰富世界的人和艺术家。"（康·帕乌斯托夫斯基《面向秋野》）

"艺术科学的第一个形式是心理学的，第二个形式却是社会学的。"（格罗塞《艺术的起源》第10页）

□ 1997年6月19日

丹纳（Hippolyte Adolphe Taine，1828—1893）的艺术论：

治学方法：

"从事实出发，不从主义出发；不是提出教训，而是探求规律。"

"科学同情各种艺术形式和各种艺术流派，对完全相反的形式与派别一视同仁，把它们看作人类精神的不同表现，认为形式与派别越多越相反，人类的精神面貌就表现得越多越新颖。植物学用同样的兴趣时而研究橘树和棕树，时而研究松树和桦树；美学的态度也一样，美学本身便是一种实用植物学。"

衡量艺术价值的三个尺度：

（1）艺术品表现事物特征的重要程度；

（2）有益程度；

（3）效果的集中程度。

特别值得注意的是有益程度。他认为，有益的特征是指：帮助个体和集体生存与发展的特征。

（以上均见丹纳《艺术哲学》）

□ 1997年6月20日　晴

《春秋·察传》："夫得言不可以不察，数传而白为黑，黑为白。……闻而审，则为福矣；闻而不审，不若无闻矣。"

"是非之经，不可不分。此圣人之所慎也。然则何以慎？缘物之情及人之情，以为所闻，则得之矣。"

□ 1997年6月23日　晴（赴朝阳之前）

"必须有某种精神气候，某种才干才能发展；否则就流产。……精神气候仿佛在多种才干中作着'选择'，只允许某几类才干发展而多多少少排斥别的。"（丹纳《艺术哲学》第35页）

"的确，有一种'精神的'气候，就是风俗习惯与时代精神，和自然界的气候起着同样的作用。"

□ 1997年6月30日　晴

"但苏格拉底粉碎了学者的信仰，他认为学者无权享受那世俗的幸福，学者的心必须在荒原中流浪。"（李书磊《杂览主义》第85页）

关于读鲁迅。"这次阅读印象则恰恰反过来，觉得那些笔战才更有人气和烟火气，才更真实因而也更深刻，反是早期那些面对整个文化作战的文章相比之下，稍嫌浮泛。"（同上，第109页）

关于艾略特。"一个人写诗，一定要表现文化的素质；如果只是表现个人才气，结果一定很有限。因为个人才气决不能同整个文化相比。"（许渊冲《追忆逝水年华》）

□ 1997年7月1日　晴转阴

冯友兰论"风流"："风流是一种所谓人格美。"

"风流是一种美。真风流的人必有超越感，超越是超过自我。超过自我，则可以无我。真风流的人必须无我，无我则个人的祸福成败，以及死生，都不足以介其意。真风流的人必须有洞见。所谓洞见，就是不借推理，专凭直觉而得来的对于真理底知识。真风流的人必须有妙赏，所谓妙赏，就是对于美的深切的感觉。真风流的人必有深情，有情而无我。他的情与万物情有一种共鸣，主观客观融成一片，表示这种感触是艺术的极峰，如陶渊明的诗：

> 结庐在人境，而无车马喧。
> 问君何能尔，心远地自偏。
> 采菊东篱下，悠然见南山。
> 山气日夕佳，飞鸟相与还。
> 此中有真意，欲辨已忘言。"

（许渊冲《追忆逝水年华》）

吴宓论文学："文学是人生的精华：哲学是气体化的人生，诗是液体化的人生，小说是固体化的人生，戏剧是固体气化的人生。哲学重理，诗重情，小说重事，戏剧重变。小说包含的真理多于历史，所以小说比历史更真，我们可以从小说或文学中了解人生。"（同上，第88页）

□ 1997年7月4日　晴

著名画家陈逸飞说："人生由许多小站组成，艺术也是如此。在每个站上都要给自己加煤、加水，不断地补充、充实自己。"

贝聿铭具有"直觉能力"，人们也相信他的直觉。

美国建筑工程师莱斯利·罗伯琛说："聿铭非常有灵感。他对建筑物、对人、对所有的事物都有最根本的直觉。他经常无法用语言表达这些感觉，但你绝对可以信赖他对建筑的直觉。"

□ 1997年7月5日　晴

"构思几乎从来都不是突然产生的，而是经年累月逐渐成熟的……"（《面向秋野》第55页）

"主题产生于我们的世界观，产生于我们的感觉。我们在某个地方目睹的某一生活事实同我们一生所积累的对世界的认识和感觉一经接触，并且引起共鸣，就会产生一个多少有点清晰的主题。"（同上，第86页）

"他（库普林）的整个一生都写在他的中短篇小说之中。"（同上，第166页）

"大学者在一定程度上往往都是诗人。他们能够敏锐地感觉到认识的诗意。他们那大胆的概括、果断的思想和种种发现，也许多多少少应该归功于这种感觉。科学定律几乎总是借助于强大的创造性想象力从很多个别的，有时似乎彼此相距甚远的事实中归纳出来的。这种想象力既创造了科学，也创造了文学。"（同上，第261页）

"无论科学还是文学，创造的源泉在许多方面是相同的。无论科学还是文学，研究的对象（纷繁多样的生活）也都是一致的。"

"真正的学者和作家是同胞兄弟。"（同上，第262页）

"盖达尔的生活似乎是他的作品的继续，有时也许是他的作品的开端。"（同上，第281页）

"一片最渺小的白杨树叶也有它自己的理性的生活。"（同上，第280页）

□ 1997年7月6日　晴

萨特："我的生活是从书开始的，它无疑也将以书结束。"（萨特《词语》第1页）

□ 1997年7月12日

关于学者：

"学者的使命主要是为社会服务，因为他是学者，所以他比任何一个阶层更能通过社会而存在，为社会而存在。"——费希特

"学者现在应当把自己为社会而获得的知识，真正用于造福社会。"

"所有的人都有真理感，当然，仅仅有真理感还不够，它还必须予以阐明、检验和澄清，而这正是学者的任务。"

（抄自《中华读书报》第155期）

□ 1997年7月13日　晴　34℃

考德威尔："然而一切艺术都是主观的。"（《考德威尔文学论文集》）

□ 1997年7月18日　32℃

陀思妥耶夫斯基在《纪念普希金》一文中，一开篇就写了一番话，一番总论、总体估价，它对于鲁迅也是适用的：

"果戈理说过，普希金是一种非常特殊的现象，也许，是俄罗斯精神的唯一现象。我以个人的名义补充，这是极有预见性的话。是的，普希金现象的出现，对于我们所有的人，对于整个俄罗斯，都包含有毫无争议的意义。在彼得一世改革百年之后，起源和产生在我们这个社会的自我意识恰恰是由普希金首次提倡的。普希金的出现，照亮了我们面前黑暗的道路，引导着我们走向新的世界。"（《冬天里的夏日印象——陀思妥耶夫斯基随笔集》第165页）

□ 1997年7月23日　阴　33℃

神秘主义者雅各布·伯麦（Jakob Böhme）把"苦闷"作为能动的本原……（王元化）

"我们应该把环境施加给我们的影响，作为我们丧失宁静生活的某种补偿，虽然这并不是我们所追求、所愿意的。"（王元化《清园论学集·序》）

"人的尊严愈是遭到凌辱，人的人格意识就愈会变得坚强起来。"（同上）

□ 1997年7月24日　晴

泰纳说，决定一部文学作品的三个最根本因素，即种族、环境和时

代中,"种族"是"第一性因素"。他所说的"种族"则是指人的天赋、情欲、本能、直观、想象等。他认为,这是决定一切的"永恒的冲动"。

他又说:"人们把一切事物都涂上了自己的思想色彩,人们是按照自己的观念去形成世界的。"

他认为,"莎士比亚本人身上的种种性格特点,都必然会在他笔下人物身上反射出来。"

（抄自《清园论学集·莎士比亚评论译文题记·泰纳〈莎士比亚论〉译文题记》第50页）

□ 1997年7月30日　晴　33℃

朱敦儒的《西江月》一首,见宗璞的《领取生活》,文见《读者》1997年第6期:

日日深杯酒满,朝朝小圃花开。自歌自舞自开怀。且喜无拘无碍。　青史几番春梦,黄泉多少奇才。不须计较与安排。领取而今现在。

□ 1997年8月8日　阴　32℃

李凯尔特（Von Heinrchi Rickert）的《文化科学和自然科学》将科学分为两类:从质量的观点分、从方法的观点分。因此产生两种基本的对立:自然和文化的对立,自然科学和历史的文化科学的对立。

他提出"现实的连续性和异质性原理"。一者把异质的连续性改造成为同质的连续性（自然科学）;一者相反,把异质的连续性改造成为异质的间断性。

□ 1997年 8月9日　晴（立秋后三日）

美国首位桂冠诗人罗伯特·贝恩·沃伦（1905年生）早年立志当海军,以后当太平洋舰队的指挥,并且考上了海军学校;但被他弟弟乱扔的石头不幸打瞎了一只眼,未去成,以后当了作家。

他的小说的主题是:权利。他悲观,19岁曾想自杀。年轻时就患有神经方面的毛病。但"他的生活的核心不是他如何受着磨难,而是他战胜了磨难,把它们销蚀在他对世界美的追求之中了"。（潘小松《桂冠诗人沃伦》,载《中华读书报》1997年8月6日）

□ 1997年8月14日　晴

晨读《文汇读书周报》(1997年8月9日)刊登的刘以焕《"言有易，言无难"》一文，有数事可记：

1. 赵元任对王力论文的评语中，曾说："言有易，言无难"。陈寅恪对治学亦有此说，即对前人的历史记载或追求，"如果我们要证明它'有'则比较容易……如果要证明它'无'，则委实不易，千万要小心从事。"又，胡适亦有此意，认为"凡治史学，一切太整齐的系统，都是形迹可疑的"。

2. 1925年，清华研究院成立，校长曹云祥是外交官（清华归外交部管），乃请胡适之订制度。胡订出后，曹请胡适主持院务，胡以为自己不够格，乃荐梁启超、王国维和章太炎，后由王国维主持。

3. 在兴城（8月11—13日）为省委宣传部训练班讲课期间，曾读《权力的眼睛——福柯访谈录》，摘记若干如下：

"在人文科学里，所有门类的知识的发展都与权力的实施密不可分。"（第31页）

"所以人文科学是伴随着权力的机制一道产生的。"（第31页）

"科学同样也施行权力，这种权力迫使你说某些话，如果你不想被人认为持有谬见，甚至被人认作骗子的话。科学之被制度化为权力，是通过大学制度，通过试验室、科学试验这类抑制性的设施。"（第32页）

"真理无疑也是一种权力。"（第32页）

"我们社会最新发展的首要社会学特征之一，就是技术、白领工人、服务行业这些东西的兴起。"（第32页）

"我在某一特定领域工作，我并不创造一种普遍的关于这个世界的理论。"（第33页）

"这个社会生产和流通以真理为功能的话语，以此来维持自身的运转。"（第37页）

"马克思用对生产的分析来代替对掠夺的遣责。"（第38页）

"在我们社会中，角色支配了我们的感知，我们的注意力被一张张的脸的活动所吸引，它们来来去去，出现又消失。"（第101页）

"同学院的哲学话语比起来，尼采代表了外层的界限。当然，在尼采身上能找到整个西方哲学的全部线索。柏拉图、斯宾诺莎、18世纪哲学家黑格尔……这一切都交织在尼采身上。但是，在与哲学的关系中，尼采最具有局外人、一个山地农民式的粗粝和质朴，这使得他能耸耸肩，响亮地说出我们无法忽视的话来：'好啦，所有这些都是胡说八道……'"（第91页）

关于摇滚乐，福柯说："喜爱摇滚，喜爱这一类而不是那一类的摇滚，这也是一种生活方式，一种对社会做出的反应的态度；这是一整套的趣味和态度。"（第95页）

□ 1997年8月16日　阴
晨读李凯尔特《文化科学和自然科学》。

【此书写作于1899年，即19世纪末。他是弗赖堡学派，此时即提出了两种文化的本质的对立问题。接着是20世纪初的斯宾格勒，他在《西方的没落》中说了什么。再接着是C. P. 斯诺，提出了《两种文化》。

再就是法兰克福学派了。

一脉相承。据此可写《两种文化之分裂疏离亟待整合》。】

□ 1997年8月17日　晴　29℃
在比梅尔（Walter Biemel）所著的《海德格尔（Heidegger）》一书中有些可用的句子，或者是有启发意义的，可引申而用之：

"我们不能通过他的生平来理解他的作品；他的作品就是他的生平。"

"他的思想在1934年以后才真正展开。"

"这里试图做的是在海德格尔看似单调乏味的生平中揭示出令人激动的思想的经验。"

"黑格尔有句名言：结果若无通向它的道路是没有生命力的。这话特别适合于海德格尔。"

"这种主导思想作为思想的主旋律在他作品中总是一再复现。这里的复现并不是简单的重复，而是重复中有变化，是发展中的重演。"

两个相结合："学术的对象和思想的事情"。

"思想的事情"中的这种"事情"，"不是学术的事情而是思想着的人的事情"。

"纯粹活动的思……可以成为一种激情。"

"我们是如此习惯于理性与激情、精神与生命这种古老的对立，以致一想到那种激情的思的观念（在这里，思与生命融为一体），便会感到惊异。海德格尔本人曾表述过思与生命的统一。"

"我们不仅从哲学家本人那儿学，而且还从他所处的历史中学。没有历史的观点，没有历史的标准，任何理解都是不可能的。"【在任何一个人的任何一本传记中，都有一位真正的、始终存在的主角，这就是历史。只有真正反映了历史的面貌和本质，才能真正反映传主的面貌和本质。而如果写出了历史主角的面貌和本质，那么，即使是一个平凡的传主，也是值得为他作传的。有历史主人在，任何人皆可立传。】

□ 1997年8月19日　晴

赫拉克利特的同一句话的几种不同译法，各有妙处，各有特点，但意义的细致差别也显示出来了。

1."一个人不可能再踏入同一条河流。"

2."人不能两次走进同一条河流。"（《辞海》）

3."每次都是新的水，流向走向同一条河流的人。"（《苏联百科全书·古希腊》）

4."不会第二次走入同一条河。"（同上，以上两条均是赫氏"残简"中语）

5."走入同一河道的人，流过他们脚上的，是不同的、永远不同的水。"（《大英百科全书》）

6. 早年陈筑山《哲学之故乡》的译法："浪足长流，抽足再入，已非前水。"

7. 本文作者之新译："走在流水里，提起脚来再踏下去，已不是原来的水了。"

（《文汇读书周报》1997年8月16日）

□ 1997年8月24日

斯宾格勒的新历史观（20世纪历史观）："在历史的世界图景中和在自然的世界图景中一样，没有一件事情，不论它是多么微小，其本身是不体现基本趋势的全部总和的。"（《西方的没落》，转引自刘昶《人心中的历史》第64页）

他认为，没有一般意义的人类历史，世界历史就是人类各种文化的

传记。（同上，第67页）

"世界历史是通过各文化的兴亡盛衰来体现的。"（同上，第69页）

□ 1997年9月5日　晴

（今日血压高，连续三日如此，从未这样过。勉力去文学院讲课。）

《胡适的日记》（1921年9月1日）："云五来谈。我荐他到商务以自代……云五的学问道德都比我好，他的办事能力更是我全没有的。"

□ 1997年9月7日　阴

海德格尔："人，诗意地安居。"

"世界图画"（World Picture）与"世界图景"的提法之比较。

海氏之解释多元、广泛、深刻，突出了人："人成为主体"。

"当我们反思时代的本质时，我们实际上是在追问现时代的世界图画（world picture / weltbild）。"

荷尔德林《佩特姆斯》：

"哪里有危险，拯救之力就在哪里出现。"

"正是危险，当它作为危险存在时，本身就是拯救的力量。"

"诗人荷尔德林步入其诗人生涯之后，他的全部诗作都是还乡。"

□ 1997年9月11日　晴

关于学科范式：

1."范式和概念多样性：为形成一个学术科目，必须开发某些问题、模式或研究方式，它们构成该学科的特色。"

【鲁迅学可以借用这一观点】

2."有些学科是理智性的，还有的学科是以实践为基础的。"

【可见，学科有理智性的，实践性的，那么，还有审美性的，情感性的……】

（《国外社会科学》1997年第1期）

3. 纳博科夫说，一个孩子从尼安德特峡谷里跑出来，边跑边叫："狼来了!"如果背后紧跟着一只大灰狼，那么，这不是文学；如果背后没有狼，那就是文学。

亚里士多德则说："写已经发生的事是历史，写可能发生的事才是文学。"（见《文学：鉴赏与思考》）

4. 民俗学（Folklore），口述史学（Oral History）。

5. 学科建设问题："理论框架及其模式、概念分析和研究方法是学科建设的重要环节。"

6. 口述史学。

英国 P. 汤普森说："它（指 oral history）给了我们一个机会，把历史恢复成普通人的历史，并使历史与现实密切相联。"

7. "总体史学"。

代表人物 M. 布洛赫说："唯一真正的历史是总体的历史。它意味着对作为历史主体的人的全面认识。历史学要从实证主义史学和经验主义史学的封闭的模式中解脱出来，走向下层民众，走向社会生活。"（《国外社会科学》1997年第1期）

8. 后现代。

大卫·格里芬说："如果说后现代主义这一词汇在使用时可以从不同方面找到共同之处的话，那就是，它指的是一种广泛的情绪，而不是任何共同的教条，即一种认为人类可以而且必须超越现代的情绪。"（《国外社会科学》1997年第2期）

□ 1997年9月12日　阴

正如一位古代诗人所说的，"犯不着对困境发愁，它们不会理会我们的恼怒。但是，对我们自己的神经错乱，我们骂得远远不够。"（《蒙田随笔全集》第22页）

□ 1997年9月15日　晴

关于后现代主义精神。现代主义与传统的区别就在于"人／自然"与"人／人"两组"两者关系"的不同。

1. 现代主义是人与自然的二元对立，自然是人的征服对象，它把自然看作毫无生气、无生命的物质构成，是一架巨大的机器，只遵循机械运动的规律。

在人与人的关系上，现代主义则以个人主义为核心。

2. 后现代精神的要旨：

在人与自然的关系上，立足于科学的基础之上，生物不是机械的物

体，不是机器，不是机械运动。生物具有自活性、自主性、目的性的行为。

系统论、耗散结构理论、协同学理论也说明，自然界不是单纯的、机械的物体的集合。在序参量的作用下，有调节地、有目的地将整个系统自组织起来。

人不能与自然对立，人作为子系统就在自然系统之中。这是后现代精神的核心。

人与人：人不是个体的存在，历史因素、传统因素、环境因素，在个人实体地位形成中具有重要作用。个人的价值取向、利益追求，必须考虑与他相关的因素。个体的外在因素，实际上是内在因素。个人有有限的自主性。内在关系是第一位的，个体实则只是第二位的。

这是对现代精神的超越，而不是对前现代的"回归"。

□ 1997年9月22日　晴

1. 唐代王益的几首诗，甚有意味，竟是见之于泰国人司马攻之文章中：

《江南曲》：

> 嫁得瞿塘贾，朝朝误妾期。
> 早知潮有讯，嫁与弄潮儿。

《喜见外弟又言别》：

> 十年离乱后，长大一相逢。
> 问姓惊初见，称名忆旧容。
> 别来沧海事，语罢暮天钟。
> 明日巴陵道，秋山又几重。

又一首，《写情》：

> 水纹珍簟思悠悠，千里佳期一夕休。
> 从此无心爱良夜，任他明月下西楼。

2. 海德格尔的"世界世界化"（Welt Weltet）。"世界绝不是站在我们面前，可以为我们所直观到的对象。它是那种当生死、祸福之途把我们带入存在时我们必须置身其间的非对象性的东西。哪里我们历史的本质决断被作出，被我们接受或抛弃，被我们忽视或重新探究，哪里就有世界世界化。"（《海德格尔》第91页）

□ 1997年9月24日　晴转阴

著名数学家陈省身在他的访谈录的"后记"中说："陶渊明说：'每有会意，便欣然忘食。'杜工部说：'文章千古事，得失寸心知。'这也是数学家的最高境界。"（见《二十一世纪》）

【另，生物学家在接受电视台记者采访，回答对生命真缔的看法时则引李白诗《春夜宴桃李园序》："夫天地者，万物之逆旅；光阴者，百代之过客。"

此皆科技归乎人文！】

□ 1997年10月3日　雨转多云

车尔尼雪夫斯基论黑格尔的一段话，见王元化《近思集录》，他说他曾在《文学沉思录》中引用：

"真理，是思维的最高目的，寻觅真理去，因为幸福就在真理里面，不管它是什么样的真理，它是比一切不真实的东西更好的；思想家的第一责任就是：不要在随便什么结果面前让步；他应当为了真理而牺牲他最心爱的意见。迷妄是一切毁灭的来源；真理是最高的幸福，也是其他一切幸福的来源。"

□ 1997年10月4日　晴

对于太平天国感兴趣者甚多，如陈白尘、冯雪峰。近读王元化先生《近思集录》亦云50年代喜天国史，且欲写文学作品。

王先生引贺麟文中英谚，较之以前所见及译文，均更高雅而深刻，语云："Plain living and high thinking!"（"平淡的生活与高远的思想!"）此即"心境"也。

□ 1997年10月6日　晴

黑格尔在《小逻辑》中把认识真理分为三种形式：（1）经验（Erfahrung）；（2）反思（Reflexion）；（3）哲学的认识（Das philosophische Erkennen）。"反思"是"用思想的关系来规定真理"，也就是

"知性思维"。

"那时候（30年前），曾经产生过一种年轻的、充满朝气的、美好的感情——经历过这种感情的人，永远会将它珍藏在心中。"（陀思妥耶夫斯基《冬天里的夏日印象》）

【此语可借用】

□ 1997年10月10日　晴

黑格尔论"艺术"作品作为人的活动的产品：

"一般人只要知道了艺术创作的规则，他们就都可以随意依样画葫芦，制造出艺术品来。……艺术创作并不是按照这些规定而进行的形式活动；作为心灵的活动，它就必须由它本身生发，把抽象规则所无法支配的那些丰富的内容和范围更广的个别艺术形象拿到心眼前观照。"

"……强调艺术家的才能和天才的自然方面。这个看法也有一部分真理……艺术家的才能和天才虽然确实包含自然的因素，这种才能和天才却要靠思考，靠对创造的方式进行思索，靠实际创作中的练习和熟练技巧来不断培养。"

艺术创作所表现的"心情和灵魂的深度却不是一望而知的，而是要靠艺术家沉浸到外在和内在世界里去深入探索，才能认识到。所以还是要通过学习，艺术家才能认识到这种内容，才能获得他运思所凭借的材料和内容"。

"……因为人有一种冲动，要在直接呈现于他面前的外在事物之中实现他自己。人通过改变外在事物来达到这个目的，在这些外在事物上面刻下他自己内心生活的烙印，而且发现他自己的性格在这些外在事物中复现了。"

"人要把内在世界和外在世界作为对象，提升到心灵的意识面前，以便从这些对象中认识他自己。当他一方面把凡是存在的东西在内心里化成'为他自己的'（自己可以认识的），另一方面也把这'自为的存在'实现于外在世界，因而就在这种自我复现中，把存在于自己内心世界中的东西，为自己也为旁人，化成观照和认识的对象时，他就满足了上述那种心灵自由的需要，这就是人的自由理性，它就是艺术以及一切

行为和知识的根本和必然的起源。"

□ 1997年10月18日

读《庄子》，得句："客曰：'真者，精诚之至也。不精不诚，不能动人。故强哭者，虽悲不哀；强怒者，虽严不威；强亲者，虽笑不和。真悲无声而哀，真怒未发而威，真亲未笑而和。真在内者，神动于外，是所以贵真也。"（《渔父》）

□ 1997年10月24日　晴

穆旦的诗《五月》，可用于"鲁迅"：

　　　　从历史的扭转的弹道里，／我是得到了二次的诞生。／无尽的阴谋，生产的痛楚是你们的，／是你们教了我鲁迅的杂文。

□ 1997年10月25日　晴

美国建筑学家沙里宁："城市是一本打开的书，从中可以看到它的抱负。"

又："让我看看你的城市，我就能说出这个城市居民在文化上追求的是什么。"

□ 1997年11月1日

黑格尔所说的"历史上的'大事件的小原因'"：

"历史上常有人搜集了许多奇闻轶事当做大事件的'小原因'，——而事实上这只是一种导因，只是一种外部刺激。"（列宁《黑格尔〈逻辑学〉一书摘要》，第169页）

□ 1997年11月3日　晴　暖和

福克纳："每一个艺术家的目标是用人工的办法抓住生活的动态，把它按住不放；一百年后，有人探视，它又活动起来，因为它就是生活本身。"（1997年10月29日《中华读书周报·纪念福克纳百年诞辰》）

□ 1997年11月27日　晴

傅斯年："研治中国文学，而不解外国文学，撰述中国文学史，而未读外国文学史，将永无得真之一日。"（《傅斯年学术散论·王国维著〈论宋元戏曲史〉》）

傅引王国维著《论宋元戏曲史》中强调文学之自然：

"元曲之佳处何在？一言以蔽之，曰，自然而已矣。古今之大文学无不以自然胜，而莫著于元曲。"

"故谓元曲为中国最自然之文学，无不可也。"

□ 1997年11月28日

怀特海（A. N. Whitehead）关于思潮：

"时代思潮是社会的有教养阶层中实际占统治地位的宇宙观所产生的。……人类活动中如科学、美学、伦理学和宗教等都可能产生宇宙观，而又受宇宙观的影响。"

"思想往往要潜伏好几个世纪，然后人类几乎是突然间发现它们已经在习惯中体现出来了。"（《科学与近代世界》序言）

关于哲学，也说得很有趣：

"哲学具有批判宇宙观的功用。……假如我对哲学的功用的看法没有错的话，它便是一切知识活动中最富有成效的一种。它在工人还没搬来一块石头以前就盖好了教堂，在自然因素还没有使它的拱门颓废时就毁掉了整个的结构。它是精神建筑物的工程师和分解因素。物质未曾来，精神就已经先到了。哲学的功用是缓慢的。"（同上）

□ 1997年11月30日　晴

关于"中国"：先秦典籍所见"中国"称谓182次。其含义约5类：（1）京师，9次；（2）国境之类，17次；（3）诸夏之领域，149次；（4）中等之国，6次；（5）中央之国，1次。

赵国公子成说："中国者，聪明睿智之所居也，万物财用之所居也，贤圣之所教也，仁义之所施也，诗书礼乐之所用也，异敏技艺之所试也，远方之所观赴也，蛮夷之所义行也。"（抄自《新华文摘》1997年第9期，姜义华《论近代以来中国的国家意识与中外关系意识——评余英时〈飞弹下的选举——民主与民族之间〉》）

□ 1997年12月2日

客心愁日暮，徒倚空望归。
山烟涵树色，江水映霞晖。
独鹤凌空逝，双凫出浪飞。

故乡千余里，兹夕寒无衣。

（何逊《日夕出富阳浦口和朗公诗》）

金陵劳劳送客堂，蔓草离离生道傍。
古情不尽东流水，此地悲风愁白杨。

（李白《劳劳亭歌》）

□ 1997年12月4日　阴　欲雪

"最有用的东西，例如知识，是没有交换价值的。"（马克思《评弗里德里希·李斯特的著作〈政治经济学的国民体系〉》，载《马克思恩格斯全集》第42卷第254页）

□ 1997年12月18日　阴

"美貌、力量、青春，是花，瞬间凋零。／责任、信仰、情谊，是根，万古长青。"（《董桥文录·寻根》）

□ 1998年1月8日

1.《容斋随笔》中关于"人生五计"的说法：

洪迈友人中书舍人朱仲友的话：谓有人生五计，即生计、身计、家计、老计、死计。其老计为："五十之年，心怠力疲，俯仰世间，智术用尽……息念休心，善刀而藏，如蚕作茧，其名曰老计。"

【回顾平生，我之"老计"恰与此相反。固有个人心性之原因在，然更主要是时代气质使然也。】

2."当代英国哲学界真正的代表"撒·伯林与伊朗学者亚罕的对话：

亚罕："你认为哲学家的任务是什么?"

伯林："我不认为哲学家有什么特别的任务，哲学家的任务就是研究哲学……提出这一问题本身就是对哲学目的的一种误解……就如同你问我当今艺术的任务是什么，爱的作用是什么一样。艺术的目的就是艺术本身。同样，爱的目的就是爱，生活的目的就是生活。"

亚罕："那么哲学的目的呢?"

伯林："哲学的目的就是哲学。"

（龙应台《致命的星空》自序，《文汇报》1998年1月7日）

3. 关于名利

（1）《陶庵梦忆》："邯郸梦断，漏尽钟鸣，卢生遗表，犹思摹拓二王，以流传后世，则其名根一点，坚固如佛家舍利，劫火猛烈，犹烧之不失也。"

（2）《筜曝偶谈》："各利皆不可好也，然好名者比之好利者差胜。好名有所不为，好利则无所不为也。"

（3）《庸斋闲话》："好名，是学者病，是不学者药。"

□ 1998年1月25日　晴（多日不读书）

1. "一切对鲁迅的批评，不管是否切中肯綮，它也可以角度独到地反衬出、折射出鲁迅是谁。"（王道乾语，见《世界末的"玄览"》，载《读书》，1997年7月）

2.《查拉图斯特拉》：

"真的，人是一条不洁的河。我们要是大海，才能接受一条不洁的河而不致自污。"

"现在，我教你们什么是超人：他便是这大海！你们的大侮蔑可以沉默在它的怀里。"（同上，23页）

3. 康德名言，准出处见于此：先载于康氏之《实践理性批判》一书最后一章"结论"的头一句，后成为康氏的"墓道铭文"。其句用其"新译"为：

"我头顶上的星空和我心中的道德法则。"

全文为：

"有两种东西占据着我的心灵，若是不断地加以思索，就会使我们产生时时翻新、有加无以的赞叹和敬畏之情，那就是：我头顶上的星空和我心中的道德法则。"

德文："Der Bestrinte Himmel übe mir, und das moralishe Gestz in mir。"

4. 杜甫《咏怀古迹》五首之二：

摇落深知宋玉悲，

风流儒雅亦吾师。

…………

最是楚宫俱泯灭，

舟人指点到今疑。

□ 1998年1月25日

关于语言：

庄子："语之所贵者，意也，意有所随。意之所随者，不可以言传也。"（《天道》）

苏轼："心欲言而口不逮。"（《乞校正陆贽奏议进御札子》）

刘禹锡："常恨言语浅，不如人意深。"

陶渊明："此中有真意，欲辨已忘言。"

刘禹锡《浪淘沙》：

莫道谗言如浪深，莫言迁客似沙沉。

千淘万漉虽辛苦，吹尽狂沙始到金。

古诗十九首：

"人生天地间，忽如远行客。"

"所遇无故物，焉得不速老。"

□ 1998年2月2日（正月初六）　晴　病中

1. 1877年12月5日柴可夫斯基给梅克夫人的信：

"生命的动人就在于苦与乐、光与暗的迅速变换，就在于善与恶的冲突……"

2. 汉武帝刘彻（前156—前87）

《秋风辞》：

欢乐极兮哀情多，少壮几时兮奈老何？

3. 歌德：

甘美的宁静，

来吧，

哦，来到我的心怀！

4. 古希腊诗人浓努斯的一句诗：

西沉的永远是同一个太阳。

5.《浮士德》:

他在不停地奋斗,

于是他才能得救。

□ 1998年2月3日　晴

1. 杜甫《南征》:

百年歌自苦,未见有知音!

2. "对人的反思是今天所有文化的共同任务。"——〔瑞士〕H.奥特

3. 思是一条路。——海德格尔

□ 1998年2月4日（正月初八）　晴

1. 蒙田:"判断伟大和崇高,须要有与之相同的心灵;否则,就会将我们自身中的缺点附加到它的上面去。一只笔直的桨,在水中看去,会歪曲变形。"

"心灵的容器,是一切罪恶的原因;因为审美有缺陷,从外边放进来的东西,都会在里边腐烂的。"(转抄自池田大作《我的人学》)

2. 关于健康。

柏格森:所谓健康,是"在对行动抱有热情,灵活地适应环境的同时,具有准确的判断力、不屈的精神和最正确的认识"。

泽泻久敬博士:"所谓健康,并非只是早晨醒来,身体不觉异常而能即刻起身,或感到精神十分爽朗,而是醒来后对当天的工作,立刻涌现难以抑制的热情。这种心态,可视真正的健康。"(《思考健康及其他》)

3. 瑞士思想家阿米尔(Amiel)说:"一片自然风景是一个心灵的境界。"

□ 1998年2月5日　晴

1. "一个有充分的生机与兴致的人战胜患难的方法,是在每次打击之后对人生和世界发生兴趣,在他,人生与世界决不限制得那么狭小,使一下的打击成为致命。"(罗素《幸福之路》)

2. 叔本华（1788—1860）："只有思考过的人生才是真正的人生。"

3. 惠特曼："朋友，这不是书，谁摸到它，就摸到人。"

□ 1998年2月7日　晴

1. 哈佛校训："让柏拉图与你为友，让亚里士多德与你为友，更重要的，让真理与你为友。"（《哈佛琐记》）

2. "在时间的每时每刻，过去、现在以及将来都是共存的。"

这个提法好："那种在与作品接触时不受感动，却把作品拿来当作建立既精巧又沉重的理论骨架的文学批评。"（《方法、批评及文学史》）

"一部作品的影响、成就和形态是随着变幻着的镜子而变动的，这也都是社会学的现象。"（同上）

□ 1998年2月9日　晴

1. Pain nourishes courage.You can't be brave if you've only had wonderful things happen to you. ——Mary Tylor Moore

痛苦产生勇气。如果你总是被好事包围，你就不会变得勇敢。——玛丽·泰勒·穆尔

2. 《礼记》："唯天下至诚，为能尽其性；能尽其性，则能尽人之性；能尽人之性，则能尽物之性；能尽物之性，则可以赞天下之化育；可以赞天下之化育，则可以与天地参矣。"

□ 1998年2月11日　阴

1. 关于弗洛伊德与荣格的分歧，冯川在他的《荣格评传》（见《荣格文集》）中解释说：

"荣格与弗洛伊德的分歧，只有把荣格及其思想放在整个20世纪思想史的背景中，才有可能充分显示出它的内在意义。"（第472页）

关于鲁迅与周作人、与胡适，以及早年与郭沫若，更早与成仿吾的分歧，亦当如此做；而如此做则能得出更深入、更符合实际，因而也更科学的分析与解释。

2. 荣格对艺术创造的动机解释，很是特别，有新意，然而需要合理解释。他说，创作过程是"来自集体无意识的自发冲动"。一是它的"内在目的性指向"；二是它的"超个人""非个人"的特点。所以他说："不是歌德创造了《浮士德》，而是《浮士德》创造了歌德。"他一

方面承认艺术家的个人生活帮助了其本人，但是另一方面他则指出，艺术家的个人生活对于其艺术创造是"非本质"的；这种帮助，只是"帮助或者阻碍他的艺术使命而已"。（第475页）

问题是这个"艺术使命"是什么？它等于"内在的'目的性指向'""集体无意识""原型"？——需要合理的解释。

□ 1998年2月12日　晴转阴

1. 荣格的"象征"。它是荣格学说的关键，懂得了它，就基本上懂得了荣格。荣格的"象征"，作为"对象化"（黑格尔的"外化"）和自我实现，它是"人的精神的对应物"，人可以把自己的生命和灵性转渡给对象，对象便成了象征。这个对象——象征——便成为人的精神的外化和显现。

【这样，人生是个体化了，有了"自我"、"自性"（the self），然后又能外化显现为对象、为"象征"。这是通向自我实现之路。

我的"象征"就是读书→写作，作品是具体的象征物。它是生命的意义和价值、生存的寄托。这才免于精神崩溃、精神分裂，有一个自塑的文化故土可以立足，有一个精神家园可以安居——并在条件许可时，谋求发展。】

2. "不要把太多的重要性赋予那些重要的事情，不重要的事情也并不像它们看上去那样不重要。"——荣格

"解释是那些感到不理解的人和事，只有那些我们不理解的事情才有意义。"（荣格《荣格文集》第627-628页）

3. 唐代韩偓（致尧）诗《三月》：

四时最好是三月，一去不回惟少年。

郁曼陀《小院》：

小院深深月到迟，冰茶雪藕纳凉时。
三更灯影风廊碧，静听盲人说鼓词。

□ 1998年2月14日　晴

1. "作者以一致之思，读者各以其意而自得。"

2. 佛克马与蚁布思的观点："所有科学都是人文科学。"

【此议甚可取。正确。与恩格斯之科学归总为一皆历史科学和马克思的科学统一归为人学。两种科学在人学上统一起来，都是相通的。】

3. 关于康德名言的另一种译文，有韵味："位我上者灿烂星空，道德律令在我心中。"

□ 1998年2月15日
苏轼《定风波》："莫听穿林打叶声，何妨吟啸且徐行。竹杖芒鞋轻胜马，谁怕？一蓑烟雨任平生。　料峭春风吹酒醒，微冷，山头斜照却相迎。回首向来萧瑟处，归去，也无风雨也无晴。"

□ 1998年2月20日　晴
"文学讨论并评价人类行为的'密码'。"
"正是通过文学，旧式的、僵死的思想意识才被摧毁，比如像鲁迅在《阿Q正传》和《故事新编》中所做的。"

□ 1998年2月26日　阴雨
康德："我不能说违心的话，但我可以不说话。"

□ 1998年3月5日　晴
赫拉克利特："没有已成的，一切都在变成中。"

□ 1998年3月8日　晴
爱因斯坦箴言："第一流人物对于时代和历史进程的意义，在其道德方面，也许比单纯的才智成就方面还要大。即使是后者，它们取决于品格的程度，也远超过通常所认为的那样。"
"他（指知识分子——编者）必须准备坐牢和准备破产，总之，他必须准备为他的祖国的文明幸福的利益而牺牲他个人的幸福。"
"不管时代的气质如何，总有一种人的高贵的品质，它能够使人超脱他那个时代的激情。"

□ 1998年3月11日　晴
In the city, a road with no exit is marked Dead End. In the country,

will call these rands lanes. I always think that it is sad to label anything a
dead end. So one wants to explare is then. But walking down a lane is mo-
mantic and exciting. I hesitate to venture down a dend-end, but I look for
lanes to explore with a favorite friend. An unexpected huilding, a rare folw-
er, a quite peace all wait for me on conntry lanes.

□ 1998年3月15日　晴

"新的亚当苹果"。美国人类学家马戈龙·马鲁雅玛（Magoron
Maruyama）1973年在芝加哥召开的第9次人类学和民族科学国际代表大
会上说："我们现在正在进入一个新的时代，科学的发展和发明不仅部
分地改变我们至今承认的'人的本性'，而且授予人们改变'人的本
性'的力量。这就是新的亚当苹果。这一次不是摘取使人能够区分善行
和恶行的智慧之树的苹果。这是一只可以改变人的体魄、心智和文化的
苹果。人们或许会变成不适于继续生存的怪物，或许能学会掌握一种新
的、完全陌生的文明。"（《当代西方文化思潮》第4页）

□ 1998年3月16日　晴

泰戈尔："世界的吐气在我们心灵的芦笛上吹奏着什么样的调子，
文学便努力反映那个曲调。"

□ 1998年3月18日

"绘画、小说、诗歌、音乐、舞蹈和戏剧的语言则是有倾向，有偏
见，而不是中立的。……这种语言是高度估价性的，而且利用我们的爱
憎。……我们求之于他的主要不是他的陈述而是他的估价。"（C. W. 莫
里斯《开放的自我》）

□ 1998年3月21日　晴

荣格："既然地球和人类都只有一个，东方、西方就不能把人性分
裂成彼此不同的两半。"

海德格尔："语言乃存在之家园。"

伽达默尔："能领悟的存在，就是语言。"

十六　文学笔记

（1997年4月21日—2001年4月5日）

○

□ 关于叙事学

"在过去十五年间，叙事理论已经取代小说理论成为文学研究主要关心的论题。"（《当代叙事学》第1页）

1. 这里有一系列表述，颇富哲理意味。比如：

（1）"通过改变有关研究对象的定义，我们改变了我们所看见的东西。"

这就是说，对于对象的定义，是取某个方面而舍某个方面的。这样，定义不同，我们"看见"的方面也不同了，对象也就改变了。

好比"一张地图"，我们会（可以）通过忽略现实的其他多个方面，而揭示现实的一个方面。

（2）"各种文学理论是为了不同的目的被创造的。"

所以，各种理论各有侧重点、目的性、体系性，相互之间是互补而不是对抗，会有不同和差异以至对立，但却不是一律要取代对方。"你说你的，我说我的。"

（3）在比较它们的时候，"就必须既要考虑它们的准确性，也要考虑它们的有用性。"

2. 小说研究（批评），不仅要注意主题与内容，而且要注意形式问题；否则，小说在文学研究中就仍然不是一个登堂入室的文类。（第2页）

对于一部作品的美学价值和意义，靠什么来实现和肯定？——形式分析。

"关于美学价值和意义的主张可以为细致的形式分析所支持。"（第谈论内容还不是谈论艺术，而是谈论经验。只有谈论形式，即作为艺术作品的艺术作品时，才是批评家说话。

内容（经验）与实际内容（艺术）之间的不同，是技巧。

"当我们谈论技巧时，我们几乎就谈到了一切。"（第2页）

小说的形式研究，应该包括：

（1）作者与叙述者的关系；

（2）叙述者与故事的关系；

（3）进入人物内心的方式——视点问题；

（4）情节（action）中浮现出来的形象，隐喻和象征的结构；

（5）叙事中对时间的处理（既是表现关注，也是美学关注）；

（6）小说与神话结构的关系。（第3页）

3. 劳伦斯·鲍林"意识流"的定义，很好：

意识流是这样一种叙述方法："作者试图据此给出内心的直接引文——不仅是语言领域，而且是整个意识的引文。"（第3页）

4. 20世纪20—30年代大萧条时期，"批评家感到有必要把文学缩减为社会学"（中国在最近半个多世纪以来即如此，而且发展到成为极端的庸俗社会学）；但是，过于追求形式——"全神贯注于形式"，又会使批评家受到局限、小说家受到局限。因此，应该是"社会学（历史）/形式"——此即"新历史主义"。

5. 在20世纪初，西方关于小说的是两派理论：一重形式，一重内容。直到卢卡契的批评出现，提出了两者的辩证统一说，并以之运用于具体批评。

6. H. G. 威尔斯说到小说的功能、意义："理解的传达媒介，自我批评的工具，道德的展示和风俗的交流，习惯的工厂，法律制度与社会教条和观念的批评。"（第8页）

7. 诺思罗普·弗莱：从小说理论向叙事理论过渡的一个重要阶段。他将小说（fiction）分为四类：（1）长篇小说（novel）；（2）罗曼司（romance）；（3）忏悔录（自传）；（4）解剖（anatomy）——表现一种"对于世界的幻想"。（第10页）

8. 20世纪60年代以后，叙事理论的重大变化是：

（1）国际性研究题目；（2）跨学科题目。

9. 20世纪20年代以后的变化是从被形式主义界定的语言模式向交流模式（Communication models）的转移。

"读者批评反应"：结构主义研究形成"文学感受"的一种"成规"（文学的与文化的）。（第16-17页）

因此，注意强调解释问题。

10. 图表。

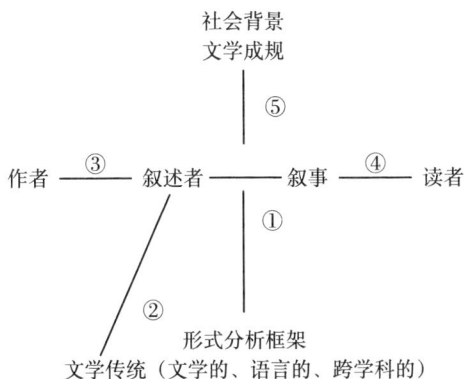

图16-1 结构主义解析小说叙事中"作家—叙事—读者"之间关系示意图

（1）并偶涉纵轴——结构主义；

（2）三角形——俄国形式主义；

（3）视点批评；

（4）读者批评反应；

（5）社会学（马克思主义）。

11. 一部长篇小说，并不都是"叙事"。"'叙事'是某种写作方式，而一部特定的散文作品如一部长篇小说不必从头到尾都是叙述；它也可能包括描绘、解释，以及戏剧化地呈现出来的对话。"（第29页）

12. 西方文学经历了两次从神话到现实主义的循环发展过程。

13. 史诗就是神话、传说、历史、民间故事和家谱的混合物。

"史诗综合体"以后又分出两股潮流：经验的（empirical）和虚构的（fiction）。

而长篇小说却又是经验与虚构两种成分重新结合的产物。

14. 有意思的图表（见图16-2）。

史诗（忠实于神话）

《荷马史诗》 《罗兰之歌》

经验的叙事 虚构的叙事

（忠实于事实——真） （忠实于理想——美与善）

历史的　　　　模仿的　　　　　　浪漫的　　　　说教的

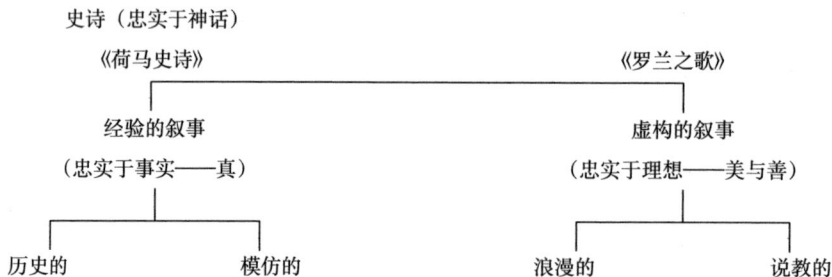

图16-2　西方小说叙事从"神话"到"现实主义"发展示意图

15. 关于长篇小说的一些界定：

（1）它是通过事实与虚构的横向嫁接而产生的；

（2）它是"不稳定的化合物"；

（3）它是多种混合类型构成的游移带，没有任何确定的本质；

（4）它有一些"故事素"（narremes），如"基本短语""母题"等；

（5）词组、短语等结合在规范化的结构（母题里，如"迎客""重复""本行"等）。

16. 关于小说的性质与功能：

（1）小说并非仅仅简单地反映社会变化（它也是其他学科所解释的）；

（2）它还包含有关变化是如何产生的启示性的记录；

（3）它甚至还可能是社会结果的一个原因（即推动社会的变化了）——"就它的构筑生活故事的方式成为我们为自己生活赋予意义的方式这一点而言"（此即生活的教科书也）。

（4）文学比其他文献或科学更清晰地记录了社会的一种转变："从选择一个榜样去模仿，向由社会群体的一大榜样强加于人，这种由宗教社会向世俗社会的转变，即向榜样多元化转变。"（第37页）

□ 丹纳与格罗塞论艺术。

丹纳（Hippolyte Adolphe Taine，1828—1893）

1. 他提出的艺术品价值的衡量尺度有三：

（1）艺术品表现事物特征的重要程度；

（2）有益程度；

（3）效果的集中程度。

【而有益程度，是指对个体和集体生存与发展的特征。此点很重要——文艺不是"为艺术而艺术"，至少在客观上是如此！】

2. 他提出，艺术性质决定于三者，即种族、环境、时代。

3. 他提出，艺术家不是孤立的，他是一个族、一个群，某艺术家是其中的一枝花，一朵美丽的花，或"一根最高的枝条"。

4. 他提出，艺术家还有更广大的群众背景。"我们隔了几个世纪只听到艺术家的声音；但在传到我们耳边来的响亮声音之下，还能辨出复杂而无穷无尽的歌声，在艺术家四周齐声合唱。只因为有了这一片和声，艺术家才成其为伟大。"

5. 他还提出，艺术作品像风一样，来去无踪，快乐无可捉摸处。同时，"艺术的制作与欣赏，也像风一样有许多确切的条件和固定的规律：揭露这些条件和规律应当是有益的"。

（以上均见丹纳《艺术哲学》）

□ 别林斯基的艺术–批评观点见于普列汉诺夫对于他的论述中。

他认为，作家的作品是作家"精神的表现"，是"他的内心生活的果实"。

【与之对称的，相补的还有"是他生活的外部环境的产物"。】

别氏认为，文艺批评是"这种批评把真理从艺术的语言译成哲学的语言，从形象的语言译成逻辑的语言"。

又说："艺术作品所表现出来的理念应该是具体的。具体的理念是从各个方面，从整体上来了解对象。"

"表现片面的理念的形象本身一定会丧失艺术上的丰富性与完整性，亦即失掉生活的丰富性与完整性。"

"文学是人民的自我意识的表现。"

【这一点说得多么好，多么深刻，多么正确！"人民的自我意识的表现"！作家，真正的作家是自觉地表现"人民的自我意识"的，也就是人民的心声。】

（1997年1月6日）

（以上见《普列汉诺夫美学论文选》）

□ 什克洛夫斯基的理论和命运，以及他的理论命运。——同高尔基联系起来，同高尔基给列宁的几封信以及《罗曼·罗兰50年前的日记》联系起来。

□ 什克洛夫斯基：

小说的技巧有诸多因素：情节结构、描写方式、叙述角度、艺术时间、语言……

（1997年7月14日）

【小说技巧的诸多因素，这个提法很好，在进行小说的内部规律研究时，可以分而治之地来研究，也可以整体地、综合地来研究它们，从而找到研究的确定有效的范畴。】

□ 别林斯基在读《穷人》手稿之后，初见陀思妥耶夫斯基，对他说了一段话，对比了理论和艺术的不同，指出了艺术的本质。他说："你抓住了事情的本质，指出了最主要的东西。而我们的政论家和批评家，仅仅说说而已，力图用言辞去解释他。而你，一个艺术家，只用简单的线条就把形象中的本质表现出来，甚至能够用手触摸，使最不善于理解的读者也能立刻明白这一切。这就是艺术的奥秘，这就是艺术中的真理，这就是艺术家对真实性的忠实。"

接着，别林斯基又是一番忠告，这忠告很重要。"真理在你面前展示，宣告你是一个艺术家，掌握你的才干，珍惜你的才干，忠实于真理，你就会成为一个伟大的作家！"（《冬天里的夏日印象——陀思妥耶夫斯基随笔集》第161页）

□ 福柯（Michel Foucault，1926—1984）关于文艺批评说了一段非常精彩的话。这不仅是一种关于批评的原则，而且是一种批评的品性、批评的风格，最根本的是一种批评意识。"我忍不住梦想一种批评，这种批评不会努力去评判，而是给一部作品、一本书、一个句子、一种思想带来生命；它把火点燃【什么火？阅读之火、读者之火，理解之火，作家的创作之火，反思之火……】观察青草的生长，聆听风的声音，在微风中接住海面的泡沫，再把它揉碎。它增加存在的符号，而不是去评判；它召唤这些存在的符号，把它们从睡梦中唤醒。也许有时候它也把它们创造出来——那样会更好。下判决的那种批评令我昏昏欲睡。我喜

欢批评能迸发出想象的火花。它不应该是穿着红袍的君主，它应该挟着风暴和闪电。"（《权力的眼睛——福柯访谈录》第104页）

同时，福柯还谈到了文学，他对文学有新的含义，是一种宏阔而独特的视角下的观察结论。他说："文学必须成为其他东西的代表。人们记录18世纪的历史，是通过丰泰涅拉（Fontenelle）、伏尔泰、狄德罗或《新爱罗绮斯》……他们认为这些文本最终表达了一种日常生活的层次不能表达的东西。"（第88页）

"在某种意义上来说，我们的文化给予文学的位置是非常有限的：多少人阅读文学？它在总体的话语中占据多大的地盘？"（第90页）

□ 托尼·莫里森（Toni Morrison）。原名克洛艾·沃福德（Chloe Wofford），美国小说和散文女作家，1993年诺贝尔文学奖得主。

她说："写作是我的精神寄托。创作时我精神百倍，条理清晰，情绪稳定，但又极其脆弱。"

"我的作品常被认为代表黑人的状况，实际上，这些作品展示的是极其特殊的环境。在这种环境中，人们及行事往往也很个别；但更重要的是，我是借着情节和人物提出一些富于哲理的问题。我想使读者通过故事而不是论文来思考这些问题。"【这就是说，（1）故事、环境、人物，要是特殊的、个别的、非一般的，因此是陌生的、引人的、独特的、虚构的。（2）这不是目的，而是手段；这不是"文学存在"的自身及价值，而是一种载体，它们要蕴含哲理，引人思索。】

所以她又说："我真希望我的作品能一举两得：像我希望的那样要求高和深奥【富有哲理——笔者】，又能像爵士乐那样打动人心。这是一项艰巨的任务。又是我想达到的境界。"【这又是两项：（1）高水准和深奥（富有哲理、启发性）；（2）又能打动人心（要能吸引人而且打动人）。】

（见《交流》杂志1995年3月）

□ 别林斯基在《一八四七年俄国文学一瞥》中说："……倾向本身必须不仅存在在头脑里，却主要的必须存在在心里，在写作的人的血液里，它主要的必须是一种感情、一种本能，然后是一种自觉的思想，——倾向非像艺术本身那样的生发出来不可。读到或听到，甚至正

当地被理解，但没有被自己的天性所融化，没有受到人格的印证的思想，不仅对于诗，就是对于任何文学活动，都是不生产的资本。"

【这里说了一连串限定词，总之一句话，倾向-思想，必须是自己的、自信的、自奉的、发自内心的……】

□ 海德格尔关于艺术——"艺术与无蔽"的话（见《艺术作品的起源》）：

"在艺术作品中，存在者之真理已经把自己确立于作品中。"

"这种显现在作品中的光亮就是美。美是真理显现的一种方式。"

"全部艺术，作为存在者之真理的显现，本质上是诗。"

"艺术家是艺术品的起源。艺术品是艺术家的起源。"

□ 黑格尔论美：王元化《读〈美学〉第一卷》。

关于黑格尔美学的笔记的笔记："所以一切美，只为在涉及这较多境界而且由这较多境界产生出来时，才真正是美的。"（第42页）

【可以借用。黑格尔指出，要在较高境界中产生出来并达到较高境界时，才真正是美的。这里强调了高境界，说明只有在高境界，才能产生真正的美。这是否同王国维的"境界说"有某种相通，而不只是用法相同？】

又，黑格尔以为"只有心灵才是真实的，只有心灵才涵盖一切"，他的高境界是放在"自然美是心灵美的反映"的基础上的，所以是唯心主义的。我们"借用"，只是强调要有心灵的美，而为艺术境界之高创造条件。

"艺术既灌注生气于阴暗枯燥的概念，弥补概念对现实所进行的抽象和分裂，使概念和现实再成为一体。这时纯粹思考性的研究成果如果闯入，它就会把使概念再和现实成为一体的那个手段本身取消了，毁灭了，又把概念引回到它原有的不结合现实的简单状态和阴影似的抽象状态了。"（第42-43页）

【这段话有几点值得注意，可以运用：
（1）概念是对现实的抽象（这是好的）和分裂（这是必要的，也有好的一面）。

（2）艺术是对概念的这种缺陷（状态中的缺陷）的弥补。

（3）艺术使概念及现实再度成为一体。这很重要。这就是说，生活（自然世界）中就存在概念，概念同现实是同存共生的，概念是人们生活中抽象出来、分裂出来的。人没有概念又不足以认识生活、了解生活、创造生活，也就不能用艺术来表现生活。但艺术又不能满足概念的说明，所以又要使概念"回到"生活中去，同现实结合，再度一体化。这样，艺术就是再现了生活、表现了生活，但其中又蕴含着"概念化过了的概念"，但它又是同现实结合的。

这就是美，就是高境界。

（4）评论不能使作品再度概念化，如果把纯粹思考性的研究阑入的话，那么，艺术就应该是艺术同现实、概念同现实的结合。

（5）可以说，一切研究亦皆如此。此点很重要，可引申借用。】

□ 关于文学批评：

1. 教条论（目的论）：旧批评。

2. 内在论：新批评。

3. 批评的标准（立足点）：

（1）泰纳：种族、环境、时代三因素决定论。

（2）朗松："文学史"理论。

（3）结构批评（新批评）：文本（Texte）。

（4）托多洛夫：对话批评。

4. 托多洛夫（Tzvetan Todorov）关于"对话批评"的阐述：

"批评是对话，是关系平等的作家与批评家两种声音的交汇"，"对话批评不是谈论作品而是面对作品谈，或者说，与作品一起谈。它拒绝排除两个对立声音中的任何一个。"（《批评的批评》）

"批评不是文学的外在附属物，而是文学必不可少的一面（因为，文学作品本身永远不能说出其全部真理）。"（《批评的批评·前言》）

"'文学'是在与实用语言对立中诞生的，实用语言是在自身之外获得价值的，而文学乃是一种自足的语言。"（《批评的批评》）

□ 研究、解释和阐释的区分与统一。

——佛克马和蚁布思的观点：

（1）研究（research）：主要源于自然科学的研究方法，强调的是

"收集材料——提出假设——验证假说——给出解释"。

（2）解释（explanation）：较为严格的客观化操作程序；落实到文学研究中，就是经验主义的文学研究（Empirical Study of Literature）。

（3）阐释（interpretation）：不承认文学理解的纯粹客观性，强调带着"前见"的主体在意义产生（即理解）过程中发生的功能作用。

（《文学研究与文化参与》乐黛之序）

□ 关于语言的"尽意"与"不尽意"

《周易·美辞》："言不尽意，书不尽意。"

《庄子·无道》："语之所贵者，意也，意有所随。意之所随者，不可以言传也。"

陶渊明："此中有真意，欲辨已忘言。"

刘禹锡："常恨言语浅，不如人意深"。

苏轼："心欲言而口不逮。"（《乞校正陆贽奏议进御札子》）

韩非子的两则寓言：买椟还珠、秦伯嫁女。

王弼《论语释疑》："夫立言垂教，将以通性，而弊至于湮；寄旨传辞，将以正邪，而势至于繁。既求道中，不可胜御。"

三国荀粲："然则六籍虽存，固圣人之糠秕。""盖理之微者，非物象之所举也。今称立象以尽意，此非通于意外者也；系辞焉以尽言，此非言乎系表者也。斯则象外之意，系表之言，固蕴而不出矣。"

孔子："天何言哉，四时行焉。"

王弼《周易略例·明象》："然则，言者，象之蹄也；象者，意之筌也。是故存言者，非得象者也。存象者，非得意者也。象生于意而存象焉，则所存者乃非其象也。……然则，忘象者，乃得意者也。忘言者，乃得象者也。"

庾敳《意赋》：

问曰："若有意也，非赋所尽，若无意也，复何所赋？"答曰："在有无之间耳！"

□ 佛克马论文学：

"文学讨论并评价人类行为的'密码'。"

"对于文学学者来说，主要的问题是：一个文学文本给历史事实的记忆增添了什么。文学所增添的是文化要素，即反思与判断的要素。文

学还把对于过去的纷乱记忆塑造成某种特定的形式。文学的形式是令人信服的，如果它能够揭示出事物之间的联系；文学的形式又是令人难以忘却的，如果它找到了能使我们以新的启迪或新的、始终如一的视角去看待事物的那些词语和表达方式。"

"小说和诗歌为什么能带来这样一种新的启迪或新的视角……这意味着我们应该关注文学的形式而不仅仅是文学的语义内容。"

"我确信，文学之所以具有至关重要的社会功能，是因为它不同于历史和新闻报道。正是通过文学，旧的、僵死的思想意识才能被摧毁，比如像鲁迅在《阿Q正传》和《故事新编》中所做的。"

【这又是对鲁迅的一种正确而深刻的评价。】

（佛克马：《对第十五届国际比较文学大会的几点思考》，载《中外文化与文论》第2期）

□ 爱德华·萨丕尔，语言学家、人种学家、论语家。

"在萨丕尔看来，每一种语言都以其特有的方式为其运用者建构了特定的世界。"

"人类不仅生存于客观世界之中，不仅生存于人们通常所理解的社会行动的世界之中，而且在很大程度上受到某种特定语言的支配。语言是人们了解、描述社会的媒介。……'现实'的世界在很大程度上是以某一群体的语言习惯为基础，无意识地建立起来的。"

（《人格：文化的积淀》第106-107页）

□ "哲学的人学"（Philosophical Anthropology）。按此提法可以将文学命名为"文学的人学"，这比"文学是人学"更全面、更科学，更具特征。把文学性突出，不是凡写人者皆为文学，也不是写了人就成为文学。另外，可称人学者当甚多。

□ 诠释问题。

诠释（interpretation）这一问题其近代阶段始于19世纪初，施莱尔马赫（Schleiermacher）所建立的"圣经诠释学"导致了对"本文的意义"的自学意识的产生。

19世纪末，狄尔泰（Dilthey）将施氏的神学诠释推向普遍化和理论化，成为探讨整个"精神科学"的基础。

昂贝多·艾柯（Umberto Eco）提出了一系列可用的概念，德里达等亦提出一些综合的，有：

（1）历史语境。

（2）"能指的任意性"。

（3）"写作中意义'不确定'性"（雅克·德里达）。

（4）读者在意义生成中的作用（艾柯）。

（5）过度的诠释（overinterpretation）。

（6）秘密意义。

（7）合法诠释。

（8）作品的意图（intentio operis）。

（9）作品的意图在本文意义生成过程中的意义——"作品意义之源"。

（10）"标准读者"（the model reader）。

（11）作者"前本文的意图"（pre-textual intention）。

（12）卡勒为被艾柯指责"过度诠释"的东西辩护。他认为，也许那正是"不足"诠释（under interpretation）。

（13）"我们总是可以就本文所'未曾'说出来的东西提出许多有趣的问题"，我们也无法事先对这些未发展的问题进行事先的限定。

（14）卡勒认为，"解构理论并不否认意义受制于语境。因而，① 在任何给定的语境中，意义都不是无限的；② 语境是事先无法确定的，因为语境在原则上说其自身是无限的。"

（15）卡勒认为，"作为学科的文学研究，其目的正在于系统地理解文学作品的意义产生机制。"

（16）艾柯认为，本文自身的特质确实会为合法诠释设立一定的范围和界限。

（17）艾柯还指出，"在历史选择"的过程中，某些解释自身会证明比别的解释更能满足有关读者群的需要。

（18）我们"都会在同一作家所创作的读者文学本文的背后去寻找某种连贯的、一致性的东西"。

（19）"读者的时代"——伽斯蒂勒（Castillet）的一本书名，亦一命题。

"开放的作品"——昂贝多·艾柯的一本书名，亦一命题。

（20）艾柯：

《开放的作品》肯定了读者在解读文学本文时所起的积极作用，但有两个方面：① 作品具有开放性（亦即多义性、纵向解读的多样发展）；② 但开放性阅读必须从作品本文出发，因此它受到本文的制约。

（21）艾柯说，他所研究的实际上是本文的权利和诠释者的权利之间的辩证关系。

（22）皮尔士（Pierce）提出"符号无限衍义"（unlimited semiosis）的观念；艾柯诠释论。

① 符号无限衍义，即诠释是潜在的，是无限的；

② 但这并不意味着诠释没有一个客观的对象，"并不意味着它可以像水流一样毫无约束地任意'蔓延'"；

③ "说一个本文潜在地没有结尾并不意味着每一诠释行为都可能得到一个令人满意的结果。"

（23）三个"意图"之间的辩证关系：

① "作者意图"；

② "本文的意图"；

③ "诠释者意图"。

（24）三个本文：

① 文学本文；

② 日常生活本文；

③ 自然界"大本文"（有待解码）。

□ 罗兰·巴尔特《读者的诞生》："古典文艺批评从来就不理读者；因此，作家乃在文学中唯我独尊。现在，我们开始不让自己给美好社会里目空一切的吆喝反责所蒙骗，我们转而要珍惜他们置之不理的东西，珍惜他们抑制或摧残的东西；我们知道，为了让写作有前途，就必须推翻那套神话：要读者诞生，就必须先让作者死亡。"

【罗兰·巴尔特一生反对"世俗论"（Doxa）（the established wisdom）；反对"意识形态妖怪"（ideological monster）。】

□ 黑格尔在《艺术美的概念》中说："在艺术里，感性的东西是经

过心灵化了，而心灵的东西也借感性化而显现出来。"

【此意很好。此意则甚可发挥。艺术需要感性，艺术必须感性表现，也需要充满感性的材料；但是，天然的、自然的、生活自存形态的感性现象，并不能打动人。只有那些经过作家心灵化了的感性才能成为艺术，才能打动人。而作家的心灵的东西，也只有借感性的形象显现出来，才是内在的、有血有肉的、能打动人的，是感性、理性的东西，而不是纯理性的。

此谓心灵化，就是把作家的心灵投射到他所写的感性东西之中，融汇其中，使之具有作家所赋予的灵魂。】

□ 1. 关于艺术品中的思想性问题：

王元化先生颇欣赏并多次引用的别林斯基的论述："倾向自身应当不仅存在于作家的头脑中，主要存在他的心中，在他的血中；最要紧的是，它应当是一种感觉、一种本能，只有那样，它才是一个自觉的观念；倾向非要像艺术本身那样生发出来不可。一种从书中取出来的或从别人处听来的观念，即使照应有的样子受到了解，但是并未被你彻底同化，并未受你自己的人格印证，不仅对诗的活动，就是对所有文学的活动，都是一种不生产的本钱。"（引自《清园近思录》第175页）

【这里，别林斯基提出，思哲、观念、倾向，对于一个作家来说，对于一部作品来说，必须不是听来的、读来的、转述的，而必须是在他的心中，在他的血中，是一种感觉、一种本能，并且被你彻底同化了，受到你自己的人格印证，也就是你是信奉它的，以你自身的人格印证了它的真理性、正确性和崇高品性的。而如果是后一种情况，思想、观念、倾向等，就好比"资本"，能够增殖，能放在艺术作品中发挥由思想、观念、倾向等所产生的艺术力量，同时也是思想力量。否则，思想就是外在的、表面的、浅层的、苍白的，不能打动人的。】

2. 黑格尔则说，一个艺术作品，应该是感性心灵化了，心灵凭感性来呈现。所谓心灵，就包含而且主要的是思想、观念、倾向等。

【这就是说，思想等还要为心灵所同化、旧化、融化，而且要感性地表现出来。】

3. 海德格尔则说，表现要被写入一种状态，即形成一个艺术世界的艺术状态。

【这里是说，要把思想放在一个文学的、艺术的、审美的世界之中。】

（2000年4月21日）

□ 叶维廉在《比较诗学》中谈到中国诗英译者的问题时说："……他们都忽略了其所特有的美学形态，特有语法所构成的异于西方的呈现方式。"（第6页）

【这里涉及中国诗的几大特征：
（1）特有的美学形态（这一点大可分析）；
（2）特有的语法；
（3）特有语法的构成；
（4）特有的呈现方式。】

□ 叶维廉说到汉字时，说："象形文字代表了另一种异于抽象字母的思维系统：以形象构思，顾及事物的具体的显现，捕捉事物并发的空间多重关系的玩味，用复合意象提供全面环境的方式来呈现抽象意念。"（第4页）

□ 弗莱的文学批评：
1. "向后站"。
2. 原型理论：
（1）意义原型。
（2）叙述结构原型。
（3）原型意义三大类：
① 神话意象：展现天堂景象和人类其他理想。
② 魔怪意象：表现地狱景象以及与人类意愿相反的否定世界。
③ 类比意象：展现界于天堂和地狱之间的意象结构。
（4）叙述结构原型。
春、夏、秋、冬，喜剧、浪漫故事、悲剧、讥讽和讽刺。
3. 文学作品，可分为：

虚构型：侧重故事、情节的虚构。

意义型：传达思想。

4. 文学作品的关联域：文字相位；描叙相位；神话相位；总解相位。

□ 弗莱（Northrop Frye）论文学，有颇多可取之处。他是强调文学的社会性的，他说：

（1）"每部文学作品都是一件思想文献，是人类生活整个过程中特定的社会和历史的产物。"（《批评家的责任》）

（2）"文学是社会进程的一部分；因为这整个进程成了文学的真正背景。"（《批评的途径》）

（3）"文学的结构和形象乃是文学批评应加考虑的主要成分，舍此之外，我并不墨守什么批评方法。"

（4）"若把文学视为一个统一的整体后，并不就使它脱离社会环境；相反，我们更易见到文学在文明中所处的地位。"（《批评的途径》）

（5）"文学表现了创造该文学的社会最为关切的问题。"

"艺术的社会功能紧密地联系着要在人类的生活中形象地展现自己努力的目标。"（《显性批评与隐性批评》）

（2000年11月5日）

□ "文学处于'人文学科'中间，其一旁是历史，另一侧则为哲学。"（同上）

【弗莱在此说得甚好，含义深而准确。此意与别林斯基之论文学有相通之处。别氏侧重于从创作角度论作品，如作家之思想性、人民性、时代性、民族性等，而其意亦可将文学概括为：一边是历史，一边是哲学。历史，就是社会生活、历史事实与背景，就是时代内容、民族传统等；而哲学就是作家所蕴含的宣传、启发人的思想见解、人生哲学以及哲学思想等。】

（2000年11月9日）

□ 罗兰·巴尔特在《符号帝国》中涉及文学-语言的论点，可取：

（1）"总而言之，写作本身乃是一种悟（Satori），悟（禅宗中蓦然出现的现象）是一种强烈的（尽管是无形的）'地震'，使知识或主体产

生摇摆：它创造出一种无言之境。"（第5页）

【写作是一种"悟"。为文就得有所"悟"，是真"悟"而不是假"悟"，是真情而不是造情。像张、余之流，皆伪情假意、人造之情和意，伪文学也，鲁迅所谓"瞒和骗的文学"也。】

（2）"通过一种新的语言……去认识我们的语言之不足。"（第7页）

【语言比较，比较语言，由此生慧。】

（3）"我们知道，亚里士多德哲学的那些主要概念莫名其妙地受到希腊语言的那些主要的结构方式的限制。"（第8页）

【语言限制了思想。——语言的囚笼。这里说了"语言的结构"，还有语汇、语词等的限制。中国现代语言中的"哲学""经济""文化"等，是否完全准确地反映和表达了"philosophy""economic""culture"的本意呢？答案是否定的。】

（4）"我们怎么能够想象，一个动词既没有主语……这就等于说，一种知识行为，既不知道主体，也没有已知的客体。"（第9页）

【西方语言中没有，东方语言中有。一种特殊的表达。】

□ 美与艺术的关系

"美的概念应比艺术价值与美学价值来得狭窄，然而美却可以是艺术的核心和终极目标，剩下的类别可以指向通往美的道路，它们可以说是正在创造中的美。"（《美学与艺术理论·前言》）

□ 20世纪文学理论的发展：

专注作者（浪漫主义和19世纪）──→ 专注文本（新批评，20世纪50年代？）──→ （近几十年）从文本转向读者。

"三段论"，三个主体，三种体系：

作者 ──→ 文本 ──→ 读者。

专注读者的批评：以读者为指向的批评（Audience-Oriented Criticism）或接受理论（Reception Theory）：

（1）接受美学（德国，Reception Aesthetisc；德国，伊瑟尔·尧

斯）；（2）读者反应批评（Reador-Response Criticism）。

读者：（1）假想的读者（hypothetical reader）；（2）实际的读者（real reader）。

假想的读者：理想的读者（ideal reader）——叙述的接受者（narratee），亦零度叙述接受者（zero-degree narratee），作者（叙述者）与读者之间的中介调停（midiate）。

冒牌的读者（mock reader，吉布森）、有能力的读者（乔纳森·卡勒）、有知识的读者（implied reader，伊瑟尔）、超级读者、合格的读者、"学者化读者"。

实际的读者：普通读者、实际存在的读者、实际读者。

（2001年4月5日）

附录：扉页漫笔

　　说明：这是写在一些书的扉页上的文字。大多是购得新书时所写，也有的是过后翻阅书时写的。因其带有某些读书记的性质，而且可以提供一些"书籍资讯"，故作为附录，录载于此，以为纪念，亦有供同好赏玩之意。整理工作是没有计划地进行的，看到一本书，或偶然发现一本书，扉页上有涂鸦文字，以为尚有可取者，就输入电脑，故此零乱不成体统，时序倒错亦无暇调整，似亦无须调整，就这样以"原始面貌"出现，以存其真。

　　凡购书，每于翻阅后，匆草数语于扉页，或记购书原委，或述书之内容，或记与本书有关之事，有时也发议论、抒感慨、述心境，随手涂鸦，不计工拙。事后读到，常常引起一些回忆和思索。因为是写在扉页上，又是兴之所至随意写就，故名"扉页漫笔"。以其略具传达资料、信息之用，故愿奉献读者，或可供一瞥。

　　漫笔的排序，按写时年月先后排定；有的书的扉页上，先后写有数条，时间跨度竟有达十几年者，但排序时，一律以第一条写作时间确定。

　　这里是选录。如果有"文"必录，则数量颇不少，而且并不是都有录下的价值。

　　□《人民文豪鲁迅》，平心著，上海文艺出版社1981年7月重版。

　　1. 昔年曾读此书，约在1948年。时年弱冠，幼稚无知，虽云喜爱，实未懂也。然留下极深刻印象与影响。尔后二三十年间，时思重读，而未能得。今于除夕前夜，于百事倥偬中，偷得"浮生半日闲"，一游书肆，偶见此书，欣喜异常。虽剩此一本，面目不洁，而欣然购

之。归而读之，仅及前记、重版序言等，时见思想闪光，见识卓然。此论见之于四十多年前，诚不易也。而今有些所谓鲁迅研究者，仍未能达此水平，且如平心所言，轻视鲁迅之思想价值。可悲可叹也夫。（1982年3月23日）

2. "从哲学社会科学的角度来认识鲁迅。""伟大思想家鲁迅的纵面与横面。"（1997年2月19日）

3. 20世纪30年代末和40年代中期的鲁迅观，"对鲁迅的接受意识"。它基本上与"延安的鲁迅观"相一致，然而文化因素还多一些。很快就将统一于后者，最终归于50年代的、成型了的鲁迅观模式。（1989年6月9日）

□《宋百家词选》，周笃文选注，广东人民出版社1983年9月第1版。

1. 1984年4月于广东从化荔园。

2. 八年过去，恍然若梦。时光易逝，春秋交替，世事变幻。犹忆斯时，中年刚过气犹盛、志犹坚，思捷情浓，居从化、留荔园（据云我们住处之别墅，为昔年叶帅、董老居留休养地），风景秀美，环境幽雅。共同工作者皆名流学者作家，同房居住者为诗人牛汉、理论家蓝翎。切磋琢磨，各读其书，时有交流。每餐谈笑风生，友情温馨。时正遇佞人作祟，恰在此颐养情性。所幸学未辍，思无滞，荏苒岁月，未空对白头。忆斯时斯人，牛诗人、戴编审、严秀大杂文家老革命、秦牧大作家，皆甚令人怀念也。（1992年4月12日，周日，雪后阴晴，身体不适，翻此书后，志）

□《鲁迅书信集》（上、下），人民文学出版社1976年8月出版。

1976年冬，随敖汉旗农业学大寨学习参观团去大寨参观，随后又南下湖南桃源参观。一路之上甚是愉快。后在长沙与大家分手，回故里省亲。归途更到郑州，到新乡月山农场，然后北上回返边陲。路过北京时，候车于北京站，枯坐通宵达旦。此时，在车站书店见此《鲁迅书信集》，殆新出者，高兴地买了一部。然在彼时，购此等贵书，实为奢侈物，盖时犹任旗农业局干事，月薪六十几元。虽然已是1977年，而一己命运仍未定也。以后，不意竟得以专业从事鲁迅研究。今日翻此书，感慨良多。（1985年4月28日）

□《谈艺录（增订本）》，钱钟书著，1994年中华书局第1版。

邮购于北京中华书局。1985年8月25日自兴城疗养地因公回沈，得见此书，甚喜。

□《诗与真·诗与真二集》，梁宗岱著，外国文学出版社1984年北京版。

一个人写了一本书，五十年后仍然被人记起，有人读，而且能够再版，这就很不容易了。梁先生此书，过去曾得好评，是中国比较文学史上的经典之作了。久欲购而未得，不意在丹东偶获，是在新华书店作为处理的旧书中买到的。（1988年7月25日于丹东）

□《古诗十九首初探》，马茂元著，陕西人民出版社1981年6月初版。

1984年春，秦牧、严秀二公，召集新文学大系杂文卷诸编选人员，如戴文葆、蓝翎、牛汉诸同志，于广东从化温泉疗养地，朝夕相处近一月。时广东花城出版社赠书数册，又自购数册，乃得此册。曾阅一过，甚有所得。惜均为传统阐释，未能有更多新意。（1988年12月26日，重翻之日，志）

□《李白——诗歌及其内在心象》，松浦友久著，陕西人民出版社1983年4月初版。

1. 1984年心绪苦闷时，去广东从化温泉疗养院，参加中国新文学大系杂文卷定稿会，为时一月。天时、地利、人和，甚快慰。归时经广州，与诗人牛汉同游书店，购书多种，于无意中得此书。其思路，其见解，其研究角度与研究方法，均可取，启人思，读后颇有所得。时光荏苒，已经过去快五年了。怀念故人，益爱此书。并拟早日完成由此书启发而欲写的一部书。（1989年1月9日，重翻阅时写）

2. 此书亦可视为比较文学著作，且为佳作。的确，它对李白作出了新的解释，然而又是有依据的，符合李白作品实际，而且是东方的而非西方式的。由此扩大和深化了对李白的了解。

这是一本很有纪念意义的书。当时所购诸书，至今记得的，除本书外，还有《契诃夫手记》，也很有意思。时光易逝，七易寒暑矣。分别后，当时共聚的诸公，迄今仅不久前见到戴公文葆。呜呼，从化之聚，

与秦牧、严秀、戴文葆、牛汉、蓝翎等，同吃同住，同工作，餐饮笑谈，山间漫步，湖边行散，犹堪追忆也。（1991年4月10日于沈阳康复医院）

□《文化模式》，露丝·本尼迪克特著，王炜等译，生活·读书·新知三联书店1988年5月第1版。

1. 1988年12月初，在上海参加《社会科学学》一书定稿会议时购得此书，以及其他几本甚为喜爱之书；并于上海书店旁边之旧书店购得几本旧书，虽非珍本特藏，亦可把读。另有杂志数册，亦可消遣。犹忆斯时，每日午饭后即去旧书店徜徉片时，亦颇有情趣也。（1989年1月14日）

2. 我对于文化人类学的兴趣和研习，从读此书开始，由此"一发而不可收"。光是本书扉页所引印第安人箴言，就启发人对于文化的思索并使人获益匪浅，本尼迪克特也是立论于此箴言的。箴言曰："开始，上帝就给了每个民族一只陶杯，从这杯中，人们饮入了他们的生活。"这"陶杯"的含义，至少有：（1）陶杯的大小好坏；（2）其性质；（3）使用它的人们对它的认识、反映与反应；（4）对这一切的精神反映、所结出的精神之花。（2001年1月7日重读时写）

□《老子注译及评价》，陈鼓应著，中华书局1984年5月第1版。

1988年12月上旬，在上海社科院参加《社会科学学》一书定稿会，于上海书店得见此书，乐而购之。谋之久矣，今日方得见。同时尚购得其他几册喜爱之书，一并寄回。

此书吾当深刻研读。

（1989年1月20日）

□《国外鲁迅研究论集（1960—1981）》，乐黛云编，北京大学出版社1981年版。

> 【扉页上有如此题字：
> "送给爸爸
> 一九八一年二月二十四日
> 小眠"】

1. 此书由北大出版社出版，刚出版即由小眠给我寄来（那时他正就读北大物理系）。我一读之下，获益甚大。打开了新的思路，得到了一种新的研究意识，惜阅读所得尚未能更多用于自己的研究工作中。（1989年春节）

2. 一本书打开一个世界，开辟一条新的研究路径。这本书对于我的鲁迅研究起到了至关重要的作用。得书之初，即阅读并沉湎其中。犹记斯时正在西苑饭店参加全国文学所长会议，约在1981年。读书所得即用于当时的鲁迅研究及写作。今日如能重读，所得当能更多、更新。目前尚无暇顾及，期之他日吧。（1989年6月3日）

3. 今日录此扉页记事，感慨系之！时光荏苒，忽忽二十余载光阴逝去，往事堪回首又不堪回首。也许这就是生活，这就是人生。

至今犹能清晰记得读此书时的"震撼"。盖于20世纪80年代第一春，各方面均刚刚走出禁锢，思想解放还刚刚开始。就研究工作、学术思想来说，真正是翅刚振、犹未飞。习惯于固有的鲁迅评价体系、思想-学术规范，忽然读到西方鲁迅研究的思想、观点、观念，无论是思想还是学术规范，或是论述体式，均是新的、见所未见的。虽然不能完全接受其中的见解，不会完全同意他们的结论，但是，那种研究方式、研究角度，以及某些具体论证、具体观点，对于研究工作都是一种"固有体魄"上的"新鲜血液"。此后，即进入一个新的研究阶段、新的写作阶段。

（2003年4月15日）

□《新诗杂话》，朱自清著，生活·读书·新知三联书店1984年10月第1版。

书的装帧，书的内容，与书的作者，作者的人品、文品一样，均清新温馨，令人喜爱。朱先生文均令人爱读。此为一册，另有《你我》一书以及《欧游杂记》一册。

（1989年5月24日特赴太原街书店三联书展，购得。）

□《恶之花》，波德莱尔著，人民文学出版社1987年版。

据当时记载，此书购于1987年6月自深圳归来后数日。寓目此简略记事，忆及两年前之深圳西丽湖疗养，那地、那时、那人，那时的写作与疗养生活，均令人留恋追忆。那是非常愉快而有意义的一个月。斯

时，正写《创作心理学》，一日四"段"：早晨、上午、下午、晚上。每日写6000～7000字，依提纲写来，一章、一节，甚是顺利。收获是很大的。《创作心理学》一书的主体部分完成于此时。时乎不羁，倏忽两年，而书犹未能问世，感慨良多。

波氏之诗，大家、新家之作也。法国诗由他而走入世界，中国因他的诗走来而有新诗的一支。鲁迅甚爱他，亦受其影响。他的理论，亦是惊人之作。

犹记当时同寓中，有东北作家群中"最年轻者"、老作家骆宾基，交往甚融洽。

（1989年5月31日）

□《人性能达的境界》，马斯洛著，林方译，云南人民出版社1987年第1版。

一本很好的书、很有意思的书。马斯洛心理学向为我所喜爱。最欣赏的是他关于"自我实现"的理论、关于需要层次的理论以及高峰经验的理论。此三者均与创造力有关，与自我潜能开发有关。在《创作心理学》一书中，对此均有引用和应用，可以说从中学到很有价值的东西。重要的一点是：他的关于人的理论，是从他对自己的观察、体验中，得出其核心的。（1989年6月1日）

□《胡适书评序跋集》，黄保定、季维龙选编，岳麓书社1987年10月初版。

1. 买了两天才买到此书，买时又候之甚久。于此可见今日书店之服务态度以及一般服务态度之好。初翻之下，感觉不错。文字亦好。胡适的文字平淡无奇，但有感情，不像周作人的有些文字（如书话），像是木乃伊为文，毫无情感。——但他骂鲁迅时，是颇有咬牙之态的。这是他的情感。（1990年6月25日买了一批书后写）

2. 这些书评序跋，确为学者之作，其特点有数端：（1）言之有物；（2）有赞有评；（3）有借题发挥之考订、阐释；（4）态度严谨，语句清晰顺畅；（5）没有任何阿谀奉承之语。可怜现在有的书评，卖狗皮膏药，胡乱吹捧或自我吹嘘，不一而足。真正好的书评太少了。但胡氏之作，比之鲁迅的同类文章，又有不同。鲁迅之作，简练有力，见解深邃，品评独到，又显出思想家与战士的风貌。例如对柔石《二月》之评，为二萧《八月的乡村》《生死场》所作序。

（1991年1月17日于老年康复医院12室）

□《浪漫主义与现实主义》，〔英〕考德威尔著，薛鸿时译，生活·读书·新知三联书店1988年6月第1版。

这是意外获得的一本有意味的书。今日参加省电影评论评奖的发奖大会后，去新华书店。匆匆来去，只因为很久未来而来一趟，无意挑书，只随便选了三种，其中之一即此书。作者死于援西战争中，年不及三十。其书都是死后问世，自然也是死后才引起注意，后来才引起研究，真正是千古文章未尽才。他不仅于文学、文化，而且于自然科学（尤其是物理学，以至机械发明）都有创见。学问或未臻成熟，但是思想却闪光引人。（1991年4月26日，自家归医院，志）

□《周扬文集》，人民文学出版社1984年第1版。

1. 1991年7月1日抵北戴河，寓中国作家协会创作之家，休假十日。抵达后翌日即赴书店，得见此书，喜而购之。周扬之文，从几方面说，均可一读也。本册中之《关于车尔尼雪夫斯基和他的美学》《〈马克思主义与文艺〉序言》，昔曾读过，皆好文章也，今亦有意义。其他30年代文，甚少读到，现亦可一读。据人云，"周扬乃悲剧人物"，其作为文艺理论家是杰出的，其悲剧性亦正在此。购得后，阅其30年代关于现实主义的论述，亦可取也。于今天研究这一问题，也还有用。此外，还购得《外国文学》一册、《清季野史》一册、《一本打开的书》一部二册，均尚可读。此行不虚，亦一快事。（1991年7月2日，北戴河创作之家庭院）

2. 此书值得一读，乃周扬个人文集，然亦为中国当代、现代文学史料。周扬文笔甚好，亦有思想。他自己（据说）感叹未曾写一本体系性理论著作，亦无专门理论著述。此乃时代使然，然亦关乎个人心性。他是"政治文学理论"人物，去其一，即可有成就。瞿秋白在客观上比他还"政治"，但理论著述却不少。（1991年7月8日，自北戴河归后之翌日）

□《萧红全集》，哈尔滨出版社1991年5月初版。

7月初在北戴河中国作协创作之家休假，见报载《萧红全集》在哈

尔滨出版，心为之动，即欲向出版社邮购。何曾想到，竟在阜新见到此书，而且是"这样"地"买"到的（按：指当地友人抢着付了书款）。当日下午即抚摩浏览，无限感叹。此亦"千古文章未尽才"也。

说及萧红，可言者多矣。犹记1948年冬在尚未解放的南昌流浪，得读骆宾基《萧红小传》，思想感情受影响至深；不久后入四兵团文工团，行军中曾写一书评，此文至今竟仍然保留着。又曾在《中国新报》上发表《读〈萧红小传〉》一文，惜已无法找到了。"难道不应当生活得美丽一点吗？应当生活得美丽一点！"萧红此语，是如何地使我激动，昨天和今天都如此。

萧红的才华远出于其他东北作家之上，也远在她同时代的其他女作家之上。这是与她的悲惨经历分不开的。她的作品，情真意挚，委婉哀怨，神伤意郁，语言独特，感人至深。久想写萧红评论，未果。期望有一天能写，并写出我之心声。（1991年8月9日，购于阜新新华书店；8月12日志）

□《展望二十一世纪——汤因比与池田大作对话录》，国际文化出版公司1985年11月初版。

广泛的话题，深刻的见解，对世界与人生的关注，对人的幸福与尊严的评价，两位学人-哲士，都有很好的阐述。这是即席之言，然又是长期思考的"一旦爆发"，对精神文化和社会的立论，对人的尊严的高度评价，对精神福祉的论证，均颇有见地，可供研究。（1991年8月25日病后休闲，翻阅后写）

□《庄子哲学及其演变》，刘笑敢著，中国社会科学出版社1988年2月第1版。

这是一本有水平、有价值的书，一本有新意的学术著作。买来甚为有趣。1988年，在京参加改革十年理论讨论会。一次乘车赴会场，与此书的责编同座，得知此书后当即认购，付款交名片。她说："决不会忘！"然而，过去一年，杳无音信，写信问之亦不复。然而，大约两年过去了，却由作者寄来了此书，无片言只字。我想，大概就是当年车上所购的书吧。

几篇序言，都写得好，言之有物。庄子乃庞然大物，研究者向来也大多是大人物；然而，刘笑敢则"后生小子"，却大论庄子而不苟同于先世与当今之诸大家，然而又言之成理。此诚后生可畏也。他还运用了新的研究方法。此书实可一读。（1991年8月30日，收到书多月后，记）

□ 《神话的诗学》，叶·莫·梅列金斯基著，商务印书馆1990年10月初版。

显然，这是一本好书，一本值得一读、颇有参考价值的书。在一个偶然的机会买到这本书，很令人高兴。它是论述神话诗学的，但它在理论部分的叙述之前，又有一编专门评论神话诗学诸家理论的部分，弗雷泽、弗赖等均在其内，这就增加了书的价值和用处。

从这本书可以看出，如果联系到《艺术形态学》（莫·卡冈）、《艺术心理学》（列·谢·维戈茨基）、《自我论》（科恩）等书来看，则更可看到：苏联学术界，在社会科学–人文科学领域，研究卓有成效，有许多可取的学术文化成果，水平颇高。我们不及。

此书系在1991年9月30日离京前，在商务印书馆门市部购得。（1991年国庆节后三日，记）

□ 《梁实秋读书笔记》，梁实秋著，中国广播电视出版社1990年9月初版。

此种书话，实亦文评；且其评也，有中有西，有评点之传统风味，又具近世批评之体式，要言不繁，点到为止，思静文平，甚可取，具韵味。

这是书话之又一种类，不同于周作人的有的书话实为"纯文抄"。也不同于一般书话之评议甚多；而且，其取材仅一书、一作家之一片段，或一首诗、一件事，除介绍、"引荐"、掘藏之外，又有考证、论辩、解析，文化层次又高于一般读后感、读书杂记等。此诚学人之作。此书较之梁氏"生活散文"为佳。然而他的"怀人散文"是写得好的，且可见近世人事文事。（1991年10月31日于"大连——沈阳"列车上）

□ 《阅读活动——审美反应理论》，沃尔夫冈·伊瑟尔著，中国社会科学出版社1991年7月初版。

1991年11月18日返沈之前，上午，独坐室内，很有兴味地翻读昨日傍晚匆匆赶至王府井书店所购的几本书，此其一。此种"阅读活动"，为生平一大快事，知识获增长之益，身心得休养之息。此书久想

获得，久想一读，今日始得如愿。由此更想到关于接受美学的一本书的写作，至今已多年，而未能完成；资料已收集若干，书籍亦购置多种，思想-观点也酝酿已久，只是总未能排上日程；预计明年仍不可能排上，甚憾。

读书不为稻粱谋，读书亦不为名利累，只是一种有意义的"阅读活动"，人生快事，身心解脱。（1991年11月18日于北京社科宾馆301室）

□《古典诗文述略》，吴小如编著，山西教育出版社1991年5月第2版。

1991年11月1日收到，邮购于山西教育出版社。

吴氏之作，均平实严谨，颇见功力。此书可为参考之一种。

□《新订〈人间词话〉广〈人间词话〉》，王国维著，佛雏辑，华东师范大学出版社1990年5月初版.

1991年邮购于华东师范大学出版社，1992年元月收到。同时收到所购书数册，病中得之，甚以为喜。此书之得，有关《人间词话》的著作，大体备矣。此书是研究性的，尤以《广〈人间词话〉》为佳。（1992年1月24日，甫自医院归）

这种编法，自有好处。可见作者思想的体系、结构和发展。但这只能是一种"参照读物""补充读物"的性质，不可代替原著，只可供研究之用，而不可以此为上。盖欲了解王氏原意、原心，还是原著好。不过这本书既有"新订"，又有"广"，是下了功夫的，是有益的。（1994年10月30日夜，翻读后，记）

□《走向后现代主义》，佛克马、伯顿斯编，北京大学出版社1991年5月初版。

1. 病中得此三书——本书及《西方文艺与二十世纪中国文学》、《镜子与七巧板》，皆好书也，有用之书也。甚喜甚慰。并于无意中"神交"译者，亦属人生之趣。（1992年1月29日，出院第五日）

2. 本书主编佛克马教授，是一位在比较文学方面和西方文学理论方面都有影响的学者，造诣甚深。我读过他的不少论文，思想深邃，思理明朗，见解新颖。作为国际比较文学协会前主席，在任期间，对国际比较文学之发展多所建树，对中国比较文学学术事业之发展颇多关注，

亦有帮助。犹记1988年在幕尼黑国际比协第12届年会上与他的短暂会晤，其为人甚谦和。（1994年5月27日）

□《许达然散文选》，百花文艺出版社1991年8月第1版。

他的散文写得很别致，思想也别致，文笔别致，自然洒脱，而又有韵致。情感很自然。许多散文家的散文，都死在做作中：做作的多情，做作的深思，做作的深刻。这只能令人难以卒读。他的散文不如此。多么自然，好像并不想说什么重要的事，诉什么情，只是自然流泻。

留着在国外读。（1992年5月28日，购得第四天）

□《季羡林散文选》，北京大学出版社1985年第1版。

季羡林先生题赠之书，至可珍爱。此书之得，说来令人感动。某次奉书季先生，适《光明日报》发表先生散文一篇，我在信中乃提及读后之感想，并言及老伴亦十分喜爱先生散文。不久，即由先生的弟子寄赠这本散文集，先生并在扉页题字："敬赠/定安先生/季羡林，1993年11月25日"。先生如此题字，使学生我心里十分不安。

（1993年11月28日）

□《活出意义来》，弗兰克著，赵可式等译，生活·读书·新知三联书店1991年12月第1版。

当代存在分析，意义疗法，光是这两个命题，就可见这本书的意义和有趣了。弗洛伊→阿德勒→弗兰克，这构成了心理治疗的三个阶段、三个学派。他们各有所长，也各有可取。人们为什么不可以综合用之？（1993年春节）

□《面向秋野》，康·帕乌斯托夫斯基著，张铁夫译，湖南人民出版社1985年6月第1版。

一本《金蔷薇》，一本此书，曾对《创作心理学》撰写给予了启示性的帮助，也提供了一些资料和资料线索。现在，重翻此书，忽然想到，何不依此体例也写一些此类短文，各自成文，又成体系？原有那些资料，还可整理、使用、发挥，既继续了创作心理研究工作，也适合老来的科研与写作方式，一举数得也。不妨一试。何时开始？（1993年3月13日）

□《恶之花（插图本）》，波德莱尔著，郭宏安译评，马奈等插图，漓江出版社1993年第3次印刷。

《恶之花》，包括这一本，已经购买三本了。三本的译文颇为不同，只有这一本诗意最浓。也许，它不够忠实于原文？然而，它值得读。但更好的是这些插图。前面几页的"插页图"，很好；中间的插图也精彩，图文并茂，构成一个统一的艺术世界，是一个梦幻的世界，是一个艺术的世界。这是真的艺术。

今日特意去购此书，竟是在一家小书店买到。（1994年4月10日）

□《在约伯的天平上》，列夫·舍斯托夫著，董友等译，生活·读书·新知三联书店1989年7月第1版。

显然，这是一本好书，一本深刻的书，有独到思想的书。作者也是一位生在俄罗斯土壤中，却花开在欧洲的"叛国者"学术大师。俄国赶走了许多这样的文化大师，成熟于和作出贡献于祖国大地之外。他们被"以革命的名义"逐出祖国，却成为"以人类文化名义"而作出贡献于全人类。这是一出什么历史剧？应该好好读一读。更可取的是这种形式，这种论述范型。可否学着这么写？也许是今后之一途。

（1994年5月9日，自京归沈后之次日，记。）

□《走向21世纪的人与哲学（寻求新的人性）》，池田大作、狄尔鲍拉夫著，北京大学出版社1992年9月初版。

1994年11月27日，周日，在愉快地度过了"真正"的66岁生日，并得诸友人于凤凰饭店举办庆贺宴之后，于阴霾密布、稀落滴雨的下午，去北行书店，购书两册。此其一，乃"临时发现"者，甚好，可读，是颇时新之作。同时购邮票数枚。（同日夜记）

□《七缀集（修订本）》，钱钟书著，上海古籍出版社1994年第一次印刷。

1995年1月收到。自上海邮购，另有《清园论学集》等两册。钱先生单篇论文，可谓皆备于此《七缀集》中。（1995年1月28日，记）

□《走我自己的路》，李泽厚著，三联书店，1986年12月第1版。

此书购置多年，从未正式读过，不过时常翻翻，我更喜欢其中的一些序跋和简短杂著、散文等。此公之散文，随意为之，然而是真散文。

中国学者很少这种直抒胸臆、高头讲章之外的文章。弦外之音、情外之意、题外之旨，读来倒更有味。其中不少短篇，读过多遍，仍觉得好，如《地坛》《故园小记》等。（1995年3月11日，记）

□《元白诗笺证稿》，陈寅恪著，上海古籍出版社1978年8月新1版。

1993年5月初赴安徽亳州，参加全国"三曹"（曹操、曹丕、曹植）学术讨论会。在亳州时，除购茶叶、毛笔外，另购降价书数册，此其一。一代文化大师之杰出著作，而至被看作（实际也是）销不出去的"滞销品"，降价出售，惜哉痛哉。犹记当时我坚持按原价付款，营业员则坚持按对折收钱，争执数次，终以我败为结。

此书诚真正学术著作也。其考订不烦琐，要言不繁，又能眼界宏阔，见人之不能见，并据一件资料，连及其他，层层剥开，拓展而至学术-文化开阔地，发现"新大陆"，真大师也。此次不愉快的旅行，却得到这一有意义有收获的补偿。（1995年4月30日下午，记）

□《胡适之先生晚年谈话录》，胡颂平编，中国友谊出版公司1993年9月初版。

1995年10月邮购，10月6日收到。这是一部很有趣的书。"话在说我"，胡适在这部书中所说的话，都是关于他人他事的，不关乎他自己，然而却处处在说他自己。他是一个自由主义文人。他的自由主义主要不是"律己"，而是待人。尊重别人的自由，乃有"宽容""容忍"。所以他说"容忍比自由更重要"。（1995年10月7日）

□《美国札记》，杨刚著，湖南人民出版社1983年11月第1版。

想不到这本书竟是购于朝阳。1984年，也许是为参加全省改革理论讨论会的那次盛会，而去了朝阳。时光匆匆，物是人非，已经十二个年头逝去了。

对于作为作家、记者、杰出女性的杨刚，我是十分钦敬的。犹记1948年，在上海读到过她最早在美国写的通讯《蓓蒂》（发表在《大公报》上），还记得新中国成立初期读到过她的文章《悼史沫特莱》，都留下了很好的印象，至今记忆犹新。以后，了解了她的人生、她的不幸的死，对她更为喜爱。她也是文学才能、新闻才能未能得到稍微一点充分

发挥的人才。这种人才，在革命的知识分子中，几十年来，所在多有。这是民族的一种损失。她的知识与才能，以及经历，足可担任重任与高职，然而非其时；有远远不如她者，却能高官厚禄，此亦"历史的不公平"也。（1996年1月30日）

□《考德威尔文学论文集》，考德威尔著，陆建德等译，百花洲文艺出版社1995年第1版。

千古文章未尽才，用于此公，甚为恰当。如此年轻，如此多方面的才能，无论是自然科学还是社会科学，均有理论建树；在文艺理论上，也颇多创见。我很欣赏他的一些理论观点。记得曾购得一册关于他的小册，即颇为可读。这是他的论文集，属"第一手材料"，当然尤其可读、可用。

（1996年9月7日，于购书一批之次日，记）

□《批评意识》，乔治·布莱著，郭宏安译，百花洲文艺出版社1993年9月第1版。

这是一本很好的书，一种新的阅读理论、新的批评理论，具有法国学术著作那种活泼而又深沉、博大而又精密的特点。他对自创的理论阐释得多么周详而深刻啊。当然，有其片面性。但这种"片面性"，难道是作者思想不逮、无力为之吗？不是他不欲全面、不能全面，而是"就在此地掘井"，深入清泉，而"忽视其他"吗？非不能也，是不为也。这正是他的可取之处。西方理论，皆有此特点。

1996年11月21日，自东北大学归家，已近5时，匆匆在北方图书城购书数册，均甚好，此其一。（1996年11月29日识）

□《自由主义之累——胡适思想的现代阐释》，欧阳哲生著，上海人民出版社1993年12月初版。

这也许是一本比较新的研究胡适的书。一是以其研究的时期"新"。胡适研究开禁已多年，输入海外研究已多年，而此书为近年的研究成果。二是作者新，年轻，才三十几岁，观点必然新进，知识结构和理论资源均不同。似可一读，并以此为契机，开始"鲁迅与胡适"的新一轮研究。（1996年11月22日购进几本好书后次日，记）

□《芥子园画谱》，上海书店出版社1982年第一版。

犹记年少临画谱，留得清心几重数。

风雨兼程历半纪，古稀重温习画图。

（1996年12月8日，收到自上海书店邮购之《芥子园画谱》，记）

□《陈寅恪的最后二十年》，陆键东著，生活·读书·新知三联书店1995年12月第1版。

1996年12月中旬，在北京参加第五届作家代表大会，曾于会议间隙，专程去三联书店门市部即韬奋图书中心购书，略购数册。其时，曾见此书，久闻其名，欲读却未欲购买。后数日，与同在作代会上的老同学唐达成晤谈，他郑重推荐此书，并云京中知识界正风行读此书。22日，会议结束，去鲁迅博物馆开会，在鲁博书屋选书，王世家同志又持此书郑重介绍，谓此书甚好，我当即买下。归来病后读之，令人痛心疾首，所思何限?！（1997年1月14日）

□《当代西方美学》，朱狄著，人民出版社1984年6月第1版。

1986年2月购自北京。它比较系统地、简要地介绍了西方当代主要美学派别，把它们可取的主要观点、精彩的言论，介绍过来了。这是可取的。聚而介绍之，令人一次获得，且可进行比较，读之获益不少。这对于《创作心理学》写作，给予了不少启发和帮助。著者朱狄，我曾在昆明与其一起开会，后在北京又曾晤面。他读书用功，进步很快。（1998年6月19日）

□《人间词话》，王国维撰，黄霖等导读，上海古籍出版社1998年12月第1版。

邮购于上海古籍出版社。一次买了一批书，此其一；均是文学研究之学术精品，堪称经典之作，放在手边，可以随时翻阅，定能有所得。《人间词话》已购有多种，版本不同，内容亦各异，故均乐而购之。此本有其特点，故再购一册。（1999年1月20日收到书后）

□《玫瑰之名》，昂贝托·埃科著，林泰、周仲安、戚曙光译，重庆出版社1987年9月版。

2000年春购于桥上之旧书摊。此为欧洲之重要小说，却为著名美学家、符号学家埃科所著。睹此书而忆往事。犹记1992年访德，得到一个去德国与比利时交界处的"欧洲翻译家之家"度过十天"翻译活动"的机会。所勉强试译之文，即埃科的《〈玫瑰之名〉之名》，属文学理论、美学理论之作。当时不知《玫瑰之名》为何书，译起来云遮雾罩。今偶得此书，多么幸运！

（2000年5月22日，追记）